MOEWIG

SCIENCE FICTION

H. J. Alpers
KOPERNIKUS 5

Herausgegeben und mit einem Nachwort
von Hans Joachim Alpers

MOEWIG
Deutsche Erstausgabe

A QIET, RAINY AFTERNOON © 1979 by The Condé Nast Publ. Inc.
Aus dem Amerikanischen von Wolfgang Crass
GUTE ALTE WESTFRONT © 1982 by Peter W. Bach
GO STARLESS IN THE NIGHT © 1980 by Roger Zelazny
Aus dem Amerikanischen von Rainer Schmidt
A CAGE FOR DEATH © 1981 by Omni Publ. International Ltd.
Aus dem Englischen von Barbara Schönberg
THE PILOT © 1979 by Joe Haldeman
Aus dem Amerikanischen von Rainer Schmidt
THE PRESIDENT'S IMAGE © 1980 by Omni Publ. International Ltd.
Aus dem Amerikanischen von Traute Reil-Kaczorowski
EARTH AND STONE © 1980 by Robert Holdstock
Aus dem Englischen von Rainer Schmidt
DIE DEMONSTRATION oder LEKTIONEN FÜR EINEN AUSSERIRDISCHEN GAST ÜBER DEMOKRATISCHE GRUNDRECHTE © 1982 by Jörg Weigand
A PERIPHAL AFFAIR © 1972 by Mercury Press
Aus dem Amerikanischen von Rainer Schmidt
GUZMAN'S GARDENER © 1977 by The Condé Nast Publ. Inc.
Aus dem Amerikanischen von Irmhild Hübner
THE PILOT © 1980 by Omni Publ. International Inc.
Aus dem Amerikanischen von Michael Nagula
COLD WAR ORPHANS © 1980 by West Coast Poetry Review
Aus dem Amerikanischen von Rainer Schmidt
JENSEITS DES RHEINS © 1982 by Gero Reimann
DIE NEUEN MENSCHEN © 1982 by Gerd Maximovic
EIN BOMBENPROGRAMM © 1982 by Joachim Körber
BILLY BIG EYES © 1980 by Billy Waldrop
Aus dem Amerikanischen von Rainer Schmidt
Umschlagillustration: Utoprop
Illustrationen im Innenteil: Klaus D. Schiemann
Umschlagentwurf und -gestaltung: Franz Wöllzenmüller, München
Redaktion: Hans Joachim Alpers
Verkaufspreis inkl. gesetzl. Mehrwertsteuer
Auslieferung in Österreich:
Pressegroßvertrieb Salzburg, Niederalm 300, A-5081 Anif
Printed in Germany 1982
Druck und Bindung: Mohndruck Graphische Betriebe GmbH, Gütersloh
ISBN 3-8118-3563-7

Inhalt

Paul J. Nahin
Ein ruhiger, verregneter Nachmittag 7
A QUIET, RAINY AFTERNOON

Peter W. Bach
Gute alte Westfront 15

Roger Zelazny
Gehen Sie in den Wahnsinn 30
GO STARLESS IN THE NIGHT

Ian Watson
Der Tod im Käfig 39
A CAGE FOR DEATH

Joe Haldeman
Die Pilotin 51
THE PILOT

Stephen Robinett
Das Bild des Präsidenten 56
THE PRESIDENT'S IMAGE

Robert Holdstock
Die Erde ging mit ihm 63
EARTH AND STONE

Jörg Weigand
Die Demonstration oder
Lektionen für einen außerirdischen Gast über
demokratische Grundrechte 96

George R. R. Martin
Das verschwundene Raumschiff 111
A PERIPHAL AFFAIR

Stephen Robinett
Guzmans Gärtner 137
GUZMAN'S GARDENER

Joe Haldeman
Einbahnstraße 166
NO FUTURE IN IT

Michael Bishop
Ein Ereignis im kalten Krieg 174
COLD WAR ORPHANS

Gero Reimann
Jenseits des Rheins 209

Gerd Maximovič
Die neuen Menschen 213

Joachim Körber
Ein Bombenprogramm 223

Howard Waldrop
Billy Big-Eyes 247
BILLY BIG-EYES

Nachwort 298

Paul J. Nahin

Ein ruhiger, verregneter Nachmittag

A QUIET, RAINY AFTERNOON

Der kleine Jackie Hawkins war ein verdammt aufgeweckter Bursche. Außerdem war er, wie die meisten kleinen Jungen, an Regentagen der Schrecken der Mutter. Mit ihrem Sohn im Haus eingeschlossen, entwickelten sich die Gefühle von Mrs. Hawkins zu ihrem Sohn von mütterlicher Liebe um acht Uhr morgens zu leichter Gereiztheit um zehn, und als die Zeiger der Uhr zum Himmel wiesen, waren sie durch einen intensiven Haß ersetzt worden.

„Jackie, *verschwinde aus der Küche!* Alle zehn Minuten tauchst du hier auf und ißt irgend etwas. Du verdirbst dir nur den Appetit fürs Essen, und ich habe keine Lust, mir heute abend anzusehen, wie du das gute Essen verschwendest. Hörst du, was ich sage, Jakkie?“

„Ooch, Mutti, was soll ich denn sonst machen! Pete ist mit seinen Leuten weg, seine Tante besuchen, Doug ist erkältet, und die Mutter von Tom läßt ihn nicht spielen, bis es seinem Knöchel bessergeht.“

„Was hat denn Tom?“ Mrs. Hawking fühlte sich frustriert. *Die Kinder in der Nachbarschaft haben bei schlechtem Wetter immer etwas zu tun,* dachte sie, *aber wenn es mal schön ist und ich das Haus für mich haben will, dann kommt die ganze Meute von morgens bis abends und brüllt draußen herum, weil sie hereinkommen und mit Jackie spielen will. Wo sind sie denn, wenn man sie braucht?!*

„Er ist letzte Woche von einem Baum gefallen und hat ihn sich verstaucht. Ganz ordentlich geschwollen ist er jetzt!“

„Das kann ich mir vorstellen“, gab seine Mutter zurück, „und er hat wahrscheinlich Glück gehabt, daß er sich nicht sein albernes Genick gebrochen hat. Einmal erwische ich dich auf einem Baum, Mr. Jackie Hawkins, und . . .“

„Ja, ich weiß, Mutti, ich weiß. Das sagst du mir ja *dauernd!*“

Jackie kam in das Wohnzimmer, in dem seine Mutter mit einem offenen Buch auf dem Schoß saß. Sein mit Kekskrümeln gefüllter

Mund und seine rhythmisch mahlenden Kiefer erinnerten Mrs. Hawkins an einen Zementmixer, und die Geräusche, die ihr Sohn von sich gab, trugen nichts dazu, diesen Eindruck zu stören.

„*Wag* es ja nicht, Krümel auf den Teppich fallen zu lassen – ich habe hier gerade gesaugt!"

„Ach, Mutti, nichts gibt es zu *tun!*" Jackie ließ sich auf das Sofa fallen und starrte mit finsterem Gesichtsausdruck aus dem Fenster. Der Regen kam mit einer Macht herunter, wie sie nur ein guter Frühlingssturm in Neu-England aufweist, und wie Jackie wohl wußte, bestand die große Wahrscheinlichkeit, daß der Regen den ganzen Rest des Tages und die Nacht dazu anhalten würde.

„Wie ist es denn mit deinem neuen Freund Raymond, so hieß er doch?"

Jackie schnitt eine Grimasse. „Ray und ich haben uns geprügelt. Das ist kein Freund von mir nicht mehr."

„Er ist *nicht mehr* mein Freund, nicht *kein Freund nicht.* Wie du dich ausdrückst, entsetzlich. Jetzt sag es noch mal richtig."

„Mensch, Mutti – er ist *nicht mehr* mein Freund. Ich gehe jetzt runter und gucke Fernsehen!" Damit erhob sich Jackie schleppend vom Sofa, und seine Mutter beobachtete voller Erleichterung, wie er die Treppen hinunter verschwand, die zum Fernseh- und Spielzimmer im Keller führten.

Jackie hatte eigentlich gar keine große Lust fernzusehen, aber alles war *wirklich* ziemlich langweilig. Er schaltete das Gerät an, ließ sich auf den Fußboden fallen und schaute mißmutig auf den Bildschirm. Nur so doofe alte Zeichentrickfilme! Er griff gerade nach dem Programmwählschalter, als sich der Horizontal-Synchronisationsgenerator ausgerechnet diesen Augenblick aussuchte, um seinen 17,5-Kilohertz-Oszillator durchbrennen zu lassen. Die unsynchronisierten Abtastlinien erzeugten auf der 25-Zoll-Röhre ein buntfleckiges Durcheinander.

Jeder andere Junge in Jackies Viertel, oder sogar in der ganzen Stadt, hätte das Gerät angewidert ausgeschaltet. Jackie aber nicht. Er war ein verdammt aufgeweckter Junge, der sich von einem Mangel an Sachkenntnis nicht einschüchtern ließ. Während er die ständig wechselnden Muster beobachtete, die sich in grellen Farben auf dem Bildschirm formten, kam ihm die Erleuchtung, was er tun könnte, um den langweiligen Tag herumzubringen. Er würde den Farbfernseher reparieren.

Er überlegte sich listig, daß seine Mutter wahrscheinlich nicht nach ihm sehen würde, solange er einigermaßen ruhig blieb und auf Fragen von ihr sofort reagierte. Damit blieben ihm fast vier Stunden, bis sein Vater von der Arbeit zurückkam. Na, die Zeit würde *allemal* reichen, um so eine einfache Sache wie einen Farbfernseher wieder in Ordnung zu bringen! Er schaltete das Gerät ganz ab und rückte es von der Wand ab. Es konnte losgehen.

Intelligent wie er war, zog Jackie sofort den Stecker aus der Dose in der Wand. Er wußte es besser, als da herumzudoktern, solange der Strom nicht abgeschaltet war und ihm eine wischen konnte. Danach ging er auf Zehenspitzen die Treppe hoch und schaute vorsichtig um die Ecke in das Wohnzimmer. Mrs. Hawkins war fest in ihr Buch vertieft, und ihre Lesebrille rutschte ihr bereits von der Nase. Jackie wußte, daß seine Mutter bald schlafen würde. Alles war perfekt.

Leise, sehr leise, ging er wieder zurück in den Flur hinunter und zu dem kombinierten Werkzeugschrank/Bastelbereich, den sich sein Vater eingerichtet hatte. Jackie sah sich die ordentlichen, gut ausgerüsteten Regale kurz an und suchte sich zwei Schraubenzieher (Flachkopf und Kreuzschlitz), Kneifzange, eine Spitzkopfzange, eine Spule Lötzinn und einen Hundertfünfundzwanzig-Watt-Lötkolben heraus. Er hielt seine Beute sorgfältig im Arm und ging wieder auf Zehenspitzen zu seinem elektronischen Patienten hinunter. Er war für die Operation bereit.

Er schraubte die Plastik-Rückenabdeckung ab und schaute sich das Gewirr von gedruckten Schaltungen, Drahtkabeln und die komplizierten mechanischen Verbindungen an, die von dem Programmwählschalter zu dem amplitudenmodulierten Video- und zu dem frequenzmodulierten Audio-Teil führten. All das machte ihm keinerlei Gedanken. Er hatte seinen Vater schon oft sagen hören, wenn er vor großen elektronischen Geräten stand: „Jackie, in neunundneunzig von hundert Fällen wird der Fehler von defekten Verbindungen verursacht. Schau dir die Kontakte alle genau an, mach sie sauber, und der Schaden ist wahrscheinlich behoben!“

Jackie zog alle gedruckten Schaltungen von ihren Halterungen ab und schabte jede blanke Stelle sorgfältig mit der Spitze eines Schraubenziehers ab. Darauf steckte er sie wieder ein, und zwar alle an die falsche Stelle. Das war gar nicht schwer – eine dreistufige Butterworth-Filterscheibe sieht *tatsächlich* einer Schaltung mit zehn aufeinander abgestimmten Verstärkereinheiten sehr ähnlich.

Dann schloß Jackie den Lötkolben an und erhitzte alle freiliegenden Lötstellen im Radioteil, um sicherzugehen, daß keine kalten Lötstellen blieben. Er wußte zwar nicht, was eine kalte Lötstelle ist, und hatte auch nicht die leiseste Ahnung, was sich hinter dem Ausdruck ‚unterbrochener Stromfluß' verbarg, aber auch davon hatte er seinen Vater sprechen hören. Also hielt er den Lötkolben mit der Spitze an jede Verbindungsstelle, die er sah, und für alle Fälle setzte er noch dicke Tropfen von neuem Lötzinn darauf. Das geschmolzene Metall floß bei mindestens zehn Stellen so sehr über, daß der nächste Kontakt erreicht und kurzgeschlossen wurde. So wurden einige *sehr* seltsame Schaltkreise geschaffen.

Zum Schluß schraubte er, um sicherzugehen, daß es mit der Antenne keine Schwierigkeiten geben würde, die Anschlüsse für die 300-Ohm-Eingangsdrähte ab und polierte die Kontakte. Dann schraubte er sie wieder fest – mit einer Hälfte des Antennenkabels im richtigen Ausgang und der anderen Hälfte in dem normalerweise unbenutzten UHF-75-Ohm-Ausgang. Dadurch wurde die elektrische Geometrie für einige äußerst merkwürdig stehende Wellenmuster im Antennenstrom aufgerichtet, aber das machte Jackie natürlich überhaupt nichts aus. Von einer stehenden Welle hatte er noch nicht einmal etwas *gehört.*

Zufrieden mit seiner Arbeit, schraubte Jackie die Rückenabdeckung wieder an, steckte den Stecker wieder in die Dose, schob das Gerät gegen die Wand und schaltete es an. Für all die Reparaturarbeiten hatte er einige Zeit gebraucht, und bald würde sein Vater nach Hause kommen. Er mußte sich beeilen.

Es ist wirklich zu schade, daß die Spitzenphysiker und Elektronik-Ingenieure nicht da waren. Sie hätten die Inbetriebnahme des ersten Mosaki-Subraum-Quanten-Modulators erleben können, und das zweihundertunddreißig Jahre vor seiner Wiederentdekkung. Ja, *Wiederentdeckung,* denn durch eine verblüffende Verkettung von Zufällen war es genau das, wozu Jack Hawkins das Farbfernsehgerät umgebaut hatte. Und das war auch gut so.

Denn genau in diesem Augenblick kam der vodarische Kreuzer *Nebutron* aus der Überlichtgeschwindigkeit des Überraums, schaltete von seinem Mirchlen-Neutronen-Antrieb auf den für

Unterlichtgeschwindigkeit zuständigen Photonenantrieb um und ging in einen Orbit um die Erde, der 72000 Meilen hoch war. Die Vodarier, die von ihrem Raumrat ausgeschickt worden waren, um die Aktivitäten von allem (wenn überhaupt vorhandenem) intelligenten Leben im Hinblick auf eine Invasion zu beobachten, die später folgen sollte, trafen auf eine unangenehme Überraschung.

„Herr Oberbefehlshaber, die Subraumsensoren melden ein ungewöhnlich hohes Qantenmodulationslevel! Vorausgegangene Robot-Überwachung ließ nichts von einer technologisch so hochstehenden Lebensform erkennen. Der Hauptcomputer muß mit falschen Daten gefüttert worden sein."

„Hm", blubberte der Oberbefehlshaber, „wenn wir mit der befohlenen Invasionsvorbereitung weitermachen, dann *könnte* das, unter Berücksichtigung unserer neuen Erkenntnisse, gefährlich werden. Was würden Sie vorschlagen, Squamus?" Der Adjutant des Oberbefehlshabers war wie alle Vodarier sehr vorsichtig.

„Herr Oberbefehlshaber, ich schlage vor, daß wir versuchsweise in ihr Quantenmodulationsfeld eintauchen. Wenn wir es schaffen, eine merkliche Unterbrechung ihrer Amplitudenverriegelung zu bewirken, dann sind wir höher entwickelt. Wenn auf der anderen Tentakel ihre Amplitudenverriegelung von uns nicht gebrochen werden kann, dann sollten wir uns sofort zurückziehen!"

Der Oberbefehlshaber hatte sieben Kampforden dadurch gewonnen, daß er dem Rat seines Adjutanten gefolgt war. Es gab nun keinen Grund, warum er seine Glückssträhne unterbrechen sollte. „Tun Sie das, Squamus."

Der Adjutant drehte sich zum Kontrollzentrum und projizierte seine Befehle mit Gedankenübertragung – seine Wünsche wurden von der *Nebutron* sofort erfüllt. Aber der junge Jackie Hawkins hatte seine Arbeit gut gemacht. Sein Amplitudenverriegelungs-Spür-Subsystem hätte Philipp Mosakis Brust vor Stolz schwellen lassen – wenn er dagewesen wäre. Das war er natürlich nicht, weil seine Ur-Ur-Großeltern noch nicht geboren waren. Wieviel der vodarische Subraumspürer auch spürte und stocherte, Jackies Modulator spürte und stocherte dagegen, ohne dabei auch nur ein Hertz an Frequenz zu verlieren.

Jackie unten auf der Erde war perplex. Der Bildschirm war jetzt wirklich durcheinander, und aus dem Lautsprecher kamen seltsame, blubbernde Geräusche. Mein lieber Freund, da würde sein

Vater vielleicht toben! Zum ersten Mal fing Jackie an, Zweifel an sich selbst zu empfinden. Er war schließlich noch ein kleiner Junge. Voller Angst davor, was sein Vater zu der Sache zu sagen haben würde, raffte Jackie die Werkzeuge zusammen und rannte nach oben, um alles wieder in den Schrank zu räumen, ordentlich und sauber. Er war aber nicht schnell genug – sein Vater kam durch die Eingangstür und rief laut: „Hallo, ihr da, ich bin wieder da. Mensch, ist das ein Wetter draußen!" Jackie rannte in die Küche, um seinen Vater von der Kellertreppe fernzuhalten.

„Hallo, Jackie, wie geht's dir, mein Junge? Hast du was Interessantes gemacht heute?"

„Nö, Vati, eigentlich nichts. Habe mir einen gemütlichen Tag gemacht." Jackie betete zum Himmel, daß er seinen Vater vom Keller fernhalten konnte, bis er selbst dort gewesen war. Er hatte den Fernseher, bei dem der Bildschirm verrückt spielte und der seltsame, ganz irre Geräusche von sich gab, angeschaltet gelassen.

„Wo ist deine Mutter, mein Junge?"

„Im Wohnzimmer. Komm, Vati, gehen wir doch mal zusammen zu ihr hin. Sie freut sich bestimmt unheimlich, wenn sie dich wiedersieht!"

Dieser Vorschlag erstaunte Mr. Hawkins hochgradig – Jackie war in dem Alter, in dem kleine Jungen unter normalen Umständen keinerlei Bedürfnis nach Unterhaltung mit den Eltern äußern, von der einmal wöchentlich vorgetragenen Bitte um das Taschengeld einmal abgesehen. Er ging zum Wohnzimmer und fand seine Frau in tiefen Schlaf versunken vor.

„Nein, Jackie, lassen wir deine Mutter doch schlafen. Sie hat sicher ebenfalls einen ermüdenden Tag gehabt." Mr. Hawkins war *wirklich* ein rücksichtsvoller Mann. „Los, Junge, wir gehen jetzt runter und machen ein Match Tischtennis. Ich gebe dir fünf Punkte vor!"

„Aber, Vati . . ." Dann fügte sich Jack in das Unvermeidliche. Sein Vater war schon weg. Er war die Stufen hinunter verschwunden. In düsterer Stimmung machte sich Jackie auf den Weg, um seinem Schicksal ins Auge zu sehen.

„Ach du Sch . . ., ach du lieber Gott! Was um Himmels willen ist das denn!" Jackie brauchte nicht zu raten, warum sein Vater so brüllte. Aber als er hinter Mr. Hawkins in das Zimmer kam, weiteten sich auch seine Augen vor Verblüffung.

Das Fernsehgerät zeigte nun nicht mehr nur schöne Farben und gab blubbernde Geräusche von sich. Es war von einem leuchtenden dunkelrot-purpurnen Strahlenkranz umgeben und schien immer wieder zu verschwinden und wieder zu erscheinen. Jackie *meinte,* er könnte die Rückwand durch das Gerät sehen, aber dann wurde es wieder fest und undurchsichtig. Doch dann *schien* es wieder zu verschwinden, und dieser Prozeß wiederholte sich alle fünf Sekunden oder so. Was hier geschah, war, wie Philipp Mosaki zweihundert Jahre später theoretisch herausfinden würde, das Zusammenschwingen der dritten und fünften Harmonie des Subraumquantenfelds in verbundenem Energieeingang. Es war diese eine äußerst gefährliche Harmonie, die als die Basis des tödlichen Mosaki-Reißstrahls dienen sollte, die zur Standardbewaffnung aller Erdenschiffe des späten einundzwanzigsten Jahrhunderts gehörte.

So kam es also, daß sich zu derselben Zeit, als Jackie und sein Vater voller Schrecken und Faszination das seltsame Verhalten ihres Fernsehgeräts beobachteten, die *Nebutron* in einen Kampf ums Überleben verwickelt sah. „Herr Oberbefehlshaber", blubberte Squamus voller Angst, „die Fremden greifen an! Ihr Materieauflösungsstrahl ist unglaublich stark, die Verteidigungsfelder des Schiffs werden unaufhaltsam in Stücke gerissen. Wir *müssen* uns zurückziehen!"

„Hmmm", blubberte der Oberbefehlshaber, aber bevor er weitersprechen konnte, wurde das linke Photonenstrahltriebwerk der *Nebutron* abgerissen und löste sich in einer Wolke von verdampftem Metall auf. Das reichte voll und ganz aus, um die Sache zu entscheiden. „Squamus, schaff unsere Klumpfen hier raus!"

So leicht aber sollte die Sache nicht werden. Die schwingenden Felder der gigantischen Quantensteigerung zerlegten die *Nebutron* nun zügig. Kurz bevor der letzte Mirchlen-Neutronenantriebs-Generator durchbrannte, schaffte es der Kreuzer gerade noch in den Hyperraum, was aber nicht ohne schwere Beschädigung abging. Auf dem ganzen Weg zurück nach Vodar brach die *Nebutron* immer wieder für kurze Augenblicke aus dem Hyperraum und verlor so jedesmal enorme Mengen von Mantelmaterial durch den Zusammenstoß mit kosmischem Staub. Als sie Vodar endlich erreicht hatten, blieb von dem Mantel nur noch ein Zehntel seiner ursprünglichen Stärke, und im Profil der *Nebutron* zeigten sich deutliche Lücken. Hinzu kam noch, daß die Besatzung steril war. Sie war von der harten Strahlung erfaßt worden, der das Schiff durch die Berührung des Mantels von Normalraum in Hyperraumgeschwindigkeit ausgesetzt gewesen war, und kleine Vodarier würden sie nun nicht mehr zeugen.

Dem Raumrat blieb natürlich keine Wahl, als den Oberbefehlshaber vor ein Kriegsgericht zu zerren, weil er das Schiff in übelstem Zustand mit einer sterilen Besatzung zurückgebracht hatte. Eine Verteidigung dafür gab es nicht. Sie warfen diesen Klumpf also vierkantig aus der Raumflotte hinaus. Außerdem wurde die Invasion der Erde gestrichen. Vodarier sind *tatsächlich* vorsichtig.

In der Zwischenzeit, nur Augenblicke, bevor die *Nebutron* im Hyperraum verschwand, wurde für das Fernsehgerät der Hawkins die Belastung zu stark, und jede Sicherung im Hauptanschlußkasten des Hauses brannte durch. Wie der zukünftige Mosaki selbst herausfinden würde, brauchte eine derart machtvolle physikalische Erscheinung auch die nötige Kühlung, für die Jackie nicht gesorgt hatte. Die elektronischen Einrichtungen des Geräts, aus denen erst vor so kurzer Zeit der Mosaki-Subraum-Quanten-Modulator entwickelt worden war, schmolzen zusammen. Aber er war ja schließlich noch ein kleiner Junge und wußte es nicht besser.

„Na, also, verdammt noch mal! So was habe ich aber noch nie gesehen! Morgen gleich gehe ich zu Sears und hole mir ein Ersatzgerät – gut, daß die Garantie von einem Jahr noch gilt." Jackies Vater schaute zwar verwirrt, aber zu Jackie tiefster Dankbarkeit fiel kein argwöhnischer Blick auf ihn.

Später am Abend, kurz bevor Jackie einschlief, dachte er noch voller Vorfreude an den Wetterbericht für morgen – den er sich im Radio in der Küche anhören mußte, da das Fernsehgerät selbstredend nicht zu benutzen war. Kein Regen! Mensch! Morgen, da würde was los sein – nicht so lahm wie heute. An Regentagen tut sich doch absolut *nichts!*

Peter W. Bach

Gute alte Westfront

Mit der Dämmerung kam der Regen, und mit dem Regen setzte auch das Trommelfeuer wieder ein.

Goldberg erwachte widerwillig aus einem flachen, unruhigen Schlaf voller Alpträume. Das schlammgetränkte Tuch der Uniform klebte steif und eisig auf seiner durchweichten Haut. Während er noch vorsichtig den Kopf drehte, um seine verkrampften Nackenmuskeln zu lockern, begann er auch das beharrliche Pochen in seiner linken Hand wieder zu spüren. Der Schmerz war stärker geworden.

Er lag ganz ruhig da, die Augen noch immer geschlossen, und versuchte die lähmende Benommenheit abzuschütteln, die ihn gefangenhielt. Über ihm zogen mit infernalischem Kreischen die Artilleriesalven dahin.

Er durfte auf keinen Fall zu spät kommen.

Goldberg setzt sich abrupt auf, und sein Kopf knallte gegen die rostigen Bodenplatten des ausgebrannten Tanks, unter dem er sich verkrochen hatte. Es fühlte sich an, als habe ihm jemand einen Gewehrkolben über den Schädel geschlagen: ein plötzlicher dumpfer Schmerz, der in den Backenzähnen nachvibrierte.

Schwindlig und benommen ließ er sich in den stinkenden Matsch zurückfallen und tastete blind nach dem Koffer, von dem alles abhing. Hinter seinen geschlossenen Lidern schienen noch immer neongrelle Spiralen zu rotieren.

Der Koffer war verschwunden.

Kein Grund, hysterisch zu werden. Kein Grund, hysterisch zu werden. Kein Grund . . . Noch immer flach an den Boden gepreßt, begann er systematisch seine Umgebung abzutasten. Er bemühte sich, kein Geräusch zu machen. Man konnte nicht vorsichtig genug sein. Seine Hände waren steif und nahezu gefühllos.

Der flache, schwarze Koffer war halb in den Schlamm eingesunken. Er lag in einer Pfütze aus Wasser und Dieselöl, direkt neben der gesprungenen Raupenkette des Panzerwracks.

Hoffentlich ist er auch wirklich wasserdicht, dachte Goldberg müde. Wär' ein böser Witz, wenn's daran scheitern würde. Aber vermutlich haben sie diesen gottverdammten Dauerregen mit einkalkuliert. Sie denken gewöhnlich an alles.

Er sah auf die Leuchtziffern der schweren Pilotenuhr, die er an der Innenseite des linken Handgelenks trug, direkt über der Pulsader. Achtzehn Uhr dreißig.

Höchste Zeit aufzubrechen. Wenn ich's heute nicht schaffe, schaff' ich es nie. Kaum anzunehmen, daß er auf mich wartet.

Er gönnte sich eine allerletzte Minute Ruhe; dann begann er zentimeterweise unter dem Wrack hervorzukriechen, den ungewohnt flachen Stahlhelm tief in die Stirn geschoben. Mit der linken Hand zog er den flachen Koffer nach; die vorgestreckte Rechte hielt eine schwere Drahtzange griffbereit.

Im Grunde kann ich mich nicht beklagen, dachte Goldberg, während er unendlich langsam durch die regengepeitschte Alptraumlandschaft aus Schlamm und rostigem Stacheldraht kroch. Ich kann mich wirklich nicht beklagen. Der Rumäne hat uns oft genug gewarnt. Was sind schon ein paar Kilometer und ein paar Stunden Abweichung bei dieser Distanz?

Direkt vor ihm ragte das ausgeglühte Wrack eines Tanks auf, neben dem noch die Leichen der Besatzung lagen. Es war schon zu dunkel, um Einzelheiten zu erkennen, aber der süßliche Verwesungsgestank sagte ihm mehr als er wissen wollte.

Er verschwendete wertvolle Minuten damit, den Tank im großen Bogen zu umgehen und anschließend mit dem Kompaß an seinem rechten Handgelenk die Marschrichtung zu kontrollieren.

Bloß jetzt nicht vom Weg abkommen. Die Gräben sind sich hier verdammt nahe. Und ganz egal, auf welche Seite ich mich verirre, standrechtlich erschossen werde ich auf jeden Fall. Hier ist man schon ein Spion, wenn man bloß die Parole vergessen hat. Nach drei Jahren Grabenkrieg kommt's auf einen Toten mehr oder weniger nicht mehr an.

Ein paar hundert Meter vor ihm stieg zischend eine Leuchtkugel auf und tauchte die zerschossene Kraterlandschaft in grellweißes Flutlicht. Gleichzeitig begann ein Maschinengewehr zu feuern. Es war ein ruhiges, beinahe stotterndes Geräusch, nicht das rasche, bösartige Tackern, mit dem Goldberg schon ein Leben lang vertraut war.

Gute alte Westfront, dachte er zynisch. Richtig gemütlich.

Im langsam verlöschenden Schein der Leuchtkugel untersuchte er seine linke Hand. Sie war dick angeschwollen, und unter den Schlammspritzern zog sich ein breiter roter Streifen in den Ärmel seines Trenchcoats.

Blutvergiftung, konstatierte Goldberg nüchtern. Fortgeschrittenes Stadium. Nun ja, ein paar Penicillinspritzen, und ich bin wieder so gut wie neu. Dann fiel ihm ein, daß es hier kein Penicillin gab, überhaupt keine Antibiotika, noch Jahrzehnte nicht geben würde, und sein Magen krampfte sich zu einem eisigen Klumpen zusammen.

Wenn ich Glück habe, kostet mich das nur den linken Arm. Wenn ich Glück habe.

Hat keinen Sinn, sich aufzuregen, dachte er nach einer Weile. In ein paar Stunden spielt das ohnehin keine Rolle mehr. So oder so. Es geht um mehr als deinen linken Arm – um sehr viel mehr.

„Ich hab's versucht", sagte Goldberg kopfschüttelnd. „Schon oft. Es geht einfach nicht."

Der Major saß in seinem sauber gebügelten Uniformhemd hinter seinem untadelig aufgeräumten Schreibtisch und musterte ihn kritisch. Schließlich nickte er. „Ich weiß. Ich kann es auch nicht. Es ist nichts als eine Statistik, eine Zahl mit sieben Stellen. Niemand kann sich das vorstellen."

Goldberg nickte stumm.

„Denken Sie an irgendeinen konkreten Menschen", sagte der Major. „Stellen Sie sich vor, daß Sie es für ihn tun."

Goldberg nickte noch einmal und versuchte, sich das verstörte Gesicht seines Großvaters vorzustellen, die angstvoll aufgerissenen Augen hinter dem altmodischen Kneifer. Er hatte das Foto unzählige Male betrachtet, hätte jedes Detail blind beschreiben können. Doch jetzt blieben die vertrauten Züge seltsam vage, so als wehre sich der alte Mann dagegen, noch einmal aus seiner Ruhe gerissen zu werden.

Ja doch, dachte Goldberg. Tut mir leid. Friede deiner Asche.

Mein lieber Mann, ich bin ganz schön fertig. Das Fieber vermutlich. Ich sollte besser mal was essen.

Vorsichtig ließ er sich in einen flachen Granattrichter gleiten, während weit zu seiner Rechten eine neue Maschinengewehrsalve lostackerte, und zog den Schokoladenriegel aus der Tasche, den er in der Nacht zuvor einem toten Deutschen abgenommen hatte. Angewidert riß er das bunte Einwickelpapier mit den steifen braunen Blutflecken ab und begann die Schokolade aus ihrer Stanniolhülle zu schälen.

Nun werd bloß nicht überempfindlich, dachte er. Beim Überlebungstraining hast du schon ganz andere Sachen gefressen als ein bißchen blutige Schokolade. Außerdem läßt Alufolie sowieso nichts durch. Während über ihm noch immer die Granaten durch die Dunkelheit heulten, ließ er langsam den Schokoladenriegel im Mund zergehen und zerkaute dann sorgfältig die Haselnüsse. Schokolade wird aus Milch gemacht, fiel ihm plötzlich ein. Wenn nun doch Blut dran gekommen ist – ist sie dann noch koscher?

Goldberg grinste schwach und spülte den klebrigen Nußbrei mit einem Schluck faulig schmeckenden Wassers aus der Feldflasche hinunter. Meine Sorgen möcht' ich haben, dachte er. Dann schob er sich vorsichtig aus dem Granattrichter und machte sich wieder auf den Weg nach Osten, einem Ziel entgegen, das einstweilen nichts war als eine Uhrzeit und ein abstrakter Punkt auf der Generalstabskarte.

Der kleine Rumäne betrachtete die beiden Männer, die in seinem Hotelzimmer gewartet hatten, mit einer Mischung aus Staunen und Verärgerung.

„Wir haben Ihnen einen Vorschlag zu machen, Dr. Popescu."

Der Rumäne hörte ihnen höflich und aufmerksam zu, aber schließlich schüttelte er fast unmerklich den Kopf. Er hielt noch immer den Zimmerschlüssel mit dem großen roten Plastikanhänger in der Hand, als habe er ihn vergessen.

„Ich denke schon, daß es sich machen ließe – jedenfalls dann, wenn Geld keine Rolle spielt, wie Sie sagen. Und natürlich wäre es hochinteressant, meine Theorie endlich auch praktisch bestätigt zu sehen. Aber ich glaube trotzdem nicht, daß ich es machen möchte. Nicht einmal unter diesen Bedingungen."

„Warum?"

„Ist Ihnen eigentlich klar, womit Sie da herumspielen wollen? Haben Sie auch nur eine Minute darüber nachgedacht, was ein Paradoxon alles auslösen könnte?"

„Das lassen Sie mal unsere Sorge sein", sagte der Major knapp.

„Die volle Verantwortung übernehmen wir. Sie haben uns nur die Berechnungen zu liefern, Popescu."

Der kleine Rumäne blinzelte sie aus kurzsichtigen Augen an und schüttelte noch einmal den Kopf. „Ja, natürlich. Wie Einstein. Wie von Braun. Wie Eichmann. Und wenn ich mich weigere?"

„Dann werden Sie wohl bedauerlicherweise Ihre hochinteressante Forschungsarbeit nicht fortsetzen können", sagte der Major freundlich und spielte zerstreut mit dem Tischfeuerzeug. „Muß ich deutlicher werden?"

„Nein." Der Rumäne lächelte verkrampft. „Es scheint, daß ich keine Wahl habe."

„Glauben Sie vielleicht, Einstein hatte eine?" sagte der Major schroff. „Gehen wir, Doktor. Wir haben eine Menge Arbeit vor uns."

Und der kleine Rumäne hatte verdammt gute Arbeit geleistet seit jenem Tag in Genf, dachte Goldberg mit widerwilliger Hochachtung. Nur daß ihn der Idiot zu guter Letzt mitten in einen Sturmangriff lanciert hatte.

Die Maschine war ein paar Meter über einem zerschossenen Acker aus dem Transitfeld gekommen – inmitten eines Infernos aus hohläugigen, ausgemergelten Männern in schlammverkrusteten Uniformen, die einander Bajonette in den Leib rammten, während zwischen ihnen unablässig Artilleriegeschosse detonierten und meterhohe Fontänen aus Blut und Schlamm aufwirbelten.

Sie stürzte ab wie ein Stein und kam, halb auf der Seite liegend, in einem Granattrichter zur Ruhe.

Ohne zu denken riß Goldberg die Tür auf und ließ sich aus dem Cockpit fallen, den flachen schwarzen Koffer eng an sich gepreßt. Noch während er sich mit jener Bewegung, die ihm in den letzten zwei Jahrzehnten in Fleisch und Blut übergegangen war, in Deckung rollen ließ, setzte ganz in der Nähe das bedächtige Hämmern einer großkalibrigen Spandau ein. Goldberg preßte sich so flach wie möglich in den Schlamm und sah hilflos zu, wie die Salve die papierdünne Aluminiumhaut der Maschine in Fetzen riß.

Da geht es hin, Ihr Baby, Dr. Popescu. Was die wohl denken, worauf sie schießen?

Dann explodierte mit einer fahlen, beinahe lautlosen Stichflamme der Generator. Goldberg drückte sich noch tiefer in den blutigen Matsch und saugte leise fluchend an der gezackten Wunde in seiner linken Hand, die er sich beim Abrollen an einem Stück rostigen Stacheldrahts gerissen hatte. In dem allgemeinen Wirrwarr schien niemand auf ihn zu achten; er hoffte, daß sie ihn für tot hielten.

Endlose Minuten später hatte sich das Gemetzel innerhalb weniger Sekunden in einen allgemeinen chaotischen Rückzug aufgelöst, als sei ein geheimes Stichwort gefallen oder das Plansoll an Tod und Vernichtung für diesen Tag erfüllt. Goldberg war aufgesprungen und hatte geduckt zu laufen begonnen, während hinter ihm noch immer vereinzelte Granaten mit dumpfem Krachen detonierten.

Lieber Himmel, sagte er sich grimmig, das ist noch keine zwei Tage her, aber ich fühle mich jetzt schon, als sei ich monatelang aus dieser Scheiße nicht rausgekommen. Der Schlamm und der Regen und diese hirnlose, mechanisierte Metzelei, um ein paar Zoll Boden zu gewinnen. Ein paar von den Burschen hier hocken vermutlich schon seit drei Jahren in den Gräben. Wie halten die das nur aus, ohne verrückt zu werden?

Das Trommelfeuer war schon vor einer ganzen Weile eingestellt worden, aber es regnete noch immer in Strömen; der Mond lag hinter den tiefliegenden Wolken verborgen. Selbst Goldbergs trainierte Augen konnten nicht mehr ausmachen als vage Umrisse – ein gelegentliches Tintenschwarz gegen den nassen, grauschwarzen Samtton der Nacht.

Er hastete angespannt durch die Finsternis, den flachen schwarzen Koffer fest umklammert. Immer wieder stolperte er über unsichtbare Hindernisse oder mußte sich mühsam mit der Drahtzange einen Weg durch den Stacheldrahtverhau bahnen, der sich quer über seinen unsichtbaren Pfad zog und zu beiden Seiten irgendwo zwischen den Granattrichtern des Niemandslands verschwand.

Wenigstens gibt es hier wohl keine Minen, dachte Goldberg dankbar. Zu riskant in einem Gebiet, wo sich die Frontlinie fast täglich ändert.

Aus der Dunkelheit heraus tastete eine Hand nach seinem rechten Knöchel und umklammerte ihn mit eisernem Griff.

Goldberg durchlebte einen Moment blinder, atavistischer Panik, ehe er sich instinktiv duckte und mit einer raschen Bewegung das nadelspitze Messer aus dem rechen Ärmel gleiten ließ, mit dem er schon so oft lautlos getötet hatte. Dann kam für einen Moment ein blasser, rötlicher Mond zwischen den Wolken hervor, und mit einer Mischung aus Erleichterung und Ekel sah er, daß sich sein Stiefel in der Hand eines Gefallenen verfangen hatte. Der Soldat lag starr und aufgedunsen im Schlamm und starrte Goldberg aus weitaufgerissenen Augen an; es war nicht mehr zu erkennen, zu welcher Seite er gehört hatte.

Als ob das eine Rolle spielen würde, dachte Goldberg müde. Er riß sich gewaltsam los und lief rasch weiter. Die verletzte Hand schmerzte höllisch, und allmählich begann sich ein seltsam taubes Gefühl den Arm entlang auszubreiten. Goldberg fühlte sich merkwürdig leicht im Kopf, so als sei das alles nur ein Alptraum, aus dem er jeden Moment aufwachen konnte.

Irgendwann stellte er fest, daß seine Uhr stehengeblieben war. Auch gut, sagte er sich schulterzuckend, jetzt spielt es keine Rolle mehr. Ich muß ohnehin gleich ankommen, so weit kann es nicht mehr sein.

Und er wird auch da sein. Er muß einfach da sein. Und ich werde ihm ein für alle Mal zuvorkommen und tun, was getan werden muß, wie ein guter Soldat. Und wenn es das Letzte ist, was ich je im Leben mache.

Wahrscheinlich ist es das ja ohnehin.

Mit einem Mal fühlte er sich schwindelig. Ohne zu denken ließ er sich in den nächstbesten Granattrichter fallen und saß minutenlang reglos in einer flachen Pfütze, den schmerzenden Rücken gegen die weiche, klebrige Wand gelehnt, bis die Welt aufhörte, sich vor seinen übermüdeten Augen zu drehen wie ein außer Kontrolle geratenes Karussell. Er hatte ungeheure Sehnsucht nach einer Zigarette, aber der Lichtschein des Feuerzeugs war mehr, als er riskieren durfte, selbst bei diesem Wetter.

Das hätte mir gerade noch gefehlt, dachte er müde, irgendein dämlicher Scharfschütze, der sich bei mir die Punkte holen will, die ihm noch fehlen für seinen Heimaturlaub. Goldberg kannte sich aus mit Scharfschützen.

Mit einem einzigen Zug trank er den Rest des schalen Wassers aus der Feldflasche und warf sie dann in hohem Bogen in die Nacht. Er würde sie nicht mehr brauchen, so oder so. Die Flasche schlug mit verräterischem Klatschen irgendwo in der Nähe auf.

Goldberg zuckte zusammen und saß eine Weile vollkommen reglos. Dann, als alles ruhig blieb, schob er den flachen Stahlhelm ins Genick und begann mit den unkoordinierten Bewegungen eines Betrunkenen langsam aus dem Trichter zu kriechen.

Während er stumpfsinnig durch den Regen taumelte, seinen vagen Zielkoordinaten entgegen, versuchte er noch einmal, sich seinen Großvater vorzustellen, eingepfercht auf der Ladefläche eines ganz normalen Lastwagens. Aber das angstverzerrte Gesicht hinter dem goldumrandeten Kneifer entglitt ihm noch immer – statt dessen . . .

Die Plastikbombe war direkt unter ihrem Kinositz detoniert. Sie brauchten ihren Zahnarzt, um die blutigen Fetzen einwandfrei identifizieren zu können. Selbst Goldberg, der jeden Quadratzentimeter ihrer Haut gekannt hatte, konnte sich nicht ganz sicher sein.

Wie üblich gab ein Vertreter der PLO eine Erklärung ab, die in den Abendnachrichten auszugsweise gesendet wurde. Goldberg hörte zu, solange er es ertragen konnte. Dann warf er die halbleere Whiskyflasche mitten in das bärtige Gesicht hinter der dunklen Sonnenbrille; die Bildröhre zerplatzte mit dem dumpfen Krachen einer Handgranate.

Danach begann er, sich systematisch zu betrinken.

Als Goldberg wieder zu sich kam, war es vier Uhr nachts. Er wußte nicht, welches Datum man schrieb. Er duschte eiskalt, rasierte sich sorgfältig und zog sein letztes sauberes Hemd an. Dann rief er ein Taxi.

Selbst die Mossad hatte Dienststunden. Goldberg mußte beinahe zwei Stunden vor dem verschlossenen Eingang des Bürohauses warten, von dem ihm ein Bekannter erzählt hatte, bis schließlich ein verschlafener Pförtner auftauchte und ihn einließ.

„Geben Sie mir ein Gewehr", sagte Goldberg.

Man wird nicht als Killer geboren, sie machen einen dazu, dachte Goldberg, während er todmüde durch den eisigen Regen stolperte. Selbst der beste Scharfschütze im skrupellosesten Geheimdienst der Welt wollte eigentlich mal Kunstgeschichte studieren.

Dann sah er den Vorposten.

Der Mann saß hinter eine Sandsackbarriere geduckt und versuchte, mit der glimmenden Lunte eines Grabenfeuerzeugs seine

Pfeife in Gang zu bringen. Vor ihm thronte ein Vickers-Maschinengewehr auf einem gußeisernen Dreibeinstativ; auf der Munitionskiste daneben stand ein Feldtelefon.

Der ist wohl lebensmüde, dachte Goldberg, auf vorgeschobenem Posten Pfeife rauchen. Seine Augen hatten sich vollkommen an die Dunkelheit adaptiert, und das gelegentliche Aufflammen des Tabaks erschien ihm so grell wie das Mündungsfeuer einer schweren Waffe. Die schlammverkrustete Uniform schien einmal khakibraun gewesen zu sein.

Wenigstens die richtige Seite. Goldberg begann lautlos auf den Posten zuzukriechen und hielt nur einmal inne, um rasch und lautlos die Leitung des Feldtelefons durchzuschneiden.

Erst unmittelbar neben dem Posten richtete er sich auf. Der Soldat fuhr erschrocken herum, als habe Goldberg ihn aus seinem ganz persönlichen Traum vom Frieden aufgeschreckt. Die Pfeife verlosch zischend in einer Pfütze.

„Halt, wer da?" flüsterte der Posten heiser und nestelte ungeschickt an dem Pistolenhalfter an seiner rechten Hüfte. „Keinen Schritt weiter!"

„Gut Freund, Sergeant", sagte Goldberg leise und dankte einem Gott, an den er nicht glaubte, für seine englische Uniform. „Besonders wachsam scheinen Sie mir ja nicht gerade zu sein."

„Parole?" verlangte der Posten, die Augen mißtrauisch zusammengekniffen wie ein Hausmeister, der einen Fremden im Kohlenkeller erwischt hat. Er wirkte schon etwas ruhiger.

„Für Gott und St. Georg", sagte Goldberg müde. „Weiß der Teufel, wie die verdammte Parole heißt. Sie sind der erste Landsmann, den ich sehe, seit mich die Jerrys vor drei Tagen hinter den deutschen Linien abgeschossen haben."

„Flieger, was?" sagte der Sergeant stumpfsinnig.

„Ganz recht. Sergeant. Colonal Fitzroy-Jones vom Royal Flying Corps. Udet hat mich erwischt. Oder Göring, was weiß ich." Goldberg räusperte sich. „Wo sind wir hier, Sergeant?"

„Für einen Flieger sind Sie ziemlich alt", sagte der Posten in seinem breiten Dialekt, das stoppelbärtige Gesicht zu einer mißtrauischen Grimasse verzogen. „Ich dachtc immer, die sterben alle früh."

„Das lassen Sie mal meine Sorge sein, Sergeant", sagte Goldberg eisig und bemühte sich, soviel Upper-class-Akzent in seine

Stimme zu legen wie nur möglich. „Wenn ich mich nicht irre, werden in dieser Armee Offiziere immer noch mit ‚Sir' angeredet. Außerdem hab' ich Sie was gefragt."

Der Posten nickte. „Ja, Sir. Höhe 117, Sir."

Goldberg versuchte, seine Erleichterung nicht allzu deutlich spüren zu lassen. „Wo?"

Der Posten deutete mit schmutzigen Fingern in die Nacht. „Dort drüben, Sir. Diese beiden großen Granattrichter neben den Spanischen Reitern. Jetzt ist davon nichts mehr zu sehen, aber vor ein paar Wochen soll hier tatsächlich noch ein Hügel gewesen sein. Die Jerrys liegen genau dahinter, aber das wissen Sie ja wohl selbst, Sir."

„Danke, Sergeant", sagte Goldberg und kletterte mühsam über die glitschigen Sandsäcke. Der Soldat rückte eilig zur Seite, so als sei er bemüht, ihn auf keinen Fall zu berühren.

„Wollen Sie nicht endlich melden, daß ich zurück bin?"

Während der Sergeant leise fluchend wieder und wieder die Kurbel des nutzlosen Feldtelefons drehte, starrte Goldberg aus übermüdeten Augen hinaus auf den zerwühlten Acker. Hier also sollte es geschehen. Es sah so banal aus, so vollkommen alltäglich. Ein paar Granattrichter irgendwo im Niemandsland, mehr nicht.

Wenn ich bloß nicht zu spät gekommen bin ...

Der Sergeant knallte wütend den Telefonhörer auf die Gabel. „Kann keine Verbindung kriegen, Sir. Anscheinend ist die Leitung mal wieder tot."

„Schon gut, Sergeant, vergessen Sie's", sagte Goldberg. Er räusperte sich. „Haben Sie wohl genaue Zeit? Meine Uhr ist beim Absturz stehengeblieben."

Der Sergeant knöpfte umständlich seinen schweren Uniformmantel auf und ließ schließlich den Deckel einer billigen Taschenuhr aufschnappen. „Zwei Uhr siebzehn, Sir. Greenwich Time."

Das wird verdammt knapp, dachte Goldberg. In drei Minuten wird er dort drüben aus dem Graben klettern, genau vor meiner Nase. Das erste und einzige Mal in diesem ganzen Krieg, daß er überhaupt an die Front kommt. Und ich hab' noch nicht mal das Gewehr parat.

Er schob den Posten zur Seite, wischte brüsk das Telefon von der Munitionskiste und setzte vorsichtig den flachen schwarzen Koffer ab.

„Sir . . .“ begann der Soldat zögernd.

„Hauen Sie ab, Sergeant. Vertreten Sie sich die Beine oder geh'n Sie pissen oder schießen Sie sich eine Kugel durch den Kopf, was auch immer. Aber stören Sie mich nicht, um Himmels willen.“

Goldberg wischte seine schlammigen Hände am Innenfutter des Trenchcoats ab und begann mit steifen Fingern das Zahlenschloß des Koffers zu öffnen.

„Sir . . .“ setzte der Posten noch einmal an.

„Sergeant“, sagte Goldberg ohne aufzusehen. „Sie halten jetzt die Schnauze. Oder soll ich Sie wegen Insubordination und Nachlässigkeit auf vorgeschobenem Posten vor's Kriegsgericht bringen?“

Mit erzwungener Ruhe nahm er die Teile des zerlegten Präzisionsgewehrs aus ihren samtgepolsterten Fächern und ließ sie der Reihe nach ineinanderschnappen. In der Ausbildung hatte er es mit verbundenen Augen in weniger als zehn Sekunden geschafft, aber jetzt . . .

Einen Moment lang starrte er verbittert auf seine verquollenen, fast gefühllosen Hände. Der linke Arm war kaum noch zu gebrauchen.

Dann rastete endlich das Zielgerät mit nahezu unhörbarem Klicken in seine Führungsschiene ein.

Aufatmend entriegelte Goldberg den Verschluß, wischte sich noch einmal die Hände ab und nahm dann mit spitzen Fingern eine der Spezialpatronen mit den quecksilbergefüllten Hohlgeschossen aus ihrem Fach.

Der Sergeant trat unruhig von einem Fuß auf den anderen und stieß dabei seinen Ellbogen an. Einen entsetzlichen Moment lang drohte die kleinkalibrige Patrone Goldbergs tauben Fingern zu entgleiten und irgendwo im knöcheltiefen Schlamm zu verschwinden.

Er drehte sich sehr langsam um, das schmutzverkrustete Gesicht bleich und verzerrt vor Wut. „Sergeant, wenn Sie auch nur den kleinen Finger rühren, ehe ich fertig bin, breche ich Ihnen mit bloßen Händen das Genick, das schwöre ich Ihnen.“

Der Posten sah seine Augen und wußte, daß es ihm ernst war. Er zuckte zurück und sagte lahm: „Ich wollte ja nur, ich meine . . . Komisches Gewehr haben Sie da, Sir.“

Goldberg antwortete nicht und ließ mit der unendlichen Sorgfalt eines Uhrmachers die Patrone in den Lauf gleiten. Gutgeölter Stahl klickte sanft gegen gutgeölten Stahl, als er den Verschluß verriegelte.

Er atmete tief durch. „Wie spät, Sergeant?"

Der Posten klappte mit beflissener Hast seine Taschenuhr auf. „Zwei Uhr einundzwanzig, Sir. Aber ich habe doch gerade erst . . ."

Goldberg nickte stumm und sah mit zusammengekniffenen Augen hinüber zu den deutschen Linien. Jetzt mußte er eigentlich schon unterwegs sein.

Mit einem Daumendruck schaltete er den winzigen Infrarotscheinwerfer des Zielgerätes ein, schob die Optik auf extreme Weitwinkelstellung und legte das Gewehr an. Beide Ellbogen auf die feuchtkalte Sandsackbarriere gestützt, schwenkte er im Zeitlupentempo das Schußfeld ab.

Nichts.

„Sind Sie auch sicher, daß Ihre Uhr richtig geht, Sergeant?" Goldberg merkte plötzlich, daß er vor Anspannung buchstäblich zu atmen vergessen hatte. Sein Puls hämmerte wie bei einem Ertrinkenden und trieb mit jedem Schlag Wellen des Schmerzes durch die vereiterte Hand.

Der Sergeant räusperte sich und murmelte etwas, doch Goldberg schüttelte nur hastig den Kopf. Am Rand seines Gesichtsfelds war eine schmale, untersetzte Gestalt aufgetaucht.

Sie schwang sich ungeschickt über den Grabenrand und hastete dann mit eckigen Bewegungen zwischen den Stacheldrahtsperren hindurch. Auf dem grünlichen Bildschirm des Zielgeräts wirkte die Szene so irreal, als sei sie eine Einstellung aus einem altmodischen Horrorfilm.

Goldberg sah die Kuriertasche, die an einem langen Riemen von der Schulter des Soldaten pendelte, und wußte, daß er sein Opfer gefunden hatte. Ganz ruhig schwenkte er mit der dahinhastenden Gestalt mit, bemüht, den Meldegänger stets voll im Fadenkreuz zu halten, und schob dabei die Zoomoptik auf volle Vergrößerung. Das hagere Gesicht des Soldaten schien lautlos heranzuschweben, bis es sein Blickfeld nahezu ausfüllte.

Er sah halbverhungert und hohlwangig aus und war offensichtlich mit den Nerven vollkommen am Ende. Die dunklen Augen unter dem Rand des zerkratzten Stahlhelms waren angstvoll aufgerissen; der kleine buschige Schnurrbart zuckte unkontrolliert wie ein gefangenes Tier.

Das also ist er, dachte Goldberg müde und versuchte, das verstörte Knabengesicht auf dem Bildschirm mit jenem anderen Bild zur Deckung zu bringen, das er gekannt hatte, seit er denken konnte.

Das alles, um einen verängstigten kleinen Jungen aus dem Hinterhalt zu erschießen. Wie harmlos er aussieht. Sicher, in ein paar Tagen wäre er achtzehn geworden.

Er wunderte sich, daß es ihm so schwerfiel.

Zum Teufel, was soll's, dachte er schließlich. Um sentimental zu werden, ist das wohl kaum der richtige Moment. Ein dreckiger Job mehr. Der letzte. Und der wichtigste von allen.

Goldberg atmete langsam aus und zog ganz ruhig den Abzug durch. Sein Gesicht wirkte vollkommen ausdruckslos, eine kalte, beinahe abwesende Maske. Die Linien des Fadenkreuzes schnitten sich genau zwischen den gehetzten Augen unter dem feldgrauen Stahlhelm.

Dann, im entscheidenden Sekundenbruchteil, als Goldbergs Zeigefinger unwiderruflich den Druckpunkt überschritten hatte, stolperte der Soldat. Die Präzisionsmechanik des Gewehrs lief ab wie ein gutgeöltes Chronometer; der Schuß löste sich, während der Meldegänger noch immer einen ungeschickten Purzelbaum schlug und schließlich auf Händen und Knien im Schlamm landete.

Der Mündungsknall war nicht lauter gewesen als das Geräusch eines Sektkorkens, aber der junge Mann mußte ihn gehört haben. Für einen Augenblick starrte er wie gelähmt vor Panik in Goldbergs Richtung; dann rappelte er sich auf und begann ungeschickt zu laufen, hakenschlagend wie ein Hase.

Goldberg sah ihm nach wie betäubt, das nutzlose Präzisionsgewehr noch immer im Anschlag. Dann fegte er den Sergeanten brutal zur Seite und riß mit der Rechten den Abzug der Vickers durch, ohne zu zielen.

Das Maschinengewehr bäumte sich auf seinem gußeisernen Dreibein auf und begann stotternd zu feuern, ratternd und stoßend wie ein Preßlufthammer. Goldberg kauerte mit zusammengebissenen Zähnen im Schlamm und versuchte, mit beiden Händen die schwere Waffe ruhig zu halten. Jeder einzelne Schuß schien glühende Dolche durch seinen verletzten Arm zu treiben. Der Meldegänger rannte mit eckigen Marionettenbewegungen um sein Leben, während rings um ihn die kleinen Schlammfontänen der Einschläge aufspritzten.

Dann blockierte mit einem häßlichen Knirschen der Mechanismus des Maschinengewehrs. Für Sekundenbruchteile war es totenstill. Goldberg kippte in eine bodenlose, samtene Schwärze, während rings um ihn die Leuchtkugeln emporzischten und die zerschossene Alptraumlandschaft in grellweißes Magnesiumlicht tauchten.

Jemand rüttelte ihn an der Schulter. Goldberg drehte unendlich mühsam den Kopf. Für einen Moment glaubte er, in das vorwurfsvolle Gesicht seines Großvaters zu blicken. Er trug den langen Mantel mit dem gelben Judenstern auf der linken Brustseite, den er auch damals angehabt hatte, als ihn ein namenloser SS-Mann für sein privates Erinnerungsalbum fotografierte. Dann verschwammen die zerfurchten Züge hinter dem goldgefaßten Kneifer und wurden wieder zu der unrasierten, schlammverkrusteten Visage des Postens.

Er konnte nicht länger als ein paar Sekunden bewußtlos gewesen sein. Noch immer hing eine einzelne Leuchtkugel am Himmel, die an ihrem kleinen Fallschirm auf ihn zutrieb und schließlich qualmend erlosch.

„Sir?“ flüsterte der Sergeant. „Sind Sie verwundet, Sir? Sie sind plötzlich . . .“

„Schon gut“, sagte Goldberg leise. „Schon gut. Es ist nichts passiert. Überhaupt nichts.“

Er kam schwankend auf die Füße und begann unkontrolliert zu lachen. Dann, während er noch an seinen Großvater dachte und an das Mädchen, von dem nur ein paar schäbige Jacketkronen übriggeblieben waren, und an die sechs Millionen Menschen, die von blaßgesichtigen Musterschülern auf die rationellste Art zu Tode gebracht worden waren (nein, werden würden), brach er über dem qualmenden Lauf des nutzlosen Maschinengewehrs zusammen und begann, sich würgend und schluchzend zu übergeben.

Das letzte, was er bewußt wahrnahm, war das schrille Heulen der Mörsergranate. Die Bedienungsmannschaft hatte einen Krieg lang Zeit zum Üben gehabt; das Geschoß lag so präzise im Ziel, als seien sie auf dem Manöverfeld. Die Detonation ließ einen flachen Trichter zurück, der sich ganz allmählich mit Grundwasser füllte, bis er sich in nichts mehr unterschied von hunderttausend anderen Granattrichtern, die einmal die grünen Wiesen Flanderns gewesen waren.

Der schnurrbärtige Gefreite lehnte verstört und schluchzend an der modrigen Bretterverschalung des Unterstands. Sein linkes Augenlid zuckte mit der Regelmäßigkeit eines Metronoms.

„Nun bepiß dich mal nicht", sagte der Feldwebel gleichgültig und knackte eine Laus zwischen den schwarzgeränderten Fingernägeln. „Du bist schließlich nicht der erste, auf den sie in diesem Scheißkrieg geschossen haben, und außerdem hast du noch nicht mal 'nen Kratzer abbekommen."

Der bebrillte Telefonist sah grinsend auf. „Als hätte dich die Vorsehung beschützt, Adolf."

Roger Zelazny

Gehen Sie in den Wahnsinn

GO STARLESS IN THE NIGHT

Dunkelheit und Stille herrschten ringsumher, und nichts, nichts, nichts darin.

Ich?

Der erste Gedanke kam ungerufen, er stieg hoch aus einem See von Schwärze. Ich? Das ist alles.

Ich? dachte er. Dann: Wer? Was . . .?

Nichts antwortete.

Etwas wie Panik folgte, aber ohne die üblichen physischen Begleiterscheinungen. Als diese Woge vorüber war, lauschte er; angestrengt versuchte er, auch nur das geringste Geräusch aufzufangen. Er bemerkte, daß er schon nicht mehr versuchte, etwas zu sehen.

Es war nichts zu hören. Nicht einmal die leisesten Geräusche des Lebens – Atmen, Herzschlag, das Knirschen eines müden Gelenks – erreichten ihn. Erst jetzt bemerkte er, daß er keinerlei Körpergefühle besaß.

Aber diesmal bezwang er die Panik. Tod, dachte er fragend. Eine körperlose, dunkle Empfindung, jenseits von allem? Die Stille . . .

Wo? An welchem Punkt der Raumzeit befand er sich? Er hätte den Kopf geschüttelt . . .

Er erinnerte sich, daß er ein Mann gewesen war – und ihm war, als gäbe es irgendwo Erinnerungen, die er nicht erreichen konnte. Kein Name ließ sich heraufbeschwören, kein Bild seiner Vergangenheit enthüllte sich ihm. Und doch, er wußte, daß es eine Vergangenheit gegeben hatte. Er fühlte, daß sie gleich hinter dem trüben Horizont der Erinnerung verborgen lag.

Für eine zeitlose Weile mühte er sich um eine Erinnerung an das, was vorhergegangen war. Amnesie? Hirnschaden? Traum? fragte er sich schließlich, als es ihm nicht gelang, eine gewisse Ahnung von geisterhaften Bildern zu durchbrechen.

Dann nimm einen Körper . . . Fang damit an.

Er erinnerte sich daran, was Körper waren. Arme, Beine, Kopf, Rumpf . . . Eine intellektuelle Vision von Sex . . . Also Körper . . .

Er dachte an seine Arme und fühlte nichts. Versuchte sie zu bewegen. Aber es gab keinerlei Empfindung von ihrer Existenz, geschweige denn von Bewegung.

Atmen . . . Er versuchte, tief einzuatmen. Nichts strömte in ihn. Es gab keinen Hinweis für irgendeine Grenze zwischen ihm und der Dunkelheit und der Stille.

Ein summender Ton setzte ein, ohne Richtung. Seine Lautstärke schwankte. Er wurde heller und sank dann zu einem Rumpeln, dann wurde er wieder zu einem Summen. Abrupt veränderte er sich wieder, diesmal zu wortähnlichen Klängen, die er aber nicht entschlüsseln konnte.

Eine Pause trat ein, als würden irgendwelche Einstellungen vorgenommen, und dann, ganz deutlich: „Hallo?“

Ein Gefühl der Erleichterung überkam ihn, gemischt mit Furcht. Das Wort füllte seine Gedanken, sogleich gefolgt von der bangen Sorge, ob er es wirklich gehört hatte.

„Hallo?“

Noch einmal. Die Furcht schwand. Etwas wie Freude trat an ihre Stelle. Er verspürte das dringende Bedürfnis zu antworten.

„Ja? Hallo? Wer . . .“

Er brach ab. Wie hatte er das gekonnt? Er fühlte keinen Stimmmechanismus. Und doch war ihm, als hörte er das schwache Echo seiner Antwort, wie eine Rückkopplung, blechern. Wo? Die Quelle war nicht auszumachen.

Dann schien es, als redeten mehrere Stimmen miteinander – hastig, leise und weit weg. Er konnte dem Schwall ihrer Worte nicht folgen.

Dann: „Noch einmal Hallo. Bitte Sie antworten noch einmal. Wir stellen den Lautsprecher ein. Wie gut können Sie uns hören?“

„Deutlich jetzt“, antwortete er. „Wo bin ich? Was ist passiert?“

„An wieviel Sie können sich erinnern?“

„An nichts.“

„Keine Panik. Ernest Dawkins. Sie wissen noch, daß Sie Ernest Dawkins heißen? Wir haben es aus Ihrer Akte.“

„Jetzt erinnere ich mich.“

Die schlichte Feststellung seines Namens brachte eine Serie von Bildern hervor. – sein Gesicht, das seiner Frau, seiner beiden Töchter, das Labor, in dem er arbeitete, sein Auto, ein sonniger Tag am Strand . . .

Der Tag am Strand . . . da hatte er zum ersten Mal den Schmerz in seiner linken Seite gespürt – ein dumpfer Schmerz zunächst, der in den folgenden Wochen immer stärker wurde. Er hatte ihn danach nie mehr verlassen – bis jetzt, wie ihm plötzlich bewußt wurde.

„Ich . . . es kommt zurück . . . mein Gedächtnis", sagte er. „Es ist, als wäre ein Damm gebrochen . . . Geben Sie mir noch eine Minute."

„Nehmen Sie sich Zeit."

Er wich vor dem Gedanken an den Schmerz zurück. Er war krank gewesen, sehr krank, im Krankenhaus, man hatte ihn operiert, betäubt . . . Er . . .

Er dachte lieber an sein Leben, an seine Familie, seine Arbeit. Er dachte an die Schule, an die Liebe, an Politik und an Forschung. Er dachte an die wachsenden Spannungen in der Welt und an seine Kindheit und . . .

„Gehen Sie gut, Ernest Dawkins?"

Er hatte das Gefühl für die Zeit verloren, aber diese Frage ließ ihn so etwas wie ein Lachen hervorbringen, von irgendwoher.

„Schwer zu sagen", sagte er. „Ich habe mich an . . . Dinge erinnert. Aber ob es mir gutgeht . . . Wo zum Teufel bin ich? Was ist passiert?"

„Dann Sie haben sich nicht an alles erinnert?"

Er bemerkte seltsame Wendungen in den Fragen der Stimme, vielleicht sogar einen Akzent, den er aber nicht einordnen konnte.

„Ich schätze, nein."

„Sie waren recht unwohl."

„Daran kann ich mich erinnern."

„Sie lagen im Sterben. Wie sie es nennen."

Er zwang sich, zu dem Schmerz zurückzukehren und darüber hinauszuschauen.

„Ja", bestätigte er, „ich erinnere mich."

. . . Und alles war wieder da. Er sah seine letzten Tage im Krankenhaus, als sein Zustand sich verschlechterte, über den

Punkt einer möglichen Besserung hinaus, und die Gesichter seiner Familie und seiner Freunde, in denen diese Erkenntnis zu lesen war. Er erinnerte sich an seine Entscheidung, einen zuvor gefaßten Entschluß weiterzuführen, dessen Verwirklichung schon vor langer Zeit begonnen worden war. Geld war nie ein Problem gewesen. Es schien, daß es immer dagewesen war, in seiner Familie, und sehr früh dann von ihm ererbt und ebenso allgegenwärtig wie seine Einstellung dem Tod gegenüber, nachdem seine Eltern gestorben waren. Genug, um sich für den langen Winter einfrieren zu lassen, um einzuschlafen und von einem fernen Frühling zu träumen . . .

„Ich erinnere mich an meinen Zustand", sagte er. „Ich weiß, was schließlich geschehen sein muß."

„Ja", kam die Antwort. „Es ist geschehen."

„Wieviel Zeit ist vergangen?"

„Beträchtlich viel."

Er hätte sich die Lippen geleckt, begnügte sich aber mit der geistigen Entsprechung.

„Meine Familie?" erkundigte er sich schließlich.

„Es hat zu lange gedauert."

„Ich verstehe."

Der andere ließ ihm Zeit, diese Information zu überdenken. Dann: „Sie hatten natürlich diese Möglichkeit in Betracht gezogen?"

„Ja. Ich habe mich, soweit man das kann, auf eine solche Situation vorbereitet."

„Es hat lange gedauert. Sehr lange . . ."

„Wie lange?"

„Gestatten Sie uns, auf unsere eigene Weise vorzugehen, bitte."

„Sicher. Sie wissen am besten, was Sie tun."

„Wir sind froh, daß Sie ein so vernünftiges Wesen sind."

„Wesen?"

„Person. Wir Verzeihung."

„Ich muß aber trotzdem etwas fragen – es hat nichts mit der verstrichenen Zeit zu tun: Wird Englisch heute gesprochen, wie Sie es sprechen? Oder ist es nicht Ihre Muttersprache?"

Es gab eine kurze Beratung, die er nicht verstehen konnte. Dann: „Ebenfalls lassen Sie uns diese Frage zurückstellen."

„Wie Sie meinen. Können Sie mir dann etwas über meine Situation sagen? Ich bin ziemlich besorgt. Ich kann nichts sehen und nichts fühlen."

„Das ist uns bekannt. Es ist bedauerlich, aber es hat keinen Sinn, Ihnen eine falsche Darstellung zu geben. Die Zeit ist noch nicht gekommen für Ihre vollständige Erweckung."

„Ich verstehe nicht. Wollen Sie damit sagen, daß es noch keine Heilung für meinen Zustand gibt?"

„Wir wollen damit sagen, daß es keine Möglichkeit gibt, Sie aufzutauen, ohne großen Schaden anzurichten."

„Wie könen wir dann miteinander reden?"

„Wir haben Ihre Temperatur noch weiter gesenkt – nahe dem absoluten Nullpunkt. Ihr Nervensystem ist zu einem Superleiter geworden. Wir haben Induktionsfeld auf Ihr Gehirn gelegt und darin schwache Ströme aktiviert. Dritter Abschnitt, linke Seite Kopf, und die Bewegungszonen für Sprache dienen jetzt zu aktivieren kleinen mechanischen Lautsprecher hier neben mir. Wir sprechen Sie an direkt in der Seite Gehirn, welche Stelle zu hören Sprache."

Eine neue Woge von Panik überflutete ihn. Er wußte nicht, wie lange es diesmal dauerte. Undeutlich wurde er sich der Stimme wieder bewußt, die seinen Namen rief.

„Ja", brachte er schließlich hervor, „ich verstehe. Es ist nicht leicht zu akzeptieren . . ."

„Wir wissen. Aber dies schadet Ihnen nicht", kam die Antwort. „Vielleicht Sie fassen sogar Mut daraus zu wissen, daß Sie weiterbestehen."

„Das wäre das. Ich verstehe, was Sie meinen, und kann es als Hoffnung nehmen. Aber warum? Sie haben mich doch sicher nicht geweckt, nur um mir das zu demonstrieren?"

„Nein. Wir haben Interesse an Ihrer Zeit. Rein archäologisch."

„Archäologisch! Das deutet darauf hin, daß eine sehr lange Zeit vergangen ist!"

„Entschuldigung. Vielleicht haben wir falsches Wort gewählen, indem wir an Ruinen denken. Aber Ihr Nervensystem ist Tor zu vergangenen Zeiten."

„Ruinen! Was zum Teufel ist passiert?"

„Es gab Krieg, und es gab Katastrophen. Die Zeugnisse deshalb sind nicht klar."

„Wer hat den Krieg gewonnen?"
„Das ist schwer zu sagen."
„Dann muß es ziemlich schlimm gewesen sein."
„Das nehmen wir an. Wir lernen noch selbst. Deshalb suchen wir vergangene Zeit aus Ihren kalten Überresten zu erfahren."
„Wenn es ein solches Chaos gegeben hat, wie konnte ich dann bis jetzt erhalten bleiben?"
„Die Kühleinheiten hier werden durch Atomanlage getrieben, welche gut gelaufen ohne Wartung – außer Computer – für lange Zeit, und ganze Anlage ist unterirdisch."
„Tatsächlich? Es muß sich einiges geändert haben, seit ich mich hier . . . einschrieb. Als ich den Prospekt las und den Betrieb besichtigte, war es anders angelegt."
„Wir wissen wirklich sehr wenig über die Geschichte dieser Anlage. Es gibt viele Dinge, die wir nicht wissen. Deshalb wir möchten, daß Sie uns von Ihrer Zeit erzählen."
„Es ist schwierig, da einen Anfang zu finden . . ."
„Vielleicht es ist besser, wenn wir stellen Fragen."
„Gut. Aber danach möchte ich auch Antworten auf ein paar von meinen Fragen."
„Das ist angemessen. Sagen Sie uns: Lebten Sie am Ort oder in der Nähe Ihrer Arbeit?"
„Nein. Ich wohnte am anderen Ende der Stadt und mußte jeden Tag hinfahren."
„War dies üblich in dem Gebiet und für das Land?"
„Im großen und ganzen ja. Andere Leute benützten natürlich auch andere Verkehrsmittel. Manche fuhren mit dem Bus. Manche bildeten Fahrgemeinschaften. Ich bin gefahren, wie viele von uns."
„Wenn Sie sagen, Sie sind gefahren, müssen wir verstehen, daß Sie beziehen sich auf vierrädriges Landfahrzeug mit Verbrennungsmotor?"
„Ja, das ist richtig. Sie waren in der zweiten Hälfte des zwanzigsten Jahrhunderts allgemein verbreitet."
„Und es gab viele davon?"
„Sehr viele."
„Hatten Sie jemals Probleme mit der Anwesenheit von zu vielen von ihnen auf den Wegen zur selben Zeit?"
„Ja. Bestimmte Tageszeiten – wenn nämlich die Leute zur Ar-

beit gingen und wenn sie zurückkamen – nannte man Stoßzeiten. Zu solchen Zeiten gab es oft Verkehrsstaus, das heißt, es gab so viele Fahrzeuge, daß sie sich gegenseitig im Weg waren."

„Äußerst interessant. Existierten noch solche Geschöpfe wie Wale?"

„Ja."

„Ebenfalls interessant. Was für eine Arbeit taten Sie?"

„Ich war in der Erforschung toxischer Agenzien chemischer und biologischer Art beschäftigt. Das meiste davon waren Verschlußsachen."

„Was bedeutet das?"

„Oh, es war geheim, auf eine mögliche militärische Anwendung gerichtet."

„Der Krieg war bereits ausgebrochen?"

„Nein. Es war eine Frage des . . . Bereitseins. Wir arbeiteten an verschiedenen Agenzien, die man würde anwenden können, wenn es erforderlich würde."

„Wir verstehen wohl. Interessante Zeiten. Entwickelten Sie jemals etwas Wirksames?"

„Ja. Verschiedenes."

„Dann was haben Sie damit gemacht? Es erscheint gefährlich, solches Material zu haben im Frieden."

„Oh, man hat unter strengsten Vorsichtsmaßnahmen Proben davon an sicheren Orten gelagert. Es gab drei Hauptlager, und die waren gesichert und bewacht."

Eine Pause trat ein. Dann kam die Stimme wieder. „Wir finden dies ein wenig beunruhigend. Denken Sie, sie könnten überdauert haben – ein paar, einige Jahrhunderte?"

„Es ist möglich."

„Da wir sind friedliebend, wir sind natürlich besorgt über Dinge, die gefährlich für die menschliche Art . . ."

„Sie sagen das, als gehörten Sie nicht dazu."

Wieder ertönte ein schrilles Geräusch. Dann: „Die Sprache hat geändert mehr, als wir dachten. Verzeihung. Falsche Schlußfolgerung. Unser Wunsch, diese gefährlichen Materialien zu deaktivieren. Lange schon wir haben gerechnet mit ihrer Existenz. Sie vielleicht werden Rat geben? Lagerort ist uns unbekannt."

„Ich . . . bin mir . . . nicht sicher", antwortete er. „Nehmen Sie es mir nicht übel, aber Sie sind nur eine Stimme für mich. Im

Grunde weiß ich nichts über Sie. Ich bin nicht ganz sicher, ob ich Ihnen diese Information geben sollte."

Es herrschte langes Schweigen.

„Hallo? Sind Sie noch da?" versuchte er zu sagen.

Er hörte nichts, nicht einmal seine eigene Stimme. Die Zeit um ihn herum schien sich merkwürdig zu verhalten. Hatte sie für einen Augenblick angehalten? War er beleidigend gewesen? War der Fragesteller tot umgefallen?

„Hallo! Hallo!" sagte er. „Hören Sie mich?"

„. . .mechanisches Versagen", kam die Antwort. „Verzeihung für. Entschuldigung wegen gestern."

„Gestern!"

„Haben Sie abgeschaltet, während neuen Lautsprecher beschafften. Gerade, als Sie wollten sagen, wo beste Gifte sind."

„Es tut mir leid", stellte er fest. „Sie haben mich um etwas gebeten, was ich Ihnen guten Gewissens nicht geben kann."

„Wir wünschen nur Schaden zu verhindern."

„Ich bin in der schrecklichen Lage, nicht verifizieren zu können, was mir gesagt wird."

„Wenn etwas Schweres fällt auf Sie, Sie zerbrechen wie Flasche."

„Wenn es geschähe, könnte ich nicht einmal das verifizieren."

„Wir könnten Sie wieder abschalten."

„Das wäre zumindest schmerzlos", sagte er, aber er fühlte sich nicht so stoisch, wie es klang.

„Wir brauchen diese Information."

„Dann müssen Sie sie sich woanders beschaffen."

„Wir werden Ihren Lautsprecher und Ihren Hörer abschalten und weggehen. Wir verlassen Sie denkend in der Mitte von Nichts. Leben Sie wohl."

„Warten Sie!"

„Sie werden uns sagen?"

„Nein. Ich . . . kann nicht . . ."

„Sie werden wahnsinnig werden, wenn wir schalten ab diese Dinge, nicht wahr?"

„Ich nehme es an. Früher oder später . . ."

„Müssen wir es also tun?"

„Ihre Drohungen haben mir gezeigt, wie Sie sind. Ich kann Ihnen solche Waffen nicht geben."

„Ernest Dawkins, Sie sind kein intelligentes Wesen."
„Und Sie sind kein Archäologe. Sonst würden Sie mich wieder abstellen, um für zukünftige Generationen zu bewahren, was ich sonst noch weiß."
„Sie haben recht. Wir haben andere Interessen. Sie werden niemals wissen, was wir sind."
„Ich weiß genug."
„Gehen Sie in den Wahnsinn."
Wieder Stille.
Für eine lange Zeit war er von Panik beherrscht. Bis die Bilder seiner Familie wiederkehrten, seines Heims, seiner Stadt. Sie wurden immer greifbarer, und allmählich begann er, mit ihnen und unter ihnen zu leben. Dann, nach einer Weile, ging er nicht mehr zur Arbeit und verbrachte seine Tage am Strand. Anfangs fragte er sich, wann seine Seite zu schmerzen anfangen würde. Dann fragte er sich, warum er sich das gefragt hatte. Später vergaß er vieles, aber nicht die langen Tage in der Sonne oder das Geräusch der Brandung, den roten Regen, das Blau oder die schmelzende Statue mit den feurigen Augen und dem Schwert in der Faust. Als er Stimmen unter dem Sand hörte, gab er keine Antwort. Statt dessen lauschte er den Walen, wie sie sangen für die Meerjungfern auf wandernden Felsen, die dort mit beinernen Kämmen durch ihr grünes Haar fuhren und Blitz und Eis verlachten.

Ian Watson

Der Tod im Käfig

A CAGE FOR DEATH

Ralph Hewitsons Thanatoskop war das Endprodukt der fixen Idee, die dieser seltsame Mann vom Tod hegte. Thanatologie ist natürlich die Lehre vom Sterben, und der Zweck von Hewitsons Maschine war, den Tod sichtbar zu machen und im Idealfall einzufangen. Den Tod höchstpersönlich. Ralph Hewitson hatte es immer schon höchst persönlich genommen, daß er oder sonst jemand sterben sollte.

Als Kinder durchlaufen wir wohl alle diese Phase des Grauens und Sich-angegriffen-Fühlens. Später schieben wir das Trauma ins Unterbewußtsein ab. Wir sperren es in die geistige Rumpelkammer, und erst in unseren letzten Tagen kriecht es wieder hervor. Manchmal ist es dann so unerträglich wie eh und je, aber dank der Zentren der Thanatologie-Stiftung im ganzen Land und der Umdeutung des Sterbens zu einem veränderten Bewußtseinszustand wird es heute mehr und mehr als ein Freund gesehen, als zum Ich gehörig, als Schlußstein zum Gewölbe des Lebens.

Hewitson jedoch hielt an der alten animistischen Vorstellung von einem unsichtbaren Dieb des Lebens fest. Sein Thanatoskop, seine Einrichtung zum Beobachten des Todes, sollte den Tod selbst überrumpeln wie eine durch einen Stolperdraht ausgelöste Kamera und Käfigfalle.

In diesen Zentren waren natürlich neben psychologischen Studien und Therapien schon einige naturwissenschaftliche Versuche zum Thema Tod durchgeführt worden – aber nur insofern, als man etwa den Körper vor und nach dem Tod gewogen hatte, um einen eventuellen winzigen Gewichtsverlust durch das Entweichen der Seele festzustellen, oder versucht hatte, dieses Entweichen mittels der Aura-Fotografie im Film festzuhalten. Keiner der Forscher auf diesem Randgebiet hatte je den Versuch gemacht, den umgekehrten Weg zu gehen: die Ankunft des Todes als aktiver Kraft aufzuzeigen.

Hewitson war ein großer, schwarzhaariger Mann, der ständig leicht gebeugt ging, so als traue er keiner Tür zu, daß sie hoch genug für ihn wäre.

„Ob wohl die Tür des Todes groß genug für mich sein wird, wenn meine Zeit kommt?“ Solche makaber-komischen Überlegungen stellte er einmal mir gegenüber an. „Oder ob ich steckenbleibe? Halb drinnen, halb draußen? Weißt du, ich glaube manchmal, daß Zombies einfach Leute sind, die in jener Tür steckengeblieben sind. Das Bewußtsein ist durch, aber die automatischen Gehirnfunktionen sind auf unserer Seite geblieben und lassen den Körper sich mechanisch bewegen.“

„Du meinst das autonome Nervensystem, nicht wahr, Ralph?“

„So? Meine ich das?“

Ich hatte am College für Neo-Theologie die Betreuung beim Sterben in Gott studiert und war erst vor drei Monaten an das Thanatologie-Zentrum in der Sechsten Straße gekommen, und es versetzte mir einen gewissen Schock, hier jemanden anzutreffen, der einerseits offensichtlich nicht an Gott glaubte, andererseits fest von der Existenz eines leibhaftigen Todes überzeugt war. Ich fand jedoch Gefallen an seinem schwarzen Humor, der seiner fixen Idee Würze verlieh.

Zweifellos war das auch sein Erfolgsgeheimnis bei seiner eigenen Sterbendenbetreuung: Er ließ den Tod als eine Farce erscheinen, als eine Groteske à la Marx Brothers. Diese Art der Ansprache würde bei einigen Leuten sicherlich Wunder wirken. Ich habe solche Leute kennengelernt. Sie wollen ihr Ende partout nicht allzu ernst nehmen, das finden sie scheinheilig. Andere jedoch, die noch verängstigt sind – bei denen könnte ein Scherz als prima Beruhigungsmittel wirken.

Tief im Innern fand Ralph dies alles natürlich überhaupt nicht zum Lachen.

Er zeigte mir seine Maschine oben im vierten Stock des Zentrums. Es war ein freundlicher, sonniger Raum mit einem mittelalterlichen Totentanz im Goldrahmen an der einen Wand und einer großen Farbfotografie des Tadsch Mahal als Kontrast an der anderen. Die Maschine, die den größten Teil des Raumes zwischen den Wänden einnahm, bildete sozusagen die ausgeklammerte Mitte zwischen Grauen und seligem Frieden. Ralph jedoch hatte diese Mitte einbezogen: einen Weg, den Tod weder furchtsam noch freudig zu begrüßen, sondern ihn ohne Fisimatenten einzufangen.

In einem Faradayschen Käfig aus zarter Filigranarbeit, der jede Art von elektromagnetischer Strahlung von außen abblocken und jede innen entstehende Strahlung isolieren konnte, stand eine mit Mediensensoren bestückte Kombination von Wasserbett und Bahre. Dieser Käfig war umgeben von Glaswänden, die man polarisieren, also undurchsichtig machen und in Endlosspiegel verwandeln konnte. Im Innern waren diverse Kleinstkameras und Spiegel auf silbernen Armen angebracht, und außerhalb der Glaswände gab es fluoreszierende Schirme, ein Elektronen-Abtastgerät und eine Art verdecktes Periskop. Drinnen befanden sich weiterhin kleine, hochempfindliche Duftdetektoren, eingestimmt auf das Pheromon des Todes, den komplexen chemischen Stoff, der vom sterbenden Körper in winzigsten Mengen abgegeben wird und den man auch Totenschweiß nennt. Dieser Stoff ist verwandt mit den sexuellen Lockdüften, wie sie von Menschen und anderen Lebewesen freigesetzt werden, und meiner persönlichen Meinung nach ist er einfach ein Nebenprodukt der Evolution zur Warnung anderer Individuen im Umkreis. In früheren Zeiten mußten ja die meisten Todesfälle von Gewalteinwirkung der einen oder anderen Art herrühren, und das bedeutete Gefahr für die anderen.

Hewitson war natürlich anderer Meinung. Er stellte sich das Molekül eher als ein Lockmittel vor, das der Tod wittern und auf das er zusteuern würde, wie eine geschlechtsreife Motte. Erst wenn der Tod eingetroffen war, konnte der Orgasmus des Sterbens stattfinden. So ließen sich auch manche übermäßig langen Todeskämpfe erklären: Die Körper dieser Menschen konnten einfach nicht genug von dem Pheromon produzieren.

Hewitson hatte es – typisch für ihn – fertiggebracht, kleinste Mengen dieses Totenschweißes synthetisch herzustellen, und er hatte einige Prototypen von Todesfallen gebaut, die diesen Stoff freisetzen und dann zuschnappen sollten, wenn jemand oder etwas darauf zustrebte – ohne Erfolg jedoch. So schloß er, daß tatsächlich ein sterbender Körper vonnöten war.

Es ging Hewitson gegen den Strich, überhaupt zu töten – er empfand das als einen Kniefall vor dem Tod –, aber trotzdem hatte er seine Fallen der zweiten Generation mit sterbenden Tieren beködert. Wieder ohne Erfolg. Daraufhin entstand in ihm die

Vorstellung, der Tod sei bei Menschen und bei Tieren etwas wesensmäßig Verschiedenes. Er begann sich für die katholische Doktrin zu interessieren, Tiere als Instinktwesen hätten keine Seele.

In seine perfektionierte Maschine waren jetzt also auch winzige Pheromondüsen eingebaut, die Tropfen dieses Stoffs enthielten und durch Vakuen und Faradaysche Käfige in Miniaturgröße isoliert waren. Ihm schwebte vor, den Sterbevorgang zu imitieren: sich selbst in eine totenähnliche Trance zu hypnotisieren und dann die Düsen aufzudrehen.

„Willst du, daß ich mich da hineinlege?" fragte ich ihn. „Ist es das, worauf du hinauswillst?"

„Und dann puste ich das nicht vorhandene Blausäuregas hinein?" kicherte er. „O nein, Jonathan, nichts Derartiges. Aber natürlich kannst du dich mal drauflegen und ausprobieren, ob es groß und bequem genug ist. Dieses Bett wird bald ganz schön berühmt sein. Berühmter als die historischen Betten, in denen Königin Elizabeth oder Lincoln oder Shakespeare geschlafen haben. Tu es ruhig. Ich bin nicht eifersüchtig."

„Danke, aber nein danke."

„Vielleicht sollte ich es tatsächlich mit Blausäuregas oder etwas Ähnlichem ausstatten. Dann kann ich den Tod nicht nur einfangen, sondern auch töten. Schließlich kann man einen Einbrecher, den man in seiner Wohnung erwischt, völlig legal erschießen – na, und vergleichsweise ist der Tod ja ein Massenmörder. Der größte aller Verbrecher."

Ich hätte nicht sagen können, ob er scherzte oder im Ernst sprach.

„In diesem Fall wüßte ich nur gerne, ob ich damit den Tod überhaupt töten würde oder nur den persönlichen Tod desjenigen, der in der Maschine liegt."

„Ralph, jede Sekunde sterben massenweise Menschen. Sie sterben gleichzeitig. Selbst wenn dein Tod mit Lichtgeschwindigkeit umherflitzen würde . . ."

„Ich verstehe, was du meinst. Aber ich nehme an, der Tod könnte sowohl allgemeingültig als auch privat sein." Er druckste eine Weile herum. „Wenn ich nun den privaten Tod töte – wenn ich die Kugel, die den Namen dieses einen Menschen trägt, einfach aus der Luft schnappe, zertrample, zerquetsche, zerschmelze –, würde dann dieser Mensch" – seine Hand zeichnete in der Luft die imaginären Umrisse seiner Versuchsperson nach, so sinnlich wie ein fantasierender Soldat im Dschungel hundert Meilen vom nächsten Bordell – „. . . würde dieser Mensch dann ewig leben? Hätte meine Behandlung Unsterblichkeit erwirkt? Was für eine prächtige Ironie, Jonathan, wenn die Thanatologie-Stiftung ihren Zweck dermaßen ad absurdum führte!" Er senkte die Stimme. „Kein Wort davon zu irgend jemandem. Dein College für Neo-Theologie würde Zeter und Mordio schreien."

„Ich nehme an, mit diesem Trick willst du Versuchspersonen anwerben", flachste ich zurück. „Hereinspaziert, hereinspaziert! Kommt in Hewitsons Todeskäfig, und er wird euch mit einem Hauch Blausäuregas unsterblich machen. Aber dabei vergißt du eins, Ralph. Du würdest die Versuchsperson umbringen, ehe du ihren Tod unschädlich gemacht hättest. Das Kind würdest du mit dem Bade ausschütten, Ralph!"

„Ach . . ." Ralph schaute bestürzt drein.

Aber das war ja alles nur Jux. In ernsterem Ton fragte ich: „Du willst es also selbst ausprobieren? Einfach den Tod simulieren? So tun als ob? Vermutlich mit Hilfe des Swami?"

Der Swami, das ist unser Spitzname für Mr. Ananda, unseren indischen Berater. Ananda ist tiefer als jeder andere, den ich kenne, in das meeresgleiche, allumfassende Wesen des Todes eingedrungen. (Meeresgleich einerseits, vergleicht er doch andererseits den Tod mit einer Raumkapsel, die die vertraute Erde hinter sich läßt und hoch oben in die Umlaufbahn einschwenkt, wo alles Unwichtige ausgelöscht ist, hoch oben am Saum des endlosen Todesraums.) Ananda hatte sich indischer Methoden der Meditation und Selbsthypnose bedient, um diese Raumstation auf dem Weg ins Nichts zu erforschen – manchmal hatte er die Sterbenden in tiefem Einklang bis nach dort oben oder dort unten begleitet –, um dann wieder zur Berichterstattung ins volle Leben zurückzukehren. Überflüssig zu erwähnen, daß Freund Ananda auf seinen Reisen niemals Freund Hein begegnet ist.

„Ich habe Stunden genommen", gestand Ralph. „Zugegeben, ich habe mich nicht wie er jahrelang damit beschäftigt. Trotzdem glaube ich, ich schaffe es. Ja, das glaube ich. Wenn ich mich tief genug versenken kann, werden meine eigenen Theta-Thanatos-Gehirnströme die Produktion von Todes-Pheromonen auslösen."

„Wann soll das denn steigen?“

„Nächsten Dienstag. Ich brauche ein paar Beobachter. Ananda hat zugesagt, obwohl er meine Motive für – na, du weißt schon – hält. Jedenfalls hat er sich den Termin freigehalten.“

„Ich kann die Zeit auch erübrigen, Ralph.“

„Prima. Jetzt schau mal hier hinein . . .“

Er zeigte mir, wie das Periskop, der Sehnerv und die Spiegel es dem Betrachter von draußen ermöglichten, das ganze Innere des Käfigs zu sehen, selbst wenn die Glaswände verspiegelt waren. Als ich durch das verdeckte Periskop in das perlmutterartig beleuchtete Innere lugte, verdutzendfachte sich die leere Bahre in alle Richtungen, ehe sie sich im dichter werdenden goldenen Dunst verlor, und das Filigranwerk des Faradayschen Käfigs überlagerte sich wieder und wieder in den Spiegeln.

Es wurde Dienstag. Außer Hewitson, dem Swami und mir war noch Dr. Mary Ann Sczepanski, die Ärztin der Stiftung, in seinem Büro. Sie sah reizend aus mit ihren strammen silbernen Zöpfen und ihrem obligatorischen weißen Kittel, der ihre Hüften wie aus schneeigem Marmor modelliert erscheinen ließ.

Hier war also die Mausefalle, in der Hewitson als der große Käse mit dem synthetischen Gorgonzola-Duft des Todes (einem Duft allerdings, den keiner von uns bewußt wahrnehmen konnte) alsbald ausgelegt werden sollte, eine Falle der nicht tödlichen Spielart.

„Jetzt habe ich etwas viel, viel Besseres vor“, sagte Ralph und grinste mit von Swami Ananda sichtlich mißbilligter Effekthascherei, während er sich in seinem dünnen Leinenhemd vorsichtig durch die Tür des Faradayschen Käfig schob, um die dünnen Drähte nicht zu verbiegen. Er streckte sich auf der Wasserbahre aus.

Wie Ralph mich instruiert hatte, verschloß ich die Tür mit seinem goldenen Schlüssel. Die Schlüsselkette streifte ich mir über den Kopf. Dann schaltete ich ganz schwachen Strom im Käfig ein. Er begann leise zu summen.

Die Glaswände, noch in durchsichtigem Zustand, senkten sich und rasteten ein. Die Klimaanlage schaltete sich ein.

„Sie sehen aus wie Schneewittchen“, brüllte Mary Ann, während sie die Lebensfunktionen an den Anzeigen ablas. „Wo ist denn der vergiftete Apfel?“

Ralph hörte sie und nickte ironisch in Anandas Richtung. Dann wurde er ruhig, während Ananda lautstark einen monotonen, endlosen Refrain auf Sanskrit anstimmte. Ralph fiel ein, so vermutete ich jedenfalls; seine Stimme konnte ich nicht hören.

Bald darauf hob Ralph die Hand, und ich schaltete die Glaswände auf undurchsichtig.

Als ich durch das Periskop hineinspähte, lag er völlig still und sah in dem perlmutterfarbenen Innenlicht angemessen bleich und totenähnlich aus. Neben ihm lag sein Spiegelbild, daneben ein weiteres Spiegelbild. Zeh an Zeh immer weitere. Jedes in seinem goldenen Käfig, dessen Stäbe um die weiter entfernten Körper dicker wurden. Man konnte leicht den Mittelpunkt und damit die Orientierung verlieren. Soweit schien Ralphs Maschine am ehesten eine Vorrichtung zum Klonen von Leichnamen zu sein.

Die Versenkung in die Totentrance dauerte fast eine Stunde. Mary Ann überwachte währenddessen gewissenhaft Ralphs Lebensfunktionen. Durch das Fenster fiel die Sonne ein und beleuchtete scheinbar einen großen Marmorblock, eine weiße Kaaba, ein Mausoleum. Eine Zeitlang stolzierte eine zerrupfte Taube auf dem Fenstersims hin und her. Straßenlärm klang leise herauf, und ein paarmal drang das Dröhnen von Hubschraubern herab. Ansonsten war es sehr still.

Ananda schaute auf die Aufzeichnung der Gehirnwellen. Mit seinem braunen, wohlmanikürten Finger tippte er auf eine Stelle. „Hier beginnen die Theta-Thanatos-Rhythmen."

Ich zog mir die Decke des Periskops eng über den Kopf und hörte nur noch die Stimme des Swami. „Die anderen Rhythmen sind jetzt versiegt. In vier oder fünf Minuten wird das Theta-Thanatos stark genug sein, daß wir das Pheromon aufdrehen können." Ich hatte jedoch nicht die Absicht, meine Position zu verlassen. Ich wollte nichts versäumen – nicht, daß ich geglaubt hätte, es würde etwas zu sehen geben, und außerdem lief ja auch noch ein Videoband. Aber so bin ich nun einmal. Man setze mich auf einen Berggipfel und trage mir auf, Sternschnuppen zu zählen, und für einen Freund starre ich die ganze Nacht in den Himmel.

„Jetzt – Pheromon marsch!" verkündete Ananda.

Automatisch schnupperte ich, obwohl ich auf keinen Fall etwas hätte riechen können, Glaswände oder nicht.

Nahe Ralphs nackter Wade sah ich die Spitze einer Injektionsnadel, durch die Mary Ann ihn bei Bedarf mit Stimulantien vollpumpen konnte. Ich hatte die Hand an dem Schalter, der die Stromstärke im Faradayschen Käfig verfünfzigfachen würde.

Was ich dann sah, das erscheint nicht auf dem Videoband – so als hätte das Band Licht dieser Wellenlänge nicht aufnehmen können, so als käme es aus einem völlig anderen Spektrum! Aber ich sah es mit meinen Augen, das kann ich beschwören.

Etwas Rotes (nur daß es nicht „rot" war) erschien aus dem Nichts und ließ sich auf Ralphs Brust nieder. Es glich einer Fledermaus; es glich einer Riesenmotte; es glich einem feuerbeschienen Engel am Weihnachtsbaum. Es flackerte strobenhaft. Es schien in einem Moment dazusein und im nächsten nicht. Es hatte große, glasige Augen und einen winzigen scharfen Schnabel. Es hatte rasiermesserscharfe Klauen an den schleierartigen Flügeln – wenn es Flügel waren –, ähnlich den Sporen, die man Kampfhähnen anschnallt. (Mir war klar, daß ich nur das sah, was meine Augen und mein Verstand wahrnehmen konnten, nicht unbedingt das, was tatsächlich da war.)

„Theta Finale!" sang der Swami, der nichts davon sehen konnte. „Stimulantien, Mary Ann!"

„Habe ich doch schon! Die Anzeigen . . ."

Gleichzeitig drückte ich auch auf meinen Knopf. Es war nicht mehr nötig. Was immer Ralph auch konstruiert hatte, um die Erhöhung der Stromstärke im Käfig auszulösen, es hatte bereits funktioniert. Der Käfig knisterte in fünfzigfacher Isolierung.

Die Nadel war in Ralphs Wade gedrungen. Er zuckte wie ein galvanisierter Frosch.

Mit weit geöffneten Augen setzte er sich aufrecht auf die Wasserbahre.

Das rote Etwas sprang von ihm herab, flackerte, verschwand und kam wieder, war aber länger an- als abwesend. Es berührte die Wand des Käfigs und schien durch das elektrifizierte Filigranwerk hindurchzugleiten. Und ebenso durch die Glaswände. Nein, es glitt durch den Raum, in dem wir uns aufhielten, aber nicht hinein. Es glitt hindurch und hinein in eins der Spiegelbilder des Käfigs, tatsächlich hinein, so daß kein „Original" im eigentlichen Käfig blieb. Jetzt fiel mir auf, worauf ich vorher nicht geachtet hatte: Vom Augenblick seines Erscheinens an war es nur einmal vorhanden gewesen. Keine Spiegelbilder. Keine Duplikate. Viele Reflexionen von Ralph, aber keine von dem roten Ding. Wie konnte etwas, das ich mit meinen Augen sehen konnte, kein Spiegelbild werfen? Vielleicht hatte das mit seiner wesenhaften Unteilbarkeit zu tun.

Die rote Motte flatterte von einem Phantomkäfig in den anderen und entfernte sich in Spiralen immer weiter von dem wirklichen Ralph Hewitson. Aber weiter entfernt wurden die goldenen Stangen dicker. Jetzt flog sie in eine Wand aus immer zäherem Sirup. Weiter konnte sie nicht durch die Spiegelbilder fliehen.

Ralph saß aufrecht und verfolgte sie mit den Augen, und dann griff er mit beiden Händen in die Luft. Über der wirklichen Wasserbahre war die Luft natürlich leer. Das Ding – der Tod – war nicht dort. Aber in den Spiegelkäfigen griffen alle Hände aller seiner Reflexionen gleichzeitig zu. Er schien genau zu wissen, was er tat.

Der Tod flatterte wie wild im Kreis, von einem Käfig in den anderen, um den Händen zu entkommen. Aber für Ralph war alles ein einziger Käfig.

Er fing ihn. Er fing ihn! Im dritten Käfig vom Original schlossen sich seine Hände um ihn und hielten fest. Seine wirklichen Hände und die aller anderen Spiegelbilder um ihn her blieben leer. Nicht aber jenes Paar. Jene nicht. Sie hielten das rote Etwas. Die Fledermaus, die Motte. Den Tod.

Der Tod hieb mit seinen Flügelklauen nach Ralphs Händen und hackte mit dem Schnabel hinein. Über die Hände und Handgelenke dieses einen Spiegelbildes strömte das Blut. Der wirkliche Ralph schrie vor Schmerz. Aber seine Hände wiesen keine Wunden auf. Nur die Hände des einen Spiegelbildes, welches das Wesen festhielt, wurden zerfetzt, aber er selbst spürte den Schmerz. Immer noch rang er mit dem Wesen. Mit verzerrtem Gesicht hielt er es fest: Zwei leere Hände mit hervortretenden Sehnen schlossen sich um leeren Raum. Und so weh es auch tat, soviel Fleisch das Wesen auch von seinen Phantomfingern riß, seine Fingerknochen hielten es in der Spiegelung immer noch fest.

„Was ist denn los?“ rief Mary Ann. „Er reagiert zu stark auf das Stimulans! Was ist los, Jon?“

„Er kämpft mit dem Tod“, rief ich. „Er hat den Tod gefangen, und jetzt kämpft er mit ihm!“

In diesem Moment drehte sich Ralph mir zu: Jedenfalls schaute er in die Richtung, wo ich sein mußte. „Entpolarisieren! Auf durchsichtig schalten!“ keuchte er.

Ich riß mich vom Periskop los, fand den Schalter und legte ihn um. Augenblicklich konnten wir alle in den Käfig sehen. Und natürlich waren all die Spiegelwelten verschwunden.

Aber Ralph kämpfte immer noch – mit der leeren Luft! Seine Finger griffen immer noch zu. Ja, ich verstand, was er tat, wenn es auch für die anderen eine verrückte Pantomime sein mußte. Er riß den Tod so weit los, daß er ihn in einer Hand halten konnte – um ihn dann weit von sich zu schleudern? Nein, niemals würde er den Tod fahren lassen, jetzt, da er ihn besiegt hatte. Mit gebleckten Zähnen unter Schmerzen grinsend, hielt er die eine festhaltende Hand in einer Art Salut mit halbgeballter Faust empor.

„Strom aus!“ befahl er rauh.

Ich drückte den Knopf. Das knisternde Zischen verklang.

„Schließ den Käfig auf, Jonathan!“ Selbst unter Schmerzen gebrauchte er nicht die Abkürzung meines Namens.

Ich zögerte einen Augenblick. Ließ ich damit etwa den Tod in die Welt hinaus? Aber ohne Strom wären ein paar Drähte wohl ohnedies kein Hindernis für ihn gewesen.

Ralph sah mein Zögern. „Du Dummkopf, ich habe ihn doch!“ schrie er mir von jenseits der Drähte ins Gesicht. Er hätte sie mit Gewalt durchbrechen können, aber selbst in seiner Situation mochte er seine Erfindung nicht beschädigen. „Und er ist ja sowieso nicht hier. Nicht in diesem ‚Hier‘. Er ist noch immer im Spiegelbild – und dort habe ich ihn im Griff!“

Wirklich? Hatte er ihn im Griff? Oder war der Schmerz in seinen zerrissenen Nerven und zerhackten Fingerknochen so tief eingegraben, daß er sich einbildete, er habe etwas im Griff? Spürte er den immer noch andauernden Kampf nur so wie ein Amputierter einen Phantomschmerz? So wie er immer noch in die Luft griff und seine Lippen zerbiß, konnte ich das nicht glauben. Die Spiegelbilder waren verschwunden – wohin Spiegelbilder nach Dienstschluß auch immer verschwinden mögen –, aber seine Spiegelhand umklammerte dort draußen immer noch den Tod und ahmte seine wirkliche Hand in Form und Haltung nach.

Ich zerriß die Kette in meiner Hast, als ich nach dem Schlüssel an meinem Hals griff. Ein paarmal mußte ich ansetzen, ehe ich ihn in das Schloß bekam und umdrehte.

Ich öffnete die Tür. Ralph kroch heraus und stand auf, die halbgeballte Faust auf Armeslänge vor sich, Triumph und Qual im Gesicht.

Das ist jetzt drei Tage her. Ralph hat in der Zwischenzeit kein Auge zugetan. Ich glaube nicht, daß er jetzt noch loslassen könnte, selbst wenn er wollte. Seine Hand ist mit dem Tod zu sehr verflochten: Klauen sind in Knochen verhakt, Knochen umschließen Flügel. Seine Hand bleibt bewegungsunfähig, verkrümmt wie bei einem besonders schweren Fall von Arthritis, aber ansonsten scheint sie eine normale Hand ohne jede Verletzung zu sein.

„Hysterische Verkrampfung“, so lautet Dr. Sczepanskis Diagnose. Sie glaubt nicht, was ich gesehen habe. Swami Ananda auch nicht. Sie wissen, daß es den leibhaftigen Tod nicht gibt, und das Videoband zeigt nur Ralph, allein im Käfig und dann plötzlich sich aufsetzend und in die leere Luft greifend.

Jetzt bin ich im Büro allein mit ihm. Es ist Nacht. Viele Menschen sterben um drei Uhr nachts. Das ist der tote Punkt zwischen Nacht und Tag, die Stunde der Mutlosigkeit, der Tiefpunkt der Biorhythmen.

Im Moment ist es halb zwei. Ralph sitzt zusammengesunken in seinem Sessel; der Schmerz hält ihn wach, seine verkrampfte Hand ruht auf dem Schreibtisch.

„Du hast es gesehen, Jonathan.“

„Ja, ich habe es gesehen.“

Mary Ann glaubt, ich hätte mich dadurch, daß ich zu lange durch das Periskop in den vielfach widergespiegelten Raum gestarrt hätte, selbst in Hypnose versetzt. Meine Aufmerksamkeit wäre von den Spiegeln eingefangen worden. Ich wäre im Grunde im Zustand der sensorischen Deprivation gewesen. Ich hätte gerade frei und in großem Stil Halluzinationen entwickelt, als Ralph sich aufsetzte und gegen Phantome zu kämpfen begann. Ich hätte den Splitter in meinem eigenen Auge gesehen. Ich hätte ihn mit Scheinleben erfüllt – ebenso wie Ralph, aus der tiefsten Trance gerissen, das durch sein Herz pulsierende Blut verkörpert in der Luft als den Hahn, die Fledermaus, die Motte des Todes sah.

„Du glaubst mir doch jetzt, Jonathan?“

„Glauben? Ich weiß!“

So sitzt Ralph nun vor mir und hält den Tod auf Armeslänge von sich – aber wie lange noch? Wenn der Tod ihm schließlich entkommt, fliegt er dann woandershin, oder kommt er stracks hierher, um sich auf der wirklichen Hand niederzulassen, deren Spiegelbild ihn jetzt noch im Spiegelreich gefangenhält?

„Meine Knochen fühlen sich an, als brächen sie in Stücke", stöhnt Ralph. „Aber vielleicht ist das gar nicht so. Diese Hand ist jedenfalls noch fest. Ach, mein allzu festes Fleisch! Ich kann sie ja nicht sehen, die anderen Knochen. Ich kann nur fühlen. Gott, was ich fühle!"

„Laß ihn doch los. Öffne deine Hand."

„Ich kann nicht, Jonathan. Ich kann nicht."

Es ist Viertel vor zwei. Die Stadt draußen ist still wie ein Grab. Stille Nacht. Ralph ist zu erschöpft zum Schreien.

Gemeinsam warten wir.

Joe Haldeman

Die Pilotin

THE PILOT

Das Gerät ist nicht richtig eingestellt. Ein grüner Streifen flackert diagonal durch den Bildkubus, und der lächelnde Präsentator ist nur undeutlich zu sehen.

Sie versucht es einzustellen, indem sie sanft mit der Zunge über einen Backenzahn streicht, erinnert sich dann, flucht sparsam und dreht an einem Knopf, bis der Streifen verschwindet, dann an einem anderen, um das Bild scharfzustellen. Der Präsentator verabschiedet sich lächelnd von irgend jemandem. Ein Gefühl von kaltem Metall klebt an Daumen und Zeigefinger, bis sie es an ihrem Oberschenkel wegreibt, angeekelt und mit gerümpfter Nase. Wieviele dreckige Vertreter und Kongreßteilnehmer und Hotelzimmermädchen haben diese Knöpfe berührt, seit sie das letzte Mal sterilisiert wurden? Sind sie überhaupt jemals sterilisiert worden?

„Unser nächster Gast ist eine Frau mit einer bemerkenswert seltenen Beschäftigung.“ *Beschäftigung!* Er lächelt aus dem Kubus hinaus, und das Bild verkleinert sich, um sie mit einzuschließen; sie lächelt nicht und versucht, auf dem dreckigen Ledersessel nicht hin und her zu rutschen. „Sie ist Raumschiff-Pilotin . . .“ – *ich bin ein Raumschiff* – „ . . . aber nicht bloß ein gewöhnlicher Raketenjockey. Sie führt ein Kriechboot zwischen der Erde und dem äußeren Sonnensystem – zu den Asteroiden, bis hin zum Saturn. Ihr Name ist Lydia Meinenger, und sie ist eine New Yorker Landsmännin.“ *New Yorker.* „Lydia, würden Sie uns etwas über Kriechboote erzählen; wie sie . . .“

„Zunächst einmal“, unterbricht sie, „sind sie absolut nicht langsam. Sie sind sehr viel schneller als alles, was Sie im Erde-Mond-System verwenden. Der Name ist ein Überbleibsel aus den Tagen der alten Robot-Schlepper, die in den Hohmann-Transfer-Orbits dahinkrochen, um den Treibstoffbedarf so gering wie möglich zu halten. Ein Hohmannschlepper brauchte sechs Jahre bis zum Saturn; ich schaffe es in dreizehn Monaten. In neun, mit einer Jupiterpassage. Aber das geht nicht mit Passagieren."

„Wegen der Strahlung?"

„Richtig." *Warm wie die Sommersonne.* „Man kann nicht jeden einzelnen in Blei verpacken, so wie mich."

„Das ist wahrscheinlich der faszinierendste Aspekt Ihres Berufes, Lydia. So, wie Sie mit dem Schiff verdrahtet sind, sind Sie eigentlich ein Teil davon." *Ich bin das Schiff, du Narr.*

„‚Verdrahtet' ist ein bißchen extrem ausgedrückt. Man benutzt heute keine chirurgischen Implantate mehr, sondern lediglich Induktionsplatten, die über diverse Organe gelegt werden. Es gibt ein paar Drähte, die mit dem somatischen Feedbacksystem verbunden sind", *– o langsame Ekstase –,* „aber die führen durch natürliche Körperöffnungen, und wenn sie an Ort und Stelle sind, spürt man sie kaum noch."

„Diese Feedbackgeschichte – steuern Sie damit das Schiff?"

„Genau. Zu Beginn wird eine Justierung vorgenommen, so daß . . . nun, solange ich mich gut fühle" – *gut!* – „arbeitet jedes System des Schiffes störungsfrei. Wenn ein System von der erwarteten Leistung abweicht, fühle ich das als Übelkeit oder leichten Schmerz. Art und Intensität des Unbehagens sagen mir, welches System betroffen ist, und vermitteln mir eine Vorstellung vom Grad der Fehlfunktion. Einen Hydrogenverlust beispielsweise, bei dem der Treibstofffluß zeitweilig ungleichmäßig ist, empfinde ich als brennenden Krampf im . . ." Das Bild wird weiß, ein leises Läuten ertönt. „. . .tum."

Der Präsentator grinst hinter seiner dreckigen Hand. „Ich fürchte, *das* wird die Zensur nicht durchlassen, Lydia." *Sie leben in der Scheiße, und deshalb können sie nicht darüber reden?* Kichern. „Das erscheint nicht sehr präzise."

„Wichtig ist Sensitivität, nicht Präzision. Sofort zu wissen, welches System schmerzt. Dann kann ich die entsprechenden System-Parameter abrufen und sie mit dem idealen Pflichtenprofil vergleichen. Gewöhnlich kann ich die Störung mit Hilfe der Diagnosebibliothek des Schiffes beheben. Wenn nicht, rufe ich Company Control auf dem Mond."

„Ihre Hauptaufgabe ist also die eines Troubleshooters?"

„Ja." *Wie du Troubleshooter für deinen eigenen Körper bist? Du dreckiger Narr, du könntest ja mit beiden Händen nicht mal deine eigene Leber finden.* „Ich treffe Entscheidungen, was die Wartung des Schiffes betrifft."

„Das klingt nicht sehr aufregend . . ."

„Ist es aber."

Er sieht sie erwartungsvoll an; sie redet nicht weiter. „Sie müssen über ein recht gutes technisches Hintergrundwissen verfügen." *Für eine Frau – sag's schon, du Narr.*

„Nein. Ich habe Latein und Griechisch studiert. Der technische Teil ist einfach. Jede halbwegs intelligente Frau könnte das."

„Ich . . . äh . . . verstehe . . . Sie . . ."

„Es gibt keine männlichen Kriechbootpiloten. Ihre Zensur wird kaum wollen, daß ich das im einzelnen diskutiere. Da werden Sie einen Zwölfjährigen fragen müssen." Sie blitzt ihn mit einem metallisch glänzenden Lächeln an. „Viel schöner als . . ." Läuten.

Er versucht sich kläglich an einem weltmännischen Lachen. „Ihre Tätigkeit hat einen interessanten, nützlichen Nebeneffekt. Ich wette, die Zuschauer wären überrascht zu erfahren, wie alt Sie sind."

Sie läßt ihn gerade lange genug warten – als er den Mund öffnet, um sich zu retten: „Fünfundsechzig."

„Na, ist das nicht fabelhaft? Sie würden für zwanzig durchgehen."

„Das würde jeder, der nichts zu tun hätte mit Schwerkraft und Sonne und Wind und diesem . . ." *Läuten.* „. . . das bei Ihnen als Essen und Trinken und Atemluft durchgeht. Ich habe den größten Teil meines Lebens in mit Sauerstoff angereichertem Fluorkohlenstoff zugebracht, schwerelos, mit einer perfekt zusammengesetzten Nahrung und von Maschinen trainiert."

„Aber Ihre Arbeit ist gefährlich."

„Nicht besonders. Eine von dreißig geht vielleicht verloren."

„Gefährlicher als Holovision." Sein Bild wird verschwommen; sie berührt den dreckigen Knopf, um es wieder scharfzustellen. „Der Atomantrieb selbst muß doch ziemliche Risiken enthalten." Sie trägt ihre verunreinigte Hand ins Badezimmer und hört ihm dabei zu. „Nicht zu reden von Meteoren und . . ." *Narr.*

„Nein, wirkliche Katastrophen sind sehr selten." Sie wäscht ihre gekränkten Finger sorgfältig. „Gefährlich ist es nur beim Umschwung, wenn das Schiff seine Höchstgeschwindigkeit erreicht hat. Es soll dann umschlagen und auf dem letzten Teil der Strecke langsamer werden.“ Sie läßt die Seife an den warmen Fingern. „Manchmal schlagen sie aber nicht um. Sie fliegen einfach weiter, immer schneller. Zu schnell für das Rettungsschiff der Company.“

„Wie schrecklich.“ Sie steht vor dem Gerät, eine trockene Hand zupft am Elastikgewebe, drängend. *Kleider!* „Sie fliegen einfach weiter . . .“

„Für immer.“ *Ekstase, oh!* „Der Pilot kann noch ein paar hundert Jahre leben.“

„Also . . . wenn jemals ein Klischee zutreffend war . . . ein solches Schicksal, das klingt schlimmer als der Tod.“ *Narr.*

Sie nickt ruhig. „Das tut es.“ *Narr, Narr, oh verdammt, es geht nicht so.* Sie sinkt zurück auf das Bett und fängt an zu weinen. *Zu Tode sollen sie schmoren.*

Er legt einen dreckigen Finger an die Lippen. „Gut. Sind Sie, hm, bleiben Sie lange auf der Erde?“

„Nur noch zwei Tage.“ Es schmerzt, als sie zu weinen aufhört, sie wischt sich die Augen, das Brennen der Seife bringt neue Tränen hervor. „Ich bin gern wieder einmal in New York, aber die Schwerkraft ist anstrengend. Von der Luft muß ich husten. Ich freue mich darauf, wieder hinauszukommen.“ *Zum letztenmal – schmoren sollen die Schweine.*

„Zum Saturn diesmal?“

„Nein, zur Abwechslung gehe ich ins Innere System. Bringe fünfhundert Kolonisten auf die neue Venus-Kolonie.“ *Bringe sie ins Feuer.*

„Ist das gefährlicher? Ich meine, ich weiß nicht viel über den Weltraum, aber besteht nicht die Gefahr, daß Sie in die Sonne fallen?“

Sie lächelt höflich. „Nein, überhaupt nicht.“ Scharfe Metallzähne, sie fährt mit der Zunge über die Rückseite ihrer Zähne, aber die Schalter sind nicht angeschlossen. „Man würde ebensoviel Energie benötigen, um in die Sonne zu ‚fallen‘, wie man braucht, um aus dem System hinauszugelangen.“ *Aber weniger, um sie zu streifen, zu schmoren.* „All diese Schwerkraft. Vielleicht wäre es möglich; ich habe das noch nie berechnet.“ *Charakteristische Geschwindigkeit 17,038 emos, Ausfallswinkel 0,117 rad, lebe wohl Sonnensystem, lebe wohl Dreck.*

Ausdrucksloses Starren. „Ja . . . oh, Jimmy gibt mir das Zeichen.“ *Direkt ins Perihelion, mit voller Kraft, dann Notkehre, neunzehn g, und ihre verdorrten, gebackenen Körper werden zu Staub zermalmt.* „Unsere Zeit ist leider um.“

Scheißfracht, zu sterilem Staub zusammengebacken. „Wir haben uns sehr gefreut, Sie bei uns zu haben, Lydia.“ Er streckt seine Hand aus, und sie sieht sie an.

Unterwegs zu den Sternen, ewig jung, das geliebte Schiff im Innern meiner Ekstase. „Ich danke Ihnen.“

Stephen Robinett

Das Bild des Präsidenten

THE PRESIDENT's IMAGE

Ich habe Sie aus einem besonderen Grund hierhergebeten. Die 96er Vorwahl zeichnet sich ab, und ich habe noch keine Erklärung zu meiner Kandidatur abgegeben. Ich möchte, daß Sie die ersten sind, die meine Entscheidung hören. Um einen meiner Vorgänger zu zitieren: Wenn man mich nominiert, werde ich nicht begeistert sein.

Enttäuschtes Stöhnen? Hören Sie mich bis zu Ende an. Erst dann werden Sie meine Entscheidung verstehen.

Die letzten Meinungsumfragen zeigen, daß sich ein neues Problem entwickelt, eines, das den hervorragenden Ruf, den wir uns erworben haben, überschatten könnte. Das Problem hat nichts mit unserem Programm zu tun. Das ist vom amerikanischen Volk begeistert aufgenommen worden. Das Problem ist von einer anderen Art; es betrifft nicht die Substanz unserer Regierung, sondern die Form, das Bild, genauer gesagt: mein Bild.

Lassen Sie mich deutlicher werden. Nach unserer Meinungsumfrage werde ich von der Wählerschaft als kompetent, fähig, einfallsreich und reformfreudig, aber gesundheitlich angegriffen eingeschätzt. Gerüchte über das Nachlassen meiner Gesundheit haben sich sprunghaft vermehrt. Es wird in Frage gestellt, daß ich noch eine vierjährige Amtsperiode durchhalten könnte. Die Medien haben uns als ‚ausgemergelte Regierung' tituliert.

Ausgemergelt – das ist das entscheidende Wort. Eine Computerprognose über den Ausgang der nächsten Wahl zeigt, daß dies das beherrschende Thema werden könnte, insbesondere dann, wenn unseren Gegnern auch nur die geringste Gelegenheit gegeben würde, politischen Nutzen aus diesem Scheinproblem zu ziehen. Wie Sie alle sehen können, sehe ich nicht ausgemergelter aus als an dem Tage, an dem ich mein Amt antrat. Es ist einfach die Tatsache, daß wir uns für den 96er-Wahlkampf stärker profilieren, die dem Thema öffentliche Aufmerksamkeit verschafft hat.

Gut, nun aber zum Zweck dieser Lagebesprechung. Einige von Ihnen kennen nicht alle Einzelheiten, die zu unserer gegenwärtigen Lage führten. Ich werde sie so knapp wie möglich skizzieren und habe eine Abschrift zur Einsichtnahme anfertigen lassen. Ich möchte nicht, daß Mißverständnisse über unsere Wahlkampfstrategie bestehen.

Wie fing es an? Das ist die große Frage. Es begann mit dem versuchten Attentat auf Senator Mirada in Los Angeles vor der letzten Wahl. Wie die meisten von Ihnen wissen, hatte ich mich dem Wahlkampf noch nicht angeschlossen, sondern der Senator führte unsere Partei mit Riesenschritten in Richtung Weißes Haus. Als er das bedrohliche Geheul der Kugeln des Attentäters hörte, geriet sein Schritt verständlicherweise ins Schwanken.

Am nächsten Tag rief der Senator Fred Thoroughway zu sich. Sie alle hier kennen Fred. Er war in jenen Tagen der Sicherheitschef in unserem Wahlkampf. Nach Freds Aussage sah der Senator wie eine lebende Leiche aus. Seine Haut hatte die Farbe einer alten Zeitung, und er hatte dunkle Ringe unter den Augen. Er schien über Nacht um zehn Jahre gealtert zu sein. Die Anforderungen eines allzu ehrgeizigen Berufs, verbunden mit seinen dubiosen Gewohnheiten – er trank, rauchte und hatte unzählige Frauenaffären –, hatten seine körperliche Verfassung völlig geschwächt. Der Attentatsversuch drohte sie nun zu zerstören. Er flüsterte Fred ununterbrochen zu, daß er das Angesicht des Todes in der Menge gesehen habe. Er sagte Fred, daß etwas getan werden müsse. Er könne nicht weitermachen, wenn der Sensemann ihn auf den Spuren des Wahlkampfes verfolge. Der Sensemann, in all seinen Masken, mußte unschädlich gemacht werden.

Unschädlich machen – ein schönes Wort. Aber wie? Fred war gefangen zwischen dem sprichwörtlichen Felsen der Skylla und der gleichermaßen sprichwörtlichen, schwer zu passierenden Insel der Sirenen. Wenn er nichts tat und einfach hoffte, daß sie durch die 92er-Wahl mit einem psychisch gesunden Kandidaten kämen, würde es irgendein Verrückter wahrscheinlich wieder versuchen, und dann würden die angespannten Nerven des Senators reißen. Wenn er, bei einem Versuch, das aufgewühlte Gemüt des Senators zu beruhigen, diesen mit einem undurchdringlichen Schutzschirm umgab, würde Senator Mirada den Wählern niemals so nahekommen, um auch Präsident Mirada zu werden.

Dennoch, ein Auftrag, unschädlich zu machen, war ein Auftrag, unschädlich zu machen, egal wie überwältigend die Aufgabe auch war.

Eine Woche lang bereiste Fred Sicherheitsdienste in Los Angeles. Los Angeles, überlegte Fred, mit seinem übergroßen Prozentsatz an Verrückten, würde auch über beispielhafte Techniken verfügen, um mit ihnen fertig zu werden. Er inspizierte elektrische, chemische und mechanische Vorrichtungen. Einige waren geeignet, einen Aufruhr zu unterbinden, andere, Städte zu zerstören. Keine würde einen einsamen Attentäter abhalten, der auf einen Mord fixiert war und sich nicht um seine eigene Sicherheit kümmerte – also genau die Art von Mensch, die der Senator unschädlich gemacht haben wollte.

An diesem Wochenende, um zeitweilig der wachsenden Frustration seiner Suche zu entfliehen, ging Fred mit seinem Sohn ins Disneyland. Der Ausflug erwies sich als schicksalhaft. Nach einer besonders übelkeiterregenden Runde auf der „Verrückten Tarantella" – der Sohn vor Freude quietschend, während der Vater den größten Teil des Mittagessens verlor – zog Freddie junior seinen Vater weiter, um Lincoln seine Gettysburger Rede halten zu hören.

Fred senior hatte die Schau vor Jahren gesehen, als es sich um einen Roboter handelte. Der mechanische Lincoln war seitdem lange verschwunden. Jetzt stand ein holographisch projizierter Lincoln, der von einem Computer gesteuert wurde, an seiner Stelle. Dieser hielt die Gettysburger Rede nicht nur in ausgezeichneter und mitreißender Weise, sondern beantwortete auch Zuschauerfragen wie bei einer Pressekonferenz.

Eine der Fragen kam von dem erstaunten Freddie Thoroughway am Fuße des Podiums. Er fragte Lincoln, ob er wisse, wie sehr er Senator Mirada ähnele. Lincoln lächelte freundlich-väterlich und antwortete, daß ihm dies schon viele Leute gesagt hätten. Das erinnere ihn an eine Anekdote aus seiner Kindheit. Und er begann eine Geschichte darüber zu erzählen, wie er Eisenbahnschienen in Illinois gespalten hatte.

Die Geschichte hatte rein gar nichts mit der Frage des Jungen zu tun, aber Freddie dachte es zumindest. Und das tat augenscheinlich jeder im Saal. Die Illusion war überzeugend. Fred senior starrte auf Lincoln, der in seinen Ausführungen begriffen war, und wußte, daß er die Lösung zu Senator Miradas Problem gefunden hattc.

Am Montagmorgen wurden Experten für computergesteuerte Holographie herbeigeholt, einschließlich der hochentwickeltsten Apparaturen, die zur Verfügung standen. Der Senator legte eine Wahlkampfpause ein, die lang genug war, um den Aufnahmetermin auszufüllen. Kameras und Mikrophone nahmen jede seiner Bewegungen auf, von Kopf bis Fuß, von vorne und hinten, stehend, sitzend, sprechend – vor allem sprechend.

Die Wellenfronten, die jeder Ton und jede Bewegung des Senators erzeugten, wurden sofort analysiert und einer 256-ziffrigen Dualzahl zugeordnet. Auf jedem Millimeter des Aufnahmebandes ballten sich eine Million Zahlen. Das Band lief mit einer Geschwindigkeit von zwei Metern pro Sekunde durch die Maschine. Alles wurde schließlich mit einem Computer gespeichert, einer Ansammlung von ungefähr zwei Milliarden digitalen Informationseinheiten über den Senator pro Aufnahmesekunde. Thoroughway nahm den Senator hart ran und schädigte seine ohnehin schon schwache Gesundheit weiter, aber er brachte es fertig, einhundert Bandstunden zusammenzubringen. Sie konnten jetzt jede Bewegung und jeden Laut des Senators, zusammen mit einigen, die er niemals zuwege brächte, holographisch reproduzieren.

Dann kam der mühsame Teil. Sie hatten die Form, das Bild. Sie brauchten nun die Materie. Jeder Punkt aus dem Wahlprogramm des Senators wurde gespeichert, zusammen mit Einzelheiten über Schwierigkeiten bei der Durchführung der jeweiligen Politik und die Bewältigung dieser Schwierigkeiten. Das Programm wurde so aufgebaut, daß diese Informationen sowohl in Gestalt einer förmlichen Rede als auch eines zwanglosen Gesprächs oder einer Antwort auf Zuschauerfragen gegeben werden konnten. Es enthielt sogar einige schlagfertige Erwiderungen auf Zwischenrufe, die für alle Zwecke geeignet waren.

Als Thoroughway zufrieden war, rief er Senator Mirada zur Demonstration herein. Er setzte die Apparaturen in Gang, alle tragbar, und ich gesellte mich im Labarotarium zu ihnen. Thoroughway stellte mir Fragen zur Steuerreformgesetzgebung, sowohl unter dem Blickwinkel der realen Gegebenheiten als auch unter dem der praktischen Durchführbarkeit, das heißt, eine solche Gesetzgebung durch den Kongreß zu bringen. Meine Antworten waren zufriedenstellend. Senator Mirada stellte mir Fragen zu Themen der Außenpolitik – dem Tierra-del-Fuego-Krieg, dem Putsch von Lissabon und dem gegenseitigen Verteidigungspakt zwischen China und Japan. Wieder beantwortete ich jede Frage, ein oder zwei von ihnen in wohlformulierten und – wenn ich so sagen darf – geistreichen Erwiderungen.

Der Senator war beeindruckt. Er legte einen Arm um Freds Schulter und flüsterte ihm ins Ohr, daß der Erfolg mit mir ihm erlauben würde zu tun, wonach er sich seit den ersten Tagen des Wahlkampfes gesehnt habe, nämlich einen ausgedehnten Entspannungsurlaub zu nehmen, um seine Gesundheit wiederherzustellen. Er deutete auf mich und sagte, ich könne tun, was er „die gemeine Arbeit des Gewähltwerdens" nenne.

Wir bekamen Postkarten vom Senator aus Tahiti, alle mit seinem Geheimdienst-Code-Namen, Ceshire Cat One, unterschrieben. Er schickte ein Foto von einem Mann mit abgewandtem Gesicht, der zwei junge Tahitimädchen in seinen Armen hielt. Er verlebe eine wunderschöne Zeit und wünschte, wir wären da.

Während der Senator Baströcken nachjagte, verrichtete ich Tag und Nacht die gemeine Arbeit des Gewähltwerdens. Vor jedem Auftritt stellte Thoroughway die Apparaturen unter der Rednerbühne auf, die manchmal ein Podium unter freiem Himmel, manchmal eine Bühne in einem Raum war. Er ordnete an, die Autokolonne innerhalb der Reichweite des Projektors anhalten zu lassen. Wenn die Limousine des Senators hielt, warf Thoroughway die Apparate an. Die Wagentür ging auf. Ich stieg aus, lächelnd, winkend, werbend.

Obwohl ich keine kleinen Kinder küßte oder Hände schüttelte – ein Ding der Unmöglichkeit unter diesen Umständen –, hielt ich doch zündende Lincolnsche Reden. Sogar die Medien fingen an, über den „neuen" Senator Mirada zu sprechen, der systematischer und besser auf die Themen vorbereitet sei, direkter auf Fragen eingehe und schlagfertiger sei. Unser Ansehen stieg in den Meinungsumfragen. Niemand betrachtete mich zu der Zeit als einen Mann, der schon vier Jahre lang in einem aufreibenden Beruf seinen Dienst getan hatte. Deshalb gab es kaum Kommentare über mein Aussehen.

Keiner der Erfolge bereitete Fred Freude. Von Zeit zu Zeit ließ er mich spät nachts zu sich kommen, um die Angelegenheit zu besprechen. Er hatte viele Wahlkämpfe mitgemacht, und irgend etwas ging *immer* schief. Entweder gingen kleinere Dinge die ganze Zeit schief – verspätete Flugzeuge, verregnete Wahlkampfversammlungen, schludrige Vorbereitungen –, oder etwas Großes ging unerwartet schief. Je länger wir ohne kleine Katastrophen auskamen, desto mehr sagten Fred seine Vorahnungen, daß eine große sich anbahne.

Sie ereignete sich am 4. November 1992, einen Tag, nachdem wir mit knapper Mehrheit ins Amt gelangt und als einige von Ihnen immer noch leicht benommen von der Siegesfeier waren. Senator Mirada – jetzt Abstinenzler, Nichtraucher und Jogger – hatte einen neuen Lebensstil entdeckt, der ruhiger, gesünder war, ohne die erdrückende Last, die mächtigste Nation der Erde zu regieren. Wie er in seiner letzten Karte sagte, fühlte er sich in Harmonie mit dem Rhythmus des Jahres und des Meeres. Er hatte sich entschieden, die rauchigen Räume Washingtons gegen die frische Luft und die Sonne Tahitis einzutauschen, für immer.

Das bereitete uns Schwierigkeiten. Ich bin sicher, daß Sie alle sich an die Versammlung erinnern. Die meisten von Ihnen waren hysterisch über die möglichen Konsequenzen seiner Entscheidung. Ich mußte die Verantwortung übernehmen. Wir stimmten ab. Wir gelangten zu unserer Entscheidung auf demokratischem Wege. Was wir taten, taten wir zum Wohle des Landes. Wir hatten die gemeine Arbeit des Gewähltwerdens geleistet. Konnten wir da untätig bleiben und diese Wahl wieder preisgeben? War ein Mann so unersetzlich? Außerdem hatten wir ein Programm, an das wir glaubten – ein Programm, das das Land brauchte.

Wenn ich zurückblicke, kann ich wohl sagen, daß wir die richtige Entscheidung getroffen haben. Meine persönliche Beliebtheit ist groß, mein Ruf ist gut. Wir haben uns nur mit diesem einzigen Problem, meiner Gesundheit, zu befassen. Ich habe bereits Schritte unternommen, um die Situation in Ordnung zu bringen.

Vergangene Woche habe ich ein Telegramm nach Tahiti gesandt, dem ein zweistündiges Bildgespräch über Satellit folgte. Ich muß sagen, Tahiti hat ihm gutgetan. Er sieht braungebrannt, ausgeruht und zufrieden aus. Er hat die Ereignisse hier verfolgt und heißt unsere Errungenschaften gut. Er ist sogar davon überzeugt, daß wir während unserer Amtszeit bessere Arbeit geleistet haben, als er es jemals geschafft hätte – eine Bestätigung, die ich sehr schätze.

Jedenfalls haben wir einen großen Teil der zwei Stunden darauf verwandt, unsere Entscheidungsmöglichkeiten zu prüfen. Er schlug die nächstliegende Lösung vor, ein neues Band, das einen Mann präsentiert, der fit und gesund ist. Ich mußte dagegen Einspruch erheben. Die Medien haben schon eine große Sache aus meiner Abneigung gegen Händeschütteln gemacht – das Howard-Hughes-Syndrom nennen sie es – und behaupten, daß dies auf eine neurotische Furcht vor Krankheitserregern, auf Hypochondrie, hinweise, ein Beweis für eine potentielle, geistige Instabilität sei. Ich habe ihm deutlich gemacht, daß wir diese Art von Gerede unterdrücken müssen anstatt sie zu ermutigen. Er verstand mich. Dennoch zögerte er, sein Shangri-La zu verlassen. Erst nach weiteren Verhandlungen und der festen Zusage, daß die *Air Force One* öfter längere Abstecher nach Tahiti machen würde, war er bereit zu kooperieren.

Ich glaube, meine Damen und Herren, wir können jetzt zuversichtlich den vier weiteren Jahren entgegensehen, die wir brauchen, um unsere Ziele völlig zu verwirklichen. Wie ich zu Beginn dieser Besprechung sagte, habe ich meine Entscheidung getroffen. Ich glaube, Sie verstehen sie nun. Wenn man mich nominiert, werde ich nicht begeistert sein, aber wenn man mich wählt – unser Freund in Tahiti wird uns genau das Bild liefern, das wir für diese profane Arbeit benötigen –, dann werde ich meine Pflicht tun.

Robert Holdstock

Die Erde ging mit ihm

EARTH AND STONE

Das Krachen der Transmission rollte dröhnend über das wogende Grasland; es war kaum zu unterscheiden von dem Krachen, das dem Zersplittern der großen Felsblöcke folgt, der Megalithen der Grab-Bauer, die in diesem Land seit siebenhundert Jahren wohnten.

Der Mann ritt auf einem stämmigen schwarzen Pferd; er erschien plötzlich gleichsam aus dem Nichts. Er war in Häute und Pelzgamaschen gehüllt, und sein Haar trug er in straffen, schulterlangen Zöpfen. Sein lockiger Vollbart starrte von irgendeiner rötlichen Paste. Seine Satteltaschen waren hier, im dritten Jahrtausend vor Christus, ein Anachronismus, aber immerhin waren sie grob aus Leder gefertigt; ihre geometrische Unförmigkeit war unvermeidbar, denn die Ausrüstung, die sie enthielten, war für die schließliche Rückkehr des Mannes in seine eigene Zeit erforderlich. Ebenso wie das Pferd würden auch die Ledertaschen samt ihrem Inhalt vernichtet werden, sobald sie ihren Zweck erfüllt hätten. Daran herrschte im Kopf des Mannes überhaupt kein Zweifel; aber seine Überzeugung basierte auf einem falschen Grund. Er hatte nicht die Absicht, jemals wieder in seine eigene Zeit zurückzukehren. Er würde hierbleiben, bei den Leuten des Boyne-Tales, mit denen er so viel zu tun gehabt hatte.

Sein Name war John Farrel. Er war fast dreißig Jahre alt, und hier, in einer Zeit von Erde und Stein, rechnete er damit, vielleicht noch zehn Jahre leben zu können.

Als er durch das Transmissionsfeld kam, wendete er sein Pferd und spähte in den Nebel, der die Zukunft war. Er begann zu schwinden, und der letzte Rest Luft aus einer anderen Zeit strömte fünftausend Jahre in die Vergangenheit; er brachte einen säuerlichen Geruch mit sich – den Geruch von Maschinen, von künstlichen Aromen und von synthetischen Kleidern; den Geruch, den Gestank erfolgreicher Anpassung.

Kalte Winde, die letzten Worte des Winters vor der plötzlichen Wärme des Frühlings, trugen den Geruch der Zukunft davon und zerstreuten ihn über einem Land, das weiter war als Farrel es jemals zuvor gesehen hatte. Maschinen, Parfüm und Plastik versikkerten in der Erde, sie wurden hinab- und fortgesogen, verloren sich in dem frischen Gras dieses Zeitalters von Fels und Blut.

Farrel ritt den kleinen Hügel hinauf, der gleich vor dem Transmissionsfeld lag, wandte sich auf dem Gipfel noch einmal um und spähte in das Tal hinunter. Der Boyne wand sich träge durch die Landschaft, ein silbernes Band, das sich in exzentrischen Mäandern zwischen den flachen Hügeln hindurchzog, bis es nicht mehr zu sehen war. Farrels geistiges Auge empfand einen Moment lang das Fehlen der Ansammlung von roten Backsteingebäuden, die eines Tages das zerklüftete Waldland am äußeren Flußbogen überwinden würden. Einen Moment lang glaubte er, er sähe ein Auto die Hauptstraße entlangjagen, er sah das Sonnenlicht auf glitzerndem Chrom, eine Illusion, hervorgerufen durch ein kurzes Aufblitzen des Sonnenlichtes auf den ausgebreiteten Flügeln einer Möwe, die von den Winden über dem Fluß zurück an die See getragen wurde.

Dort, wo das Transmissionsfeld sich langsam auflöste, sah man den Fluß nur verschwommen, und das Land war ein grüner Nebel, in dem die Konturen langsam schärfer wurden. Der Wind griff nach Farrels Haar, er kühlte den Schweiß auf seinen Wangen und ließ ihn blinzeln. Das Gras unter ihm schien zu flüstern, und der Wind selbst redete in einem unzusammenhängenden Gemurmel, ein unaufhörliches Summen in der Ferne. Graue Wolken zogen an der bleichen Sonne vorbei, und Schatten flogen über das Tal, gefolgt von strahlender Helle. Das Transmissionsfeld schwand immer weiter und war schließlich nicht mehr da.

Einen Augenblick lang sah Farrel in seiner Vorstellung das Gesicht einer Frau, rund und alternd; das blonde Haar war perfekt frisiert, aber der Lidschatten war verwischt und verschmiert von Tränen und bitterem, bitterem Zorn. *Warum du? Warum du? Warum du?*

Die Worte in seiner Erinnerung waren in Wirklichkeit nichts als der böige Wind und die lebendigen Geräusche seines Pferdes, das unruhig danach drängte, daß er in dieser wilden Landschaft die Zügel schießen ließ.

Wie laut die Stille nach der Hysterie ist, dachte er. Er hatte nicht gewußt, wie sehr einem die Herzensqualen eines anderen Menschen nachgehen konnten. *Du wirst niemals zurückkommen! Lüg mich nicht an, du kommst nicht zurück. Ich kenne dich zu gut, John; dies ist dein Ausweg, deine Möglichkeit zu fliehen. Mein Gott, du mußt mich wirklich hassen. Du mußt uns wirklich alle hassen!*

Letzte Worte, verloren im Lärm des Straßenverkehrs. Die Treppe unter ihm hatte gezittert. Die Haustür war zugeschlagen, wie eine Explosion, die für immer mit ihnen aufräumte.

Jetzt bin ich hier. Ich bin hier. Ich bin ihnen entkommen, ihnen allen, und sie glauben – die meisten von ihnen jedenfalls –, daß ich zurückkomme, wenn ich hier fertig bin. Aber das tue ich nicht! Ich gehe nicht zurück! Ich bin hier, und ich bin allem entronnen, und ich gehe nicht zurück!

Dann schwanden die Geister der Zukunft; sie folgten dem Transmissionsfeld durch die Jahrhunderte. Die Landschaft, die Farrel umgab, war jetzt deutlich zu sehen. Seine Gedanken wurden klar. Er atmete tief, und eine Sekunde lang verspürte er einen Drang zu weinen, doch er bezwang sich; er sah sich um und betrachtete die unberührte Landschaft.

Ansammlungen von kleinen Erdhügeln erstreckten sich längs der Hänge und konzentrierten sich am Flußufer (um so näher bei der Flußgöttin zu sein; dies hatte zumindest Burton in seiner letzten Sendung impliziert). Das älteste Hügelgrab war wohl nicht mehr als zweihundert Jahre alt. Das jüngste? Farrel blickte suchend umher: Vierhundert Yards von ihm entfernt lag ein Hügel, etwa doppelt so hoch wie er selbst und etwa fünfzig Fuß im Durchmesser. Er war mit grauen Steinen eingefaßt, die das stumpfe Grün des Hanges von der dunklen Erde des Grabhügels abgrenzte; der Hügel selbst war noch nicht völlig mit Gras bewachsen. Ein Grab, das kaum mehr als ein halbes Jahr alt sein konnte; es war neu, und die eingeäscherten Überreste in seinem Innern waren noch schwer vom Brandgeruch.

Ihm war schwindlig vor Aufregung, als er dieses neue Grab mit dem flachen, grasbedeckten Buckel assoziierte, zu dem es in den nächsten fünftausend Jahren werden würde; zusammengefallen und verwittert, so daß man es erst durch die Entdeckung der zerbröckelten Randsteine als Grab würde identifizieren können. Eine Handvoll Kohlenstoffteilchen, die sich in einer natürlichen Höhlung zwischen zwei der Kammersteine bewahrt hatten, würde man als menschliche Überreste erkennen, und dies würde in den Köpfen derer, die von dieser rätselhaften Boyne-Kultur fasziniert waren, tausend Fragen hervorbringen. Und vor einem Jahr waren diese verkohlten Knochensplitter vielleicht noch am Leben gewesen und hatten auf diesem Boden gestanden.

Ein Schwarm Stare kreiste über ihm, sie zogen, den Winden ausgeliefert, ihre Spiralen. Eine einzelne Elster schoß zwischen ihnen umher, bis die Stare sich auf sie stürzten, und der größere Vogel sank nach unten weg, den Hang entlang, und verschwand im gleißenden Licht des Flusses. Das schrille Vogelgeschrei klang wie eine kurze, panische Symphonie, und Farrel zog sein Pferd herum und sah hinüber zu dem fernen Wald und der wogenden Ebene, die eines Tages seine Heimat sein würde.

Verdeckt durch einen flachen, von Regen und Wind geglätteten Felsblock, beobachtete ihn ein Junge.

Erste Sendung – erster Tag

Ich bin zu Beginn des Frühjahrs hier eingetroffen, und soweit ich es abschätzen kann, sieben Monate später als vorhergesehen und nicht fünf Monate zu früh. Ich nehme es Burton nicht übel, daß er nicht hier ist, um mich zu begrüßen. Er muß es ziemlich schnell satt gehabt haben, hier herumzulungern, vor allem mit etwas „Phantastischem" in Aussicht. Was immer da geschehen sollte, das ihn so erregte – jetzt ist jedenfalls keine Spur von ihm oder von den Tuthanach selbst. Berichtigung: ein einzelner Tuthanach . . . ein Junge. Es handelt sich um den seltsamen Jungen, den Burton in seiner letzten Sendung erwähnt hat, und er ist das einzige menschliche Wesen, das ich in den ersten paar Stunden hier gesehen habe, abgesehen von unsichtbaren Aktivitäten (in Form von Rauch) in Richtung Tara. Das Pferd hat den Jungen nicht übermäßig neugierig gemacht, und an seinem Verschwinden hat er keinerlei Interesse erkennen lassen. Heute hat er ein wenig von seinem Fleisch gegessen, aber zu dem für ihn sicher ungewohnten Geschmack nichts gesagt. Ich bin übrigens allen, die mich dazu gebracht haben, das Pferd mitzunehmen, sehr dankbar. Ich hätte es niemals geschafft, irgendwelches Wild zu fangen, und ich mußte gut zwei Meilen zurücklegen, bis ich ein zufriedenstellendes Versteck gefunden hatte. Das Dorf – ich sollte wohl sagen *crog-Tutha* – ist verlassen und zeigt deutliche Anzeichen von Verwitterung. Ich gestehe, daß ich ein wenig verwirrt bin. Coffeys Parzelle K ist übrigens sehr neu; etwas, das Burton in seinem Bericht nicht erwähnt hat. Ich hatte vorhin einen schrecklichen Gedanken: Könnte es sein, daß Burton hier begraben ist? Auf den Parzellen L oder B gibt es noch keinerlei Anzeichen für ein Grab, aber es gibt noch so viele andere, die vom einundzwanzigsten Jahrhundert aus nicht zu entdecken sind, daß ich nicht weiß, wo ich anfangen soll. Burton hat doch auch so etwas angedeutet, oder? Ich frage mich, wieso er nicht auf Einzelheiten eingegangen ist. Der Grabhügel auf Parzelle J ist schon ziemlich verwittert; es sieht so aus, als sei unsere Datierung ein wenig danebengegangen – sagen wir um vierhundert Jahre? Und wie Burton berichtet hat, liegt die Parzelle des großen Newgrange noch brach. Ich kam genau an der Stelle aus dem Transmissionsfeld, die der große Grabhügel bedecken wird. Einen Augenblick lang war mir das nicht klar, und dann fühlte ich mich sehr merkwürdig. Weitere Einzelheiten werden in meiner zweiten Sendung folgen. Im Moment schmerzen mir die Finger: Ende.

Die ersten zwei Nächte schliefen Farrel und der Junge in dem geräumigen Unterschlupf tief unter einem überhängenden Felsen hinter verschlungenen Ästen und Wurzeln einiger gedrungener Ulmen, die die Höhle umgaben. Am dritten Tage begannen Farrels Interesse an dem überraschenderweise verlassenen Crog, sein Zögern, in dem verfallenden Dorf selbst zu lagern, zu überwiegen. Er verspürte jedoch weiterhin ein Unbehagen. Was wäre, wenn die Tuthanach in der Nacht zurückkämen und an einem Fremden, der sich in ihren Zelten niederließ, Anstoß nähmen? Burtons Bericht hatte keinen Hinweis darauf enthalten, daß dieses spezielle Boyne-Volk in irgendeiner Weise kriegerisch oder gewalttätig war, aber diese Periode des Neolithikums war eine Zeit voller Bewegung, ein Volk folgte dem anderen, und Axt und Speerspitze wurden zu drastischen und endgültigen Zwecken verwendet. Vor allem den Megalithgrab-Bauern der Bretagne war dieser Teil der irischen Küste vertraut. In ihren schweren Weidenbooten fuhren sie an der Südküste Englands entlang, bis die unübersichtlichen Strömungen um Lands End sie um die Scilly-Inseln herum und hinauf in den warmen Strom der Irischen See trugen. Dort stellten sie die Ruder auf, und die flache See trug sie ganz von allein an die irische Küste im Norden von Dublin, entlang an jenen pittoresken Stränden, die vor sieben- oder achthundert Jahren die ersten Siedler hatten an Land gehen sehen.

In einer seiner Sendungen hatte Burton einen einzelnen, kurzen Bericht über eine kleine Gruppe von „Fels-Stehlern“ gegeben, die einen Crog weiter südlich in der Nähe von Fourknocks (crog-Ceinarc) überfallen hatte. Die Angreifer hatten getötet und waren getötet worden, nicht von den Ceinarc, sondern von Wölfen.

Vor Wölfen hatte Farrel die größte Angst. In seiner eigenen Zeit waren Wolfsrudel ziemlich scheu und leicht einzuschüchtern. In diesem Zeitalter jedoch war ihr Verhalten völlig anders – sie waren wild, hartnäckig und tödlich. Er fand, es wäre besser zu glauben, daß die Tuthanach nicht feindselig wären, als sich den Zähnen solcher Wolfsrudel auszusetzen. Vorausgesetzt, er blieb auf dem Gelände von Crog-Tutha von Felsen und Steinen weg und „stahl“ sie nicht in irgendeiner Weise, indem er ihnen seinen eigenen Seelengeist einschnitt, würde er wohl sicher sein.

Er erklärte seinen Plan dem Jungen, dessen Name Ennik-tigen’cruig war (Tig – nie berührt Frau – nie berührt Erde). Der Junge legte eine Hand auf seine Hoden und neigte den Kopf nach rechts. Unsicherheit? Ja, wie Farrel sah – ein Achselzucken, aber ein Achselzucken, das von Unruhe geprägt war.

„Würden Tigs Leute uns töten, wenn sie zurückkämen?“ fragte er, und er hoffte, er hatte gesagt, was er hatte sagen wollen . . . (Mann-Frau diesen Tig diesen Farrel auf den Wind – morgen, mehr morgen Mann-Frau nahe diesem Tig diesem Farrel?)

Tig sprang zum Eingang der Höhle, spähte hinaus auf das windige Hügelgelände und sah hinauf zu den nickenden Ästen der Ulmen, die wie ein Netz vor den vorübertreibenden Wolken lagen. Er spuckte wütend in die Höhe und kam grinsend zu Farrel zurück.

„Tod (– Wind –) hat nicht Platz für diesen Tig. Wenn dieser Farrel Fremder mein Freund (– Liebhaber? – Erdwender? –) sein will, wird der Tod auch auf diesen Farrel spucken.“

„Hat der Tod Platz gemacht für jenen Burton?“

Tig setzte sich kerzengerade auf und starrte Farrel tief in die

Augen. Zwei Tage lang hatte der Junge geleugnet, irgend etwas von Burton zu wissen, indem er (offensichtlich) so tat, als verstände er nicht. Jetzt sah Farrel seinen Vorteil.

„Will dieser Tig diesen Farrel Fremden zum Freund? Dann muß dieser Tig diesem Farrel sagen, wo jener Burton lebt oder stirbt."

Tig rollte sich zu einer Kugel zusammen und vergrub seinen Kopf in den Armen. Er jammerte laut. Farrel wollte seine Frage wiederholen, als Tig zu reden anfing.

„Jener Mann-Fremder Burton berührt Erde. Alle Tuthanach berühren Erde. Nicht dieser Tig. Nicht dieser Tig. Nicht dieser Tig."

Farrel überlegte sorgsam; er wollte Tig nicht soweit quälen, daß er sich davonmachte. Er wußte, daß „Erde berühren" für die Tuthanach etwas ungeheuer Wichtiges war, und er wußte, daß Tig das Geburtsrecht des Berührens verwehrt war. Er konnte keine Frauen berühren, er konnte keine Erde berühren. Keine Liebe, keine Beschäftigung mit dem Land. Keine Kinder für Tig, und keine Frühjahrsernte, hervorgebracht von seiner Liebe zur Erde. Armer Tig, dem man die beiden wunderbarsten Ziele dieses frühen Ackerbauzeitalters verwehrte. Aber warum?

„Wo berührt jener Burton Erde?" fragte er.

Das Gesicht des Jungen war ausdruckslos.

„Wo?" drängte Farrel.

Tig kroch noch einmal zum Höhleneingang und spie in den Wind. „Dieser Tig ist nur ein Tier!" schrie er. „Jener Mann-Fremder Burton sagt, dieser Tig ist nur ein Tier!"

Und mit einem gellenden, schmerzerfüllten Schrei verschwand er; er rannte über das Hügelland, eine kleine, in Häute gehüllte Gestalt; das tongefärbte Haar stand steif vom Kopf ab, und sein talgbeschmierter Körper schimmerte im schwachen Licht der Sonne.

Dritte Sendung – fünfter Tag

Noch immer kein Zeichen von dem Jungen, der vor drei Tagen wegrannte, als ich ihn nach Burton fragte. Ich habe den Verdacht, daß Burton ihn auf irgendeine Weise aufgebracht hat, vielleicht nur durch ein paar Beschimpfungen. Anscheinend „berührt" Burton „Erde", aber ich befürchte, daß er tot ist und sie in ein paar

Fuß Tiefe berührt. Ich hoffe, daß ich mich irre. Aber Tig – der Junge – hat gesagt, daß *alle* seine Leute Erde berühren. Was kann das bedeuten? Ich kann ein paar der erwarteten Anzeichen für Ackerbau hier in der Gegend sehen. Meine Vermutung ist, daß sie entweder ein Stück weit vom Crog entfernt Felder bebauen oder daß sie andere jungsteinzeitliche Siedlungen überfallen. Das wird sich zeigen. Ich gestehe, daß ich mir rotzdem Sorgen mache. Es gibt nicht die geringste Spur von Ausrüstungsgegenständen, keine Nachricht, keine Aufzeichnungsspulen von Burton. Ich werde weiter nach solchen Dingen suchen, und nach Burton, ob er noch lebt oder nicht.

Ich habe mein Lager jetzt im Crog aufgeschlagen. Eine Meute Hunde terrorisiert mich, aber sie sind manchmal so mißtrauisch, daß ich glaube, sie gehören zum Dorf. Sie erfüllen einen nützlichen Zweck – sie helfen dabei, die Wölfe fernzuhalten. Ich habe Wölfe über den Friedhof in der Nähe des Flusses streifen sehen. Sie scheinen etwas zu wittern, und gelegentlich graben sie flache Löcher in die Erde, aber immer fliehen sie in augenscheinlicher Panik. Sie streichen auch um den Lederzaun des Crog herum, aber die Knochen und zusammengeschrumpften Kadaver ihrer eigenen Artgenossen, die an den Bäumen hängen, nehmen ihnen wohl den Mut, hier einzudringen. Die Hunde jagen sie weg, und dann ist Ruhe, aber sie kommen immer wieder zurück. Vor den offensichtlich hungrigen Bastarden, die mich manchmal bewachen, bin ich auch nicht sicher. Wenn Tig nur hier wäre; er könnte vielleicht mit ihnen fertig werden.

Mein Hauptquartier ist in der größten Hütte, möglicherweise im Hause des Häuptlings. Die Innenwände sind mit ungewöhnlichen Symbolen beschmiert, die mit den Felskerbungen in und an den vielen Hügelgräbern identisch sind. Diese Malereien gibt es in den anderen Hütten nicht, und so kann es gut sein, daß ich mich im Unterschlupf des Ortsschamanen befinde.

Ich sage immer ‚Hütten'. Ich sollte besser ‚Zelte' sagen. Ihr Material besteht aus Rehhäuten, die mit ledernen Schnüren zusammengenäht sind. Es gibt keinen Hinweis auf Weberei, obwohl Matten, Türrahmen und Fensterlöcher in den Zelten aus Lederfäden gemacht sind, die in auffällig vertrauter Weise ineinandergearbeitet sind. Wie bei einem Wigwam halten vier oder fünf zurechtgeschnitzte Holzpfähle das Zelt aufrecht. Jedes Zelt ist umgeben von einem Zaun aus gespitzten Knochenspitzen, und in der Mitte des Crog steht eine Gruppe von vier niedrigen Zelten aus Häuten, die über gebogene Holzrahmen gespannt sind; die vier Innenräume sind nicht hoch genug, daß man aufrecht darin stehen könnte. Man hat sie durch einen tiefen Graben vom übrigen Dorf getrennt. An beiden Seiten einer einzelnen Erdbrücke, die über den Graben führt, stehen Steinblöcke, in die konzentrische Kreismuster eingeschnitzt sind. Ist es ein heiliger Bezirk? Ein leeres Getreidelager? Ich weiß es nicht. Ich habe die Zelte gründlich untersucht, und sie sind leer bis auf ein paar polierte Steinchen, einige keulenförmige Anhänger mit spiraligen Schnitzereien und eine Lederdecke, die fünf Mörserstößel aus Amphibolit enthält, die, glaube ich, noch nicht benutzt worden sind. Vielleicht findet ihr es heraus. (Nicht ohne Ironie, nicht wahr . . . bei einer Ausgrabung würden wir mehr als das finden!)

Die Vorstellungskraft ist immer noch der schlimmste Feind – ich hatte gehofft, daß ich diese Art der Frustration hinter mir lassen würde, als ich die Zukunft verließ. Na ja. Übrigens – der Graben ist wahrscheinlich die kleine Einfriedung zwischen den Bäumen auf der Ausgrabungsparzelle 20. Wie ich schon in meiner zweiten Sendung sagte, sind wir ungefähr in dem Gebiet. Andere Einzelheiten dieses Teilabschnitts sind hier nicht zu erkennen; es ist sehr wahrscheinlich, daß sie nicht neolithisch sind. Ich bin ziemlich überzeugt, daß dies die Newgrange-Siedlung ist. Es gibt keine anderen Ansiedlungen in dieser Gegend, und diese eine wird wohl für alle drei größeren Grabhügel verantwortlich sein, wenngleich sie mehrere Meilen auseinanderliegen. Bisher gibt es noch ausschließlich kleine Begräbnisstätten auf dem Newgrange-Gelände. Ich frage mich, wann die Bauten anfangen.

Artefakte? Tausende von gebohrten Steinen, Anhänger; Äxte und Pfeilspitzen; einige Bogen, sehr kurz und von sehr begrenzter Reichweite; Schlingen, aus Leder natürlich – zwei Zelte sind für Töpferarbeiten benutzt worden; ein paar wunderbare Carrowkeel-Töpfe stehen zum Brennen in kleinen Öfen aus Ton und Steinen bereit. Die meisten Waffen und Steine sind innen an dem ledernen Zaun aufgehäuft – bereit zum Einsatz? Der Lederzaun selbst besteht aus zwei Lagen von Häuten, die an hölzernen Pfählen aufgehängt sind. Zwischen die beiden Lagen sind menschliche Köpfe geworfen worden, und in die äußeren Häute hat man Löcher gebohrt, so daß die toten Augen hinausschauen. Obwohl ein paar von den Schädeln erst kürzlich abgetrennt worden sind (beiderlei Geschlechts), kann ich Burtons nicht darunter finden. Ein Rest Hoffnung.

Kopfjägerei scheint noch vor der prä-keltischen Kultur entstanden zu sein, wenn das hier nicht Menschenopfer sind. Geschnitzte Köpfe gibt es aber nicht; also ist es wahrscheinlich nur ein kleiner Bestandteil der momentanen Kultur.

Mein Gott, wo *sind* sie nur alle?

Es ist ein wunderbarer Frühling. Ich habe in meinem ganzen Leben noch nicht so viele Vögel gesehen. Und die Insekten!

Im Morgengrauen des Tages nach seiner dritten Sendung gab es einen plötzlichen Aufruhr unter der ohnehin schon lärmenden Lerchenbevölkerung der verlassenen Zelte an der Westseite des Crog; Farrel rannte hinzu, und in der davonhuschenden grauen Gestalt erkannte er Tig und rief ihn an. Der Junge kroch ängstlich aus seinem Versteck und starrte Farrel mit herabhängenden Lippen und stumpfen Augen an.

„Schön, dich zu sehen“, rief der Mann. Tig lächelte und schlug die Hände zusammen.

„Dieser Tig hungrig.“

„Dieser Farrel auch hungrig. Kann dieser Tig mit einer Schlinge umgehen?“ Er schwenkte eine Lederschlinge, mit der er geübt hatte. Der Junge sprang vor, mit nassen Lippen und weit aufgerissenen Augen. Er riß die Schlinge an sich und streichelte liebevoll über das Leder. Er starrte Farrel an.

„Lerche oder Hase?“

„Was schmeckt besser?“

Tig grinste und klatschte sich auf den Bauch, dann fiel er auf die Knie und küßte den Boden. Danach sprang er auf und rannte davon; er verschwand hinter dem ledernen Zaun und lief einen baumbedeckten Hang hinunter, bis er außer Hörweite war. Eine halbe Stunde später kam er zurück. Seine Knie waren blutig, und sein Gesicht war schmutzig, aber er trug zwei fette, weißbrüstige Hasen. Farrel entfachte ein Feuer in dem kleinen, im Freien gelegenen Herd, der für alle Zelte in der Nachbarschaft als Feuerstelle zu dienen schien. Während das Holzfeuer knisterte und das stechend riechende Fleisch langsam bräunte, warf Tig winzige

Steinsplitter in die Asche. Farrel holte eines der Stückchen wieder heraus und sah, daß Zickzacklinien hineingekratzt worden waren. Das Muster, das er als eine geläufige Felsschnitzerei des Boyne-Tales erkannte, erinnerte an eine Flamme, und Tig bestätigte dies. Wir nehmen Feuer aus der Erde, erklärte er, und deshalb müssen wir die Erde mit einer kleinen Seelenschnitzerei wieder vollständig machen.

„Aber dieser Farrel hat das nicht geschnitzt. Dieser Tig auch nicht. Wird es so gemacht?"

Tig war sogleich beunruhigt. Er kroch vom Feuer weg, hockte sich in einiger Entfernung nieder und starrte in den Qualm. Farrel zog sein nachgemachtes Knochenmesser heraus, kratzte eine Zickzacklinie in dasselbe Steinchen und warf es in die Flammen. Tig grinste und kam zurück zur Herdgrube.

„Dieser Tig kann nicht schnitzen. Dieser Tig kann nicht Erde berühren oder Seele schnitzen. Aber dieser Farrel ist ein guter Seelenschnitzer." Er wies hinauf in die Luft, und Farrel bemerkte, daß der Rauch senkrecht nach oben stieg, denn der Wind hatte plötzlich aufgehört. Er verstand nicht, was das bedeuten sollte, aber er vergaß, danach zu fragen, denn das Fleisch war jetzt bald gar. Fettspritzer fielen mit lautem Zischen in die Flammen, und von dem reichen Aroma angezogen, drängten sich Mann und Junge dicht an den zierlichen Bratspieß, und ihre Augen glänzten erwartungsvoll.

„Ee-Tig cranno argak ee-eik Burton en-en na-ig?"

Du kanntest Burton? (Dieser Tig Auge-fühlte Wind-fühlte jenen Burton Mann-Fremder?)

Tig spuckte einen kleinen Knochen in das verlöschende Feuer. Er beäugte Farrel einen Moment lang mißtrauisch, erhob sich dann in die Hocke und ließ lautstark einen fahren. Er schien diese beleidigende Aktion sehr komisch zu finden. Farrel lachte ebenfalls, erhob sich und wiederholte den Akt. Tig riß den Mund weit auf und quiekte vor Lachen. Farrel wiederholte seine Frage, und Tig spuckte ins Feuer. Der Speichel zischte und dampfte, und Tig lachte. Farrel fragte zum dritten Mal.

„Kok." *Ja.*

„Ee-eik Burton 'g-cruig tarn baag?" *Ist Burton tot und begraben?* (Jener Burton ißt Erde, Haut kalt?)

Tig zögerte. Dann berührte seine Hand sein Genitale, und sein Kopf neigte sich zur Seite. Er wußte es nicht, aber er zeigte Unbehagen.

„Ee-eik Burton pa-cruig pronok dag?“ *Ist er am Leben?* (Jener Burton küßt Erde, Urin warm?)

Tig sagte, er wisse es nicht. Aber Farrel ließ nicht locker, er wollte die Wahrheit wissen.

„Ee-Tig ganaag ee-Farrel olo ee-eik Burton ee-Farrel ka'en-ka-en?“ *Hast du Angst vor mir, weil du glaubst, ich war Burtons Freund?* (Dieser Tig fürchtet diesen Farrel, weil jener Burton dieser Farrel waren nicht Nicht-Fremde?)

„Kok.“

„Ee-Farrel cranno orgak ee-eik Burton. Ee-Farrel en-Burton. 'n nik Farrel.“ *Ich kannte ihn, aber ich mochte ihn nicht. Ich habe eine Frau.* (Dieser Farrel Auge-fühlte Wind-fühlte jenen Burton. Dieser Farrel nicht berührte/nie berührte jenen Burton. Dieser Farrel nahe/berührt Frau Farrel.)

Was würde sie davon halten, fragte er sich im stillen, daß er sie als Sexobjekt gegenüber einem zwölfjährigen Schwachsinnigen benutzte. Ein Witz. Wie viele tausend Jahre würde es dauern, bis man den Witz verstehen würde? Bei den Tuthanach, wie bei allen Boyne-Völkern, mußte die Ablehnung der Freundschaft zu einem Mann mit der erklärten Freundschaft zu einer Frau verbunden sein. Es erschien so unrealistisch einfach zu glauben, daß ein Mann mit einer Frau, deren sexuelles Verlangen groß war, keinen engen männlichen Freund haben würde . . . (*nik,* Frau, implizierte eine sexuell aggressive Frau; eine Frau oder ein Mann ohne solche Bedürfnisse nannte man *crum-kii,* Steinbein.) Es war ein bizarrer Blödsinn, und dennoch war es beschwichtigend. Wie ein Tier, das seinem Angreifer das Hinterteil präsentiert – Unterwerfung. Das war alles.

Tig fühlte sich schon viel besser. Er klatschte mehrmals in die Hände und hörte nur auf, um einen eingerissenen Nagel an seinem linken Zeigefinger abzubeißen.

„Ee-Tig en Burton. Ee-eik Burton en-Tig. Ee-Tig tarn ee-eik Burton bbag na-yit.“ *Ich mochte Burton auch nicht, und er mochte mich nicht. Aber ich tötete ihn vor einiger Zeit.* (Dieser Tig niemals berührt jenen Burton. Jener Burton niemals berührt diesen Tig. Dieser Tig Haut Burton kalt mehrere gestern.)

„A-Tig tarn ee-eik Burton baag?“ *Du hast ihn getötet?*

„Ee-Tig . . .“ Er sah zu Boden und senkte seine Stimme. „Ka-kok.“ *Ich hoffe/ich möchte/ich glaube.* Welches war es? Farrel war wütend über sich selbst. Was *hatte* Tig gesagt?

„Orga-mak ee-eik Burton m'rog?“ *Wo ist Burtons Leichnam?* (in allem Wind Burtons Kopf?)

„Ee-Tig-ee-Farrel Tig cranno na'yok.“ *Ich werde es dir jetzt zeigen.* (Dieser Tig diesem Farrel Tig Auge fühlen hohe Sonne.)

Vierte Sendung – sechster Tag

Ich bin sicher, daß die Einfachheit der Sprache trügerisch ist. Ich kann mich ohne Schwierigkeiten mit Tig unterhalten, aber ich habe das unangenehme Gefühl, daß er mich auf subtile Weise mißversteht. Immerhin, eines scheint sicher – Burton ist in Schwierigkeiten und vielleicht tot, getötet von der Hand dieses zurückgebliebenen Jungen, der jetzt so wichtig für mich ist (solange er sich im Crog aufhält, kommen die Hunde nicht heran). Alle, die hier sein sollten, ‚berühren Erde‘. Man könnte das als unwichtig abtun – vielleicht bearbeiten sie irgendwo das Land? Sind bei der Aussaat? Nichts dergleichen.

Tig führte mich durch die Hügel, ein paar Meilen weit vom Fluß. Wald gibt es in den Hügeln nur stellenweise, und nie so viel, daß er das Land beherrscht – hier und da auf den Gipfeln oder in den Tälern stehen Bäume in großen, dichten Gruppen, und wenn man durch die Gegend wandert, sieht man überall kahle Kuppen aus dem Laubwerk ragen.

Nach etwa einer Stunde durchwateten wir einen kleinen Wasserlauf und rannten hastig (wobei Tig seinen Kopf mit den Händen bedeckte und die ganze Zeit laut jammerte) durch ein dünnbewachsenes Waldstück und kamen am Hang eines der kahlen Hügel, die ich schon vorher gesehen hatte, wieder hervor. Felsbrocken ragten aus der Erde; vielleicht war sie nicht tief genug, um Bäume hervorbringen zu können. Auf vielen der Felsen waren flache Einkerbungen, und Tig berührte einige davon mit Ehrfurcht. Das Bemerkenswerteste an diesem Hügel, das Verwirrendste, ja, Beunruhigendste war die Vielzahl kleiner Erdhügel; sie waren mit einer dünnen Grasdecke bewachsen und aus einiger Entfernung gar nicht zu erkennen. Tig rannte zwischen den Hügeln umher; der höchste von ihnen war nicht mehr als vier oder fünf Zoll hoch, und seine Form war die eines angedeuteten Kreuzes. Tig ließ sich schließlich auf einem der am wenigsten mit Schnitzereien versehen Felsen nieder. Wie er sich so starr zusammenduckte, schien er von Angst und Reue überwältigt; sein Haar stand von seinem Kopf ab wie ein bizarrer Dornbusch, und seine dürren Glieder waren mit Dreck verschmiert und von seinen Exkrementen verkrustet. Er starrte mich mit einem Ausdruck völliger Verwirrung an; ich versuchte, ihn zu beruhigen, aber er wandte sich halb von mir ab und fing an, das Lerchengezwitscher zu imitieren, das um uns herum aus dem Frühlingsgrün schallte.

Ich fragte ihn nach Burton, aber er klatschte nur in die Hände.

Ihr könnt es euch vorstellen – ich schien auf einem großen, unregelmäßig angelegten Friedhof zu stehen. Ich beugte mich über den nächsten Hügel und scharrte ein wenig Erde weg. Ein paar Zoll unter der Oberfläche kratzten meine Fingernägel über Fleisch, und als ich sie zurückzog, waren sie blutig!

Ich kann es nicht erklären, aber ich geriet völlig in Panik. Eine schreckliche Angst kroch durch meinen ganzen Körper, eine unerklärliche Furcht vor dem, was ich sah. Ich ließ Tig zurück, der immer noch dasaß und mit Lerchen und Staren sang, und lief zum Crog zurück. Ich zitterte noch Stunden später und konnte die ganze Nacht nicht schlafen. Das Blut unter meinen Nägeln gerann und wurde schwarz, und als ich versuchte, es abzuwaschen, brachte ich es nicht herunter. In meinen irrsinnigen Anstrengungen, den Fleck zu entfernen, riß ich mir einen Nagel bis ins Fleisch hinein ab, und dieser plötzliche, entsetzliche Schmerz brachte mich wieder zur Vernunft. Ich kann es nicht erklären. Meine Reaktion war Panik. Etwas nahm von außen für einen Moment Besitz von mir, und ich war psychologisch nicht vorbereitet auf seine Macht. Da ist etwas im Boden dieses Hügels, und ich meine nicht einfach nur ein Leichnam.

Ich werde morgen zurückgehen und dann weiter berichten.

Im Morgengrauen verließ Farrel den Crog. Das Gras unter seinen Füßen war naß, und dichter Nebel hing schweigend und schwermütig über dem Tal. Die Vögel schienen heute ruhiger, und das Gezwitscher, das er hören konnte, wurde oft noch von dem Gemurmel der Bäume und dem beunruhigenden Heulen des Windes übertönt.

Seltsam, dachte er, wie der Nebel sich in den Bäumen zu verheddern scheint; er hängt an den Ästen wie Baumwolle.

Er machte sich auf den Weg zurück zu dem merkwürdigen Friedhof auf dem Hügel. Gelegentlich blieb er stehen und lauschte in die Stille hinein, er hoffte, er würde Tig zurückkommen hören, und manchmal rief er nach ihm. Als er an jenem Abhang aus dem Wald trat, hatte der Nebel sich gelichtet, und von der Spitze der Kuppe sah er den Boyne und die verstreuten Grabhügel der Tuthanach. Er sah auch die Hügel, in denen in den nächsten Jahren die Arbeit an dem massiven, steilaufragenden Hügelgrab von Newgrange beginnen würde. Wen oder was, fragte er sich, würde man mit diesem ungeheuren Bauwerk ehren? Und wen oder was würde man mit dem zweiten und dritten der riesigen Hügelgräber ehren, die östlich und westlich von Newgrange gebaut werden würden, beinahe zur selben Zeit (und nicht Jahrhunderte früher, wie die Datierungstechniken aus Farrels Zeit vermuten ließen).

Von Tig war nichts zu sehen. Die Lerchen hatten ganz plötzlich zu singen begonnen, und die Sonne brach durch die Wolken des frühen Morgens und ließ den Wald in Licht und Farben zum Leben erwachen. Als ob, sinnierte Farrel, eine Macht aus Nacht und Kälte plötzlich verschwunden wäre. Der Normalbetrieb wurde wieder aufgenommen . . .

Wo er gestern an einem der menschlichen Gräber die Erde aufgegraben hatte, war jetzt von seinem Eingriff nichts mehr zu sehen. Die Erde war glatt und festgedrückt. Wahrscheinlich hatte Tig den Schaden repariert.

Farrel machte sich sogleich daran, das Fleisch wieder freizulegen. Er spürte ein kaltes Unbehagen, als er die Erde vom nackten Rücken des Tuthanach entfernte, er fühlte erneut Panik in sich aufsteigen, aber diesmal bezwang er sich. Er schaufelte die Erde aus dem schmalen Graben, bis er den Körper des Mannes vom Kopf bis zum Gesäß freigelegt hatte. Wie er dort mit dem Gesicht nach unten im Lehm lag, sah der Mann aus, als sei er tot; seine Haut war kalt und von einem bleichen Grau, die Blässe des Todes. Seine Arme waren zu beiden Seiten ausgestreckt, und einem Impuls folgend schaufelte Farrel um den einen herum die Erde weg, bis die Finger ans Licht kamen. Sie waren in die Erde gekrallt, wie um sich festzuhalten.

Als er den Kopf des Mannes umdrehte, empfand Farrel einen

Anfall von Abscheu, ein vorübergehendes Ekelgefühl. Mund und Augen standen offen, und überall war Erde. Sie fiel von den bleichen Lippen, ein großer Klumpen Erde, trocken und von Würmern durchsetzt. Sie fiel aus den Nasenlöchern und aus den Ohren, sie bedeckte die Augäpfel und klebte unter den Lidern wie eine obszöne Blindheit.

Der Mann war offensichtlich tot, aber sein Fleisch war fest – zwar kalt, aber nicht erstarrt wie bei einem kürzlich Verstorbenen, und auch nicht von jener sich bewegenden Verflüssigung, die zur Verwesung gehört. Farrel ließ den Körper zurückgleiten, legte sein Ohr auf den nackten Rücken und horchte nach dem Herzen.

Eine ganze Weile hörte er nichts. Minuten verstrichen, und er war sicher, daß das Herz tot war. Dann . . .

Ein einziger, kraftvoller Schlag. Unüberhörbar!

Nach einer halben Stunde hatte Farrel sich vergewissert, daß das Herz des begrabenen Mannes einmal alle vier Minuten schlug, in einer kräftigen, auf unnatürliche Weise aufrechterhaltenen Kontraktion, als ob das Organ eine zähe Flüssigkeit durch die Gefäße zu pumpen hätte und nicht das dünnflüssige Blut, das es gewohnt war . . .

Ein erschreckender Gedanke durchfuhr Farrel, und eine Sekunde lang dachte er daran, eine Vene in der Hand des Mannes zu öffnen – aber dann hielt ihn eine irrationale Furcht vor dem, was da vielleicht aus dem Körper tropfen würde, davon ab, bis ihm das Blut unter seinen Fingernägeln einfiel, und er war seltsam erleichtert.

Er stand über dem Körper und starrte auf den untoten Leichnam hinunter; dann ließ er seinen Blick über das Land streifen. Die Frühlingsbrise war unangenehm auf seiner Kopfhaut, sie griff nach seinen von Lehm steifen Haarsträhnen und bog sie in alle Richtungen. Als er so auf der Hügelkuppe stand, begann ihn sein Make-up zu ärgern, und er wünschte sich, er könnte Leinenshorts und ein lockeres Baumwollhemd tragen, anstatt sich in eine Haut einzuwickeln, die nach ihrem vorigen Besitzer roch und die Fliegen anzog.

Alles, bis auf diesen Friedhof, war so normal.

Die Hügelgräber, der Crog, die Waffen und die Töpferarbeiten, die Jagd, die Sprache – alles war so, wie er es erwartet hatte:

eine Kolonie der Jungsteinzeit, mit einem Bewußtsein von Religion, von ihrer Herkunft, ihrer Zukunft und ihrer Landwirtschaft, eine Kolonie, die seit ein paar Generationen in dieser grünen, fruchtbaren Landschaft lebte. Weiter im Süden und im Norden waren weitere Ansiedlungen. Farrel hatte Anzeichen von ihnen gesehen, und er hatte Berichte über sie gelesen, die frühere Expeditionen in dieser Zeit verfaßt hatten. Einige der Dorfgemeinschaften waren größer als die Tuthanach, andere zeigten schon unterschiedliche Methoden der Landwirtschaft. Sie alle schienen miteinander zu verkehren und sich zu vermischen (das hatte Tig gesagt), um Ideen auszutauschen, im Winter gemeinsame Jagdausflüge zu unternehmen, um ihre Kunstformen und die Techniken, mit denen sie sie in den Fels schnitten, zu vergleichen. Sie waren grundsätzlich friedliche Ackerbauern. Sie fürchteten die Stöhnenden aus der Erde und die Felsendiebe, die über das Meer kamen, ein paar Meilen im Osten. Aber zumeist lebten sie ohne Angst, sie wuchsen und reiften und bereiteten sich allmählich darauf vor, das neue Zeitalter der Bronze zu empfangen, das jetzt noch rund achthundert Jahre in der Zukunft lag, in einer Zeit, in der der neue Klang von Metall gegen Metall den Frieden dieses Landes zerstören würde.

Alle diese Dorfgemeinschaften hatten sich vereint und hatten Burton, wie er berichtet hatte, in den ersten vier Tagen, die er im Tal verbrachte, begrüßt. Er hatte ihnen nicht gesagt, von wo er kam (sein Ankunftsort war derselbe wie Farrels), denn während die Ceinarc und die Tagda eine passive Furcht vor den Stöhnenden und den bretonischen Räubern hegten, empfanden sie gegen etwas anderes eine gesunde, aktive Feindschaft – gegen die Crog-Tutha, die wahnsinnigen Siedler von jenseits des Waldes. Sie fuhren niemals mit ihren geflochtenen Weidenbooten den weiten Bogen des Boyne entlang, der um den Fuß des Tuthanach-Hügel führte, mit den verstreuten Grabhügeln und den kreischenden Frauen. Es war eine gefürchtete Gegend, und wer dort hinging, kehrte als Besessener zurück.

Als er, fünftausend Jahre weit weg, die Berichte las, hatte Farrel dies zunächst für einen typischen Fall von Wald-Angst gehalten, wobei die Siedlung am falschen Ende des Waldes mit denselben dunklen Mächten in Verbindung gebracht wurde. Er hatte die Geschichten lautstark zurückgewiesen.

Jetzt war ihm klar, daß er sie überhaupt nicht hätte zurückweisen sollen.

Etwas an den Leuten von Crog-Tutha war ganz und gar unnatürlich. Er war mehr als fünftausend Jahre durch die Zeit gereist und hatte dabei mit Überraschungen gerechnet – aber er hatte nicht erwartet, daß er so vollständig ratlos sein würde. Das hier war nicht das einfache Leben eines primitiven Volkes – es war etwas aus den finsteren Winkeln des Übernatürlichen!

Niemand oben in der Zeit würde ihm glauben. Dessen war er sicher.

Fünfte Sendung – siebenter Tag (Auszug)

. . . und als ich das Grab wieder zuschaufelte, erschien Tig am Waldrand. Er rannte den Hang herauf und kauerte sich über den Erdhügel; er sah fasziniert zu, wie ich den Körper des Tuthanach wieder mit Erde bedeckte. Langsam kommt es mir so vor, als ob Tig, wenn er verschwindet, niemals weit weg ist. Ich fühle mich ständig auf äußerst unangenehme Weise beobachtet, und ich habe den Verdacht, daß Tig nie sehr weit hinter mir ist, wohin ich auch gehe. Ich frage mich, was er in mir sieht. Er hat immer noch Angst vor mir, und er weigert sich weiter, mir zu zeigen, wo Burton begraben liegt (wenn er wirklich begraben *ist).* Es gibt zu viele Erdhügel hier auf der Kuppe, um sie auf eine vage Möglichkeit hin alle zu öffnen, also brauche ich den Jungen eigentlich, um wenigstens noch ein paar aufzumachen.

Ich saß etwa eine Stunde lang auf einem Felsen und blickte über den Wald hinweg, wo man die Lage des großen Crog von Tara an der in Spiralen aufsteigenden, schwarzen Rauchwolke erkennen konnte. Tig erzählte mir, daß das Lager dort von einem hölzernen Pfahlzaun umgeben ist; anscheinend ist der Crog feindseliger als die anderen. Er sagt, sie schichten Erde hinter den Palisaden auf; könnte das bedeuten, daß man auf dem Gelände die erste Hügelfestung errichtet? Faszinierend. Ich habe keine Ahnung, woher Tig das weiß. Tara liegt vier Tagesmärsche weit im Süden. Ob er so weit wandert? Und dabei habe ich doch immer das Gefühl, daß er irgendwie in meiner Nähe ist.

Während ich Tara beobachtete, saß Tig stumm da und kaute mißmutig an den Überresten eines der Hasen. Ich fragte ihn nicht nach Burton; ich fragte ihn überhaupt nichts. Ich hoffte, er würde es mir von sich aus erzählen. Plötzlich riß er die Augen weit auf, und der Knochen fiel ihm aus den Händen. Er starrte auf die Hügelkuppe, und ich drehte mich um, um zu sehen, was ihm einen solchen Schrecken einjagte. Ich muß sagen, ich fuhr auch zusammen, und ich kann es Tig nicht verdenken, daß er die Flucht ergriff.

Eines der Gräber bewegte sich, als ob der Leichnam darin versuchte, sich herauszuzwängen. Als ob . . .? Zuerst bohrte sich die Hand des Mannes durch die Erde; die Finger waren blutig und schmutzig. Dann hob sich sein Kopf, die Erde fiel herunter, und der ganze Körper folgte. Er stand aufrecht, schwarz und schmutzig, und Erde fiel ihm aus den Ohren und aus dem Mund. Er spuckte kräftig aus und schüttelte sich energisch, wobei er Erde von Brust und Armen wischte. Ich suchte nach einem Versteck, duckte mich hinter dem Felsblock und sah, wie sich die seltsame Erscheinung langsam umdrehte und mit immer noch lehmverklebten Augen zum Himmel hinaufblickte. Er befand sich im Zustand sexueller Erregung, und die Haut an seinem Penis war zerrissen und blutete stark. Ich habe das ungemütliche Gefühl, daß er mit der Erde kopuliert hatte.

Als er sich ein paar Minuten abgewischt und geschüttelt hatte, kam seine Haut wieder zum Vorschein, Augen und Nasenlöcher waren frei, und er schien sich zu orientieren. Er strich sein Haar zurück, das gelb durch den Lehm schimmerte, und rannte den Hang hinunter; er sprang über die Grabhügel und verschwand mit lautem Schreien und schmerzhaftem Krachen im Wald.

Ich verfolgte ihn bis an einen kleinen Bach, einen Zufluß des Boyne, und beobachtete ihn, wie er in der Strömung kniete, sich wusch und planschte, und seine Gedärme von einer unglaublichen Menge Erde entleerte. Er trillerte wie ein Vogel und brach immer wieder in abruptes, fast humorloses Lachen aus. Es kam mir vor, als dauerte sein Bad Stunden, aber schließlich kroch er auf die Uferböschung hinauf und blieb eine Weile ruhig sitzen; offensichtlich fühlte und genoß er die Szenerie um sich herum. Dann stand er auf, watete durch den Bach und verschwand in Richtung Crog.

Das alles ist jetzt ein paar Minuten her, und es bedeutet, daß ich selbst nicht dorthin zurückkehren werde. Ich bin zu verwirrt und zu verängstigt, wenn ihr es wissen müßt. Ich habe meine Sendeausrüstung bei mir, aber Medikamente und Feldanschluß sind noch im Crog. Also sitze ich für eine Weile in der Falle und muß aufpassen, daß ich mich nicht verletze.

Als Farrel wieder auf der Hügelkuppe anlangte, kauerte Tig über einem der Grabhügel, dem einzigen, der gleichmäßig von Gras überwuchert war, und stocherte darin herum. Er sah Farrel herankommen und lief weg, sprang auf einen Stein und schlug die Hände zusammen.

Farrel starrte kurz zu ihm hinüber und dann auf das Grab, und eisiges Unbehagen ergriff ihn. O nein, dachte er.

Der Junge stammelte irgendetwas Unzusammenhängendes.

Farrel fragte: „Ee-eik Burton 'n cruig pad-cruig?“ *Ist Burton hier begraben?* . . . (berührt Erde, Füße auf Erde?)

„Weiß nicht.“

Farrel fühlte, daß er log. Er fiel auf die Knie und scharrte die Erde weg, und einen Augenblick später sah er schwarzes Haar – Burtons Hinterkopf. „Gott sei Dank!“ rief Farrel und grinste den Jungen an.

Allerdings, was sollte er tun? Es konnte gefährlich sein, den Mann zu bewegen; das beste war, er ließ Burton in Ruhe, bis der merkwürdige Prozeß beendet war und Burton auf „natürliche“ Weise wieder auferstand.

Aber Farrel konnte dem Verlangen nicht widerstehen, den Kollegen ebenso zu untersuchen wie zuvor den Tuthanach. Er kratzte die Erde von Burtons Kopf und Schultern . . .

Ein seltsamer Geruch.

Für einen Moment zögerten seine Hände; schweigend und bewegungslos starrte er auf den Körper unter ihm. Die Haut war grau und kalt – das war auf jeden Fall normal. Aber irgend etwas stimmte nicht, irgend etwas Unbestimmbares war nicht so, wie es sein sollte.

Er griff nach Burtons Kopf und drehte ihn zur Seite. Erde brökkelte aus den leeren Augenhöhlen, und Würmer fielen aus dem zähnebleckenden Mund. Da, wo die Haut noch erhalten war, war sie zusammengeschrumpft und spannte sich über die Knochen. Verwesungsgestank stieg durch die Löcher im Schädel aus dem faulenden Hirn und ließ Farrel mit einem furchtbaren Schrei aufspringen.

Als er den Oberkörper von Erde befreite, fand er den Splitter eines Schenkelknochens, den man in Burtons Herz getrieben hatte, während er dort lag; er hatte den Brustkorb von hinten durchbohrt und dabei Haut und Fleisch zerfetzt und Knochen gebrochen. Die geballten Fäuste seines Kollegen erhielten eine ganz neue Bedeutung. Er war unter Qualen gestorben.

Einen Moment lang überhäufte Farrel Tig mit Gebrüll und Beschimpfungen für das, was er getan hatte, aber dann verflüchtigte sich sein Zorn. Da war etwas in den Augen des Jungen, in seinem Gesichtsausdruck . . . Farrel war plötzlich erschrocken. Er streckte die Hand nach Tig aus und schüttelte den Kopf.

„Es tut mir leid, Tig. Burton hat dich ein Tier genannt . . . Ich verstehe."

„Nicht einmal. Viele Male", sagte Tig. „Ich haßte Burton. Ich gab ihm, was er verdiente."

Vorsichtig berührte Farrel die Schulter des Jungen, und als Tig nicht zurückwich, griff er fester zu und lächelte.

„Burton war nicht mein Freund . . . aber ich kannte ihn, und er war wichtig für mich. Es war ein Schreck für mich, ihn hier tot vorzufinden. Verzeih mir, Tig. Ich habe nicht gemeint, was ich sagte."

„Ich habe nicht verstanden, was du gesagt hast."

Schuldbewußt erkannte Farrel, daß er auf Englisch gebrüllt hatte. Er lachte leise, beinahe dankbar. Es wäre nicht gut gewesen, wenn der Junge gehört hätte, wie er ihn genannt hatte. Er brauchte jetzt zu dringend Schlaf, und da konnte der Junge seinen Tod bedeuten.

Er ging zurück zu Burtons Leiche und bedeckte sie wieder mit Erde. Ein paar Fuß weit weg begann ein anderer Grabhügel sich zu bewegen, und Farrel und Tig liefen davon, um von einem Versteck aus zuzusehen.

Sechste Sendung – achter Tag

Burton ist tot. Tig hat ihn umgebracht, vielleicht vor ein paar Monaten. Ich habe jetzt Angst vor Tig und wage nicht, ihn weiter über Burton auszufragen. Wenn ich nur wüßte, wo Burtons Ausrüstung versteckt ist. Ich bin sicher, daß Tig es weiß. Er hat sie versteckt. Ich hoffe inständig, daß er mich zu Burtons Aufzeichnungen führen wird, so wie er mir auch (unmißverständlich) Burtons

Grab gezeigt hat. Burton verstand, was ich jetzt beobachtet habe, er muß es verstanden haben – er hat mitgemacht.

Inzwischen bin ich wieder in der Höhle, und Tig ist jetzt Beherrscher der Situation. Ich schlafe unruhig und immer nur kurz – ich habe Angst, daß er zuschlägt, wenn ich einmal nicht wachsam bin. Letzte Nacht wurde ich wach, als er über mir hockte und mir ins Gesicht sah, während ich schlief. Ich wage nicht, ihn zu bitten, mich nicht mehr so zu erschrecken. Ich habe Kopfschmerzen, und mein Herz tut mir weh, als ob es damit rechnete, demnächst von einem langen Knochensplitter durchbohrt zu werden.

Ich kann mein Feldanschlußgerät nicht holen. Der Crog ist jetzt wieder aktiv. Gestern im Laufe des Tages sind viele Tuthanach aus der Erde gekommen und in ihr Dorf zurückgekehrt – Männer, Frauen und Kinder; und wenn sie zurückkommen, strömen sie über von Energie, und das Leben, das sie führen, unterscheidet sich nicht von dem der Ceinarc oder der Tagda. Was haben sie in der Erde gemacht? Was hat es ihnen gegeben? Wozu das alles?

Siebente Sendung – zehnter Tag

Der stete Strom heimkehrender Tuthanach ist versiegt. Sie sind jetzt alle wieder da. Ich bleibe in der Höhle, ratlos und unsicher. Tig jagt für mich, aber er ißt nicht mehr mit mir. Er ist sehr fürsorglich geworden, aber hinter seiner Freundlichkeit lauert eine unterdrückte Furcht, vor der ich ernsthaft Angst habe. Manchmal steht er im Höhleneingang und kreischt vor Lachen. Er brüllt dann wirres Zeug, das sich auf Burton und auf mich bezieht, und ich verstehe „Steinbein“ und „Drehkopf“, zwei beliebte Schimpfnamen bei den Tuthanach. Seine Schimpftiraden enden stets damit, daß er im Eingang der Höhle seinen Darm leert und sich dann ausgiebig die Nase zuhält und zurückweicht. Und ein paar Stunden später bringt er mir einen Hasen oder ein paar fette Tauben, irgendein Geschenk, um mich für seinen Tobsuchtsanfall zu beschwichtigen. Ein bizarrer Junge, und – das weiß ich jetzt – ganz und gar nicht zurückgeblieben, aber auf irgendeine Art wahnsinnig. Hört euch das an! Verstehe ich überhaupt noch die Bedeutung meiner eigenen Worte? Was meine ich damit – *wahnsinnig?* Ist mein Verhalten vernünftig? Tig ist mehr als nur ein Junge. Ich habe den Verdacht, daß er für diese Aufgabe ausgewählt wurde . . . „Tig – nie berührt Frau – nie berührt Erde“; der einzige

Tuthanach, der nicht in der merkwürdigen Art, wie ich es geschildert habe, die Erde berührt . . . warum? Warum Tig? Oder sollte ich fragen: Warum *ein Tuthanach?* Wonach hat er Ausschau gehalten? Was verlangen sie jetzt von ihm? Welche Rolle spielt er?

Tig scheint zu wissen, daß seine Rolle einem bestimmten Zweck dient. Bei seinem letzten Besuch kam er mit einem großen Stück Fleisch – Reh, glaube ich. Er hatte Tränen in den Augen, als er mir den Braten reichte, und er ließ sich von mir ein kleines Stück zurückgeben. Wir aßen schweigend. Während er kaute, beobachtete er mich, und die Tränen strömten seine Wangen hinunter. „Farrel, mein Freund, mein lieber Freund", sagte er immer wieder. Er strahlte ungeheure Wärme aus. Die Tuthanach haben keine Worte, um ungewöhnliche Freundschaft auszudrücken; er versuchte krampfhaft, seine Gefühle zu artikulieren, bis ich ihn schließlich unterbrach. Ich hatte ihn verstanden. „Farrel und Tig sind die einzigen, die nicht Erde berühren", sagte er. „Tig kann nicht, aber Farrel . . ."

Wieder und wieder begann er diesen Satz und starrte mich an. Jedesmal war ich von seiner Eindringlichkeit erfüllt, und von meiner eigenen Unruhe. Der Gedanke ist schrecklich, wahrhaft schrecklich.

Dann wieder der Zorn des Jungen, das Kreischen. Er rannte hinaus in die Abenddämmerung und war bald verschwunden. Vor mir liegt wieder eine Nacht, die ich allein verbringe, in ständiger Angst, meine Augen zu schließen . . . nicht nur wegen Tig, obwohl er sicher dazu beiträgt, aber auch wegen der Vergangenheit . . . wegen meiner Vergangenheit. Erinnerungen und Gesichter quälen mich, meine Träume sind voll von ihnen, und in allem, was ich hier rieche oder sehe, spüre ich meine eigene Zeit. Die Unsicherheit hier führt dazu, daß ich mich nach der Wärme der Zivilisation zurücksehne; ich werde dem Verlangen zurückzukehren nicht nachgeben, aber es schmerzt manchmal. Manchmal schmerzt es wirklich.

Drei Tage nach der siebenten Sendung kamen zwei Tuthanach-Männer zur Höhle, hockten sich in den Eingang und beobachteten Farrel. Sie waren beide im mittleren Alter, ihr Haar war dunkel und ihre Haut mit grüner und blauer Farbe bemalt: Kreise um die Augen, Streifen auf den Wangen, und komplizierte Muster auf Brust und Bauch. Sie sahen zornig aus. Farrel verhielt sich ruhig und versuchte, seine Furcht zu verbergen.

Dann schlüpfte Tig in die Höhle, ungestüm und lärmend wie immer. Farrel versuchte, einen Sinn in das aufgeregte Geplapper des Jungen zu bringen, aber alles, was er verstand, waren die Wörter für „Frau“ und „Steinbein“.

Spannung verbreitete sich in Farrels Magengrube, und wilde Vorstellungen erfüllten seine Gedanken. Was hatte Tig im Sinn?

Das nächste, was er wußte, war, daß die beiden Männer ihn aus der Höhle jagten. Tig grinste ihn an und zwinkerte ihm kräftig zu. „Seelenheiler“, sagte er und zeigte dabei auf die beiden Männer. „Machen Seele gut für diesen Farrel. Machen diesem Farrel Seele bereit für Erde.“ Und er klopfte sich dabei auf die Lenden.

Farrel bekam Angst.

Sie nahmen ihn mit zum Crog und führten ihn in das Innere des ledernen Zauns, an der Feuerstelle vorbei und zu einem kleineren Kreis aus Häuten, um den ein paar Frauen und Kinder herumsaßen. Man führte ihn zu einem kleineren Zelt und stieß ihn zu Boden. Dann gingen die Männer weg, ohne zu versuchen, mit ihm zu reden, und ohne irgendein Erstaunen über ihn zu zeigen. Nach einer Weile stand eine der jüngeren Frauen auf und kam zu ihm herüber.

Jetzt wurde es Farrel bewußt, daß sein sexuelles Verlangen größer war, als er es sich in den letzten Tagen eingestanden hatte, und er verlor sich in Gedanken an seine Vergangenheit.

Er sah die Tuthanach-Frau durch einen Nebel von Erinnerungen: Gesichter, naßglänzende Körper und uaufdringlich knarrende Betten. Er roch sie durch einen Phantasieschleier von Parfüm, Zigarettenrauch und dem salzigen, erotischen Geruch von Schweiß. Er fühlte einen Schmerz, als er an all das dachte, einen wirklichen, nicht lokalisierbaren Schmerz. Die Frau hatte sich vor ihm niedergehockt, den wollenen Rock bis über die Knie hinaufgezogen, und Farrel stierte gleichgültig auf die weißen, unförmig fetten Schenkel, die sich vor ihm entblößten. Er versuchte, nicht zu sehr über das nachzudenken, was er sah.

Dann streckte sie eine Hand aus und legte den Kopf zur Seite; sie lächelte breit, und er konnte sehen, daß ihr nur zwei Zähne fehlten.

Farrel ergriff ihre Hand und drückte die kühlen, festen Finger;

er bemerkte, daß die Handfläche der Frau schwitzte wie seine eigene. Die Vergangenheit überflutete qualvoll seine Gedanken:

Ein Mädchen, mit dem er jahrelang befreundet gewesen war. Er hatte gerade ihre kleine Zweizimmerwohnung verlassen wollen, in dem Bewußtsein, daß seine Frau sich bald Sorgen machen würde. Mit seiner üblichen, kalkulierten Schüchternheit hatte er ihre Hand geschüttelt und so getan, als sei er nervös. „Ich mag diese Händeschüttelei nicht", hatte sie gesagt, und an der Art, wie sie es sagte, erkannte er, daß sie es schon bei früheren Gelegenheiten hatte sagen wollen. „Ich hätte lieber, wenn du mich in den Arm nähmst." Also hatte er sie in den Arm genommen, und sie hatte ihn nicht losgelassen. Sie war groß und schlank, und gegen seinen untersetzten, muskulösen Körper fühlte sie sich ungelenk an. Aber es war ein langer Augenblick gewesen, und ein guter.

Er stellte fest, daß er erregt war, und der Tuthanach-Frau gefiel das. Er roch ihren sauren Atem, als sie sich über ihn beugte und ihm sanft zwischen die Beine griff; sie küßte ihn auf beide Wangen und auf die Nasenspitze. Dann stand sie auf und zerrte ihn auf die Beine; sie zog ihn ins Zelt und entkleidete sich.

Sie hob einen offensichtlich künstlich geglätteten Steinsplitter auf und kratzte mit einem Stück Feuerstein ein paar Zeichen hinein. Farrel sah ihr zu, während er sich selbst auszog. Ihre Brüste waren voll und rund an den Enden und flach und beutelartig, wo sie aus dem Körper wuchsen. Er haßte das. Sie roch nach Tierfett und Rauch (wie er) und nach etwas anderem, etwas Stechendem, Sexuellem, Widerwärtigem. Sie spuckte auf den Stein und reichte ihn Farrel mit einem Grinsen, wobei sie ihm bedeutete, dasselbe zu tun. Als er darauf spuckte, sah er den großen Phallus, den sie auf den Stein gezeichnet hatte. Mit dem Daumen rieb sie den Speichel in den Sandstein und legte sich lachend auf den fellbedeckten Boden. Sie tätschelte sich den Bauch mit dem Steinchen. Noch immer sagte sie nichts.

Als Farrel auf ihren liegenden Körper stieg und versuchte, sie zu finden, bemerkte er, daß sie den Stein in den Mund steckte und verschluckte.

Sie liebten sich ungefähr zehn Minuten lang. Danach war sie offensichtlich enttäuscht, und Farrel war, ohne daß er den Grund gewußt hätte, dem Weinen nahe.

Achte Sendung – fünfzehnter Tag

Es hatte angefangen. Ich meine, die Bauarbeiten haben angefangen. Gestern bin ich um den Crog herumgeschlichen und auf die Hügel gestiegen, von wo aus man den Boyne übersieht; da, wo der Friedhof liegt. Unten am Fluß herrschte große Aktivität; Männer, Frauen und Kinder sammelten vom Wasser geglättete Granitblöcke für die Wand des Hügels; sie trugen sie einzeln den Abhang hinauf, und die Steinhaufen wachsen. An verschiedenen Punkten wird Erde für den Grabhügel aufgegraben. Mehrere kleinere Gräber auf der Parzelle sind zerstört und Erde und Steine aus ihnen entfernt worden. Die Vergangenheit ist unwichtig geworden. Nur noch der große Hügel scheint von Bedeutung für sie zu sein. Die ersten massiven Basisquader sind auf die Parzelle gezogen worden, und ein Künstler arbeitet an etwas, das eigentlich nur die kleine Türkappe, die über dem Eingang liegen wird, sein kann. Die Arbeit, vor allem die künstlerische Arbeit, wird noch Monate dauern. Die Luft ist erfüllt von den scharfen Klängen der ständigen Meißelschläge, mit denen Symbole und Muster in die behauenen Felsblöcke geschlagen werden, die zum Einbau in das Hügelgrab bereitliegen. Das Tempo, in dem sie arbeiten, ist phantastisch, aber die Arbeit, die vor ihnen liegt, ist ungeheuer. Wen wird man hier begraben? Wen wird man hier ehren?

Ich bin näher herangegangen, hinter ein paar Bäumen versteckt, und habe den Künstlern bei der Arbeit zugesehen. Stellt euch meine Überraschung vor, als ich sah, daß Tig das Meißeln der Symbole beaufsichtigt. Rund dreißig Männer, alle alt und gebrechlich, kauerten neben oder über ihren Steinblöcken, und jeder arbeitete nach Anweisung des umherhetzenden, prüfenden, schreienden Jungen.

Ich habe eine Weile fasziniert zugesehen, bis mich die Sonne, die strahlend und heiß auf meinen nackten Rücken brannte, an einen schattigeren Ort vertrieb. Tig muß mich gesehen haben, denn als ich mich bergab schlich, in Richtung auf den Hang, der zu dem noch nicht erbauten Hügelgrab von Knowth hinaufführt, kam er hinter mir hergerannt und rief meinen Namen.

„Es wird ein großer Hügel werden“, sagte er atemlos. „Ein großer Tempel.“

„Ein Tempel für wen, Tig?“

Aber er lachte nur und klatschte in die Hände. „Sie haben alle die Zeichen vergessen, die Zeichen für die Erde, den Wind, das Feuer und das Wasser", plapperte er vergnügt. „Darum bin ich zurückgeblieben, um mich zu erinnern, um sie zu lehren . . ." Er war offensichtlich entzückt darüber. „Bald ist dieser Tig nicht mehr ‚Tig – nie berührt Frau'."

„Wird dieser Tig Erde berühren?" fragte ich ihn.

Sein Ausdruck verfinsterte sich, aber sogleich strahlte er wieder und grinste. „Dieser Tig nie berührt Erde für immer . . . aber dieser Farrel . . . dieser Farrel wird bald Erde berühren . . . dieser Farrel wird verstehen und die Zeichen lernen."

„Dieser Tig kann mich töten", sagte ich vorsichtig. „Wie er jenen Burton getötet hat."

Er schlug mehrmals auf seine Genitalien, nicht fest, aber offenbar ziemlich schmerzhaft, denn er zuckte sichtbar zusammen. „Wenn dieser Tig tötet diesen Farrel, mögen Beine zu Stein werden."

Und in diesem Augenblick fühlte ich den Drang, die Faszination des Entdeckens, den Zauber, der mich wie eine überwältigende Ekstase erfüllte, und es zog mich wie ein psychologischer Magnet hinunter zur Erde. Tig tanzte glücklich herum . . . hatte er meine Besessenheit erkannt? Dann lief er davon und rief über die Schulter zurück: „Dieser Farrel weiß, wohin er gehen muß."

Ich bin hin und her gerissen zwischen dem Verlangen, zu wissen, und der Angst, zu wissen. Ständig sehe ich Burtons verfaulten Leichnam vor mir liegen, dem eben dieses Wissen durch einen dünnen Knochensplitter und ein rachsüchtiges Kind verwehrt wurde. Aber ich denke auch daran, wie die Erde mich anzog, an das Gefühl von Zauber und Verklärung, an den kurzen Schimmer (denn es war bloß ein Schimmer) einer großen Macht, die unter dem Gras liegt . . .

Ich werde mich bald entscheiden müssen.

Farrel wußte tatsächlich, wohin er gehen mußte. Er dachte an die Hügelkuppe mit ihren jetzt leeren Gräbern; und als die Nacht verstrich, begann ein schwerer Regen trommelnd über dem Lande niederzugehen, eisige Bächlein flossen über den unebenen Felsboden seiner Höhle, und die Kuppe, dunkel und unsichtbar in der Nacht, schien ihn herbeizuwinken. Tig wand sich vor ihm, ein Junge, ausgeliefert der Gnade und den Launen von Kräften, die im

Sterben lagen, aber die noch immer größer waren . . . als ein Mensch, jetzt oder in Farrels Zeit weit in der Zukunft . . . sich vorstellen konnte. Und doch, vielleicht stimmte das nicht – vielleicht *hatten* die Menschen dieser Zeit die Söhne und Töchter der Erde wahrgenommen, die irgendwie, auf unerklärliche Weise, die Geschicke der Tuthanach lenkten. Vielleicht hatten die Menschen erst im Laufe der Zeit und mit ihrem wachsenden Selbstbewußtsein die Geister und Wächter dessen, was sie sahen, vergessen: der Felsen und Steine, der Bäume und der Winde, der Erde, der weiten Erde; Mutter . . .

Sie rief ihn, und Farrel antwortete voller Angst. Sie waren schon einige Zeit bei ihm gewesen und hatten seine Gedanken gelenkt, aber ihre Berührung war zart und unstet. Farrel wich in seine Höhle zurück und bedeckte seinen Kopf, er hielt sich Augen und Ohren zu und versuchte, nicht zu hören oder zu fühlen, was auf ihn zukam; er versuchte, nicht daran zu denken, aber er konnte seine Gedanken nicht von ihrer Gegenwart befreien.

Er schrie, verwirrt und verängstigt durch die fremdartige Berührung. Mit dunkel umrandeten Augen und zitternd vor Kälte und Furcht kauerte er in seiner Höhle, bis der Morgen kam, das Licht und der Frieden.

Er rannte über das sturmgepeitschte Land, und seine Schritte fielen schwer auf das nasse Gras, das den nächsten Wolkenbruch erwartete. Tig kam auf ihn zugelaufen, und er fühlte sich über die Maßen erleichtert.

Der Junge sah seine Angst und sprang lachend in die Höhe, dann klatschte er vor Freude in die Hände.

„Was bedeutet das?“ schrie Farrel.

Tig-nie-berührt-Frau-nie-berührt-Erde ging in die Hocke und schob seine Finger zwischen das dichte, verfilzte Gras.

„Dieser Farrel wird bereitgemacht, die Erde zu berühren“, sagte er. „Hab keine Angst.“

„Aber dieser Farrel hat Angst. Dieser Farrel hat schreckliche Angst!“

„Es gibt keinen Grund“, sagte Tig plötzlich weniger kindisch. Er beobachtete Farrel mit glänzenden dunkelbraunen Augen. Seine Wangen und sein Kinn waren mit Fett und Farbe beschmiert, in einem sinnlosen Mosaik von Farben und halbausgeformten Mustern. Der Wind war plötzlich stark geworden, und

Tig schauderte. Er stand auf und sah hoch, wobei er seine dünnen Arme um den nackten Oberkörper schlang. Auch Farrel richtete sich auf und folgte dem Blick des Jungen zum Himmel, wo dunkle Wolken und einzelne Sonnenstrahlen einander in wirrem Spiel über das Tal jagten.

„Was wird mit diesem Farrel geschehen?" fragte der Mann.

Tig lächelte beinahe väterlich. „Wunderbare Dinge."

„Was ist unter dem Gras? Was ist dort verborgen?"

„Dieser Farrel wird bald wissen. Furcht ist unnötig. Dieser Farrel wird nichts verlieren, was er nicht schon verloren hat."

Farrel starrte ihn an und fühlte sich plötzlich alt und fremd.

„Was hat dieser Farrel verloren?"

Tig grinste. „Seine Vergangenheit, sein Volk, seine Träume, seine seltsamen Bilder. Dieser Tig hat sie nie verstanden, hat nie die Worte verstanden. Das war immer zwischen uns. Wenn dieser Farrel Erde berührt hat, wird es verschwunden sein. Wir werden den Tempel zusammen bauen: Wir werden unsere Träume und unser Volk zusammen bauen."

„Das klingt wunderbar", sagte Farrel. „Aber dieser Farrel hat immer noch Angst."

Tig lachte wieder. „Angst vor der Erde?" Er scharrte mit seinen nackten Füßen über den Boden. „Angst vor Wolken? Angst vor Sonne?"

„Angst vor . . ." Er verstummte unsicher. „Dieser Farrel weiß nicht, wovor."

Tig schlug die Hände zusammen und schüttelte den Kopf. „Dieser Farrel sollte zur Höhle zurückgehen. Warte dort. Wenn du gerufen wirst, geh zu ihnen. Geh zu ihnen."

Ohne noch weiter zu fragen, ergab Farrel sich in sein bizarres Schicksal. Er drehte sich um und ging zu der Fehlshöhle zurück.

Als der Abend dämmerte, regnete es schon wieder.

Sie rief ihn, und wieder antwortete Farrel. Er hatte noch immer Angst, aber Tigs Worte und seine beruhigende Haltung halfen ihm, seine Furcht zu überwinden und aus seinen Gedanken zu verbannen.

Er ging durch den strömenden Regen. Der Lehm aus seinem Haar lief ihm in Augen und Mund und gab ihm einen Vorgeschmack der großen, oralen Vollziehung, die seiner harrte. Er verschluckte den Lehm und schmeckte seine Beschaffenheit, er weinte, als er durch den Regen, durch den stöhnenden Wald lief. Hinter ihm, hoch auf einem Hügel, brannte eine Fackel unter einem häutenen Schutzdach, wo bis tief in die Nacht hinein ein Künstler an einem Stein arbeitete, eifrig bemüht, die Zeichen der Erde zu formen, die er von dem einen Jungen wiedergelernt hatte, der sie nicht vergessen hatte. Er war ein Künstler, der seine Seele in den Felsen gab, und den Felsen in den Tempel . . . einen Tempel für die Erdgötter, die Großen, die Stöhnenden, für die Bewohner der Felsblöcke und des Windes, der Wolken und des flüssigen Schlamms, des Grases, das auf der unermeßlichen Fläche fruchtbarer Erde wuchs.

Durch Nacht und Regen rannte Farrel, bis er sich, ohne zu denken, auf der Hügelkuppe, die über den Wald emporragte, wiederfand, bei dem großen Quell irdischer Energie, den er vor wenigen Tagen so kurz und so erschreckend angezapft hatte. Und hier warf er sich zu Boden, in den Graben, den einer der Tuthanach zurückgelassen hatte, und er breitete die Arme aus . . .

Ergriff das Fleisch der Mutter . . .

Durchdrang den fruchtbaren Leib der Mutter und ejakulierte in der Ekstase der Berührung . . .

Aß von ihrer Brust, trank die kalte, körnige Milch ihrer Drüsen, fühlte, wie sie in seinen Körper strömte, durch die Öffnungen seines hingestreckten Leichnams, den Inhalt seiner Gefäße vor sich hertrieb und seine Wärme mit ihrer liebevollen Kälte ersetzte. Die Erde schloß sich über seinem Rücken, der Regen sickerte hindurch, lief über seine Haut und verschwand tief unter ihm im Gewebe des Bodens. Seine Lungen füllten sich mit Schlamm – er atmete tief, und einen Augenblick später blieb sein Herz stehen, seine Atmung hörte auf . . . alles hielt inne, und er berührte die Erde.

Beinahe sofort waren sie da, sie entstiegen den tiefen Felsen, sie flossen durch die Erde und durch die Poren des Bodens, sie drangen in Farrels Körper ein, durch die Spitzen von Fingern und Penis und über die Brücke aus Erde, die sich durch die Windungen seiner Därme zog. Er wurde von ihnen verzehrt, so wie er sie selber verzehrte, er begrüßte sie und hörte ihre sterbenden Willkommensgrüße, die Worte, die in den vergangenen Wochen durch die Seelen der Tuthanach geströmt waren . . .

Ich bin Erde, Farrel, ich bin die Erde, ich bin aus Erde, die Erde ist in mir und um mich herum, ich bin Boden und Fels, Diamant und Jade, Rubin und Ton, Glimmer und Quarz, ich bin die Überreste der Toten, deren kristallenes Echo in den Ablagerungen von Ozean und See lebt, ich bin das Land, ich bin Frau, und ich säuge das kindliche Fleisch von Mensch und Tier, ich bin Leib und After, Mund und Nase und Ohr der großen Liebhaberin der Welt, ich bin Höhle und Tunnel, Brücke und Hafen, ich bin der Sand, der saugt, der Acker, der aufgeht, ich bin Wurzel und Ton, ich bin der Mensch, bevor er zu Fleisch wird, ich bin der Staub, der genannt wurde Nooma und Shaan, der ist Tutha und Cein und Tammuz, und meine Äste werden Erde sein gegen den Himmel, und alles wird eines sein, ich werde Faun sein und Consus, ich werde Pellervoinen sein und Tapio, ich werde Luonnatar sein, der auf weißem Wasser schwimmt und den Wind berührt, ich werde Asia sein und Asia-Bussu, Lug und Jesus, ich werde Kohle sein und Erz, und ich bin seit der Zeit der Einsamkeit, des Donners und der Unfruchtbarkeit – du, Farrel, der du all dieses weißt, solltest auch wissen, daß dies der Augenblick unseres großen Sterbens ist, der Windhauch, der aus dem Leib der Erde in die Erinnerung des Menschen übergeht . . .

Eine zweite Stimme: Ich bin Wind, der genannt wurde Gottsänger von den Kalokki, welche die ersten Menschen waren, der genannt wird Tag und Feng-Po und Huaillapenyi, ich bin Odem und Leben, ich bin Tod, der aufsteigende Geruch der Verwesung, ich bin Sturm und Raserei, Licht und Dunkel, ich bin Donner und Furcht, ich bin der Wechsel der Zeiten, ich bin der Bedränger der See und Tröster von Flügeln, man wird meiner gedenken als Taranis und Wotan, Thor und Zephyrus, und Gaoh und Hino, und meinen Donner wird man hören bis zum Feuer des Endes – aber du, Farrel, der du all dieses weißt, solltest auch wissen, daß dies der Augenblick unseres großen Schmerzes ist, wo wir unser Reich aufgeben und in die Seelen der Menschen ziehen, denn nur in der Seele des Menschen können wir weiterleben . . .

Und dann drängten andere herein und kämpften um Gehör: Ich bin Feuer, das ist Tinedia, das wird sein Svarogich und Sonne und Steropes . . . Ich bin Wasser, das ist Uisceg . . . Ich bin Himmel . . . Ich bin Schlange . . .

Sie alle hörte und verzehrte Farrel, und dann sanken sie zurück, sie verschwanden im Fels und hinauf in den Wind, und sie ließen nur einen Bruchteil eines jeden Gottes, ein Stückchen eines jeden der großen Wesen, in seine übervolle Seele herabsinken.

Er stieg aus der Erde, schüttelte seinen Körper und fühlte, wie Sand und Lehm von seinen Gliedern fiel, aus seinem Mund und aus seinen Augen. Der Tag war kalt; er nahm den Regen wahr, die schweren Wolken, den trüben Dunst, der auf dem durchtränkten Land lag: Er liebte das alles. Ein mehr oder weniger großer Teil von ihm war sich bewußt, daß zwei volle Jahreszeiten verstrichen sein mußten, während er in inniger Umarmung mit der Erde gelegen hatte. Aus demselben mehr oder weniger großen Teil entsprang ein fremdartiger Gedanke, ein letzter, tränenerstickter Schrei aus seiner toten Zukunft: *Eine wahrhaft große, edle Pracht wird zu meiner Zeit von Glas und Stahl versunken sein.*

Das neugeborene Kind wandte sich um und blickte auf das jungfräuliche Land. Der Regen prasselte gegen ihn und wusch ihn. Er öffnete den Mund, um ihn zu trinken, und sein Lachen vereinigte sich mit den sanften Klängen der natürlichen Welt.

Ich habe das Leben gefunden, endlich, endlich . . .

Die großen Götter waren noch da, dachte er, während er den Regen aus den Augen blinzelte und in das Grün um ihn herum starrte. Sie starben jetzt, begingen ihren großen Selbstmord, und sie überlebten nur in den Tuthanach und ihren Kindern und in ihren Enkelkindern, und immer weiter, bis sie sich überall verbreitet hatten . . . sie taten dies als Geste der Ergebung für den Menschen; aber als er so durch den Regen starrte, durch die offene Ferne des Landes, da konnte der Mann namens Farrel diese Götter sehen, er konnte sie fühlen und riechen und hören, mit all seinen Sinnen erfassen.

Als er den Hang hinunterlief, spürte er sie auch im strahlenden Licht seines Geistes. Sie waren, ererbt, bei ihm gewesen, als er herkam, und jetzt waren sie direkt zu ihm gekommen, und das weitere Bewußtsein, das sie ihm in so vielen Dingen gebracht hatten, erfüllte ihn mit Ekstase . . . im Laufe der Jahrhunderte würde ihre Gegenwart verschwimmen und schwach werden, und vielleicht hatten sie damit nicht gerechnet.

Sie hatten viel Zeit, ihn zu erforschen und zu verstehen, wie es sein würde. Was Farrel betraf, so gab es Wichtigeres zu tun, als sich Gedanken zu machen über einen Tag und eine Zeit, wo er Staub und Asche sein würde.

Er war jetzt ein Teil der Erde, ein Mann der Erde, ein Tuthanach. Sein Volk errichtete einen Tempel für die Erde, und er wußte, wie wunderbar dieser Tempel sein würde, denn er hatte ihn gesehen. Er würde die Steine des Tempels mit seiner Seele zeichnen und die Mauern des Tempels mit seinem Schweiß errichten, er würde den Tempel mit seiner Ekstase füllen. Er rannte noch schneller über das regengetränkte Land, bis er hörte, wie der Stein gemeißelt wurde.

Die Erde ging mit ihm.

Jörg Weigand

Die Demonstration oder Lektionen für einen außerirdischen Gast über demokratische Grundrechte

1

SZENE:
Das Raumschiff vom Arkturus. Gelandet in der vergangenen Nacht. Tief sinken die Teleskopbeine in den weichen Boden des Fußballplatzes von Niederbachem ein.

Anmerkung: Niederbachem ist Teil der Verbundgemeinde Wachtberg im „Drachenfelser Ländchen", linke Rheinseite; es liegt am südwestlichen Ortsausgang von Bonn – Bad Godesberg – Mehlem. Einwohnerzahl: ca. 3500, damit größte Teilgemeinde von Wachtberg).

Überall Uniformen: Bereitschaftspolizei. Mehrere Hundertschaften. Die Bäume rund um das Fußballfeld sind bei der Landung des kugelförmigen Raumfahrzeuges geknickt, die Tore beiseite gefegt worden.

Berichtigung: „Kugelförmig" ist als Beschreibung für das fremde Raumschiff nicht ganz korrekt, da der Besucher aus dem All an den Polen (also oben und unten) abgeplattet ist.

Die Häuser in unmittelbarer Nähe des Sportplatzes sind leer. Sie wurden in den frühen Morgenstunden geräumt.

2

DOKUMENTATION:
Tagesbefehl des Polizeipräsidenten der Bundeshauptstadt (Auszug):

„Meine Herren!

Wir stehen vor einer neuen Situation. Staatsbesuche und ähnliche Protokolltermine gehören für uns zum normalen Geschäft. Doch dieser Besuch ist etwas Besonderes; wir müssen mit außerordentlicher Vorsicht zu Werke gehen. Denn noch nie zuvor hat uns ein Gast von einem anderen Planeten erreicht.

Ich formuliere bewußt vorsichtig, denn seit nunmehr zehn Stunden steht das Raumschiff auf seinem Landeplatz. Wir wissen nicht, was sein wird. Nichts rührt sich im Augenblick . . .

Sie haben die vordringliche Aufgabe, das gesamte Gelände gegen Unbefugte abzuriegeln. Unser oberstes Gebot ist: Schutz des Gastes gegen alle nur denkbaren Gefahren.

Es gelten unsere allgemeinen und in diesem Falle natürlich auch unsere speziellen Einsatzbestimmungen.

Es gibt Anzeichen dafür, daß sich die für heute vormittag angekündigte Demonstration in der Innenstadt nach Niederbachem verlagern kann. Wie Sie wissen, richten sich die Proteste gegen das geplante teilweise Abholzen des Kottenforstes.

Ich erwarte, daß alle Beamten der Hundertschaften ihre Pflicht tun . . ."

3

SZENE:
Die Austraße, eine Nebenstraße, die von der Niederbachemer pinkfarben gestrichenen St. Gereons-Kirche am Sportplatz vorbei zur Botschaft der Volksrepublik China führt.

Der Kommandowagen des polizeilichen Einsatzleiters blokkiert fast gänzlich die Durchfahrt.

Name des Einsatzleiters: Polizeidirektor Möller-Klein. Er hat große Sorgen. Seine Beamten haben Mühe, die vielen Schaulustigen abzudrängen. Denn von überall her, nicht nur aus Nieder- und Oberbachem, auch aus den übrigen Teilgemeinden Wachtbergs, vom Heiderhof, aus Meckenheim, Rheinbach, aus Remagen, Bad Breisig und Oberwinter, aus Königswinter und Ägidienberg und natürlich aus der Bundeshauptstadt und dem nahegelegenen Köln strömen die Neugierigen herbei.

Es ist ein Werktag, Mittwoch, um genau zu sein, doch die Menschen scheinen ihre Arbeitsplätze zu verlassen, um hierher zu eilen. Und es stört sie auch nicht, daß es seit kurzem angefangen hat zu nieseln.

An den Hängen des langgestreckten Tales, in dem Niederbachem liegt, marschiert und krabbelt es wie auf einem Ameisenhaufen. Dort oben bietet sich die einzige Möglichkeit, wenigstens aus der Ferne einen Blick auf die geheimnisvolle Metallkugel zu werfen.

Ein Teil der Ortschaft ist durch die Bereitschaftspolizei praktisch zur Gänze abgeriegelt. Selbst die Einheimischen haben einige Mühe, innerhalb des Dorfes von einer Straße in die andere zu gelangen. Passierscheine sind noch keine ausgegeben worden, wie einer spottet, der sich einen Rest Humor bewahrt hat, aber was nicht ist, kann ja noch werden.

Und dann ist da die Presse:

Fernsehteams aus dem In- und Ausland, Filmkameras und elektronische Einheiten; Hörfunkreporter mit ihren Mikrofonen; die ungezählten Vertreter der Nachrichtenagenturen und der schreibenden Zunft – Tages- und Wochenzeitungen, Sensationsblätter und Illustrierte; dazu Spinner von UFO-Clubs und deren Blättchen sowie religiöse Fanatiker, die auf den Weltuntergang warten. Das alles drängt sich vor dem Polizeikordon.

Und auch sie kommen an das Objekt der allgemeinen Neugier nicht heran.

4

DOKUMENTATION:
„Jeder hat das Recht, seine Meinung in Wort, Schrift und Bild frei zu äußern und zu verbreiten und sich aus allgemein zugänglichen Quellen ungehindert zu unterrichten. Die Pressefreiheit und die Freiheit der Berichterstattung durch Rundfunk und Film werden gewährleistet. Eine Zensur findet nicht statt."

(Grundgesetz für die Bundesrepublik Deutschland,
Artikel 5, Absatz 1)

5

SZENE:
Der Protokollchef aus der Bundeshauptstadt betritt das Kugelraumschiff vom Arkturus.
(Anmerkung: Der Bundesaußenminister ist leider zur Zeit wegen dringender Amtsgeschäfte verhindert. Er war noch in der Nacht an den Ort der Landung geeilt; doch als sich stundenlang nichts tat, hatte er schließlich den Protokollchef mit der Wahrung dieses Dienstgeschäftes beauftragt und war in seine Dienstvilla zurückgeeilt. Denn: Die protokollarischen Notwendigkeiten liegen da in den besten Händen, und da der außerirdische Gast mit den diplomatischen Gepflogenheiten der Erdstaaten kaum allzu vertraut sein dürfte, kann sich der Minister gut vertreten lassen). Vor wenigen Minuten nun hat sich an dem Kugelschiff eine Schleuse aufgetan; der Protokollchef hat darauf gewartet, daß der Besucher herauskommt, doch als niemand erscheint, faßt er sich ein Herz und betritt selbst das Schiff, nachdem er sich die Brille mit energischem Griff auf der Nase zurechtgerückt hat.

6

DOKUMENTATION:
„eil – – eil – – eil – – eil – – eil – – eil – – eil – – dpa 1710 1003 uhr
das raumschiff öfnet sich
utl.: erste begegnung zwischen einem menschen und ausserirdischen. niederbachem, 17. okt. soeben, um genau 10 uhr 01 öffnete sich die aussenschleuse des in der vergangenen nacht gelandeten raumschiffes vom planeten arkturus (roem.) fünf. nach fast genau elf stunden wartezeit geht damit einer der grössten träume der menschheitsgeschichte in erfüllung: die begegnung mit außerirdischen intelligenzwesen. der beweis ist erbracht, die menschheit ist nicht allein im kosmos.
als erster mensch der erde wird der protokollchef des bonner auswärtigen amtes in vertretung des verhinderten bundesaussenministers das fremde schiff betreten und dem besucher aus dem weltraum gegenüberstehen.

schon jetzt sprechen politische beobachter in der bundeshauptstadt von einem historischen datum, das nach meinung vieler experten höher zu bewerten ist als die erste landung eines menschen auf dem mond."

7

SZENE:
Die Demonstranten sickern allmählich über Feldwege, Nebenstraßen, durch Hecken und Gebüsche nach Niederbachem ein. Auch durch die Ausläufer des Kottenforstes gelingt es einigen Mitgliedern der „Bürgerinitiative Rettet den Kottenforst", die besonders gut zu Fuß sind, in das Niederbachemer Tal zu gelangen.

Zunächst gruppieren sie sich nur zu zweit oder zu dritt und gelangen so, von Westen her und durch einige der gepflegten Gärten hindurch, in das Innere des Polizeiriegels. Sie halten sich versteckt, bis die Neuigkeit sie erreicht, daß das fremde Schiff sich geöffnet hat und der Vertreter der Bundesregierung durch die Schleuse die Kugel betritt. Da scharen sie sich auf der Kuhweide westlich des Sportplatzes zu einem größeren Haufen zusammen.

Transparente und Papptafeln haben sie unter ihren Parkas und Mänteln hereingeschmuggelt und entrollen sie nun flink. Soll doch der außerirdische Gast sehen, auf welcher Welt er gelandet ist; einer Welt, auf der Wälder aus niedrigen Beweggründen abgeholzt werden, Tiere und Pflanzen sterben müssen und die Natur in ihrer Vielfalt soweit verstümmelt wird, bis von ihrer ursprünglichen Schönheit nicht mehr viel zu erkennen ist. Eine Welt, in der der Mensch seine Umwelt und damit sich selbst langsam, aber desto gründlicher zugrunde richtet.

Das soll der Gast erkennen, meinen die Demonstranten.

8

DOKUMENTATION:
„Der Kottenforst ist in Gefahr!

Primitive Geschäftemacher wollen uns unseren Wald rauben!

Mitbürger – wehrt euch! Wir brauchen den Wald als natürlichen Lebensraum nicht nur für den Weiterbestand des Wildes und der Vogelwelt, er ist auch dringend notwendig als Erholungsgebiet für den Köln-Bonner Ballungsraum.

Der Kottenforst ist eine natürliche Lunge; er sichert uns atembare, saubere Luft.

Spekulanten wollen den Wald im Bereich von Ober- und Niederbachem, Ließem, Heiderhof und anderweitig bis nach Villiprott abholzen.

Die Gründe dafür liegen auf der Hand, die Begründung ist fadenscheinig. Dieser Wald ist nicht krank, wie von einer interessiertren Lobby behauptet wird. Dies beweisen Gutachten, die in unserem Auftrag erstellt wurden. Hier geht es einzig und allein um Geld, um viel Geld. Denn rund um die Bundeshauptstadt fehlt Bauland. Die Preise für Bauplätze haben sich in nur fünf Jahren stellenweise verdreifacht.

Helft alle mit, den Kottenforst zu retten und als Ganzes zu erhalten!

ACHTUNG: Die für 11 Uhr geplante Demonstration auf dem Bonner Münsterplatz wird kurzfristig nach Niederbachem und damit in ein unmittelbar betroffenes Dorf verlegt.

Hier geht es um unser aller Interessen!"

(Hektografiertes Flugblatt der „Bürgerinitiative Rettet den Kottenforst". Kein Verantwortlicher im Sinne des Presserechts angegeben)

9

SZENE:
Sie stehen am Sichtschirm des Raumschiffes und sehen nach draußen: der Protokollchef des Auswärtigen Amtes und der Gast von einem anderen Planeten, Seine Exzellenz, der Außerordentliche und Bevollmächtigte Botschafter von Arkturus V, Bar'ii-Al-Iirab. So wenigstens hat der Bonner Spitzendiplomat, ein Mann mit geschliffenen Manieren und viel Erfahrung im internationalen politischen Geschäft, den Namen verstanden. Und selbst, wenn er den Besucher vom Arkturus daraufhin nicht mit dem korrekten

Namen bedenken kann, spielt dies im Augenblick kaum eine Rolle. Denn er muß den Botschafter protokollgerecht sowieso mit „Exzellenz“ ansprechen. Und da der Arkturaner das Schiff im Augenblick nicht verlassen will, diesen Wunsch hat er als erstes geäußert, bleibt dem Bonner Regierungsvertreter die Pein erspart, ihn einem anderen mit Namen vorstellen zu müssen.

Die Arkturaner sind weitgehend Hominiden, fast kinnlos, dafür mit ausgeprägtem Schädel. Eine Nase fehlt, dafür gibt es Atemschlitze oberhalb der Lippen. Und sie sind hochgewachsen: Bar'ii-Al-Iirab überragt den Bonner Protokollchef um einiges, und der ist mit seinen einen Meter zweiundachtzig auch nicht gerade klein. Am seltsamsten muten an dem Arkturaner die Augen an, denn sie sind an den äußeren Augenwinkeln stark nach unten gebogen. Und das ergibt einen seltsam verschlossenen Ausdruck im Gesicht, dem so gut wie keine Gemütsbewegung abzulesen ist.

Der Botschafter ist allein zur Erde gekommen. Sein Raumfahrzeug ist vollautomatisiert; nach der Zieleingabe in die Positronik fand es den Weg ins Sonnensystem allein. Der Arkturaner spricht ein ausgezeichnetes Deutsch.

„Dafür gibt es Maschinen, mit deren Hilfe wir extrem schnell lernen“, wehrt er eine entsprechende Frage ab.

Und warum er denn hier auf dem Niederbachemer Sportplatz gelandet sei, auf dem sein Schiff kaum Platz finde; schließlich habe man ihm doch nach der Kontaktaufnahme über Funk den Köln-Bonner Flughafen zugewiesen . . .

Der Botschafter winkt ab.

Es sei kein Mißtrauen, aber schließlich sei er zum ersten Mal in diesem Teil der Galaxis; und Vorsicht sei nie verkehrt. Und so eine Landung auf einem unbekannten Planeten . . . Wie gesagt, keinerlei Mißtrauen.

Doch es war da, das Mißtrauen.

10

DOKUMENTATION:

„Achtung! Achtung! Hier spricht die Polizei!

Sie befinden sich innerhalb eines von den Sicherheitsbehörden festgelegten Sperrgebietes, in dem Versammlungen aller Art verboten sind. Bitte verlassen Sie sofort diesen Platz und ziehen Sie sich außerhalb des Polizeikordons zurück. Sie haben fünf Minuten Zeit dazu.

Wenn sich diese Demonstration nicht auflöst, sehen wir uns gezwungen, mit allen verfügbaren Mitteln den Platz zu räumen.

Achtung! Achtung!

Hier spricht die Polizei!

Verlassen Sie sofort das Sperrgebiet.

Dies ist eine nicht genehmigte Demonstration!“

(Aufruf über Megaphon an die Demonstranten, die sich auf der Wiese westlich des Niederbachemer Sportplatzes eingefunden haben)

11

SZENE:

Über den Sichtschirm ist alles, was jetzt am Ort der Handlung geschieht, genau zu verfolgen.

Die Zahl der Demonstranten ist auf etwa einhundert Menschen angewachsen.

Die Männer, Frauen und Jugendlichen sitzen oder liegen zumeist im Gras und halten die Stöcke mit den daran genagelten oder festgebundenen Transparenten in die Höhe.

Fünf Minuten nach dem dritten Aufruf, das Sperrgebiet zu verlassen, geht die Polizei mit mehreren Hundertschaften gegen die Demonstranten vor. Hundeführer folgen, die abgerichteten Tiere an der Leine.

Die Beamten müssen sich zunächst einmal durch den dichten Wall der Schaulustigen drängen, der immer stärker gegen die Absperrung drückt. Die Einsatzwagen der Hundertschaften stehen die Austraße entlang, außerhalb des Absperrungsgürtels. Einige Hundeführer nehmen ihren Hunden bereits während der ersten paar Schritte vorwärts die Maulkörbe ab. Das bösartige Bellen und warnende Zähnefletschen der auf den Mann abgerichteten Tiere lassen die Neugierigen zurückweichen. Gassen bilden sich, so daß die Polizei rascher vorankommt.

Die Polizisten überspringen den Straßengraben und steigen über den Stacheldrahtzaun, der normalerweise weidendes Rindvieh daran hindern soll, wegzulaufen. Jeweils zwei oder drei Beamte packen einen sitzenden oder liegenden Demonstranten, gleich welchen Geschlechts oder Alters, an Händen und Füßen und schleifen ihn in Richtung Straße, wo er in bereitgestellte Mannschaftstransportwagen verfrachtet wird. Wer sich festzuhalten versucht oder gar um sich schlägt, der wird auch schon mal an den Haaren fortgezerrt. Der Schlagstock tritt in Aktion. Aus den Reihen der Schaulustigen erklingen zunehmend Buh-Rufe, als nun immer mehr Hunde von der Leine gelassen werden.

Schmerzensschreie, Flüche, gebrüllte Befehle.

Es geht um den Erhalt eines Waldes.

12

DOKUMENTATION:

„Alle Deutschen haben das Recht, sich ohne Anmeldung oder Erlaubnis friedlich und ohne Waffen zu versammeln.

Für Versammlungen unter freiem Himmel kann dieses Recht durch Gesetz oder auf Grund eines Gesetzes beschränkt werden."

(Grundgesetz für die Bundesrepublik Deutschland,
Artikel 8, Absatz 1 und 2)

13

SZENE:

„Das verstehe ich nicht."

Bar'ii-Al-Iirab schüttelt den Kopf. Zum ersten Mal ist so etwas wie eine Gemütsbewegung auf seinem Gesicht zu erkennen.

„Sie haben mir doch soeben erklärt, daß alle Einwohner dieses Landes durch Gesetz das Recht haben, sich zu treffen und beisammen zu sein. Ohne Waffen, heißt es da, aber ich sehe bei diesen Menschen draußen auch keine Waffen. Oder? Ich verstehe die Situation nicht."

Der Protokollchef ist wirklich überfordert. Es gehört nicht zu seinen Amtsgeschäften, Extraterrestriern das Grundgesetz zu erklären. Und außerdem ist er wohl Jurist, doch kein Staatsrechtler, sondern Verwaltungsmann.

„Exzellenz, ich bin untröstlich, daß Sie diesen Menschenauflauf mit ansehen müssen . . .“ stammelt der Vertreter des Außenministers. „Ach, die Menschen machen mir nichts aus.“ Der ratlose Ausdruck auf dem Gesicht des Arkturaners hat sich eher noch verstärkt. „Ich verstehe nur nicht, weshalb die Sicherheitskräfte gegen diese Menschen vorgehen, da sie doch nur das tun, was ihnen erlaubt ist.“

„Aber, Exzellenz, es gibt eben gewisse Einschränkungen. Wir sorgen uns um Ihre Sicherheit“, behauptet der Protokollchef. Der Botschafter von Arkturus V wendet sich wieder vom Bildschirm ab, auf dem er gerade beobachtet hat, wie sich ein Hund im Arm einer um sich schlagenden Demonstrantin festgebissen hat.

„Ich fühle mich nicht gefährdet“, sagt er. „Diese Menschen wollen mir doch gar nichts tun.“

Der Bonner Diplomat weiß allmählich nicht mehr, was er noch antworten soll. Er bleibt bei seinem „Wir sind für Ihre Sicherheit verantwortlich!“

Fast verächtlich, aber doch energisch winkt der Arkturaner ab. „Das ist allein meine eigene Angelegenheit.“

14

DOKUMENTATION:
„Die Bundesregierung begrüßt die Landung des Raumschiffes vom Arkturus und freut sich, daß der erste Kontakt mit außerirdischen Intelligenzwesen ausgerechnet in unserem Land stattfindet. Wir fühlen uns geehrt durch das Vertrauen, das die arkturanische Regierung damit unserem Staatswesen ausspricht. Nach einem ersten Gespräch zwischen einem Vertreter der Bundesregierung und dem Beauftragten der Regierung von Arkturus V wird es in den nächsten Tagen sicherlich ausreichend Gelegenheit geben, grundsätzliche Erörterungen über beide Seiten interessierende Fragen zu führen und unserem Gast von einem anderen Planeten

die Vorzüge unserer freiheitlich-demokratischen Grundordnung darzulegen."

(Kommuniqué der Bundesregierung, verlesen von einem Regierungssprecher vor Mitgliedern der Bundespressekonferenz)

15

SZENE:
Einem Fernsehteam ist es gelungen, sich an den Absperrungen vorbeizumogeln. Während der noch recht junge Reporter versucht, von einem der Demonstranten, die nach wie vor auf der Wiese ausharren und inzwischen fast alle aktiv Widerstand leisten, zusätzliche Informationen zu erhalten, beginnt der Kameramann, unterstützt von seinem Assistenten und dem Toningenieur, die Prügelszenen im Bild festzuhalten, die sich in Menge anbieten.

Doch das geht nicht lange gut.

Ein Dutzend Polizisten versuchen, den Kameramann abzudrängen, stellen sich breitbeinig vor ihn hin, um ihn am Drehen zu hindern. Einer verdeckt gar mit der flachen Hand das Objektiv der Fernsehkamera.

Das Protestgeschrei seines Kameramanns macht den Reporter auf diese Behinderungen aufmerksam.

Noch im Laufen zieht er seinen Presseausweis hervor.

„Wer hat hier den Befehl?" fragt er die Polizisten, die um das Team herumstehen.

„Weiß nicht", antwortet einer und zuckt mit der Achsel.

„Scheißpresse", mault ein anderer.

„Erlauben Sie mal", empört sich der Journalist. „Hier ist mein Presseausweis. Ich bin rechtmäßig hier. Lassen Sie mich bitte meine Arbeit tun – und meinen Kameramann auch."

„Aber, wer hindert Sie denn daran?" fragt ein bulliger Bereitschaftspolizist mit Schnauzbart.

„Niemand", echot es aus den Reihen seiner Kameraden.

„Diese Pressefritzen machen nur Ärger", setzt ein anderer Uniformierter hinzu."

„Dürfte ich bitte Ihren Namen wissen?“ Der Reporter bleibt ausgesucht höflich.

„Der geht Sie gar nichts an!“

„Noch haben wir Pressefreiheit in diesem Lande“, ruft der Journalist. „Ich lasse mich nicht in meiner Arbeit behindern.“

„Dann arbeiten Sie doch weiter“, sagt der Bullige grinsend und hält dabei die Hand vor das Kameraobjektiv, denn der Kameramann hat die zeitweilige Ablenkung durch das Gespräch benutzt, wieder einige Einstellungen zu drehen.

„Dann behindern Sie uns bitte nicht weiter!“

„Junge, geh nach Hause“, kommt es aus den Reihen der Polizisten, doch wer da redet, ist nicht festzustellen.

„Wenn dir etwas passiert, dann will es nachher wieder keiner gewesen sein.“

16

DOKUMENTATION:
„Die Demonstrationen der vergangenen Monate und Jahre haben nicht unbedingt immer dazu beigetragen, das Ansehen der Polizei in der Öffentlichkeit zu stärken. Hervorgerufen durch Gewalttätigkeiten von Seiten radikaler Gruppierungen waren die Polizeikräfte allzuoft gezwungen, mit härteren Mitteln als ursprünglich vorgesehen durchzugreifen. Um so wichtiger ist es, bei friedlichen Kundgebungen darauf zu achten, daß sich unsere Beamten im Einsatz zurückhaltend benehmen und höflich bleiben.

Dies gilt auch und in ganz besonderem Maße für den Umgang mit der Presse. Ihr ist, im Rahmen des Möglichen, jede Unterstützung zu gewähren. Jeder Beamte ist vor Beginn eines Einsatzes dahingehend zu unterrichten.“

(Interne Dienstanweisung des Polizeipräsidiums
an die Kommandoführer der Hundertschaften vor Ort)

17

SZENE:
Der Botschafter vom Arkturus ist nun erst richtig verwirrt. Seine an sich eher gelbliche Gesichtsfarbe wird dunkelbraun. „Ich gebe zu, daß mir das Geschehen da draußen reichlich unlogisch vorkommt. Bei uns ist das anders. Das gibt es bei uns nicht."

Der Protokollchef, der schon die ganze Zeit hofft, der Außenminister möge endlich kommen und ihn von seinen Qualen erlösen, atmet auf. Da kann er einhaken, ablenken.

„Exzellenz, ich wäre Ihnen sehr dankbar, wenn Sie mir einmal die Regierungsform auf Arkturus V beschreiben könnten."

„Nun, wir haben unseren Monarchen mit absoluter Befehlsgewalt. Bei uns geht alle Macht vom Throne aus. Und solche Kinkerlitzchen wie Pressefreiheit und Versammlungsfreiheit kennen wir nicht. Bei uns wird gehorcht, und damit hat es sich. Niemand käme bei uns auf die Idee zu demonstrieren. Wozu auch, da doch alles im voraus schon geregelt ist?"

Der Protokollchef wittert ein wenig Morgenluft: „Aber können Sie dann nicht vielleicht doch verstehen, warum gewisse Einschränkungen bei uns einfach sein können?"

„Nein", der Botschafter sieht sein Gegenüber mit einem Blick an, in dem irgendwie Bedauern mitschwingt.

„Bei uns weiß das Individuum, was es darf und was es nicht darf. Wenn Sie mir nun sagen, daß Ihnen ein solches System nicht gefällt, dann akzeptiere ich das. Wir unterhalten mit zahlreichen Planeten diplomatische Beziehungen, auch wenn dort schon Anarchie herrscht. Das ist nicht der springende Punkt. Wichtig ist doch nur, daß die Prinzipien der jeweiligen Staatsform konsequent in Politik umgesetzt werden."

Die Folgerungen, die aus den Worten des Arkturaners gezogen werden müssen, gehen dem Protokollchef nun doch zu weit.

„Ich bitte um Verzeihung, wenn ich widerspreche", dienert er fast schon. „Aber man kann doch nicht Demokratie, Anarchie und Monarchie in einen Topf werfen. Wo bleiben da die menschlichen Werte?"

Der Arkturaner stutzt bei diesen Worten, dann sagt er entschlossen: „Nun bin ich endgültig sicher, daß ich hier fehl am Platze bin. Wichtig ist doch nur eines: Konsequenz. Wenn ich hier kein konsequentes Handeln erwarten kann . . ." Er verharrt und fragt dann: „Oder gibt es auf diesem Planeten einen Staat, in dem mit mehr Konsequenz gehandelt wird?"

Als der Protokollchef nach langem sorgfältigem Überlegen den Kopf schüttelt, fährt der Botschafter fort:

„Was nützt eine Demokratie, wenn sie nicht folgerichtig durchgeführt wird? Nur konsequentes Handeln führt weiter und kann zur Verständigung zwischen den Rassen und Völkern führen; wie können sonst Verträge eingehalten werden? Unter diesen Umständen werde ich auf einen weiteren Aufenthalt verzichten. Sagen Sie Ihrer Regierung, daß dieser Kontakt gelöst ist."

Damit findet sich der Protokollchef des Auswärtigen Amtes entlassen, ohne daß ihm noch Zeit für Einwände bliebe. Und zu sagen hätte er da doch noch eine ganze Menge. Er wird nicht einmal zur Eingangsschleuse zurückbegleitet.

Hinter ihm schließt sich die Schleusentür des Raumschiffes.

18

DOKUMENTATION:
„Bedingt durch plötzliche, unaufschiebbare interstellare Verpflichtungen hat uns der Gast von Arkturus V bereits heute nachmittag wieder verlassen. Zuvor konnten in einem einstündigen Gespräch zwischen dem Botschafter der Regierung von Arkturus V und einem Vertreter der Bundesregierung grundsätzliche Fragen internationaler und interplanetarer Politik und Probleme von beiderseitigem Interesse besprochen werden. Das Gespräch verlief in einer harmonischen Atmosphäre. Die Bundesregierung ist überzeugt, mit diesem Gespräch einen dauerhaften Kontakt mit dem Volk vom Arkturus aufgebaut zu haben. Der Außenminister der Bundesrepublik Deutschland wird bereits morgen auf einer Rundreise bei den wichtigsten westlichen Verbündeten die Ergebnisse dieses ersten Gesprächs zwischen einem Menschen und einem Vertreter einer außerirdischen Intelligenz mitteilen."

(Schriftliche Verlautbarung der Bundesregierung, verbreitet über den Chef vom Dienst des Bundespresseamtes)

19

SZENE:
Während das Schiff vom Arkturus wieder in den Himmel stieg und schnell kleiner wurde, schleppten die Bereitschaftspolizisten die letzten Demonstranten im Hebelgriff von der Wiese und verluden sie in die bereitgestellten Wagen.

Der Polizeikordon löste sich auf; die Bewohner der geräumten Häuser durften wieder in ihre Wohnungen zurückkehren.

Der Protokollchef wurde von den Reportern mit Fragen bestürmt, doch obwohl er von dem plötzlichen Aufbruch des außerirdischen Gastes noch wie vor den Kopf geschlagen war, preßte er die Lippen fest aufeinander und ließ kein Wort heraus.

Im Grunde war er froh, daß diese Begegnung so kurz verlaufen war. Dieser Besucher von einem anderen Planeten war ihm unheimlich.

Man konnte Konsequenz auch übertreiben.

Oder nicht?

George R.R. Martin

Das verschwundene Raumschiff

A PERIPHAL AFFAIR

Draußen in der Peripherie, wo die menschlichen Welten wenige und weit voneinander entfernt waren, spannte sich ein Spinnennetz zwischen den Sternen.

Es war ein altes Netz, und seine Stränge waren schwer vom Sternenstaub. Die Spinnen, die es bewachten, waren fett und verrostet, und es war fast fünfzig Jahre her, daß die letzte Fliege sich darin gefangen hatte. Aber das Netz bestand noch immer, wenngleich es längst keine Aufgabe mehr zu erfüllen hatte.

Die Welten, zwischen denen das Netz sich erstreckte, legten noch Zeugnis ab von jener Aufgabe, sie trugen noch die radioaktiven Narben jenes alten Krieges, der durch die Peripherie gerast war. Dort war es gewesen, wo die kugelförmig expandierenden Alliierten Sternensonnen von Terra vor einem Jahrhundert zum ersten Mal mit dem rivalisierenden Imperium in Berührung gekommen waren, das sich KwanDellanische Bruderwelten nannte. Dort war es gewesen, wo der lange, erbitterte KwanDellanische Krieg geführt worden war – ohne ein Ergebnis.

Das Netz war in jenem unruhigen, waffenstarrenden Frieden gesponnen worden, der auf den Krieg folgte. Inmitten eines chaotischen Durcheinanders von Allianzwelten, unabhängigen Kolonien und den Heimatplaneten von einem Dutzend Alien-Rassen webten die Sternenspinnen ein kompliziertes Netz, um darin die KwanDellanischen Fliegen zu fangen.

Die Netzbauer waren Scouts, schnelle, leichtbewaffnete Aufklärungsschiffe mit drei Mann Besatzung. Sie waren die kleinsten Raumschiffe von allen. Aber sie waren nicht klein. Jedes von ihnen war eine Viertelmeile lang, und ihre Decks waren vollgestopft mit ausgeklügelten Sensorgeräten. In jenen Tagen streiften mehr als zweihundert davon durch die Peripherie.

Die Spinnen waren die schweren Schiffe, die Kreuzer und die großen Schlachtschiffe. Sie waren längst nicht so viele, aber sie trugen den Stachel. Sollte sich ein Kriegsschiff der KwanDellaner in das Sternennetz hineinwagen, dann würden sie es sein, die es fingen und vernichteten.

Aber seit fünfzig Jahren schon hatten sie kein Kriegsschiff mehr vernichten müssen.

Der feindselige Friede hatte nur ein Jahrzehnt gedauert. Im Weltraum gibt es viele Richtungen, und die Gegend, die man die Peripherie nannte, war nur eine einzige Grenze. Allianz und Bruderwelten konnten anderswo leichter expandieren.

Mit dem Schwinden der Feindseligkeit begann der Handel. Menschen und KwanDellaner fanden heraus, daß sie vieles gemeinsam hatten und daß jeder Dinge hatte, die der andere wollte. Aus einer profitablen Geschäftsbeziehung erwuchs eine Freundschaft.

Und inzwischen zogen neue Kriege in anderen Sektoren die Aufmerksamkeit der Erde auf sich.

Die KwanDellaner gaben ihr Patrouillennetz auf, als es nicht mehr benötigt wurde. Aber menschliche Institutionen sind nicht so leicht abzubauen. Die Verteidigungsstreitkräfte der Peripherie blieben bestehen. Aber sie verfielen.

Einige der Schiffe wurden versetzt, um in den neuen Kriegen zu kämpfen. Andere wurden ausgemustert und nie mehr ersetzt. Nur sehr spärlich wurden neue Schiffe in die Peripherie hinausgesandt, um die alternden Sternenspinnen zu unterstützen.

In der Peripherie wurde es ruhig. Zwar blieb sie eine turbulente Grenzregion, in der ein Dutzend Rassen miteinander verkehrten und wo die Handelsflotten ihren Geschäften nachgingen. Aber eine Frontlinie war sie nicht mehr. Die Forscher und die Abenteurer waren fortgezogen, dorthin, wo die Planeten grüner waren und der Himmel schwärzer.

Und dann, eines Tages, blitzte im Sektorenhauptquartier der Allianz auf Neuer Sieg eine rote Lampe auf. Irgendwo dort draußen zwischen den Sternen war einer der Stränge im Netz zerrissen worden.

Zumindest sah es so aus.

Der Monitorraum war groß und kreisförmig, und die Holokarte in der Mitte war ein schwarzes Loch. Vom Befehlsstand aus, dessen Laufsteg um den Raum herumlief, konnten die diensthabenden

Männer in eine scheinbare Leere hinuntersehen, in der die Sterne der Peripherie im Miniaturformat glitzerten, und dazwischen bewegten sich kleinere, grüne Lichtpunkte unaufhörlich hin und her. Die Monitorschalttafeln selbst zogen sich oben am Laufsteg an der Wand entlang, in schimmerndem Dural und mit stetig leuchtenden grünen Lämpchen.

Aber jetzt war eine der Lampen rot, und einer der Lichtpunkte unten in der Holokarte war erloschen.

Flottenadmiral Jefferson Mandel, der Sektorenkommandant, wurde sofort informiert, und er kam auf den Laufsteg, beinahe eifrig. Er war ein kleiner, bulliger Mann mit schmalen dunklen Augen und einer spiegelblanken Glatze. Auf der Brust seiner mattschwarzen Uniform tanzten eine Reihe bunter Bänder, und auf seinen Schultern blitzten wie silbrige Galaxien die Spiralen seiner Rangabzeichen.

Um seinen Mund lag ein grimmiger Ausdruck, als er auf den diensthabenden Leutnant im Monitorraum zuging. „Was ist los?" schnappte er.

„Ein rotes Licht, Sir", erwiderte der Leutnant und wies mit dem Finger in die Richtung.

Admiral Mandel sah ihn unbeirrt an. „Das sehe ich auch, Leutnant. Was bedeutet das?"

Der Leutnant zuckte die Achseln. „Wahrscheinlich bedeutet es, daß der Monitorcomputer ausgefallen ist. Wir überprüfen das gerade."

Mandel schien sich darüber nicht zu freuen. Er sah wutentbrannt auf das rote Licht und dann auf den Leutnant und stemmte die Hände in die Hüften. „Nehmen wir an, der Computer funktioniert. Was bedeutet das rote Licht in diesem Fall?"

„In diesem Fall, Sir, ist einer unserer Aufklärer vernichtet worden", antwortete der Leutnant ruhig. „Aber das ist kaum wahrscheinlich."

„Lassen Sie mich das beurteilen", sagte Mandel. „Gibt es dafür noch eine andere Erklärung? Ich meine, abgesehen von einer Fehlfunktion?"

„Nein, Sir", antwortete der Leutnant. „Meines Wissens nicht. Der Computer auf jedem unserer Raumschiffe ist über Subspace-Radio in ständiger Verbindung mit unserem Monitorcomputer hier; dadurch ist uns der Standort eines jeden Schiffes zu jeder

Zeit bekannt. Wenn hier eine Lampe rot aufleuchtet, bedeutet das, daß von einem unserer Schiffe keine Signale mehr kommen."

Mandel nickte. „Und es gibt nichts, was das Signal unterbrechen könnte, außer einem Angriff auf das Schiff?"

„Ein Angriff würde das Signal nicht unterbrechen", sagte der Leutnant. „Nur die völlige Vernichtung des Schiffes könnte das. Der Schiffscomputer sitzt im Herzen eines Raumschiffes; er hat eine schwere Panzerung aus Duralplatten und eine Abschirmung durch spezielle Kraftfelder. Selbst für die Besatzung wäre es schwierig, da heranzukommen. Und es gibt zwei unabhängige Notsysteme für den Fall einer Fehlfunktion. Nein, Sir", schloß er und schüttelte den Kopf, „ein Schiffscomputer wird funktionieren und Signale aussenden, solange das Schiff intakt ist."

Mandel sah noch einmal zu dem Rotlicht hinüber. „Dann heißt das Krieg", sagte er wild.

Der Leutnant sah verdattert aus. „Sir!" protestierte er. „Es ist nicht . . . ich meine, wir haben nicht . . . Sie können nicht . . ."

„Spucken Sie's aus, Leutnant", sagte der Admiral unbeirrt.

Der Leutnant nahm sich zusammen. „Es gibt keinen Grund, von Krieg zu reden, Sir. Es kann sich nicht um einen Angriff der KwanDellaner handeln. Das *kann* nicht sein. Wir haben seit fünfzig Jahren Frieden mit den KwanDellanern, Sir. Sie hätten überhaupt keinen Anlaß, unsere Schiffe anzugreifen.

Außerdem haben diese Scouts sehr empfindliche Sensoren. Deshalb sind sie ja da draußen. Wenn ein Flottenverband der KwanDellaner – oder *überhaupt* ein unbefugtes Schiff – entdeckt worden wäre, hätte die Mannschaft genügend Zeit gehabt, uns zu informieren. Alles, was wir hier haben, ist ein Signal, das plötzlich ausgesetzt hat. Wahrscheinlich ein Fehler im Monitorcomputer oder in der Schaltwand selbst. Wir überprüfen das."

„Sie sind naiv, Leutnant", sagte der Admiral. „Sie haben noch keinen Krieg erlebt. Aber ich. Vielleicht haben diese KwanDellaner ihr Schiff als ein befreundetes Handelsschiff getarnt, bis sie auf Reichweite herankamen. Oder vielleicht haben sie einen neuen Trick herausgefunden, unsere Sensoren zu täuschen. Alles ist möglich, Leutnant. Und dieser Zwischenfall stinkt nach einem Verrat der KwanDellaner. Diese Bastarde haben nie vergessen, wie wir es ihnen gezeigt haben, wissen Sie."

Der Leutnant stand mit offenem Mund da. „Aber . . . aber

selbst wenn das so ist, Sir, handelt es sich vielleicht doch um einen Unfall. Eine Explosion im Hyperdrive, oder so etwas. Oder vielleicht war der Angreifer kein KwanDellaner. *Falls* es einen Angreifer gegeben hat."

Mandel dachte darüber nach. „Hmmm", sagte er. „Wir spielen den KwanDellanern damit direkt in die Hände, aber ich nehme an, daß wir wohl erst alles gründlich überprüfen sollten, bevor wir mobilmachen."

„Ja, Sir", sagte der Leutnant forsch; er sah ungeheuer erleichtert aus. Er blickte über das Geländer des Laufstegs hinunter auf die Holokarte. „Wir können zwei Scouts innerhalb von einer Stunde zum letzten Standort des vermißten Schiffes bringen, Sir."

„Scouts! Unsinn! Die Flotte ist so schon schwach genug, und ich kann es mir nicht leisten, weitere Schiffe zu verlieren, falls die Angreifer noch dort draußen lauern. Lassen Sie uns etwas hinschikken, das auch zurückschlagen kann, Leutnant. Etwas mit ein wenig Feuerkraft, wie ein Kanonenboot. Oder sogar ein Schlachtschiff. Ja, ein Schlachtschiff."

Der Leutnant studierte noch einmal die Holokarte. Seine trainierten Augen erfaßten mit geübter Leichtigkeit die kleinen, tanzenden Lichter. „Die *Durandal* liegt bei Letzte Landung, Sir. Und die *Mjölnir* ist hinter Duncans Welt. Beide können in einem Tag da sein."

„Gut", sagte Mandel. „Bemannen Sie die *Mjölnir*. Geben Sie Garris zur Abwechslung mal einen Auftrag für einen Mann. Sagen Sie ihm, er soll sich beeilen, so schnell er kann. Und bis wir seinen Bericht haben, will ich, daß hier alles auf Gefechtsstation ist. Womöglich sind die KwanDellaner schon auf dem Weg nach Neuer Sieg."

In einem kleinen Besprechungsraum auf dem Allianz-Raumschiff *Mjölnir* reichte der Erste Offizier Lyle Richey seinem Kapitän einen dicken Stoß von Papieren. „Die Berichte, die Sie haben wollten, Sir."

Captain John Garris nahm die Papiere und winkte seinem untersetzten, grauhaarigen Ersten, sich zu setzen. Garris war der jüngere von beiden; er war groß und schlank und hatte graue Augen und schmale Lippen, und sein kohlschwarzes Haar war militärisch kurz geschnitten.

Im Augenblick sah er sehr unglücklich aus. „Irgend etwas dabei, was ich lesen müßte?“ fragte er Richey, als der Erste Offizier sich gesetzt hatte.

„Nicht viel“, antwortete Richey mit einem halben Achselzukken. „Das vermißte Schiff hieß *Herausforderung.* Ein normaler Scout in jeder Hinsicht. Es war allerdings neu. Eines der neuesten Schiffe in der Peripherie. Das ist ungewöhnlich, aber es erklärt nichts. Es macht eine Fehlfunktion der Instrumente sogar noch weniger wahrscheinlich.“

„Irgendwelche Ausrüstung an Bord noch in der Erprobung?“ fragte Garris.

„Nein“, sagte Richey. „Aber da ist eine Sache. Ich weiß nicht, was wir damit anfangen können, aber es ist etwas.“

„Reden Sie weiter“, sagte Garris.

Richey zögerte. „Das Schiff war personell unterbesetzt. Diese Scouts sind für drei Mann Besatzung gebaut. Sie haben Acht-Stunden-Schichten; das heißt, daß theoretisch immer jemand im Dienst ist. Aber die meisten Scouts hier in der Peripherie laufen schon seit Jahren mit nur zwei Mann Besatzung. Wir bekommen einfach nicht das Personal, das wir anfordern, und außerdem übernimmt der Schiffscomputer sowieso die meisten Routinearbeiten.

Aber dieses Schiff . . . dieses Schiff war noch mehr unterbesetzt als gewöhnlich. Vor knapp einer Woche wurde eines der beiden Besatzungsmitglieder krank. Der Mann wurde abgesetzt, als der Scout an Letzte Landung vorbeikam, und das Schiff erhielt den Befehl, die Patrouille mit nur einem Mann fortzusetzen, bis ein Ersatzmann zur Verfügung stand.“

Garris lehnte sich in seinem Drehstuhl zurück und überlegte mit nachdenklichem Gesicht. „Sie haben recht“, sagte er schließlich. „Das ist etwas, aber es beantwortet keine von den Fragen. Und Fragen gibt es eine ganze Menge.“

Er begann, die Fragen an den Fingern abzuzählen. „Nummer eins“, sagte er, „ . . . wenn der Scout angegriffen wurde, warum hat die Mannschaft das nicht gemeldet? Der Computer hätte einen Angreifer entdeckt. Nummer zwei – warum sind sie, oder er, oder wer auch immer, nicht geflohen? Ein Scout ist schneller als jedes Kriegsschiff. Nummer drei – warum sollte überhaupt jemand einen einzelnen Scout angreifen wollen? Um eine Kriegsflotte vor der Entdeckung zu bewahren? Aber dafür müßten sie mehr als ein Schiff außer Gefecht setzen. Nummer vier – wenn es ein Angriff war, wer war es dann? Die KwanDellaner? Aber wieso? Das gibt keinen Sinn. Nummer fünf – wenn es *kein* Angriff war, warum hat das Schiff dann sein Signal abgebrochen? Was wäre sonst noch in der Lage, ein bewaffnetes und abgeschirmtes Raumschiff im All zu vernichten? Nummer sechs . . ."

„Es reicht", unterbrach Richey ihn stirnrunzelnd. „Ich verstehe, was Sie meinen. Da paßt vieles nicht zusammen."

Garris nickte. „Admiral Mandel hat eine Theorie", sagte er, und sein Gesichtsausdruck machte unmißverständlich deutlich, was er von der Theorie des Admirals hielt. „Er meint, daß die KwanDellaner unser Schiff offen angerufen und sich ganz freundlich verhalten hätten; und dann wären sie bis in Schußweite herangekommen und hätten angegriffen. Das beantwortet einige der Fragen – etwa, weshalb die Mannschaft nicht geflohen ist oder sich gemeldet hat. Aber es erklärt nicht die Motive für den Angriff. Und Theorien, die das erklären, erklären die anderen Dinge nicht." Er runzelte die Stirn.

Nach einer Pause lehnte der Captain sich wieder nach vorn und blätterte durch die Papiere, bis er die Besatzungsliste fand.

„Welcher dieser Männer war an Bord?" fragte er.

„Hollander", antwortete Richey.

„Fordern Sie ein Faksimile seiner Akte an", befahl Garris. „Vielleicht erfahren wir daraus etwas. Und lassen Sie jemanden seine Angehörigen ausfindig machen und sie davon in Kenntnis setzen, daß er vermißt wird."

Der Erste Offizier nickte, erhob sich und salutierte zackig. Als er hinausgegangen war, wandte Garris seine Gedanken wieder dem Puzzle zu.

Der Captain wußte sehr genau, welches Ergebnis Mandel von ihm erwartete: den Beweis für einen Überfall der KwanDellaner. Nichts würde dem Admiral größeres Vergnügen bereiten. Es war in der Flotte allgemein bekannt, daß Mandel alt und inkompetent war und daß man ihn in die Peripherie geschickt hatte, um ihn aus dem Weg zu haben. Aber ein Krieg – mit ihm an der Front – wäre vielleicht geeignet, ein paar der früheren Fehler des Admirals wiedergutzumachen und ihn in die Gunst der Erde zurückzukatapultieren.

Garris hingegen brauchte keinen Krieg. Er war schon jetzt unverschämt jung für einen, der die Sterne eines Captain trug. Und die *Mjölnir* war zwar ein von vielen Kämpfen zerzauster Veteran, aber sie war immer noch ein Schlachtschiff mit furchterregender Feuerkraft und einer Besatzung von mehr als hundert Mann. Jeder Captain in der Flotte, der kein Schlachtschiff befehligte, hätte es gern getan – und Garris tat es schon. Für ihn bedeutete die Peripherie nicht das Exil. Sie war ein weiterer Schritt auf dem Weg nach oben.

Aber es gab immer noch Dinge, die ihm im Weg standen. Wie Mandel, der ihn wegen seiner Jugend verachtete und tat, was in seiner Macht stand, um Garris' weiteren Aufstieg zu blockieren.

Wenn er diese Nuß knacken könnte – und zwar so, daß der Admiral dabei der Dumme war – dann, so dachte Garris, könnte ihm das nur helfen. Mandel würde wahrscheinlich in ein noch weiter entferntes Exil versetzt werden. Und er, Garris, bekäme eine Beförderung. Vielleicht eine Versetzung auf eins der neuen Schlachtschiffe, das in der wirklichen Erschließung tätig war.

Der Captain lächelte und begann, die Papiere zu studieren. Dies war eine hervorragende Gelegenheit, weiter aufzusteigen.

Die Dienstakte von Craig Hollander erhielt Garris einige Stunden später, als er auf der Brücke saß und die methodische Suchaktion der *Mjölnir* am letzten bekannten Standort der *Herausforderung* leitete. Er wandte sich der Akte interessiert zu.

Auf dem Aktendeckel war ein Farbfoto von Hollander. Es zeigte einen jungen, mittelgroßen Mann, dessen dunkle Sonnenbräune seinen Geburtsort unter einer Sonne vermuten ließ, die heller brannte als die der Erde. Sein Haar war von einem beinahe weißen Blond; er trug es lang und nach vorn gekämmt, so daß es über die Stirn herab bis auf die Augenbrauen fiel. Seine Augen waren strahlend blau, und er grinste verschmitzt in die Kamera, was ziemlich ungewöhnlich war bei einem Personalfoto der Flotte.

Garris studierte das Foto einen Moment und klappte dann die Akte auf, um den Inhalt durchzusehen. Aber er hatte kaum einen Blick auf die erste Seite geworfen, als er unterbrochen wurde.

„Wir haben etwas, Sir", berichtete der Mann, der die Sensormonitore bediente, von der anderen Seite der Brücke her. „Kein Schiff. Irgendwelche Trümmer."

Garris legte die Akte oben auf seinen Kommandostand und vergaß sie sogleich. „Haken Sie die Zugvorrichtung ein und ziehen Sie es an Bord", befahl er. Er wandte sich an den Kommunikationsoffizier. „Geben Sie mir das Ladedeck."

„Ja, Sir", antwortete der Offizier. Der große Bildschirm, der die ganze vordere Wand der Brücke ausfüllte, begann zu flackern, und die Sterne, die darauf zu sehen gewesen waren, verschwanden. Statt dessen nahmen die müden Gesichtszüge des Dritten Offiziers Gestalt an.

„Wir haben ein bißchen Schrott, der von der *Herausforderung* sein könnte", sagte Garris zu ihm. „Sie holen es gerade mit der Zugvorrichtung an Bord. Wenn sie es drin haben, breiten Sie es auf dem Landedeck aus und gehen es sorgfältig durch. Überprüfen Sie es auf Radioaktivität und Laserschäden. Und nach möglichen Überresten der Mannschaft natürlich."

Der Mann nickte. „Jawohl, Sir. Wird gemacht."

„Ich bin gleich unten", fügte Garris hinzu. „Ich hoffe, das Zeug sagt Ihnen etwas." Er drehte sich um und nickte dem Kommunikationsoffizier zu. Der Schirm wurde dunkel. Einen Moment später waren die Sterne wieder da.

Nachdem er Richey die Brücke übergeben hatte, ging er hinunter zum Landedeck. Wie alle Raumschiffe war die *Mjölnir* ausschließlich für den Aufenthalt im All gebaut. Sie sollte niemals landen, und so trug sie in ihrem geräumigen Bauch eine kleine Flotte von Landungsbooten. Selbst die kleinsten Raumschiffe – die Scouts – drangen niemals in die Atmosphäre eines Planeten ein, auch wenn sie nur zwei kleine Landungsboote besaßen. Das Landedeck lag immer gleich bei der großen Luftschleuse, durch die man die Trümmer an Bord ziehen würde.

Sie waren schon auf einer freien Fläche zwischen den Booten ausgebreitet, als Garris eintraf. Ein paar Männer von der Besatzung hatten sie umringt, und jeder hielt ein Prüfgerät in der Hand. Der Dritte Offizier stand dabei und beobachtete ihre Arbeit.

Garris betrachtete den kleinen Berg von Metall und Plastik voller Zweifel. Das schien weniger zu sein, als es sein sollte. Außerdem sah es alles aus wie elektronisches Gerät. Und nichts schien beschädigt zu sein. Mit einem ratlosen Stirnrunzeln wandte er sich an den Dritten Offizier. „Nun?" fragte er.

Der Dritte Offizier sah genauso ratlos aus. „Ich lasse es gerade zum zweitenmal überprüfen", sagte er. „Die ersten Ablesungen ergeben nicht viel Sinn, Sir. Keine Radioaktivität, keine Anzeichen von Verschmelzung, keine Beschädigung. Nichts."

„Ist das *alles?* Ich dachte, es wäre viel mehr. Ein Scout ist ja schließlich ziemlich groß."

„Das kommt noch dazu, Sir. Wir haben hier ein paar Tonnen Einzelteile, aber wie Sie sagen, es ist nicht annähernd genug. Wie es aussieht, wurde die *Herausforderung* nicht einfach auseinandergesprengt. Das meiste ist einfach verschwunden. Verdampft. Aber Dural *kann* nicht verdampfen, Sir. Und wenn es das könnte, müßte es hier wenigstens Verdampfungsrückstände geben. Haben wir so etwas entdeckt?"

„Nein", sagte Garris. Er sah nachdenklich aus. „Passen Sie auf", sagte er, „wenn Sie mit der zweiten Überprüfung fertig sind, sollen Ihre Männer sich das Zeug ansehen und genau feststellen, was es ist. Oder was es war." Er warf einen letzten mißmutigen Blick auf die Überreste der *Herausforderung* und ging zurück zur Brücke.

Garris war nicht ganz sicher, was er zu finden erwartet hatte, als man das Durcheinander von Einzelteilen identifiziert und zusammengesetzt hatte. Jedenfalls nicht das, was er vorfand. Mit wachsendem Vergnügen hörte er sich den Bericht des Dritten Offiziers an und ging dann sofort auf den Funkstrahl an Admiral Mandels Hauptquartier auf Neuer Sieg.

Mit zusammengezogenen Augenbrauen blickte Mandels eifriges Gesicht aus dem Bildschirm. „Was war es?" fragte er. „Ein Überfall der KwanDellaner?"

Garris schüttelte den Kopf. „Nein, Sir. Überhaupt kein Überfall, nach allem, was wir feststellen können."

„Kein Überfall? Warum haben dann die Signale aufgehört? Drücken Sie sich deutlich aus, Captain."

„Was von der *Herausforderung* übrig ist, haben wir gefunden. Es ist nicht viel. Aber das, was da ist, ist nicht beschädigt. Es ist einfach – weggeworfen worden."

Das gefiel Mandel nicht. „Weggeworfen? Was soll das heißen?"

Garris schwenkte das Blatt mit dem Bericht des Dritten Offiziers. „Wir haben die Teile identifiziert, Admiral. Wir wissen genau, was es war. Wir haben den Schiffscomputer gefunden und außerdem zirka eine Tonne Sensorgeräte und den größten Teil der Schiffsbewaffnung. Und das ist alles, Sir. Es wurde weggeworfen. Einfach ausgebaut und ins All geschickt. Es gibt keine Überreste des Hyperantriebs, der Außenhaut oder des Regelsystems. Überhaupt nichts."

Mandels Unterkiefer bebte. „Was *bedeutet* das, verdammt?"

„Es bedeutet, Sir, daß Ihr Scout überhaupt nicht zerstört worden ist. Er wurde gestohlen."

„GESTOHLEN! GESTOHLEN! Wie zum Teufel stiehlt man ein Raumschiff, Captain? Können Sie mir das bitte erklären?"

Garris zuckte die Achseln. „Ich weiß es nicht, Sir. Aber das ist zweifellos das, was geschehen ist. Das Schiff hat keine Signale mehr gesendet, weil der Schiffscomputer ausgebaut wurde. Die *Herausforderung* wurde entführt, nicht zerstört."

Mandel dachte mit glühendrotem Gesicht einen Moment lang darüber nach. Sowohl er als auch Garris wußten, daß er jetzt ernstlich in Schwierigkeiten war. Er hatte die Peripherie und die Verteidigungsstreitkräfte der Peripherie in den Alarmzustand versetzt, und die Erde würde wissen wollen, warum. Er würde ein paar gute Gründe benötigen.

„Also gut", sagte der Admiral schließlich. „Die KwanDellaner haben unser Schiff also nicht angegriffen. Sie haben es entführt. Genauso schlimm. Immer noch ein kriegerischer Akt."

„Aber *wie,* Sir?" sagte Garris. „Sie konnten ja nicht einfach ein paar Leute hinüberschicken. Der Mann auf der *Herausforderung* hätte sofort Verdacht geschöpft. Raumschiffe statten einander im All keine gesellschaftlichen Besuche ab."

Mandel lächelte. „Vielleicht haben sie so getan, als wären sie in einer Notsituation. Als die *Herausforderung* ihnen zu Hilfe kommen wollte, schnappte die Falle zu." Seine Finger schlossen sich zu einer Faust.

„Die Dienstvorschriften der Flotte verlangen, daß der Pilot sofort Bericht erstattet, wenn er einem Schiff in Not zu Hilfe kommt, Sir", sagte Garris. „Außerdem blieb die *Herausforderung* auf ihrem Kurs bis zu dem Augenblick, wo das Signal abbrach; das geht aus den Monitoraufzeichnungen hervor, Sir."

„Nun, dann müssen die KwanDellaner das Schiff mit Gewalt genommen haben."

Garris schüttelte den Kopf. „Admiral, der Pilot hätte einem

Angreifer entkommen können. Und ganz sicher hätte er Zeit gehabt, das Sektorenhauptquartier zu informieren, wenn jemand versucht hätte, sein Schiff zu kapern. Dazu kommt, daß auch ein Scout *einiges* an Bewaffnung besitzt. Er hätte sich zur Wehr setzen können. In diesem Fall hätten wir Spuren eines Kampfes gefunden – Teile, die vom Angreifer stammen oder so etwas."

Mandel begann, wieder seine Beherrschung zu verlieren. „Also gut, junger Mann", sagte er, und in dem Wort ‚junger' lag ein höhnischer Unterton, „wenn Sie so schlau sind, dann erklären *Sie* es mir!"

„Das kann ich nicht, Sir", gab Garris zu. „Ich habe ein Dutzend Theorien gewälzt, aber keine ergibt einen Sinn. Das einzige, was ich mir vorstellen könnte, ist ein Unfall. Dem Piloten ist etwas zugestoßen. Er war in irgendeiner Weise lahmgelegt, so daß er weder fliehen, noch Meldung machen, noch Widerstand leisten konnte."

„Ja", sagte Mandel; er nahm Garris' Erklärung begierig auf. „Und *dann* kam der Angriff der KwanDellaner . . ."

„Nur, das funktioniert auch nicht", warf Garris ein. „Zu viele Zufälle. Die KwanDellaner hätten nicht wissen können, daß ausgerechnet dieses Schiff in der ganzen Flotte gehandicapt war. Und genauso wenig einleuchtend ist es, an die vage Theorie zu glauben, daß jemand anders zufällig über die tote *Herausforderung* stolpert und sie kapert."

Aber diesmal war Mandel die Liebesenswürdigkeit selbst. „Nein, Captain, was die Chancen betrifft, so haben Sie vielleicht recht. Aber alles andere ergibt keinen Sinn. Ich ordne die Mobilmachung an. Und Sie machen sich unverzüglich auf den Weg nach Duncans Welt. Wir stellen diesen Bastarden ein Ultimatum. Die *Herausforderung* wird sofort herausgegeben – oder wir schlagen zu."

Damit verdunkelte sich der Bildschirm. Totenstille legte sich über die Brücke, nur noch das Surren der Instrumente war zu hören. Dann sprach jemand. „Mein Gott", sagte er flüsternd.

Garris merkte, daß sein Mund offenstand, und schloß ihn wieder. „Sie haben gehört, was der Admiral gesagt hat", sagte er zu dem Steuermann. „Nehmen Sie Kurs auf Duncans Welt. Mit voller Kraft." Dann erhob er sich von seinem Sessel vor dem Kommandostand und winkte Richey, ihm zu folgen.

Sie zogen sich in das Besprechungszimmer zurück. Erst als die Tür hinter ihnen ins Schloß geglitten war, explodierte Garris.

„Mit so etwas habe ich nicht gerechnet", sagte er. „Mandel ist schlimmer, als ich dachte. Es ist überhaupt nicht abzusehen, wieviel Schaden er jetzt anrichtet. Er ist fest entschlossen, einen Krieg mit den KwanDellanern vom Zaun zu brechen."

„Das ist eine schwerwiegende Anschuldigung, Sir", erinnerte Richey ihn. „Am besten vergesse ich, daß ich das gerade gehört habe." Er setzte sich, während Garris zur Wand hinüberging und zwei Drinks drückte. Sie erschienen einen Moment später.

Garris kehrte an den Konferenztisch zu Richey zurück, reichte ihm einen Drink, setzte sich und leerte sein Glas mit einer schnellen Bewegung seines Handgelenks. „Das ist verrückt", sagte er. „Verrückt. Nichts paßt zusammen. Es *können* nicht die KwanDellaner sein. Das kann einfach nicht sein. Welches denkbare Motiv könnten sie haben? Warum sollten sie ein Schiff der Allianz kapern? Es war ein Standardmodell, etwas verbessert vielleicht, aber nichts Revolutionäres. Was könnten sie sich davon erhoffen? Nichts an Bord war im Erprobungsstadium, wenn es da nicht etwas gibt, was man mir nicht gesagt hat."

Er runzelte die Stirn und dachte über diese Möglichkeit nach. „Nein", sagte er dann. „Unmöglich. Das ergibt keinen Sinn."

„Und was ist, wenn es gar nicht die KwanDellaner waren?" warf Richey zögernd ein. „Wenn es eine unbekannte Spezies war, der wir noch nicht begegnet sind? Ein Raumschiff der Allianz wäre etwas Neues für sie. Vielleicht würden sie es kapern, um etwas über den Stand unserer Technologie zu erfahren?"

„Unbekannte Aliens? Vielleicht, – nein, das läuft auch nicht." Garris schüttelte energisch den Kopf. „Der Pilot hätte gemeldet, wenn er auf ein unbekanntes Fahrzeug von unbekannter Bauart gestoßen wäre."

„Ihre Unfall-Hypothese", sagte Richey. „Er war außer Gefecht. Tot oder bewußtlos."

„So ein Zufall wäre schon irrwitzig", sagte Garris. „Außerdem, wenn Ihre Aliens ein Schiff zu Studienzwecken haben wollten, warum sollten sie dann die Bewaffnung, die Sensoren und den Computer abwerfen? Das wären doch die Teile, an denen sie am meisten interessiert sein müßten. Vor allem dann, wenn sie feindselig sind – dann würden sie unsere Waffen doch Stück für Stück auseinandernehmen und sie nicht in den Weltraum hinauswerfen."

Richey gab achselzuckend auf. „Dann weiß ich es auch nicht. Ich weiß sonst keine Erklärung."

„Ich auch nicht". Damit entließ er den Ersten Offizier. „Übernehmen Sie das Kommando auf der Brücke. Ich bleibe hier unten und denke ein bißchen nach. Ich muß mir etwas einfallen lassen, bevor Mandel einen Krieg auslöst, nur um sein Ego aufzumöbeln."

Garris ging in seine Kabine und verbrachte den größten Teil seiner Schlafperiode mit Nachdenken. Das Ergebnis war gleich Null. Als er schließlich auf die Brücke zurückkam, war die *Mjölnir* noch vier Stunden von Duncans Welt entfernt, und die Situation wurde langsam angespannt.

Ein Stapel von Berichten lag auf seinem Kommandostand. Er fing oben an und las einen nach dem andern. Admiral Mandel hatte an die regionale Hauptstadt der KwanDellaner auf ArsashNag gebeamt und die Herausgabe der *Herausforderung* gefordert. Der für dieses Gebiet zuständige Direktor der Bruderwelten war zunächst verblüfft gewesen, dann amüsiert und schließlich empört. Die Unterredung hatte damit geendet, daß der Admiral laut brüllend Drohungen ausgestoßen hatte.

Mandel hatte an die Verteidigungsstreitkräfte der Peripherie den Befehl ausgegeben, das Erkundungsnetz zu verlassen und zwei Kampfflottenverbände zu bilden. Der Admiral zögerte noch, einen offenen Angriff auf die KwanDellaner zu riskieren, aber er wollte Blockaden über die nächstgelegenen Kolonien verhängen. Da die KwanDellaner in dieser Region keine Kriegsschiffe besaßen, schien das ein sicheres Manöver zu sein.

Der unterste Bericht handelte überhaupt nicht von Mandel, und Garris empfand das als eine Erleichterung. Der Bericht besagte, daß Hollander, das letzte Besatzungsmitglied der *Herausforderung,* keine lebenden Angehörigen mehr hatte. Aber er hatte ein Mädchen auf Letzte Landung. Die Personalabteilung der Flotte hatte versucht, sie ausfindig zu machen und ihr eine Mitteilung zukommen zu lassen, aber ohne Erfolg. Es hieß, daß sie den Planeten verlassen hatte, ohne eine Adresse zu hinterlassen.

Das war unglückselig, dachte Garris. Sie würde es natürlich erfahren, ganz gleich, wohin sie gegangen war. Aber man konnte nicht wissen, wie oder wann. Ein Flottenvertreter hätte es ihr vielleicht schonender beibringen können. Wie es aussah, hatte sie einen schlechten Zeitpunkt gewählt . . .

Mitten in seinen Überlegungen runzelte er plötzlich die Stirn. Ein seltsamer Verdacht war ihm gekommen. Er sah sich um und suchte nach der Akte über Hollander, die er hatte lesen wollen.

Sie lag noch oben auf der Konsole, unter einem Stapel von neueren Dokumenten. Garris schob sie zur Seite und lehnte sich zurück, um die Akte durchzulesen.

Er lächelte ein wenig, als er die erste Seite überflog. Dann wurde das Lächeln zu einem Grinsen, und er lachte leise glucksend. Seite um Seite blätterte er die Akte durch, immer noch grinsend.

Etwa bei Seite vier begann das Grinsen zu verschwinden, und an seine Stelle trat ein Ausdruck von Betroffenheit. Mit wachsendem Schrecken las er weiter.

Als er fertig war, warf er die Akte wütend auf die Konsole, richtete sich auf und brüllte über die Brücke hinweg dem erschrockenen Kommunikationsoffizier zu: „Geben Sie mir Mandel. Sofort!"

Endlich erschien der Admiral auf dem Bildschirm der *Mjölnir*. Er sah gehetzt und zornig aus. „Ich hoffe, daß es sich um etwas Wichtiges handelt, Garris. Ich habe keine Zeit, mit Ihnen zu streiten. Eine Flotte im Kampf zu koordinieren ist ein Fulltime-Job."

„Sie machen einen schrecklichen Fehler, Sir", sagte Garris. „Stoppen Sie die Mobilmachung. Ich hab's jetzt. Die KwanDellaner haben nichts damit zu tun."

„Unsinn", grollte Mandel. Er wies mit dem Finger auf den Bildschirm. „Ich warne Sie, Garris. Ich werde keine Insubordination von Ihnen dulden. Ich bin der Kommandant dieses Sektors, und ich treffe die Entscheidungen."

Der Admiral drehte sich um, als wolle er das Zeichen geben, die Verbindung abzubrechen. Garris schrie auf und fuhr von seinem Sitz hoch. „Sir! Ich habe neue Beweise!"

Mandel zog eine Grimasse. „Also schön. Aber beeilen Sie sich. Was für Beweise?"

„Das Besatzungsmitglied – das *einzige* Besatzungsmitglied – an Bord der *Herausforderung* hieß Craig Hollander", sagte Garris einfach.

„Soll das etwas bedeuten, Garris? Sie verschwenden wertvolle Zeit!" Wieder wollte er das Zeichen geben, doch ein weiterer Protestschrei des Captains ließ ihn innehalten.

Garris wandte sich zu seiner Konsole, ergriff Hollanders Akte, zog ein Blatt daraus hervor und hielt es vor dem Bildschirm hoch. „Sehen Sie sich das an, Sir", sagte er. „Hollander wurde eingezogen. Bei seiner Musterung mußte er eine Krankengeschichte ausfüllen."

Er schüttelte das Blatt und wies auf eine Reihe von Kästchen, die sich über vier Spalten erstreckte. Jedes Kästchen war mit Rotstift markiert. „Sehen Sie", wiederholte er. „Hollander hat jede Krankheit angegeben, vom Heuschnupfen bis zum Sumpffieber."

Garris legte das Blatt in die Akte zurück und riß ein anderes heraus. „Das ist nicht alles", sagte er. „Dies ist noch ein Formular, das er bei seiner Einberufung ausgefüllt hat. Unter Religion hat er ‚Reform-Druide' eingesetzt. Und unten, unter Beruf, schreibt er ‚freiberuflicher Mörder', und dahinter in Klammern ‚vorher Schafhirte'."

Mandel runzelte immer noch die Stirn, aber er hörte zu. „Na und?" sagte er. „Der Mann war offensichtlich ein aufsässiger Clown, aber was soll das? Selbst wenn er sich den KwanDellanern ergeben hat, als sie ihn angriffen, ist das immer noch keine Entschuldigung für den Angriff."

„Nein, nein, NEIN!" sagte Garris. „Die KwanDellaner *haben* nicht angegriffen, Sir. Dieser Name – Craig Hollander. Sagt der Ihnen etwas, Admiral?"

„Nein. Sollte er?"

Garris hielt die Akte hoch, so daß der Admiral Hollanders Foto sehen konnte. „Ja", sagte er, „er sollte. Hollander wurde vor ungefähr einem Jahr eingezogen. Die ersten sechs Monate seiner Dienstzeit verbrachte er im Militärgefängnis von Neuer Sieg. Wegen grober Insubordination. Das steht alles in seiner Akte."

Aber Mandel hörte nicht mehr zu. Er starrte auf das Foto, und sein Gesicht war weiß geworden. „Ja", sagte er, „ich kenne ihn. Ich führte eine Inspektion der neuen Rekruten durch, und – und . . ."

„Und er war einer von ihnen", fuhr Garris fort. „Und er trug sein Haar *so wie hier.*" Der Captain stieß mit dem Finger auf das Foto. Die Abneigung des kahlköpfigen Admirals gegen lange

Haare war Legende in der Flotte. „Und als Sie ihn sahen, blieben sie stehen und sagten: ‚Soldat, ich hoffe, Sie haben einen guten Grund für eine solche Frisur.'"

Mandel nickte. „Und er bestätigte das. Und ich fragte ihn, was für einen Grund. Und er . . . und er . . ." Die Erinnerung ließ den Admiral vor Zorn puterrot anlaufen.

Garris las die Zeile aus Hollanders Akte vor. „Und er sagte, daß er sein Haar so lang trage, um die obszönen Wörter zu verbergen, die er auf seine Stirn geschrieben habe. Sir."

Mandel sah aus, als wollte er explodieren. „Sie haben *diesen* Mann auf ein Raumschiff gelassen? Das kostet jemanden den Kopf. Ich habe ihnen gesagt, sie sollten ihn erschießen." Er fluchte. Dann hielt er plötzlich inne. „Aber das erklärt immer noch nichts. Ich weiß nicht . . ."

„Es erklärt *alles*", sagte Garris. „Hollander hat Ihr Raumschiff gestohlen, Sir. Er hat es *gestohlen.* Er selbst. Allein. Aus seinen eigenen Gründen und zu seinem eigenen Nutzen. Er war allein auf dem Schiff, ohne Aufsicht. Er ist durch die Reparaturröhre gekrochen und hat das Gehirn des Schiffs abgeknipst. Er hat es auseinandergenommen und abgeworfen, damit man ihn nicht verfolgen konnte. Er ist auch die Waffen und die Sensorgeräte losgeworden, die er nicht gebrauchen konnte. Und dann hat er sich aus dem Staub gemacht."

„Mit einem Raumschiff im Wert von ein paar Millionen Dollar", sagte Mandel zähnefletschend. „Wahrscheinlich beabsichtigt er, irgendeinen hilflosen, primitiven Planeten zu überfallen und zu erobern und sich zum König zu machen. Oder er will Raumpirat werden."

„Nein, Sir. Das ist es nicht. Er hat den größten Teil der Waffen weggeworfen. Außerdem ist das nicht sein Stil. Er hat die *Herausforderung* in ein Handelsschiff umgewandelt. Er hat all die Geräte ausgebaut, um *Platz* zu schaffen. Für Fracht, darauf könnte ich wetten. Er hat sich Laderäume eingerichtet."

Mandel war plötzlich aschfahl, als ob ihm die Implikationen dessen, was Garris sagte, mit einem Schlage zu Bewußtsein gekommen wären. „Der Angriff", sagt er. „Die Mobilmachung. Ich muß sie sofort aussetzen. Und die Erde . . ." In seiner Stimme schwang jetzt ein kläglicher Unterton. Er war fertig, und er wußte es.

Dann wurde sein Gesicht wieder hart. „Finden Sie ihn, Garris“, befahl er. „Finden Sie diesen Hollander, und nageln Sie ihn ans Kreuz. Schießen Sie ihn aus dem Weltraum, wenn es sein muß. Aber kriegen Sie ihn. Verstehen Sie? KRIEGEN SIE IHN!“

Garris verstand sehr gut. Er verstand nur zu gut. Als der Schirm erlosch, sank er in seinen Kommandositz zurück und ließ die Akte Hollanders mit einem Ausdruck von Abscheu fallen.

Der Admiral wollte Rache. Vorzugsweise an Hollander, der soeben zerstört hatte, was von Mandels sogenannter Karriere noch übriggeblieben war. Aber als Ersatz würde Garris auch genügen. Also bekommt Garris den Auftrag, Hollander zu finden. Und der Admiral kann sicher sein, daß er *einen* von beiden kriegt . . .

Der Captain seufzte und sah den Kommunikationsoffizier an. „Wecken Sie Richey“, sagte er. „Er soll herkommen.“

Ein paar Minuten später meldete der Erste Offizier sich gähnend auf der Brücke. „Was gibt es, Sir?“ fragte er.

„Infolge von Umständen, auf die unser Admiral keinen Einfluß hat, ist der Krieg abgesagt worden“, sagte Garris trocken und ignorierte die erstaunten Blicke und das unterdrückte Kichern der Brückenbesatzng. „Es hat sich herausgestellt, daß Hollander die *Herausforderung* geklaut und sich damit abgesetzt hat. Der Admiral sagt, wir müssen ihn finden.“

„Oh“, sagte Richey und versuchte, das alles schnell zu verdauen. „Wie machen wir das?“

„Ich hatte gehofft, Sie könnten es mir sagen“, sagte Garris. „Er kann überall sein.“

Richey dachte einen Augenblick nach. „Nein“, sagte er dann. „Er müßte nach außerhalb. Wenn er in den Allianzraum zurückgegangen wäre, hätte ihn einer der anderen Scouts im Abfangnetz aufgestöbert.“

„Das stimmt“, sagte Garris. Sein Verstand begann wieder zu funktionieren. „Er muß ins Territorium der KwanDellaner. Die machen sich nicht mehr die Mühe, Patrouillen zu fahren, deshalb würde ihn da auch niemand aufspüren.“

Der Captain setzte sich in seinem Sessel auf. „Aber er kann mit einem gestohlenen Scout der Allianz nicht einfach ein Geschäft aufmachen. Das würde jemandem auffallen.“ Noch etwas fiel ihm ein. „Und dann ist da noch sein Mädchen. Sie hat Letzte Landung verlassen. Offenbar haben sie sich irgendwo verabredet – er konnte ja nicht zurückkommen, um sie abzuholen, ohne daß man ihn entdeckt hätte. Sie müssen die ganze Sache geplant haben, als der andere abgesetzt wurde – und das war auch auf Letzte Landung, wenn ich mich recht erinnere."

Er nickte. „Geben Sie mir eine Sternenkarte auf den Schirm", sagte er laut zu dem Kommunikationsoffizier. „Die Peripherie und der angrenzende Raum."

Die Karte leuchtete auf. Garris studierte sie angestrengt ein paar Minuten lang. Dann sah er zum Steuermann hinüber. „Nehmen Sie Kurs auf Rendlaine", befahl er. „Mit Höchstgeschwindigkeit."

„Wieso Rendlaine?" fragte Richey.

Garris wandte sich ihm zu. „Hollander macht aus seinem Schiff ein Handelsschiff", sagte er. „Aber er braucht Profis, um es richtig zu machen. Und um die Form des Schiffes zu tarnen, damit man ihn nicht jedesmal als Allianz-Scout erkennt, wenn er in das Gebiet der Allianz kommt. Aber die *Herausforderung* ist ein Raumschiff und kein System. Sie kann nicht landen. Also braucht er einen Planeten, der über Raumdocks im Orbit verfügt."

Er wies auf die Karte. „Rendlaine ist perfekt. Eine Freie Kolonie, eine menschliche Welt, aber sie gehört nicht zur Allianz. Sie hat ausgedehnte Raumhafenanlagen im Orbit und eine Menge Fachleute. Und keinerlei Skrupel. Hollander kann noch mehr von seiner militärischen Ausrüstung loswerden, und damit kann er die Umbauarbeiten bezahlen und immer noch einen hübschen Gewinn einstreichen.

Als Zugabe geben ihm die Rendlainesen wahrscheinlich auch noch die Zulassung. Denen ist es gleichgültig, ob das Schiff gestohlen ist, solange es Steuern bezahlt. Und eine Fracht kann er dort auch noch bekommen."

Richey betrachtete die Sternenkarte und nickte zustimmend. „Ja", sagte er „das klingt vernünftig. Rendlaine liegt weit genug außerhalb der Peripherie, aber immer noch ziemlich nah. Und die direkte Route dorthin geht am Gebiet der Allianz vorbei und mitten durch den Raum der KwanDellaner." Er runzelte die Stirn. „Ein guter Gedanke, Captain. Aber Sie werden ihn niemals kriegen."

„Warum nicht?"

„Die *Herausforderung* ist ein Scout", sagte der Erste Offizier.

„Sie ist leichter und schneller als die *Mjölnir*. Und er hat einen großen Vorsprung. Er ist eine Woche vor Ihnen dort, und wenn Sie ankommen, ist er schon längst weg."

„Nein", sagte Garris, „das glaube ich nicht. Sie arbeiten schnell auf Rendlaine, wenn das Geld stimmt – aber einen Scout in ein Handelsschiff umzubauen braucht immer noch seine Zeit. Und da ist noch etwas . . ."

„Ja?"

„Sein Mädchen. Wenn wir Zeit für Nachforschungen hätten, würden wir feststellen, daß sie eine Passage von Letzte Landung nach Rendlaine gebucht hat, nehme ich an. Wahrscheinlich unter falschem Namen. Aber das ist gleichgültig. Sie wird auf jeden Fall auf einem kommerziellen Passagierschiff reisen und zwischendurch ein paarmal anhalten müssen. Hollander muß auf sie warten. Aber die *Mjölnir* wird vor ihr da sein." Er grinste.

Richey sah beeindruckt aus. „Wissen Sie", sagte er, „ich glaube, Sie haben recht, Captain. Wir könnten es schaffen."

„Wir *werden* es schaffen", sagte Garris zuversichtlich und sah schon die Beförderung vor sich, die ihm die Sache einbringen würde. „Der arme Bursche tut mir beinahe leid. Beinahe. Aber nicht ganz."

Sie ertappten sie auf frischer Tat. Als die *Mjölnir* etwas mehr als zwei Wochen später auf Rendlaine eintraf, lag die *Herausforderung* noch in einem Ausbesserungsdock im Orbit, wo umfangreiche Arbeiten an ihr durchgeführt wurden. Daran, daß es sich bei dem fraglichen Schiff um die *Herausforderung* handelte, gab es keinen Zweifel. Die Markierungen der Allianz auf der Außenhaut waren übermalt und durch seltsame rot-weiße Streifen ersetzt worden, wie Garris sie noch nie gesehen hatte. Aber die Konturen waren immer noch die eines Allianz-Scouts neuester Bauart, obwohl hastig daran gearbeitet wurde, sie zu verändern.

Ja, sie hatten sie auf frischer Tat ertappt.

Nur – die Rendlainesen wollten ihnen nicht gestatten, irgend etwas zu unternehmen.

Der rendlainesische Beamte war höflich, aber fest. „Zum letzten Mal, Captain, wir werden Ihnen das fragliche Schiff nicht übergeben, noch werden wir Ihnen gestatten, seine Mannschaft zu inhaftieren."

Garris rauchte vor Wut. „Aber es ist ein gestohlenes Raumschiff der Allianz", sagte er. „Es *gehört* uns."

„Das Schiff, von dem Sie sprechen ist ein auf Rendlaine zugelassenes Handelsschiff. Sein Kommandant ist ein Brish'dir namens Tewghel-Kei. Nicht einmal ein Mensch." Der rendlainesische Beamte schüttelte den Kopf. „Sie haben keinerlei Beweise für Ihre Anschuldigungen. Und Sie müssen zugeben, es sind unerhörte Anschuldigungen. Ein Militärschiff der Allianz zu stehlen! Ich meine, also wirklich, Captain."

Garris funkelte den Bildschirm drohend an. „Es ist Ihnen klar, daß ich das gestohlende Schiff mit Gewalt nehmen könnte, falls nötig. Ich darf Sie daran erinnern, daß die *Mjölnir* ein Schlachtschiff der Allianz ist."

Der Beamte lächelte dazu nur. „Und ich darf Sie daran erinnern, daß Rendlaine durch Verträge mit den KwanDellanern, den Brish'diri und den Mirashianern geschützt ist. Gar nicht zu reden von den anderen Freien Kolonien. Wir lassen uns nicht einschüchtern, Captain Garris. Nicht einmal von einem Schlachtschiff der Allianz. Ohne unsere Genehmigung werden Sie gegen das fragliche Schiff überhaupt nichts unternehmen. Und unsere Genehmigung werden Sie nicht erhalten, wenn Sie Ihre Anschuldigungen nicht beweisen."

„Wenn Sie sich von Ihrem Sofa erheben und in den Orbit herauskommen wollten, um sich die *Herausforderung* einmal *anzusehen,* dann hätten Sie alle Beweise, die Sie brauchen", sagte Garris. „Sie ist ein Scoutschiff der Allianz. Das kann man sehen."

„Das ist kein Beweis. Vielleicht hat jemandem die Form Ihrer Scouts gefallen, und er hat ein Schiff nach einem ähnlichen Muster gebaut. Man hat schon Seltsameres gehört."

„Also gut", sagte Garris. „Dann lassen Sie uns die Zulassungspapiere für das Schiff sehen. Darin müßte es Beweise geben."

„Die Zulassungspapiere eines Schiffes sind vertrauliche Dokumente. Weder Sie noch ich können sie ohne Erlaubnis des Schiffskommandanten einsehen. Nur autorisierte Beamte der Rendlainesischen Flotten- und Handelskommission haben freien Zugang zu den Informationen, die sie enthalten."

Noch einmal schüttelte der rendlainesische Beamte den Kopf. „Vielleicht sollten Sie sich mit dem Skipper des fraglichen Schiffes in Verbindung setzen, Captain Garris. Vielleicht gibt er Ihnen die

Erlaubnis. Das ist das einzige, was ich Ihnen vorschlagen kann. Guten Tag."

Der Schirm wurde dunkel. Garris schlug frustriert auf seine Kommandokonsole. Der Schmerz des Schlages ließ ihn zusammenzucken. Er wandte sich an Richey. „Er weiß es."

Der Erste Offizier zuckte die Achseln. „Natürlich weiß er es. Aber er wird Ihnen nicht gestatten, etwas zu unternehmen. Die Rendlainesen finden die ganze Angelegenheit furchtbar amüsant. Diese Freien Kolonisten haben merkwürdige Vorstellungen von Komik."

„Was glauben Sie, woher die diesen Brish'dir haben?" fragte Garris.

„Von Rendlaine. Die *Herausforderung* ist ein Drei-Mann-Schiff. Hollander hatte sich und seine Freundin; also hat er einen dritten Mann von einem anderen Boot weggeheuert. Einen Alien, um Verwirrung zu stiften. Für die Zulassung hat er ihn nominell zum Captain gemacht. Alles sehr geschickt."

„Ja", sagte Garris zustimmend. „Sehr. Dieser Hollander hat abseitige Einfälle. Ich fange an zu verstehen, wie er denkt, und das macht mir Angst."

Richey versuchte, mitleidig auszusehen. „Was immer Sie tun, tun Sie es schnell. Die Arbeiten an der *Herausforderung* sind beinahe fertig, und sie nehmen schon Fracht auf. Handelsgüter, sagt der Mann, den wir bestochen haben. Hollander will ganz offenbar einen flotten Handel auf eigene Rechnung aufmachen, anstatt bloß Fracht herumzukutschieren. Außerdem haben wir Berichte, nach denen im letzten Shuttle zu diesem Dock eine Terranerin war."

Garris schaute übertrieben grimmig und sah auf den Bildschirm. „Geben Sie mir die *Herausforderung*", schnappte er. „Oder wie sie jetzt heißen mag."

Das Schiff hatte offenbar im Moment überhaupt keinen Namen. Aber trotzdem beantwortete es die Rufzeichen der *Mjölnir*. Das haarlose, kugelförmige und grauhäutige Gesicht eines untersetzten Brish'dir erschien auf dem Schirm.

Garris kam sogleich zur Sache. „Sir", sagte er, „das Schiff, in dem Sie sich befinden, ist ein gestohlener Scout der Alliierten Sternensonnen von Terra. Sie machen sich zum Komplizen in einem schwerwiegenden Verbrechen, wenn Sie in die Besatzung eintreten. Sie bringen sich in eine gefährliche Lage. Ich muß Sie auffordern, die *Herausforderung* unverzüglich herauszugeben."

„Sie müssen Captain Garris sein", sagte der Brish'dir höflich mit seinem rumpelnden Baß. „Die Rendlainesen haben mir alles über Sie erzählt. Ich bedaure, aber Sie irren sich. Dieses Schiff ist nicht Ihre *Herausforderung.* Ich bin der Schiffsführer, nicht Ihr entsprungener Terraner."

„Wenn Sie nichts zu verbergen haben, fordere ich Sie auf, uns Ihre Zulassungspapiere zugänglich zu machen", sagte Garris.

„Es tut mir leid, Captain Garris", begann der Brish'dir würdevoll. „Ich kann Ihnen nicht glauben . . ." Dann brach er plötzlich ab und sah zur Seite. Als ob er mit jemandem außerhalb des Bildschirms redete.

Der Ton wurde plötzlich abgedreht, und es schien, als diskutierte der Brish'dir mit jemandem neben dem Bildschirm. Schließlich wandte er sich mit einer Bewegung, die wie ein Achselzucken aussah, wieder nach vorn. Der Ton kam wieder.

„Also gut", sagte er. „Ich werde Ihrer Bitte nachkommen, Captain Garris. Um Ihnen zu beweisen, daß ich nichts zu verbergen habe, wie Sie sagen. Aber mein Schiff startet in wenigen Stunden, und es gibt noch viel zu tun. Ich muß Sie bitten, mich dann nicht mehr zu belästigen."

Er verschwand vom Bildschirm. Garris drehte sich zu Richey. „Er wollte uns die Zulassung nicht zeigen. Er wurde überstimmt. Von Hollander, möchte ich annehmen."

„Warum?" sagte Richey.

„Ich bin mir nicht sicher. Vielleicht gibt es nichts in den Papieren." Er lächelte. „Oder vielleicht glaubt Hollander das nur. Aber ich glaube, jetzt hat er einen Fehler gemacht. Irgendwo wird es etwas geben, irgend etwas. Etwas, das beweist, daß der Kommandant des Schiffes ein Mensch ist und kein Alien. Und wenn wir das finden, dann *müssen* die Rendlainesen auf uns hören." Er fuhr herum und wandte sich an die Kommunikationsabteilung. „Geben Sie mir noch einmal Rendlaine und verlangen Sie die Unterlagen."

Aber die Rendlainesen waren noch immer sehr liebenswürdig. Jawohl, sagten sie, Garris könne die Papiere einsehen, wenn der Captain die Freigabe autorisiert habe. Aber sie hätten von der Freigabe noch keine Kenntnis. Also würde Garris warten müssen.

Garris wartete. Er wartete und dachte nach. Und er begann etwas zu ahnen, Stunden später.

Er wußte, wie Hollanders Kopf arbeitete. Er hatte die Formulare gelesen. Der Mann war ein Spieler, ein Clown, ein Witzbold. Er würde das Risiko eingehen und Garris seine Papiere sehen lassen, nur so zum Spaß, oh ja. Das paßte. Aber er würde bis zum letzten Moment warten und darauf setzen, daß Garris nichts finden würde, bevor er weg war.

Und dann würde er das System verlassen und sich totlachen, weil er wußte, daß man ihn nie wieder finden würde. Der Weltraum ist riesig, und Hollander hatte keinen Grund, sich auf die Peripherie zu beschränken. Reisende Händler, wie er einer sein würde, führten ein unstetes Leben zwischen den Sternen, und die Zahl der Planeten dort draußen war schwindelerregend.

Garris fluchte. Fluchte und wartete. Und begann, über mögliche verräterische Punkte in den Papieren nachzudenken, damit er schnell würde reagieren können.

Ungefähr sieben Stunden, nachdem Garris den Brish'dir angebeamt hatte, blickte der Mann an den Sensorgeräten hoch. „Die *Herausforderung* legt ab, Sir", meldete er.

„Bleiben Sie mit Ihren Sensoren dicht dran", sagte Garris. „Verfolgen Sie sie, solange Sie können. Alle Männer bleiben in Bereitschaft. Und halten Sie alle Waffensysteme auf sie gerichtet, solange sie in Reichweite ist."

Die *Mjölnir* konnte einen Scout nicht einholen, aber Garris konnte ihn mit Drohungen zum Stehen bringen und vielleicht anschießen, wenn er rechtzeitig Beweise fand.

Der Kommunikationsoffizier sah auf. „Rendlaine auf dem Funkstrahl, Sir", sagte er. „Sie schicken die Unterlagen herauf, um die Sie gebeten haben."

Garris grinste wild. Er hatte Hollander vollkommen durchschaut. Niemand, der bei Verstand war, würde ein derartig dummes, unnötiges Risiko auf sich nehmen. Aber wenn Hollander bei Verstand gewesen wäre, hätte er nicht die unglaubliche Unverschämtheit besessen, davon zu träumen, ein Raumschiff zu klauen.

„Ich will jedes Blatt sehen, sobald es da ist", befahl er. Es würde knapp werden. Die *Herausforderung* war schnell, und es ging um eine ganze Menge von Papieren.

Außerdem kamen die wichtigsten Papiere zuletzt. Die ersten Seiten würden nicht viel bringen – einfache Dinge, wie der Name des Schiffes, Name des Besitzers, Schiffsklasse und Typ der Zulassung. Da würde sich kaum etwas finden lassen, hatte Garris entschieden. Er überflog diese Blätter nur mit einem kurzen, ungeduldigen Blick, während man sie ihm nacheinander herüberreichte.

Dann kamen die wichtigen Blätter an. Die, in denen Garris etwas zu finden erwartete. Er prüfte sie gründlich, Seite für Seite.

Die Besatzungsliste. Drei Besatzungsmitglieder, ein männlicher Brish'dir, ein männlicher Terraner und eine Terranerin. Aber Hollander und sein Mädchen hatten falsche Namen benutzt. Da war nichts. Gemischte Mannschaften waren nichts Ungewöhnliches.

Die Schiffsspezifikationen. Sehr ähnlich denen eines Scoutschiffs der Allianz. Aber nicht ähnlich genug. Hollander hatte Änderungen vornehmen lassen. Da war auch nichts.

Herstellungsplanet des Schiffes. Das war Garris' größte Hoffnung. Wenn Hollander eine Welt aus der Allianz angegeben hatte, war er erledigt. Schiffe in der Bauart der Flotte wurden auf den Welten der Allianz nicht für den zivilen Einsatz gebaut. Aber Hollander hatte eine Freie Kolonie eingetragen. Das ließ sich prüfen und widerlegen, aber bis dahin würde die Beute längst entkommen sein.

Garris arbeitete sich Blatt für Blatt durch die Dokumente und suchte nach einem kleinen Fehler. Dieser verdammte Hollander war ein solcher Spaßvogel. Er mußte einfach irgendwo gestolpert sein. Seine eigene, frivole Natur würde es verlangen. Aber da war nichts, gar nichts.

Der Sensormann rief herüber. „Captain, die *Herausforderung* ist beinahe außer Reichweite. Und sie schaltet den Hyperantrieb ein."

Garris sah auf und fluchte. Dann sah er wieder auf seine Papiere und wühlte weiter.

„Sie ist weg, Sir", sagte der Mann eine Minute später.

Der Captain warf die Papiere angewidert zu Boden. Er hatte verloren. Und er wußte verdammt genau, daß er dafür bezahlen würde. Mandel würde ihm die Schuld dafür zuschieben, daß Hollander entkommen war. Und er würde nicht befördert werden, ehe man das verfluchte Raumschiff nicht wieder eingefangen hatte. Also niemals.

Richey hob die Dokumente auf und kam über die Brücke, um Garris zu trösten. „Pech“, sagte er. „Aber Ihnen kann man keinen Vorwurf machen.“

„Nein?“ sagte Garris. „Dann warten Sie mal ab.“ Er nahm die Papiere, die Richey in der Hand hielt, und begann, sie einigermaßen zu ordnen. Mandel würde sie natürlich sehen wollen.

Schließlich hatte er sie nach Seitenzahlen sortiert. Er wollte sie beiseite legen, als sein Blick zufällig auf die Seite eins fiel. Er hielt inne.

Seite eins, Eintrag eins, Name des Raumschiffes. Gleich unter dem Siegel von Rendlaine, säuberlich von Hand eingetragen.

Garris hatte eine kurze Vision von roten und weißen Streifen. Er erinnerte sich an die seinen militärischen Vorstellungen fremde Gepflogenheit, nach der immer der Kommandant eines Raumschiffes den Namen aussuchte. Ein uralter Schlager von Shirley Temple ging ihm durch den Kopf, und er erinnerte sich, daß der Kommandant des gestohlenen Schiffes angeblich ein Alien war.

Er erinnerte sich, wie die Seite eins als erste angekommen war. Wie er sie kurz überflogen hatte. Wie er sie beiseitegeworfen hatte.

Captain John Garris, Kommandant des Schlachtschiffs *Mjölnir,* lehnte sich in seinem Sessel zurück und beherrschte sich krampfhaft. Es entsprach nicht der Würde eines Raumschiff-Captains, vor der Brückenbesatzung in einen Schreikrampf zu verfallen.

Zur selben Zeit, weit außerhalb des rendlainesischen Systems, grinste der Captain der *Good Ship Lollipop,* und er nahm Kurs auf die Sterne.

Stephen Robinett

Guzmans Gärtner

GUZMAN'S GARDENER

„Wir gehen nur einfach hinein und machen es – ob gut, schlecht oder mittelmäßig. Es ist doch sowieso egal, oder? Mir ist es egal, dir ist es egal, und vor allem Selman ist es egal. Schon schlimm genug, daß wir es überhaupt machen müssen. Je schneller wir es hinter uns haben, desto glücklicher werde ich sein."

Shirley antwortete, ohne von ihrer Broschüre *Spanien entdekken mit 50 Dollar pro Tag* aufzublicken. „Und wir wollen dich doch glücklich machen, Herbie, nicht wahr?"

Sie nennt mich Herbie, um mich zu ärgern. Während einer Aufnahmesitzung für Selmans letzten Film – sowohl inhaltlich als auch aufnahmetechnisch der Reinfall der Saison – hatte ich jemandem eins versetzt, weil er mich Herbie genannt hatte. Nachdem mich einen Monat lang jeder angeraunzt hatte, war das die nötige Entschuldigung für mich gewesen, um die berühmte Adlernase eines bekannten Holostars einzuschlagen – ein schneller Schlag sollte aus einem gutaussehenden Hauptdarsteller einen Charakterschauspieler machen. Ich verfehlte ihn jedoch. Seit damals nennt mich jeder – vor allem Selman, häufig aber auch Shirley – Herbie.

Ich überhörte die Anspielung und schaltete einen Gang tiefer, um den nächsten Hügel in Angriff zu nehmen. Im Motor klopfte es. Hinter uns stieg eine dichte Qualmwolke auf. Die Landschaft – hauptsächlich Apfelsinenplantagen – schlich vorbei.

Ich sah zu Shirley hinüber. „Wir werden wohl zu Fuß gehen müssen."

„Du wirst wohl zu Fuß gehen müssen. Ich gehe nirgendwohin. Wenn du in Madrid einen Mercedes gemietet hättest, wie ich dir geraten habe, statt dieser spanischen Nachahmung einer italienischen Blechbüchse . . ."

„SEATs sind sehr gute Autos. Übrigens liegen wir selbst mit dem hier über Selmans Spesensumme."

Shirley grunzte, nicht gerade überzeugt. Sie murmelte ein paarmal Selmans Namen und ließ ihn noch weniger schmeichelhaft klingen als Herbie. Shirley teilt meine niedrige Meinung über unseren Arbeitgeber. Sie konnte ihn schon nicht leiden, bevor die beiden Filme, in denen er sie einsetzte, Reinfälle wurden. Ich fing erst an, ihn nicht zu mögen, als er meinen Ausgabenetat kürzte und begann, mich auf bizarre Irrfahrten nach Leuten zu schicken, die seine Filme finanzieren sollten. Meine erste Mission – zu einem Bankier, der ständig von riskiertem Kapital sprach, ich vermute, daß es sich um veruntreutes Kapital handelte – hatte Selman das Geld für seinen ersten Flop gebracht, eine Softporno-Version von Orwells *Animal Farm.* Nach seinem zweiten Reinfall *(The Begats – A Biblical Fantasy)* wurde das Geld knapp.

Selman war verzweifelt. Meine Trips, um Geld zusammenzukratzen, wurden immer exzentrischer. Sie wurden auch immer weniger erfolgreich. Einen Monat vor unserer Spanienreise sprach ich mit einem afrikanischen Potentaten, der unser Projekt nur finanzieren wollte, wenn wir authentische Hinrichtungen ins Skript aufnahmen. Selman, der für solche Filme nichts übrig hatte (aber wer weiß, was als nächstes kommt), lehnte ab. Dann folgten Spanien und dieser Apfelsinenpflanzer namens Guzman, der einen Sohn hatte und ihn beim Film unterbringen wollte. Das sind eben die Höhen und Tiefen der Kunst.

Shirley klopfte mir auf die Schulter. „Bieg hier ab."

„Bist du sicher?"

„Sicher bin ich sicher."

„Als wir uns in Barcelona verfahren haben, warst du auch sicher."

„Diesmal bin ich wirklich sicher. Bieg hier ab."

Ich bog ab. Wir krochen einen weiteren Hügel hinauf. Der SEAT spuckte und blubberte. Die Kühlertemperatur kletterte. Gerade in dem Moment, als ich schon aussteigen und zu Fuß weitergehen wollte, erreichten wir die Hügelkuppe. Ein riesiges Ranchhaus stand vor uns. Wir fuhren an einem Schild vorbei, auf dem eine Menge in spanisch geschrieben stand, und erkannten den Namen Guzman. Das Schild zeigte eine große Apfelsine.

Ich parkte unter einer Laube. Das Haus hätte ein Hotel oder parador sein können. Ein Flügel erstreckte sich längs der Straße, mit einem ebenerdigen Freisitz. Am entgegengesetzten Ende des

Freisitzes befanden sich große holzgeschnitzte Türen. Der Hauptteil des Hauses formte ein „U“, der Flügel entlang der Straße mit dem Einstellplatz bildete den unteren Querbalken. Ein preiselbeerfarbiger Ferrari Mark XII, der mehr blitzende Auspuffrohre als Zylinder aufzuweisen hatte, stand in der einen Ecke des Einstellplatzes. Daneben, dicht an der Hausecke, hockte ein Gärtner in dunkelblauer Arbeitskleidung und schnitt Blumen.

„Ganz schön groß“, kommentierte Shirley unbeeindruckt.

Ich stieg aus und knirschte über den kiesbestreuten Parkplatz zu dem Gärtner hinüber. „Sprechen Sie englisch?“

Er sah zu mir auf, wandte dann seine Aufmerksamkeit wieder den Blumen zu. „Nein.“

„Das macht die Angelegenheit etwas schwierig.“ Ich beschloß, einfach Guzmans Namen zu nennen und zu hoffen, daß diese Nachricht ankam. Ich hatte keine Ahnung, ob Spanier den Namen nun Gusman oder Guzman aussprachen. Ich versuchte es mit beiden Versionen.

Der Gärtner schnitt noch zwei Blumen ab und stand auf, einen großen Strauß Nelken im Arm. Fast automatisch schätzte ich ihn mit meinen Aufnahmeleiter-Augen ab – dunkles Haar, helle Haut, blaue Augen, ziemlich gutaussehend . . . vielleicht „der andere Mann“ oder eine entsprechende Rolle.

Er sah mich fragend an. „Welchen Mr. Guzman wollen Sie sprechen? Arturo Gusman senior ist wahrscheinlich in seinem Büro. Arturo Gusman junior ist wahrscheinlich noch im Bett. Ich habe allerdings nicht die leiseste Ahnung, mit wem. Vielleicht ist er sogar allein. Seit neuestem führte er einen recht bizarren Lebenswandel.“

Ich lachte. „Ich dachte, Sie sprächen kein Englisch.“

„Spreche ich auch nicht.“ Er blickte auf die Blumen. „Wenn Sie noch einen Augenblick warten können, bis ich noch ein paar Blumen geschnitten habe, bringe ich Sie in Mr. Guzmans Büro. Er möchte gern jeden Morgen frische Blumen auf seinem Schreibtisch haben.“

„Schön, danke. Ich hole nur ein paar Sachen aus dem Auto.“

Er fing wieder an, Blumen zu schneiden. Ich ging zum Wagen zurück, erzählte Shirley von dem spaßigen zweisprachigen Gärtner (was sie noch weniger beeindruckte als das Haus) und holte meine Ausrüstung von dem herunter, was den Rücksitz darstellen sollte. Der tragbare Holocorder und die Kamera – der Typ, der für Nachrichtensendungen benutzt wird – waren zwar leicht genug, aber unpraktisch. Ich beschloß, die Lampen, Enzephalomikros, Mischpult et cetera, et cetera im Auto zu lassen, bis wir einen Aufnahmeraum hatten. Wenn ich ein paar Sachen meiner Ausrüstung bei mir trug, würde das Guzman/Gusman (wenn sein Gärtner es schon nicht wußte, war es bestimmt nicht an mir, das zu entscheiden) überzeugen, daß Shirley und ich „Hollywood" darstellten. Es würde ebenfalls bedeuten, daß wir den Holotest mit seinem Sohn so schnell wie möglich machen wollten.

Ich bat Shirley, einen Block zu tragen und mit mir zu kommen. Wir gingen zurück zu dem nicht-englischsprechenden Gärtner und folgten ihm durch die großen Holztüren; dabei hörten wir ihm bei einer langen Tirade über die Schwierigkeiten, dieses Jahr in Südspanien Nelken zu ziehen, zu. Ich hörte eine Spur New Yorker Akzent heraus, aber keinen spanischen Akzent. Ich fragte ihn, wie lange er in Amerika gelebt habe.

Er lächelte fröhlich über seinem Armvoll Blumen. „Ich bin nie aus Spanien herausgekommen. Einmal bin ich in Alicante gewesen. Hübscher Ort. Irgendwann möchte ich gerne einmal Madrid sehen."

Wir waren an Guzmans/Gusmans Büro angelangt. Der Gärtner klopfte einmal, trat ein, sprach leise mit jemandem darin und bedeutete uns, während er sich zu seinem Rückweg zum Garten aufmachte, hineinzugehen.

Guzman/Gusman (tatsächlich klang es wie Gußman oder so ähnlich, wohl kastilisch) war ein fetter Mann, der einem deutschen Bürgerlichen ähnlicher sah als einem spanischen Don. Er erhob sich hinter seinem ausladenden Schreibtisch, hieß uns gnädig in gutem Englisch willkommen – das Englisch seines Gärtners war besser – und bot uns zwei Stühle an.

Er nahm wieder seine Position hinter dem Schreibtisch ein und rieb sich lächelnd die plumpen Finger. „Sie hatten hoffentlich keine Schwierigkeiten, meine kleine *choza,* mein bescheidenes Heim zu finden?"

„Als wir durch Barcelona hindurch waren, war alles gelaufen."

„Barcelona?" Señor Guzman sah überrascht drein. „Aber Barcelona liegt nördlich von hier."

Ich warf Shirley, dem Navigator, einen ärgerlichen Blick zu. „Ich weiß, Señor Guzman, wir würden den Test mit Ihrem Sohn gern so bald wie möglich machen. Mr. Selman ist ein Mann der Tat. Er wünscht eine rasche Entscheidung, ob wir Ihren Sohn unter- und die Sache ins Rollen bringen können, falls Sie mir folgen können?“

„Nicht ganz, aber ich will sehen, ob mein Sohn zur Verfügung steht.“

Er berührte ein Intercom. Auf dem Bildschirm erschien ein Mädchen mit einer reichgeschmückten schwarzen Kappe und weißer Schürze. Señor Guzman sagte etwas auf spanisch zu ihm. Ich verstand das Wort Arturito. Sie schüttelte den Kopf. Señor Guzman runzelte die Stirn und bellte einen Befehl. Sie sah erschreckt aus, murmelte entschuldigend und verließ den Bildschirm.

Señor Guzman lächelte uns an. „Mein Sohn wird in ein paar Minuten hier sein. Ich hoffe sehr, daß Ihr Mr. Selman meinen Arturo mögen wird. Arturo ist trotz der Namensgleichheit mein Jüngster. Seine zwei Brüder habe ich in guten Karrieren untergebracht. Einer ist Rechtsanwalt, der andere Arzt. Arturo möchte ein . . .“ – Señor Guzman hatte Schwierigkeiten mit seiner Kehle – „ . . . Schauspieler werden. Nein, ich glaube, das habe ich falsch ausgedrückt. Arturo möchte ein Sexsymbol sein. Es ist . . .“ – Señor Guzman sah verstört aus – „ . . . die Verstiegenheit eines jungen Mannes.“

Meine Jahre als Scriptwriter (das war ich in Hollywood sowohl als Profi wie als Laie, wissen Sie) kamen mir in den Sinn. Hinter Señor Guzmans Verstörtheit meinte ich eine gewisse Bitterkeit im Tonfall oder Ironie oder ganz einfach die realistische Einschätzung seines Sohnes wahrzunehmen. Bei zwei Söhnen, die respektable Laufbahnen eingeschlagen hatten, und einem dritten, der ein Sexsymbol werden wollte, fühlte ich Sympathie mit ihm. Ich begann, Señor Guzman zu mögen, und das ist immer ein fataler Fehler bei Produzenten. Sie kommen und gehen. Wir Talent-Händler dagegen bleiben.

Mein Einblick in Señor Guzman brachte mich auf eine ehrliche Frage. Von Zeit zu Zeit habe ich antiproduktive Anfälle von Ehrlichkeit. „Señor Guzman, darf ich Ihnen eine offene Frage stellen?“

„Sicherlich. Seien Sie offen. Das schätze ich.“

Shirley hatte die Frage wohl kommen sehen. Sie versuchte, mich in die Hacken zu treten, um mich zum Schweigen zu bringen.

Ich verschob meinen Stuhl ein wenig, bis ich aus der Gefahrenzone heraus war. „Warum Ihr Angebot, Selman Enterprises diesen Film zu finanzieren?"

„Ich bin ein Geschäftsmann."

„Ein Apfelsinenfarmer, kein Filmemacher."

„Ich bin vielseitig."

„Filmproduktion ist ein Geschäft mit großem Risiko."

„Das weiß ich. Ich kann mir dieses Risiko leisten."

„Aber warum wollen Sie das tun?"

Bevor er noch antworten konnte, öffnete sich die Bürotür, und Arturo Guzman junior stakste herein – eine Menge silbergekräuseltes Haar, ein Wams mit Puffärmeln und enge Hosen. Seine hohen Stiefel hallten auf dem Fliesenboden.

Sobald Arturo junior seinen Auftritt hatte, war die Antwort auf meine Frage – warum Guzman in Selman Enterprises investieren wollte – ganz offensichtlich; sie zeigte sich hauptsächlich in Guzmans Miene. Der Junge verwirrte ihn. Señor Guzman, ein seriöser Geschäftsmann mit zwei seriösen Söhnen – einem Rechtsanwalt und einem Arzt, um Himmels willen –, hatte auch einen Gecken produziert, eine Primadonna und, falls der Ferrari in der Garage von irgendeiner Bedeutung war, auch einen Angeber. Señor Guzman wünschte sich einen Ort, am liebsten außer Sichtweite, wo er den Jungen unterbringen konnte. Hollywood – eine fremde und exotische Stadt auf der anderen Seite des Erdballs – klang als Köder gut genug. Daß das Gesicht des Jungen, und, was auch immer ihn sonst noch zum Sexsymbol machte, eventuell auf den Holobühnen der ganzen Welt zu sehen sein würde, hieß wenig. Zumindest war der Knabe aus dem Weg, nicht mehr in der Lage, Señor Guzman durch seine Anwesenheit zu belästigen.

Señor Guzman übernahm die Vorstellung. „Arturo, diese Leute kommen von Mr. Selman aus Hollywood."

Arturo grunzte einmal, nickte zweimal und ließ ein scharfes Klicken seiner Hacken hören. „Erfreut."

„Sie wollen mit dir eine Probe für einen Film machen."

Arturo grunzte wiederum.

Ich sah Señor Guzman an. „Wie gut ist sein Englisch?"

Arturo fiel ein, noch ehe sein Vater antworten konnte. „Verdammt gut. Ich spreche verdammt gut. Richtiges, verdammt gutes Kingsenglisch. Wir wollen mit diesem verdammten Geschäft anfangen. Sie machen das . . ." Er brach ab und blickte auf seinen Vater; seine Stimme wurde für einen Moment wieder halbwegs normal statt des künstlichen Basses. „*Cómo se dice holograma en inglés?*"

„Hologram", half sein Vater.

Arturo nickte zustimmend. „Verdammt gut. Ich sehe, daß Sie klugerweise unser kastilisches Wort ins Englische übernommen haben. Sie werden also das *holograma* machen, und Mr. Selman macht mich berühmt."

„So ungefähr. Die Hauptsache ist, herauszubekommen, wie hologen Sie sind. Wir werden Sie eine Szene spielen lassen und das Band dann zu Selman zurückschicken."

Arturo sah Shirley an. „Eine Sexszene, will ich hoffen."

Ich beschloß, Señor Guzman zuzustimmen. Je weniger ich Arturo sah, desto besser. Trotzdem schrieb ich ihn noch nicht völlig ab. Wenn Arturo eine Sexszene haben wollte, dann sollte er eben eine haben. Ich würde dabeisein. Ich konnte schreien „Schnitt", ehe das Ansehen meiner Frau noch mehr angeknackst wurde, als es seit ihrer Heirat mit mir ohnedies schon war.

Wir sprachen eine Zeitlang über die Szene. Schon vor unserer Ankunft und dem Star-Dasein seines Sohnes hatte Señor Guzman ein Zimmer ganz leer räumen lassen. Er ließ uns wissen, daß er innerhalb von Sekunden alles, was wir für die Szenerie brauchten, herbeischaffen lassen konnte. Ich sagte ihm, ein Raum ohne Ausstattung (möglichst auch ohne Bett) sei am besten geeignet, da er Arturos schauspielerische Qualitäten zeigen werde, ohne daß sie eine Ablenkung erfuhren.

Eine Minute oder so, nachdem wir dieses Thema erledigt hatten, begriff Arturo, was wir gesagt hatten. Er unterbrach uns temperamentvoll. „Keine *escenery?* Keine *escenery?* Wie kann ich die verdammte richtige *inspiración* finden ohne das?"

Arturo begann, mich zu ermüden. Wenn ich ermüde, verliere ich die Geduld. „Finden Sie sie in den Zeilen wie alle anderen auch."

Arturo schnaubte und schnarrte, eine komplizierte und eindrucksvolle Ausdrucksweise. „Ich brauche die richtige *ambience.*" Er sprach es französisch aus.

„Na schön; wenn Sie die verdammte richtige *ambience* haben wollen, bitte. Ich will lediglich . . ."

Shirley trat mich.

Ich hielt den Mund. Ich wollte lediglich das erste Flugzeug zurück nach Los Angeles und einen ordentlich dimensionierten Scheck von Selman.

Unter Arturos fachmännischer Anleitung wurde neben einer alles andere als geschmackvollen Mischung aus mittelalterlichen, Renaissance- und modernen Möbeln ein Bett vorbereitet, um ihm bestmögliche *ambience* zu schaffen. Die Hälfte der Dienstboten des Hauses war damit beschäftigt, Gegenstände hin und her zu tragen, bis Arturo angemessen inspiriert wurde. Ich beruhigte mich mit dem Gedanken, daß Selman – wenn er erst Señor Guzmans Geld sicher auf der Bank hatte – sich mit Arturo beschäftigen mußte, mit dem Sexsymbol. Oder sonst einem Symbol.

Während die Möbelpacker die Rücken streckten, Muskeln spannten und schnauften, gingen Shirley und ich hinaus zu dem SEAT, um den Rest unserer Ausrüstung zu holen, und marschierten knirschend über den Kies.

Ich sah Shirley an. „Was hältst du von Arturo?"

„Holzkopf."

„Laß ihn auf dem Band nicht schlecht aussehen. Ich weiß, wir können es schaffen."

„Und du weißt, daß es keine Rolle spielt, wie ich ihn aussehen lasse. Selman braucht das Geld. Dafür würde er auch einen Schimpansen nehmen."

„Mit einem Schimpansen käme er wahrscheinlich zu besseren Ergebnissen. Jedenfalls, ich weiß vielleicht, daß es keine Rolle spielt, du weißt vielleicht auch, daß es keine Rolle spielt, und selbst Selman weiß vielleicht tief in seinem Herzen – falls er überhaupt ein Herz hat –, daß es keine Rolle spielt. Das Problem ist nur, daß Selman dazu neigt zu vergessen, was er tief in seinem Herzen weiß, vor allem, wenn seine unfehlbaren Ideen danebengehen. Er neigt dazu zu vergessen, wer diese Idee zuerst hatte."

„Du meinst, er wird dich dafür ausschimpfen."

„Wen hat er denn sonst zum Ausschimpfen? Wir wollen ihm dafür nicht mehr Grund geben als nötig. Wenn er mit Schimpfen anfängt, wollen wir sagen können, wir hätten unser Bestes getan."

Wir erreichten den Wagen. Der Gärtner, der unter einem Fenster Unkraut jätete, sah uns, grinste und winkte. Ich schob den Fahrersitz nach vorn und fing an, Shirley die Ausrüstungsgegenstände vom Rücksitz zu reichen. „Warum kann Arturo nicht so sein wie dieser Gärtner? Erklär mir das, Shirley. Dieser Mann hat einen fröhlichen Charakter, sieht gut genug aus, spricht perfekt Englisch – was man alles von diesem verdammten Königskastilier nicht behaupten kann."

Ich nahm den letzten zusammengeklappten Scheinwerfer aus dem Auto und stand auf, mir den Rücken reibend.

Shirley lugte auf den Rücksitz. „Nimmst du die E-Mikros nicht mit?"

„Wozu?"

„Das ganze Gebäude hat ein Echo wie eine Regentonne."

„Shirley, die technische Seite der Angelegenheit kannst du ruhig mir überlassen. Was dir Sorgen macht . . ." – ich deutete auf das Haus – „. . . ist das Sexsymbol."

„Da drin ist es wie in einer Höhle. Wir alle werden uns anhören, als ob wir in einer Regentonne redeten, ich sage es dir."

„Wen kümmert das schon?"

„Du hast mir gerade noch gesagt, du möchtest, daß Artie gut aussieht. Möchtest du nicht auch, daß er sich gut anhört?"

„Er wird sich schon ordentlich anhören."

„Er wird sich anhören wie eine Regentonne."

Es gibt Zeiten, da wünsche ich, Schauspieler würden weniger von der technischen Seite der Filmemacherei verstehen. Wenn sie in ihre kleinen Hirne einmal ein paar Kenntnisse gestopft haben, meinen sie, sie wüßten alles. Shirleys Abneigung gegen die traditionelle Tonaufnahme – der Regentonneneffekt – hatte eine gewisse Berechtigung. Das Haus war höhlenartig. Die ursprünglichen Enzephalomikros, die unter dem Haar auf der Kopfhaut befestigt werden und die elektromagnetischen Hirnströmungen in Sprache umwandeln, waren entwickelt worden, um Übertragungsfehler zwischen Mensch und Computer abzuschaffen. Sie lösten das Problem der Hintergrundgeräusche. Ausgerüstet mit einem E-Mikro, konnten Schauspieler jederzeit an jedem Ort Aufnahmen machen. Das Ergebnis könnte auch aus einem Tonstudio stammen.

Unglücklicherweise brachten Enzephalomikros auch Rückschläge. Ich bin sicher, daß manche großen Geister, die in der Unterhaltungsindustrie beschäftigt sind, um solche Probleme aufzuspüren, Theorien über die Ursachen haben. Ich nicht. Alles, was mich interessiert, ist der Effekt. E-Mikros ruinierten einige große Schauspielerkarrieren, bevor es jemand merkte. Wie traditionelle Mikros nehmen auch E-Mikros modulierte Geräuschfetzen auf; in dem einen Fall sind es die mechanischen Geräusche der Stimmbänder, im anderen sind es elektrische Geräusche aus dem Gehirn des Schauspielers. Ebenfalls wie traditionelle Mikros übertragen sie Feinheiten im Ausdruck, Tonfall, Nuancen der Sprechgeschwindigkeit, kurz die Essenz der Sprachkunst des Schauspielers.

Sie unterscheiden sich nur in dem Ausmaß, in dem sie diese Unter- und Obertöne wiedergeben. E-Mikros „hören" nicht nur Stimmgeräusche, sondern auch alle anderen Aktivitäten, die sich im Hirn des Schauspielers abspielen (woraufhin eine Hollywoodgröße meinte, sie sei schockiert, nach all den Jahren feststellen zu müssen, daß in einem Schauspielergehirn überhaupt etwas vor sich gehe). Die Schauspieler selbst jammerten zuerst über ein Problem; sie behaupteten, die neuen Mikros würden „Vibs" aufnehmen. Techniker hassen Worte wie „Vibs". Als ob man von einem Computer oder einem Automobil behauptete, es wäre „zusammengebrochen". Es führt zu nichts, so ein Problem lösen zu wollen.

Doch die „Vibs" hielten sich. Bevor jemand vernünftig an das Problem heranging, waren einige große und beliebte Schauspieler (erinnern Sie sich an Charlie Wilson als „Mr. Cuddles"?) der Welt bekannt als die von Grund auf trotzigen, gewalttätigen Naturen, die sie waren. Einige wechselten die Rollen, konzentrierten sich ganz auf bestimmte Charaktertypen. Einige stiegen aus dem Geschäft aus, wie die Stummfilmstars, als der Tonfilm aufkam. Endlich wachte jemand auf. Zuviel Geld, das in die Stars investiert worden war, verpuffte. Wenn ein großer Schauspieler eine nichttypische Rolle übernahm und E-Mikros angewandt wurden, übernahm ein Double mit fröhlicher Grundhaltung (oder gewalttätiger, wenn die Rolle es erforderte) die Szene. Totalen und andere nicht ortsgebundene Aufnahmen wanderten zurück ins Tonstudio. Das war der Fortschritt, zwei Schritte vor, einen zurück.

Warum war ich gegen die Benutzung von E-Mikros bei Arturo?

Ganz einfach. Der Junge war ein Schwachkopf. Das würde auf dem Band laut und deutlich zu hören sein. Ich erinnerte Shirley an das Phänomen.

Sie sah mir direkt in die Augen. „So?"

„Komm schon, Shirley, selbst Selman macht nicht mehr mit, wenn er eine große Dosis von Arturos Vibs mitbekommen hat."

„So?"

„Was meinst du damit?"

„Ich meine nur, daß es wohl nicht das Ende der Welt bedeutet, wenn Selman Artie aufgrund seiner Qualitäten ablehnt, und noch weniger, als wenn er ihn wegen des Bankguthabens seines Vaters akzeptiert."

„Ehrlich gesagt, du möchtest einen Wechsel, nicht wahr?"

„Jetzt und immer, ja."

„Warum . . . sind . . . wir . . . hier? Frag dich das. Du weißt genauso gut wie ich, worum es hier geht. Man nennt es Geldverdienen, in diesem Fall Peseten. Nicht mehr und nicht weniger."

„Es war nicht immer so."

„Wann war es nicht so? Seit D. W. Griffith ist es so."

„Als ich dich kennenlernte, war es nicht so, wenigstens nicht für dich. Damals war es ehrlicher. Es ging damals darum, gute Filme zu machen, nicht ums Geldverdienen."

Ich pfiff. „Himmel, warst du jung. Es geht immer ums Geldverdienen."

„Wirklich, Herb? Ich kann das nicht glauben."

Bevor wir mit diesem sinnlosen und allzu abgegriffenen Streit – er endete gewöhnlich mit persönlichen Angriffen und Anschuldigungen wie, ich hätte „ausverkauft" – fortfahren konnten, kam ein Mercedes über den Hügel und auf den Parkplatz gefahren. Das vordere Kennzeichen – deutsch – begann mit einem „M", vermutlich also ein Geschäftspartner von Señor Guzman aus München. Statt unsere schmutzige Philosophie in der Öffentlichkeit zu verbreiten, wurden Shirley und ich still und beobachteten das Auto.

Es parkte neben Arturos Ferrari. Ein großer Mann in knöchellangem Ledermantel stieg aus und wandte sich an den Gärtner.

„Tag, mein Herr." Das war in deutscher Sprache.

Der Gärtner sah zu ihm auf. „Hallo."

„Wo kann ich Herrn Gutzmann finden, bitte?" Nach dem, was

von meinem Schuldeutsch übriggeblieben war, wollte er Herrn . . . ich meine Señor Guzman aufsuchen.

Der Gärtner, immer noch jätend, deutete auf die großen Holztüren. „Da hindurch und quer durch die Halle. Herr . . . ich meine, Señor Guzman ist der mit dem Anzug. Der in Wams und Strumpfhosen ist Arturo, sein Sohn."

Der Deutsche lächelte amüsiert. „Wams? Wams und Hosen vielleicht?"

„Nein, nur das Wams. Keine Hose. Es sieht so schon albern genug aus. Er scheint zu denken, das sei Mode. Nicht um alles in der Welt würde ich mich in solch einem Aufzug sehen lassen."

Der Deutsche lachte. „Sie haben recht, mein Herr." Er wandte sich dem Haus zu. „Vielen Dank."

Shirley und ich folgten ihm. Fast ohne nachzudenken, nahm ich das E-Mikro mit den anderen Sachen mit.

Drinnen trafen wir den Deutschen in der Halle. Er wartete offensichtlich darauf, Guzman zu treffen. Ich blieb neben ihm stehen. „Sie werden vielleicht ein Weilchen warten müssen, um Señor Guzman zu sehen. Sein Sohn macht einen Holotest. Es wird ihn wahrscheinlich etwas verwirren."

Der Deutsche runzelte die Stirn. „Wie bitte?"

„Ich sagte . . ."

„Ich kann kein Englisch. I . . . speak . . . no . . . English."

Ich versuchte, die Worte auf deutsch zusammenzubringen. Worte wie „Holotest" und „verwirrt" konnte ich nicht greifen. Ich gab auf, zuckte die Schultern und lächelte, mir dabei idiotisch vorkommend. Um das Schweigen zu brechen, wechselte ich zu einem einfacheren Thema über und fragte ihn, wie er den Gärtner denn verstanden habe, wenn er kein Englisch beherrsche.

„Aber er spricht sehr gut Deutsch."

„Wirklich?"

„Wie bitte?"

Die zarte Brücke der Verständigung brach zusammen. Ich grinste, sagte „Auf Wiedersehen" und ging Shirley durch die Halle nach.

„Shirley"

„Hmm?"

„Welche Sprache hat der Gärtner gesprochen, als er mit dem Knaben da hinten redete?"

„Englisch. Warum?"
„Das habe ich auch gedacht."
Eine Gestalt im Wams erschien vor uns in der Halle, winkte in unsere Richtung und befahl uns, uns verdammt zu beeilen.
Arturo hatte den Raum für den Holotest zur Befriedigung seiner Inspiration ausgestaltet. Ermüdete Diener, inklusive des Mädchens mit der Kappe und der Schürze, saßen angelehnt auf den Möbeln. Eine Haarsträhne klebte auf der Stirn des Mädchens.
Ich stellte die Holokamera auf und tat einen vorbereitenden Blick durch den Sucher. Ich schlug taktvoll vor, einige Gegenstände zu verrücken. Während der Szene würden sie entweder den Kontrast beeinträchtigen oder aussehen, als wüchsen sie jemandem aus dem Kopf.
Arturos künstlerisches Temperament brauste auf. „Wir werden nichts verrücken."
„Art . . ."
Er reckte sein Kinn bestimmt. „Wir werden nichts verrücken."
Ich zuckte die Schultern „Wie du willst, Art."
Als ich die Kamera aufgestellt hatte, setzte ich einen Ohrhörer in mein Ohr und überprüfte die Tonskalen. Shirley hatte recht. Das geringste Geräusch in diesem Raum klang, als ob Murmeln in eine Regentonne prasselten. Mit den Stimmen war es noch schlimmer. Ich ließ Shirley bis zehn zählen und jammerte über die miserable Qualität.
Shirley sah zufrieden aus, als sie den sauren Ausdruck auf meinem Gesicht bemerkte. „Habe ich es dir nicht gesagt, Herbie?"
„Du hast es mir gesagt."
Arturo runzelte die Stirn. „Was ist?"
„Die Akustik in diesem Raum ist fürchterlich. Jedes Geräusch kommt hier . . ." – ich tippte an den Ohrhörer – „ . . . zehnfach verstärkt heraus."
Arturo runzelte weiter die Stirn. „Ich lasse die Diener ein paar verdammte Draperien bringen."
„Selbst saubere würden uns nichts helfen." Ich betrachtete die Diener um mich herum. Die meisten sahen aus, als würden sie zu formlosen Massen zusammenschrumpfen, wenn sie noch mehr schleppen mußten. „Mach dir nichts draus, Art."
Ich nahm zwei E-Mikros heraus. Shirley zeigte Arturo, wie sie

in die richtige Position auf der Kopfhaut gebracht und dann festgedrückt werden mußten. Er schien wirklich entzückt zu sein von diesem esoterischen Stückchen Hollywood.

Ich ließ beide bis zehn zählen, um richtig abmischen und feststellen zu können, ob die E-Mikros auch richtig funktionierten. Dann nickte ich Arturo zu. „Wann Sie wollen, Mr. De Mille."

Arturo überschaute den Raum und klatschte einmal in die Hände. Hastig standen die Diener auf und gingen hinaus. Ich sah, wie Arturos Hand das verlängerte Rückgrat des beschürzten Mädchens tätschelte, als es hinausging. Zumindest darum beneidete ich ihn.

Wir machten uns fertig zur Aufnahme. Arturo, der für die letzten paar Stunden damit beschäftigt gewesen war, Tatsachen zu spielen, hatte es nicht geschafft, seine einzige Zeile zu lernen, nämlich „My darling, you will believe me when I say I love you." Ich ließ es ihn fünf oder zehn Minuten lang wiederholen und versuchte, ihn dazu zubringen, Worte wie „verdammt" wegzulassen. Schließlich, als unser beider Nerven schon arg strapaziert waren, schlug ich eine Probe vor, ehe die eigentliche Aufnahme stattfinden sollte.

Arturo, der wütend auf mich und zweifellos auch auf die seiner Ansicht nach zu strenge künstlerische Disziplin war, weigerte sich. „Wir werden den Film jetzt machen."

„Art . . ."

„Jetzt! Jetzt! Jetzt!"

„Art . . ." Ich legte meinen Arm nach Hollywoodmanier um seine Schultern und beschloß, es lieber mit Takt als mit Lautstärke zu versuchen. „Baby, ich kann die Wichtigkeit dessen, was du mir sagst, schon ermessen. Doug Fairbanks, Jim Dean, Bob Redford, selbst Simon Garfunkle – alle die alten Filmgrößen haben es auf Anhieb geschafft. Du hast die gleichen Qualitäten. Glaub mir, ich bin lange genug im Geschäft, um das zu wissen. Seit ich dich gesehen habe, weiß ich, daß du es schaffst."

„Er hat es schon geschafft", stimmte Shirley zu, jetzt als Selmans Holoheroine Dawn Lite.

„Aber Dawn hier", ich deutete auf Shirley, „hat diese Fähigkeit nicht. Sie braucht einen Probelauf. Sie muß erst warm werden."

Meine schmeichelnden Anstrengungen entlockten Arturo ein verächtliches Grunzen. „Laß sie allein üben."

„Art, Baby, Sweetheart, das ist unmöglich. Es ist wie beim Sex. Wenn du es allein machst, fehlt irgendwas."

Dieser Gedanke schien ihm einzuleuchten. Arturo nickte feierlich, die Künstlerin betrachtend. Einen Augenblick lang glaubte ich, ich hätte ihn da, wo ich ihn haben wollte, und endlich ruhig und kooperativ.

Er entwand sich meinem Arm und stürmte auf die Tür zu. „Ich hole ihr jemanden, mit dem sie üben kann."

An der Tür versuchte er, Shirleys Hintern zu betatschen – immer flink, entwischte sie –, und ging hinaus, die Tür hinter sich zuschlagend.

Ich überlegte gerade, wie ich Arturo dazu bringen konnte, wenigstens eine Probe zu machen (Entschuldigung, Art, ich hatte keinen Film eingelegt, wir müssen es noch einmal machen), als ich Shirleys Gesicht sah.

Blaugrau ist eine Farbe, die man selten in einem menschlichen Gesicht sieht, selbst in Shirleys.

„Herbie."

„Bleib ganz ruhig . . . was auch immer ist . . . bleib ruhig."

„Ich werde nicht zulassen, daß dieser Mann mich anfaßt."

„Wer hat dich denn darum gebeten?"

„Du, du Schwachkopf! Bei der ersten Gelegenheit wird er zulangen. Ich kenne den Typ."

„Was schlägst du dann vor?"

„Vergiß es."

„Selman . . ."

„Zur Hölle mit Selman. Herbie, was ist mit uns passiert?"

„Hatten wir diese Unterhaltung heute nicht schon einmal? Und gestern? Und vorgestern?"

„Herbie, entschuldige, ich meine Herb, es ist mir ernst. Warum strampeln wir uns für diesen Drei-Groschen-Pornohelden ab?"

„Das ist gut, Shirley – Drei-Groschen-Pornoheld. Da steckt was drin. Ich werde es bei Selman anwenden, wenn ich mit ihm rede."

„Herb, ich möchte wirklich wissen, was mit uns passiert ist. Wir haben mit großen Plänen angefangen. Ein Jahr, vielleicht zwei mit Selman, und dann selbstständig. Du wolltest schreiben und produzieren, ich wollte spielen. „Gute Filme". Ich erinnere mich daran, als du das gesagt hast. Das war unser Traum, Herb, ein guter Traum. Was ist damit geschehen?"

Unnötig zu sagen, daß ich mich bei Shirleys Fragen außerordentlich unbehaglich fühlte, vor allem weil sie, wenn auch etwas rührselig ausgedrückt, recht hatte. Wir hatten einmal beide davon geträumt, gute Filme zu machen. Irgend etwas war passiert. Der Traum war verschwunden.

Ich brachte vor, daß den meisten Träumen eine Grenze gesetzt war. „Geld. Das passiert mit allen Arten von Träumen, Shirley. Selbst mit Selmans feuchten Träumen."

„Hör auf zu scherzen, Herb. Es ist mehr als das. Es ist irgend etwas in uns."

„Du meinst mich, nicht wahr? Du machst mir Vorwürfe?"

„Ich mache uns beiden Vorwürfe. Wir haben zugelassen, daß es passiert."

„Sieh mal, Shirley, ich mag tragische Szenen so gern wie jeder andere, aber können wir sie nicht ein bißchen verschieben?"

„Du kennst genug Leute. Du könntest das Geld auftreiben – wenigstens einmal. Wenn du Finanzen für Selman finden kannst, dann doch auch für uns. Für uns."

„Das ist etwas anderes."

„Woher weißt du das?"

„Ich weiß es eben."

„Du hast es noch nie versucht."

„Du . . ."

„Tu das nicht, Herb. Das ist nicht meine Schuld. Laß es nicht auf mich zurückfallen. Bevor wir uns mit Selman zusammentaten, habe ich einen guten Film gemacht. Du weißt das. Er hatte gute Kritiken."

„Und verlor Geld."

„War geradezu ein Reinfall."

„Sie wollen eben keine Reinfall-Filme, ob gut oder schlecht."

„Was wollen sie dann? Schau dir Selmans Bilanzen an. Selbst mit einem anerkannt schlechten Film macht er kein Geld."

Shirley und ich hatten uns über dasselbe schon so oft unterhalten, daß ich das meiste auswenig konnte. Gewöhnlich schloß ich meine Ohren und fuhr mit meiner Arbeit fort. Aber diesmal schlug sie einen Ton an, der Antworten verlangte.

Noch ehe wir weiter darüber reden konnten, kehrte Arturo zurück, den Gärtner hinter sich her ins Zimmer schleifend. Er blieb gerade unter der Tür stehen, machte eine leichte spöttische Verbeugung und stellte vor. „Paco Huerta, der Mann, der Dawn aufwärmen wird."

Paco nickte uns zu. „Hallo. Was soll ich für Sie tun?"

Ich beschloß, aufrichtig zu Paco zu sein. Ich mochte ihn. Die einzige Möglickkeit, die mir einfiel, um Arturo dabei im dunkeln tappen zu lassen, war schnelles, idiomatisches Englisch zu sprechen. Pacos Englisch schien mir gut genug, daß er mir folgen konnte.

„Sehen Sie, Mr. Huerta . . ."

„Paco."

Ich nickte und redete dann, so schnell ich konnte. „Paco, der Wamsträger hier macht Ärger. Ich wollte, daß er eine Probe mitmacht, damit er auf dem Film besser aussieht. Da habe ich einen Fehler gemacht. Ich habe versucht, taktvoll zu sein. Ich habe ihm erzählt, meine Frau brauchte die Übung. Schön, hab' ich vermasselt. Jetzt muß ich dafür blechen oder noch mehr Schwachsinn von diesem Hampelmann aushalten – also, wir müssen diese Scharade durchhalten, kapiert?"

Paco, leicht verwirrt, blickte zu Arturo hinüber und nickte. „Ich verstehe."

„Schön, folgendes sollst du tun . . ."

Ich erklärte die Sache und sprach langsames und sorgfältiges Englisch, so daß auch Arturo mich verstehen konnte. Ich erklärte Paco seine Zeile. Er behielt sie sofort und wiederholte sie wie ein Papagei zufriedenstellend.

An diesem Punkt unterbrach uns Arturo. „Du hast mir nicht gesagt, daß ich diese Zeile auch auf spanisch sagen kann."

„Kannst du auch nicht."

Er deutete auf Paco. „Aber er . . ."

„Arturo."

„Ja."

„Halt doch einfach den Mund."

„Aber . . ."

„Bitte!!"

Arturo sah finster drein.

Ich erzählte Paco noch den Schuß seiner Rolle. Er würde quer durch den Raum gehen, Dawn in seine Arme nehmen, seine alberne Zeile aufsagen und sie küssen. Danach konnte er zurück in seinen Garten gehen, die Scharade war vorbei.

Er lächelte Shirley gelassen an. „Klingt ganz erfreulich."

Wenn Arturo die gleiche Bemerkung gemacht hätte, wäre ich sauer gewesen. Aber irgend etwas in der Art, wie Paco es gesagt hatte, zusammen mit seinem offenen Lächeln, ließ mich keine Spur von Ärger oder Eifersucht fühlen. Im allgemeinen habe ich gelernt, meine Gefühle in solchen Situationen zu unterdrücken. Bei Paco hatte ich gar nicht das Gefühl, etwas unterdrücken zu müssen. Alles, was ich fühlte, war Dankbarkeit für seine Bereitschaft zur Zusammenarbeit.

Ich hob die Kamera auf und ging in Position; dabei hatte ich vor, diese Probe zu benutzen, um die Blickwinkel mit der Kamera auszuprobieren. Ich erblickte Shirley durch den Sucher und bemerkte, daß sie die Stirn runzelte. Ich sah sie an der Kamera vorbei an. „Was ist mit dir los?"

„Willst du Paco kein Mikro geben?"

„Warum sollte ich? Es ist doch keine Aufnahme."

Sie kam zu mir herüber und flüsterte. „Herb, ich mag diesen Knaben. Er tut uns einen Gefallen. Wir wollen ihm auch einen Gefallen tun. Teste ihn. Man kann nie wissen, was wird. Vielleicht können wir sogar eine größere Rolle für ihn an Land ziehen. Ich bin sicher, daß es sich mehr lohnte als die Gärtnerei."

Ich setzte die Kamera ab. „Du hast recht."

Nach einem weiteren ärgerlichen Wortwechsel bekamen wir Arturos E-Mikro, und Shirley zeigte Paco, wie er es einsetzen mußte. Schließlich war alles und jedermann an seinem Platz, und wir drehten die Szene. Paco, der einem spanischen Don ähnlicher sah als Arturo oder sein Vater, durchquerte den Raum, nahm Shirley in die Arme, sagte seinen Satz und . . .

„Wartet! Wartet! Wartet!" schrie Arturo und wanderte ins Gesichtsfeld der Kamera. „Das ist nicht richtig, verdammt noch mal." Er zog Paco und Shirley auseinander und starrte mich an. „Du hast Englisch, Englisch, Englisch gesagt! Das war kein Englisch."

„Sieh mal, Art, wenn du das verdammte Präsidentenenglisch nicht verstehst, dann tut es mir leid. Abgesehen davon ist es doch nur ein Probelauf. Es spielt also gar keine Rolle, selbst wenn er Armenisch gesprochen hätte." Ich sah Shirley an. „Hast du genug Übung?"

„Mehr als genug."

„Okay, dann drehen wir jetzt – in englisch. Bist du bereit, Art?"
„Ich bin verdammt bereit."

Er war verdammt nicht bereit. Paco ging zurück in seinen Garten, und wir drehten jedenfalls. Aufnahme und fertig. Zur Hölle damit. Warum sich aufregen über miserables Spielen, miserables Drehen und über alles andere Miserable, wenn es keine Rolle spielte? Selman würde auch ein Nilpferd in Reitkleidung nehmen, wenn es Geld mitbrächte. Soviel zum Thema künstlerische Integrität.

Señor Guzman bat uns, über Nacht zu bleiben. Wir aßen spät zu Abend, am gleichen Tisch mit Señor Guzman und seinem deutschen Geschäftspartner, Herrn Sternfeld. Arturo war für den Abend nach Alicante gefahren, um Freunde zu besuchen, und war gegen vier Uhr mit dröhnendem Ferrari vom Hof gefahren. Señora Guzman war vor einigen Jahren gestorben, daher ihre Abwesenheit bei Tisch.

Während des ausgezeichneten Essens – Paella, eine lokale Spezialität – wurde ich immer unsicherer. Eine Bedingung für die Einladung zur Übernachtung war die Vorführung von Arturos schauspielerischem Debut. Zuerst hatte ich versucht, mich damit herauszureden, daß ich nicht die richtige Wiedergabe-Ausrüstung dabei hatte. Aber Señor Guzman hatte sie, eine professionelle Holoausrüstung in seinem Vergnügungsraum. Er hatte sogar eine Schneidevorrichtung, falls ich sie benutzen wollte. Ich wollte nicht. Selbst Schneiden würde bei Arturo nicht viel helfen.

Gegen viertel vor zehn gingen wir in den Vergnügungsraum, eine große Halle mit zwei Billardtischen an dem einen Ende und einer lebensgroßen Holobühne an dem anderen. Wir hätten genausogut zurück in Hollywood sein können. Señor Guzman versorgte uns mit Drinks (ich bekam einen doppelten), bat uns, Platz zu nehmen, und legte fachmännisch den Film in das Gerät.

Ich hätte am liebsten die Augen geschlossen. Statt dessen sah ich zu, denn der Masochist in mir sagte, daß diese Strafe meinen Charakter stärken oder wenigstens dem Vergehen angemessen sein würde. Auf der Bühne erhellte sich der Holowürfel. Der Testraum materialisierte mit Shirley, die schon in Position stand. Da ich kein Hintergrundgeräusch eingespielt hatte und keiner, der ein E-Mikro hatte, sprach, war nichts zu hören.

Ich hatte es unterlassen, die Probe Señor Guzman gegenüber zu erwähnen. Er erwartete seinen Sohn. Als Paco erschien, fuhr er leicht zurück. *„Ay! El jardinero.“* Er sah mich um Erklärung bittend an.

„Ihr Sohn kommt gleich. Wir mußten erst einige Probleme lösen.“

Señor Guzman sah keineswegs so aus, als ob er verstand. „Ich verstehe.“ Aber auf seinem Gesicht blieb weiterhin ein Ausdruck von Verständnislosigkeit.

Ich wandte meine Aufmerksamkeit wieder der Bühne und Paco zu. Ehe die Holovision aufgezeichneten Vorführungen das Element optischer Tiefe hinzufügte, war einer der Unterschiede zwischen Kino und Theater das Moment physischer Direktheit gewesen. Die Stücke wurden intensiviert durch das Gefühl, daß ein tatsächliches Ereignis sich direkt vor den Augen abspielte. Große Schauspieler besaßen außer ihren Bühnenerfahrungen noch die Fähigkeit, einen gegebenen Raum zu füllen, mal eine Bühne, mal ein ganzes Theater. Womit füllten sie es? Persönlichkeit? Aura? Oder mit etwas anderem, irgendeiner geheimen Übereinstimmung zwischen Schauspieler und Publikum, einer Übereinstimmung, die fast immer bei der Umsetzung auf eine flache Leinwand verlorenging? Was auch immer diese Fähigkeit war, Leute, die sie hatten, wurden große Stars in der Holovision. Leute, die sie nicht hatten, gingen unter. Daß Paco sie hatte, konnte ich bei seinem ersten Erscheinen auf der Bühne feststellen.

Shirley, die offensichtlich die gleiche Beobachtung machte, beugte sich zu mir herüber und flüsterte: „Hast du das während der Aufnahme bemerkt?“

„Ich war zu beschäftigt mit Klein-Artie, um noch viel anderes zu bemerken.“

„Was glaubst du?“

„Ich glaube, du hast recht. Wir können ihm bestimmt Arbeit verschaffen.“

Diesmal stieß Herr Sternfeld statt Señor Guzman einen Ausruf aus. „Ach so, Deutsch!“

Shirley sah mich, um Übersetzung bittend, an.

Ich zuckte die Schultern. Ich verstand die Worte – irgend etwas wie „Ach, Deutsch“ –, hatte aber keine Ahnung, was Herr Sternfeld damit meinte.

Arturo betrat mit seiner Unterbrechung die Szene. Die Würfelbilder verschwanden, um fast sofort wieder mit Shirley und Arturos Test aufzutauchen.

„Ich kann nicht hinsehen."

„Ich auch nicht."

Trotz unseres Widerwillens sahen wir hin. Selbst Señor Guzman rutschte unbehaglich auf seinem Stuhl hin und her. Er teilte wahrscheinlich unsere Abneigung gegen die arrogante, platte, wichtigtuerische Kreatur in dem Würfel. Vibs, gute oder schlechte – Enzephalomikros entstellen nicht.

Abrupt lehnte sich Señor Guzman vor und schaltete das Gerät aus. Langsam gingen die Lichter an. Er wandte sich in seinem Stuhl um und sah mich an, und in seinem Blick lagen Erkennen und Ärger. „Ich will nur eins sagen: Ich hatte nie ein klareres Bild von meinem Sohn."

Ich wäre am liebsten in meinem Sitz zusammengeschrumpft, möglichst noch darunter.

Señor Guzman beließ es dabei und wünschte uns höflich, aber zurückhaltend eine gute Nacht. Herr Sternfeld ging mit ihm. Ich saß noch lange da und starrte auf die leere Bühne.

„Herb."

„Hmm?"

„Laß uns zu Bett gehen."

„Er wird es nicht tun."

„Wer? Selman? Er wird alles tun, was Geld bringt."

„Guzman. Er weiß, daß Arturo schlecht ist, sehr schlecht. Wenn er das weiß, weiß er auch, daß wir sein Geld wollen, nicht seinen Sohn."

„Das wußte er schon die ganze Zeit."

„Aber jetzt ist es offenkundig. Das bedeutet, daß Selman einen armseligen Geschäftssinn hat, einen Alles-für-ein-paar-Mark-Geschäftssinn. Ich glaube, daß wir auf der Straße sitzen, wenn wir nicht irgendwas auftun. Geh rüber und spiel das Band noch einmal."

„Herb . . ."

„Spiel es, verdammt noch mal."

„Entschuldige."

Shirley spulte das Band um und drückte den Wiedergabeknopf. Der Würfel erhellte sich. Sie wollte schon auf schnellen Vorlauf drücken.

Herrn Sternfelds Ausruf ertönte. „Laß es."
„Aber das ist Paco."
„Laß es."
Paco trat ein, durchschritt den Raum, sagte seine Zeile.
„Stop! Genau hier!"
Das Bild gefror. Shirley sah mich wartend an, den Finger auf der Stop-Taste.
Ich versuchte, sorgsam zu überlegen, was ich gedacht, gehört oder sonstwie getan hatte. „Welche Sprache hat Paco gesprochen?"
„Englisch."
„Verdammtes Kingsenglisch?"
„Nein, nur normales Amerikanisch. Wenn man ihn in die richtigen Kleider steckte, könnte ihn kein Mensch von einem Amerikaner unterscheiden."
„Hatte er einen leichten New Yorker Akzent, so wie ich?"
„Nein." Für mich klang er tatsächlich wie reinstes Des Moines. Alle Leute, mit denen ich aufgewachsen bin, hören sich so an."
Mir fiel der Aufstand ein, den Arturo gemacht hatte, als er Pacos Aufnahme unterbrach. Er beschuldigte Paco, seine Zeile nicht auf englisch zu sagen. Ich erinnerte mich an die Ankunft Herrn Sternfelds, als Shirley und ich unsere Ausrüstung aus dem Wagen holten. Paco hatte Herrn Sternfeld Auskunft in völlig glattem Englisch gegeben, aber Herr Sternfeld sprach . . . kein . . . Englisch. Später, als er Paco vom Band hörte, rief er aus „Ach, Deutsch". Ich fragte mich, wieso Paco für Herrn Sternfeld aus München klang wie ein Bayer.
„Herb, was ist los? Du siehst komisch aus."
„Schsch. Ich denke nach."
Die Konsequenzen meiner Gedankenkette waren aufrüttelnd. Ich stand auf und begann, durch den Raum zu marschieren.
„Herb."
„Schsch."
Ich lief volle fünf Minuten herum und grübelte. Ich versuchte, die Situation aus jedem möglichen Blickwinkel zu sehen. Wenn jemand mir die Idee erklärt hätte, die ich jetzt selbst ernsthaft durchdachte, hätte ich ihm ins Gesicht gelacht. Ich habe nie an sogenannte paranormale Phänomene geglaubt. Und doch, wie anders konnte man Paco Huerta erklären? Außerdem argumentier-

te ich – die Paranormalität von gestern wird das Orthodoxe von heute. Zum Beispiel Hypnose, einst von einem Quacksalber namens Mesmer angewandt, heute von den angesehenen Mitgliedern der American Medical Association.

Selbst die guten und schlechten Vibs, die von E-Mikros aufgefangen wurden, mußten noch „wissenschaftlich" erklärt werden, obwohl jeder in der Unterhaltungsindustrie an ihre Existenz glaubt und sich entsprechend verhält. Paco würde in einem Publikum bestimmt gute Vibs hervorrufen. Er würde sogar noch mehr tun, etwas, das genauso wenig wissenschaftlich erklärbar ist, dafür aber aufgezeichnet werden kann. Ich brauchte nur noch entsprechend zu reagieren.

„Herb? Worüber denkst du nach?"

„Ich denke, daß es an der Zeit ist, ein Telefongespräch zu führen." Ich blickte auf meine Uhr. „In Los Angeles ist es jetzt drei Uhr nachmittags. Ich müßte Selman in seinem Büro erreichen."

„Was willst du ihm sagen?"

„Das weiß ich noch nicht."

Wir benutzten das Telefon in unserem Zimmer. Nach einigen Schwierigkeiten, die Hollywood machte, bis das R-Gespräch angenommen war, erschien Selman auf dem Bildschirm, und wie üblich versprühte er seinen Charme sowohl durch seinen wütenden Gesichtsausdruck als auch durch seine ersten Worte.

„Verdammt, Herbie, kannst du kein Telegramm schicken? Diese Anrufe kosten ein Vermögen."

„Ich glaube, ich bin hier über ein Dynamitlager gestolpert."

„Es kann gefährlich sein, über Dynamit zu stolpern."

„Selman, hör zu. Guzman macht es nicht. Wir haben seinen Sohn getestet. Der Kleine ist unmöglich. Selbst Guzman kann das sehen. Es ist zu auffällig. Er weiß genau, hinter was wir her sind."

„Und hinter was genau sind wir her?"

„Hinter seinem Geld."

Selman nickte zufrieden. „Gut. Ich wollte das nur von dir hören, damit ich weiß, daß du noch an der Arbeit bist."

„Es ist völlig gleich, was ich tue. Guzman wird gar nichts tun."

„Du brauchst ein Ferngespräch, um mir zu sagen, daß aus dem Geschäft nichts wird? Wiedersehen, Herbie."

„Warte! Vielleicht schaffe ich es, ihn herumzukriegen. Aber da ist ein Haken."

„Shirley . . .“

„Nicht Shirley. Es ist Guzmans Gärtner.“

„Herbie, ich habe schon einen Gärtner. Wiedersehen.“

„Verdammt noch mal! Hör mir zu! Es ist alles viel zu unklar, um genau zu erklären, wie ich über diese Gelegenheit gestolpert bin, und ich bin noch nicht einmal ganz sicher, daß ich recht habe, aber . . .“

„Wenn du einen Satz so anfängst, weiß ich, daß ich in Schwierigkeiten bin.“

„. . . ich möchte diesen Gärtner in unserem nächsten Film herausbringen. Ich glaube, er hat das Zeug zum ganz großen Geschäft. Alles für jeden – diese Art universaler Ansprache. Er hat sein ganzes Leben in dieser kleinen Burg damit zugebracht, Blumen zu schneiden. Ich glaube noch nicht einmal, daß er weiß, was er hat, aber er hat es.“

„Ich glaube, du hast es, Herbie, und du solltest es besser loswerden.“

„Und noch etwas, wir müssen dieses pornographische Bürgerkriegsepos auf den Müll werfen, das du im Sinne hattest, und etwas anderes finden, etwas Intimes, Persönliches und vor allem Ehrliches. Das ist das Schlüsselwort bei diesem Knaben.“

„Herbie.“

„Wenn es nicht ehrlich ist . . .“

„Herbie.“

„Was?“

„Du bist bescheuert.“

„Vielleicht. Aber das steht nicht zur Debatte. Wenn . . .“

„Vergiß es.“

„Hör mir doch mal zu.“

„Ich habe dir zugehört. Die Antwort ist nein. Wer braucht schon ehrliche Filme?“

„Du brauchst sie. Wenn . . .“

„Das ist keine gute Idee, Herbie. Vergiß es. Ich brauche was Besseres.“

„Die Orgie von Gettysburg.“

„Genau. Jetzt geh zurück zu Guzman und kaufe ihn.“

Ich zögerte einen Moment und blickte zu Shirley hinüber.

„Dawn – ich meine, Shirley – macht keine solchen Filme mehr.“

Transatlantisches Schweigen folgte. Selman starrte mich vom

Bildschirm an. Shirley, die auf der Bettkante saß und sich die Nägel feilte, sah ungläubig auf, die Nagelfeile schwebte über ihren Fingerspitzen.

Selman sprach langsam und deutlich. „Ist das ihre Idee?"

„Es ist unsere Idee. Tatsächlich denke ich, wir machen entweder so etwas wie den Film, von dem ich gesprochen habe . . ."

„Ein kleines, intimes – und ehrliches, das dürfen wir nicht vergessen, nicht wahr, Herbie? – Stückchen Müll."

„. . . oder wir können es ganz vergessen."

Weiteres transatlantisches Schweigen. Ich hätte Selmans Reaktion voraussehen können. In dem Dreieck Studio City-Burbank-Hollywood ist Selman dafür bekannt, daß sein Mangel an tieferen menschlichen Gefühlen nur übertroffen wird von der Geschwindigkeit, mit der er Leute feuert, die ihm nicht länger nützlich erscheinen.

„Herbie."

„Und hör auf, mich Herbie zu nennen."

„Wie bitte? Wir sehen uns beim Brown Derby. Falls ihr zurückkommt."

Er legte auf.

Shirley fuhr fort, ihre Nägel zu feilen. „Was jetzt?"

„Ich kann mir nur eine Möglichkeit denken."

„Das ist immerhin eine mehr, als ich finden kann."

„Es gibt noch eine, an die ich denken kann . . ."

„Wir sind hergekommen, um jemanden zu finden, der finanzkräftig ist."

Am nächsten Morgen sprach ich zunächst mit Paco Huerta, dann mit Guzman. Ich fand Paco hinter dem Haus; er pflanzte Setzlinge. Fröhlich, genial, weigerte er sich, allem, was ich sagte, zuzuhören. Er lachte, stopfte Setzlinge in Löcher und sagte, er sei Gärtner, kein Schauspieler.

Ich erklärte ihm, daß er nicht qualifiziert sei, seine schauspielerischen Fähigkeiten zu beurteilen. Ich sei der Experte. Ich war an fünfzehn großen und unzähligen kleineren Produktionen beteiligt gewesen. Ich kannte Schauspieler. Manche hatten es. Manche hatten es nicht. Er hatte es. Ich konnte das sehen, als ich mit Shirley das Band ablaufen ließ. Ich war bereit, unter dem Eindruck dieses Bandes, ihm ein ordentliches Angebot zu machen, vorausgesetzt, ich konnte die Finanzierung seines ersten Filmes sichern.

Zum erstenmal nahm er mich ernst, zeigte echtes Interesse. „Was für ein Angebot?“

Ich nannte ihm eine anständige Summe.

„Pesetas?“

„Dollars.“

Er nickte. „Beeindruckend.“

„Das ist mehr, als du in deinem ganzen Leben hier verdienst.“

Er zögerte. Vielleicht überschlug er sein potentielles Lebenseinkommen als Gärtner. „Vielleicht haben Sie recht. Aber Schauspielerei ist ein unsicheres Geschäft. Einen Tag hat man Arbeit, am nächsten sitzt man auf der Straße. Gärtnern ist wenigstens ständige Arbeit.“

„Wenn ich recht habe, hast du die auch dann.“

„Und wenn Sie nicht recht haben? Dann habe ich nicht mal diesen Job hier. Nein.“ Er schüttelte den Kopf. „Keine Frage. Der Vogel in der Hand und so. Ich hatte nie für etwas anderes Talent als für Gärtnerei und vielleicht mit Leuten zu reden. Ich rede gern mit Leuten. Sie scheinen auch gern mit mir zu reden. Aber schauspielern . . .“

„Paco, genau das ist Schauspielern – mit Leuten reden.“

Er blickte nachdenklich, einen vergessenen Holzpflock in seiner behandschuhten Hand haltend. „Und Sie glauben, ich werde wie Dynamit einschlagen?“

„In Großbuchstaben.“

Seine Augen blitzten mich an. „Werde ich Madrid sehen?“

„Das – und noch viel mehr.“

Etwas später an diesem Morgen fand ich Señor Guzman in seinem Büro. Er ließ sich schwerer überzeugen als Paco. Trotzdem würde er das Geld zur Verfügung stellen. Ich wußte, daß ich zu neunundneunzig Prozent ehrlich mit ihm sein mußte, und war darauf vorbereitet. Ich erzählte ihm, daß Selman und ich miteinander fertig waren, wegen grundlegender Gegensätzlichkeiten über die Philosophie des Filmemachens. Ich erzählte ihm von Selmans Pornoepos und den zwei früheren Reinfällen und drückte dabei meine ganze – und völlig ehrliche – Verachtung darüber aus. Ich erklärte meinen dringenden Wunsch, einen qualitativ hochwertigen Film zu machen.

Er fragte nach Geld.

Ich tat diese weltlichen Überlegungen angesichts des Wunsches, etwas wirklich Ästhetisches zu produzieren, als unwichtig ab.

Er fragte nach Geld.

Ich erklärte ihm in groben Zügen, wie hoch ich seinen Anteil an der ganzen Sache einschätzte.

Seine Augen wurden groß. „Pesetas?"

„Dollars."

Er wurde ernstlich interessiert, machte aber dann einen Rückzieher. „Nein, nein, nein. Das ist unmöglich."

„Warum?"

„Sie sagen, mein Sohn wird mit in diesem Film sein?"

„Ja."

„Er hat kein Talent. Das habe ich selbst gesehen."

„Das bekommen wir schon hin. Das ist schon öfter gemacht worden. Darf ich offen sein?"

„Sicherlich."

„Es wird vielleicht ein Jahr oder mehr dauern, diesen Film zu machen. Während dieser Zeit hat Ihr Sohn Verträge und gesellschaftliche Verpflichtungen in Hollywood. Er wird dort Wurzeln geschlagen haben. Ich biete Ihnen diese Information als das, was sie wert ist. Vielleicht sehen Sie Ihren Sohn nie wieder."

Señor Guzman überlegte. „Die Idee hat etwas für sich, aber da ist immer noch das Geld, meine Investition. Ich muß darüber nachdenken."

Ich hatte mich schon weit genug vorgewagt. Ein paar Schritte mehr erhöhten mein Risiko auch nicht wesentlich. „Okay, ich sage Ihnen, was ich tun werde. Ich garantiere Ihnen zwanzig Prozent Gewinn."

Señor Guzman sah mich mißtrauisch an.

Ich setzte mein gewinnendstes Lächeln auf. Wenn es zu schlimm kam, konnte ich immer noch in den Bankrott flüchten.

„Sie werden mir diese zwanzig Prozent Gewinn garantieren?"

Ich nickte. „Absolut."

„Schriftlich?"

Ich schluckte. „Ja."

Er lächelte, entspannte sich und reichte mir über den Schreibtisch die Hand. „Dann bin ich sehr glücklich zu akzeptieren."

Ich ließ seine Hand einen Moment in der Luft schweben. „Da ist noch eine Sache."

Señor Guzmans Augen verengten sich. „Ja?"
„Ihr Gärtner, Paco Huerta."
„Was ist mit ihm?"
„Ich möchte auch ihn in dem Film dabeihaben. Ich habe schon mit ihm darüber gesprochen. Er ist einverstanden."
Señor Guzman streckte mir seine zurückgezogene Hand wieder entgegen, die Wichtigkeit, die ich dieser Idee beimaß, wegwerfend. „Es ist mir egal, was Sie mit meinem Gärtner machen."
Wir schüttelten uns die Hände.

Während der nächsten beiden Tage setzten die Anwälte Señor Guzmans die Verträge auf. Die Punkte, die meine momentane Finanzlage betrafen, ließen einiges zu wünschen übrig. Ich stellte allerdings eine Bedingung. Ich wollte als Paco Huertas Agent betrachtet werden. Dies sollte eindeutig in dem Vertrag festgehalten werden. Sie zuckten die Schultern und waren einverstanden. Was ging sie ein Gärtner an? Wer kümmerte sich überhaupt schon um einen Gärtner?
Der Vertrag wurde unterschrieben, Arrangements für Pacos und Arturos Flug nach Hollywood getroffen – Paco zuliebe via Madrid –, und mit einem anständigen Vorschuß auf den Vertrag in unserer gemeinsamen Kasse beluden Shirley und ich den SEAT, starteten den Motor und fuhren zum Flughafen von Alicante. Die meiste Zeit runzelte Shirley die Stirn und weigerte sich, mit mir zu reden.
Schließlich, als der Flughafen in Sicht kam, brach ich das gespannte Schweigen.
„Was hast du? Ich habe nicht die geringste Ahnung. Du hast bekommen, was du wolltest – was wir wollten. Geld, um einen guten Film zu drehen. Also, was hast du?"
„Bankrott."
Ich fing an, diese Idee zu verwerfen.
Shirley ließ das aber nicht zu. „Herb, dieser Vertrag, den du mit Guzman abgeschlossen hast, ist faul. Selbst in Hollywood habe ich noch nie so einen schlechten Vertrag gesehen."
„Er hält uns ein Jahr lang über Wasser."
„Und was dann? In den Schuldturm?"
„Heutzutage gibt es keine Schuldtürme mehr."
„Sollte es aber, wenigstens für Dummköpfe wie dich."

„Shirley . . ."

„Hör auf mit dem dauernden Shirley. Diese Garantieklausel wird uns umbringen. Zwanzig Prozent! Ich sehe es schon vor mir. Der Film wird durchfallen. Nicht einmal meine Mutter wird ihn sich ansehen. Die guten fallen immer durch. Du und ich, wir werden da draußen Unkraut jäten und unser Leben mit Paco Huerta verbringen – nur, daß er behalten kann, was er hat. Wir werden Guzman jeden Pfennig geben müssen, um die Garantie abzuzahlen. Vielleicht bin ich etwas zu dick, aber diese Art von Abmagerungskur habe ich nicht nötig."

„Ich habe meine eigene Garantieklausel in dem Vertrag."

Shirley finstere Miene erhellte sich. „Was für eine Garantie?"

„Vertrau mir nur. Sie ist da."

„Wenn du den Artikel meinst, daß du Paco Huertas Agent bist . . ."

„Das ist so gut wie pures Gold. Ich habe ihn das auch unterschreiben lassen."

„Ich fürchte, wir werden jemanden brauchen, der uns zeigt, wie man Unkraut jätet."

Ich versuchte zu erklären. Sie schloß ihre Ohren. Schließlich gab ich auf, fröhlich. Dieser eine Vertragspunkt war meine Investition in unsere Zukunft. Niemand hatte es bemerkt, weder Shirley noch Guzman. Selbst Paco nicht, der fortfuhr, seine Unfähigkeit zu spielen, darzulegen und mich auszulachen, weil ich ihm soviel Geld gab. Aber das ist es eigentlich, was es ausmacht, gute Filme zu produzieren, Dinge zu sehen, die kein anderer sieht, ehe man sie ihm zeigt. Wenn ich ihnen einmal Paco Huerta gezeigt hatte, einen Mann, der direkt in seiner eigenen Sprache – in jeder Sprache – zur ganzen Welt sprechen konnte, würde ich in der Lage sein, die Bedingungen für seinen nächsten Film zu diktieren. Von Bangor bis Bangkok würde er das Größte auf einer Holobühne sein seit Erfindung des Laserlichts.

„Shirley."

„Was ist?"

„Ich glaube, ich stelle Selman ein zum Unkrautjäten."

Joe Haldeman

Einbahnstraße

NO FUTURE IN IT

Es ist nicht leicht, sich einen exakt vier Zentimeter langen Bart im Gesicht zu halten. Obwohl das für einen Schriftsteller eine gute Schutzfärbung abgibt. Mit einem Anzug und Schlips sieht man aus wie ein Gentleman, der entschlossen ist, sich einen Bart stehen zu lassen. Mit zerknitterten alten Heilsarmeekleidern sieht man aus wie ein heruntergekommender Säufer. Das hängt von der Stellung der Leute ab, denen man Gehör schenken, die man studieren will.

Ich war in der Säuferausstattung, als ich Bill Caddis traf und seine unglaubliche Geschichte hörte. Zuerst dachte ich, Bill sei von derselben Sorte wie ich; er erzählte zu gut, um in dem Dreckgeschäft zu sein. Obwohl er einen Blick für Realitäten hatte.

Da ist diese wundervoll schäbige Bar in der Stadtmitte von Tampa. Kein Name, bloß ein Haufen Biersymbole im Fenster. Das für Pearl zeigt einen losbrechenden Laser, der stroboskopisch umherschwenkt. Man möchte nicht zu nahe am Fenster sitzen. Es ist eine gute Bar für private Gespräche, denn sie liegt direkt unter der Zwölferroute, die über der Bucht hinausstreicht, und es herrscht ein ständiges Stöhnen des Verkehrs, den ganzen Tag und die ganze Nacht. Es gibt überall einen feinen, sandigen Belag von Mörtelstaub und nicht zuviel Licht. Dem Barmixer fehlen ein Auge und zehn Vorderzähne, und er lächelt oft. Das Saufen ist billig; sie machen ihr Geld eine Treppe höher und haben gern viele Kunden in der Bar, zur Tarnung für die Geschäfte in der oberen Etage.

Ich saß unten in der Bar, und der Barmixer polierte Gläser, während eine der Huren, ein hübsches Knabenmädchen, auf Beute aus, sich an mich heranmachte. Als ich nein sagte, verteidigte sie sich mechanisch, meinte, sie spare für ein wirkliches Paar Titten und die Operation. Ich zögerte – ich arbeite manchmal für den Schlechte Neuigkeiten Kabel Service, und sie mögen sexuelle

Plattheiten – und gab ihr schließlich noch einmal einen Korb. ‚Schlechte Neuigkeiten' bezahlt derlei nicht gut.

Als sie mich verließ, kam der Barmixer herüber, und ich bestellte ein Meyers mit einem Schluck zum Nachspülen, eine angemessene Kombination. Obwohl ich schon zwei Rachenputzer genommen hatte, bevor ich herkam, konnte ich doch ein Dutzend oder so ohne zu starken Übelkeitseffekt trinken. Bis morgen.

„Bißchen früh am Tag für so was, nicht wahr?" Der Mann neben mir gluckste heiser. „Soll keine Kritik sein." Er trank langsam und bedächtig einen doppelten Bourbon oder Scotch, treffend.

„Staubig", sagte ich. Der Mann war etwas ordentlicher gekleidet als ich. Er sah zu alt aus, um ein Arbeiter zu sein, ein Schopf weißen Haares mit einer gelblichen Tönung. Aber er hatte den tiefen Teint und das ständige Blinzeln von einem, der Jahrzehnte in der Floridasonne verbracht hat. Ich stürzte das Glas mit Rum hinunter und nippte am Bier. „Kommen Sie oft hierher?"

„Recht oft", sagte er. „Wenn mein Scheck reinkommt, schiebe ich ein paar Dollar auf ein Nummernkonto. Ansonsten . . ." Er zuckte die Achseln. „Billiger Whiskey und schöne Frauen. Zum Anschauen."

„Wie viele von denen, meinen Sie, sind Frauen?"

„Bloß anschauen, wen kümmert's?" Er blinzelte ein weiteres Mal, betrachtete mich. „Könnte ich Ihre Handflächen sehen?"

Oh Junge, dachte ich, ein Wahrsager. Könnte eine Story werden, wenn er tatsächlich daran glaubt. Ich streckte meine Hände aus.

Er warf mir einen flüchtigen Blick zu und starrte mein Gesicht an. „Klar, ich kann es in Ihren Augen lesen", sagte er mild. „Sie sind kein Alkoholiker. Sie sind auch nicht so alt, wie Sie aussehen. Cop?"

„Nein. Bin eigentlich Lehrer." Was der Wahrheit entsprach. „Nur dann und wann mache ich einen drauf."

Er nickte langsam. „Bin eigentlich auch Lehrer. Bis '83. Dann lenkte ich zwanzig Jahre lang Schwammboote." Als er sein Glas hochhob, zeigte seine Hand das regelmäßige langsame Zittern eines chronischen Trinkers. „War eine gute Arbeit."

Ich langte in meine Tasche und schaltete das Aufnahmegerät ein. „Was hat Sie mit dem Lehren aufhören lassen? Das Saufen?"

„Nein. Wer trank in den Achtzigern schon?" Ich tat es nicht, aber ich war auch noch nicht alt genug. „Es ist eine interessante Sorte von Lebensbericht. Sie wollen eine Story hören?“

„Sicher.“ Ich machte dem Barmixer das Zeichen für zwei Drinks.

„Nun, Sie brauchen mir nichts zu kaufen. Sie werden die Story sowieso nicht glauben.“

„Versuchen Sie's.“

„Sind Sie ein Sozialarbeiter? Ein Geheimsozialarbeiter?“

„Gibt es so etwas?“

„Könnte sein. Ich weiß – Sie sind ein Schriftsteller.“

„Wenn ich Arbeit bekomme, ja. Woran haben Sie das erkannt?“

„Sie haben zwei Kugelschreiber in Ihrer Tasche, und Sie wollen eine Story hören.“ Er lächelte. „Eine Story stehlen, vielleicht. Aber Sie werden sie niemals veröffentlicht bekommen. Sie ist zu phantastisch.“

„Aber wahr.“

„Sie ist wahr, na schön. Ich danke Ihnen vielmals.“ Er berührte seinen neuen Drink, um zu sehen, ob er Wirklichkeit war, leerte dann den alten auf einen Zug und seufzte.

„Mein Name ist Bill Caddis – Doktor William Caddis, wie es so schön heißt.“

„Doktor der Medizin?“

„Ich nehme einen Unterton des Tadels wahr. Und wenn es keine Beutelschneider mehr gäbe – nun . . . nein, ich war ein Akademiker, neu bekleidet im Staate Florida. Fachbereich Geschichte. Moderne amerikanische Geschichte.“

„Wohl schwer, dann einen Job zu bekommen, wie's jetzt steht?“

„Es geht. Ich war eine echte Kanone.“

„Aber Sie wurden '83 gefeuert.“

„Das ist richtig. Und es ist nicht leicht, einen beamteten Professor zu feuern.“

„Und warum – mit den kleinen Mädchen rumgemacht?“

Das war das einzige Mal, daß er an diesem Tag lachte, eine Art Meckern. „Studenten sind zum Rummachen da. Nein, ich wurde auf Grund geistiger Instabilität entlassen; mit Hilfe meiner Frau, meiner damaligen Frau, hätten sie mich beinahe in eine Anstalt eingewiesen.“

„Ganz schön."

„Ja." Er starrte in seinen Drink und ließ die Flüssigkeit kreisen. „Ich weiß niemals, wie ich beginnen soll. Ich habe es Dutzenden von Leuten erzählt, und sie alle denken, ich bin verrückt, bevor ich noch halbwegs fertig bin. Sie werden ebenfalls denken, ich sei verrückt."

„Fangen Sie erst einmal an. Wie Sie sagen, bin ich ein Schriftsteller. Ich kann an sechs Unmöglichkeiten gleichzeitig glauben, noch vor meinem ersten Drink am Morgen."

„Na schön. Ich bin nicht von . . . hier."

Ein Verrückter, dachte ich; da geht der Preis eines Doppelten hin. „Ein anderer Planet", sagte ich ernsthaft.

„Sehen Sie? Jetzt wollen Sie, daß ich Ihnen etwas über UFOs erzähle und wie ich der Menschheit das Geheimnis des ewigen Friedens bringen will. Er hob das Glas auf mich zu. „Danke für den Drink."

Ich ergriff seinen Arm, bevor er den Drink hinunterspülen konnte. „Warten Sie. Es tut mir leid. Reden Sie weiter."

„Liege ich falsch?"

„Sie haben recht, aber reden Sie weiter. Sie *handeln* nicht verrückt."

Er setzte den Drink ab. „Layamans Irrtum. Einige der vernünftigsten Leute, die man trifft, sind strikt mandelfarbene Glückseligkeit."

„Wenn Sie nicht von ‚hier' sind, von wo sind Sie dann?"

„Miami." Er lächelte und nahm einen Schluck. „Ich bin ein Zeitreisender. Ich komme aus der Zukunft."

Ich nickte bloß.

„Das erfordert in der Regel einige Erklärungen. Es gibt nicht *die* Zukunft. Es gibt Myriaden von Zukünften, die von jedem Augenblick strahlenförmig ausgehen. Wenn ich dieses Glas auf den Boden fallen ließe und es zerbräche, würden wir in eine Zukunft wechseln, in der diese Bar ein Glas weniger besitzt."

„Und die Zukünfte, in denen dieses Glas nicht zerbrach . . ."

„Es würde sie geben. Und wir würden in ihnen sein; wir sind es jetzt."

„Wird es dort nicht bald von ihnen vollgestopft sein? Milliarden neuer Zukünfte in jeder Sekunde?"

„Man kann die Unendlichkeit nicht vollstopfen."

Ich versuchte an einen Engel zu denken, eine närrische Vorstellung. „Wie funktioniert diese Zeitreise?“

„Wie, zur Hölle, soll ich das wissen? Ich bin bloß ein Tourist. Es hat etwas mit Chrononen zu tun. Zeitlichem Unbestimmtheitsprinzip. Dem Konservieren von Zusammentreffen. Ich bin kein Ingenieur.“

„Gibt es viele von diesen Touristen?“

„Vermutlich nicht hier und jetzt. Man findet eine ganze Menge um historisch bedeutende Ereignisse versammelt. Natürlich kann man sie nicht sehen.“

„Ich kann Sie sehen.“

Er zuckte die Achseln. „Irgendwas lief falsch. Energieabfall oder so was; jemand stolpert über ein Kabel. Das passiert.“

„Sie versuchten nicht, Sie zurückzuholen und zu retten?“

„Wie könnten sie? Es gibt etliche Zukünfte, aber nur eine Vergangenheit. Einmal *hier* materialisiert, war ich nicht mehr in meiner eigenen Vergangenheit. Sehen Sie?“

„Also können Sie Ihren eigenen Großvater umbringen“, sagte ich.

„Warum sollte ich das tun wollen? Er ist ein netter alter Vogel.“

„Nein, ich meine, es würde kein Paradoxon daraus entstehen? Wenn Sie ihn umbrächten, bevor Sie geboren würden, dann würden Sie nicht zu existieren aufhören?“

„Natürlich nicht. Ich müßte dort sein, um ihn umzubringen.“ Er nahm einen Schluck. „Was das betrifft, könnte ich zurückgehen und mich als Knabe selbst umbringen. Wenn ich es mir leisten könnte. Die Reise wird um so teurer, je näher man der Gegenwart kommt. Wie das Zusammendrücken einer unendlich stabilen Feder.“

„Moment mal.“ Ich hatte ihn. „Ich gebe noch eine Runde aus, wenn Sie sich hier herausreden können. Die Erde bewegt sich die ganze Zeit, dreht sich, umkreist die Sonne; die Sonne bewegt sich durch den Raum. Wie, zur Hölle, *zielt* man mit der Zeitmaschine?“

Er blickte mich einfältig an. „Hat man Ihnen nichts über Relativität beigebracht? Schauen Sie, wenn Sie sich von der Bar erheben, aufs Klo gehen und in einigen Minuten wiederkommen, dann hat sich die Bar über Tausende von Meilen bewegt. Aber sie ist immer noch hier. Man nimmt dieselbe Richtung, das ist alles.“

„Aber ich rede von der Zeit, und Sie reden vom *Raum!*"

„Gibt's da einen Unterschied?" Er leerte sein Glas und schob es mir mit einem Finger zu.

Ich entschloß mich, lange genug zu bleiben, um herauszufinden, wie sein Gegenargument lautete. Vielleicht ergab es einen Einseiter für ein Kriminalmagazin. Ich bestellte ihm einen weiteren Doppelten. „Ihr Leute aus der Zukunft könnt Alkohol sicher vertragen."

„Einige Jahrhunderte der Medizin", sagte er. „Ich bin zweiundneunzig Jahre alt." Er sah aus wie um die Siebzig."

Es schien, als müßte ich ihn etwas anstoßen, damit er weiterplauderte. „Mir scheint, Sie könnten ein Millionär sein. Sie wissen, wo zu investieren ist . . ."

„Das ist nicht so einfach. Ich hab's versucht. Ich hätte besser die Finger davon lassen sollen." Sein Drink kam, und er steckte seine Fingerspitze hinein; schnippte einen Tropfen weg. „Ich bin eine Art Moslem", sagte er. „Unvorstellbar, einen Tropfen Alkohol zu trinken.

Die Leute haben es zu allen Zeiten versucht, es gibt kein Gesetz dagegen. Aber versetzen Sie sich einmal in diese Situation: Sie sind im Begriff, vorsätzlich zweihundert Jahre in der Vergangenheit zu stranden. Was tun Sie, um sich Kapital zu verschaffen? Alte Münzen von Sammlern kaufen?"

„Man könnte Gold und Diamanten nehmen."

„Sicher. Aber wenn Sie sich das leisten können – und die Zeitreise ist auch nicht billig –, warum investieren Sie dann nicht in ihrer eigenen Gegenwart da hinein? Erinnern Sie sich, einmal materialisiert, sind Sie nicht mehr in Ihrer eigenen Vergangenheit. Man kann niemals vorhersehen, was sich verändert haben könnte. Obwohl die Leute es versuchen. Üblicherweise benutzen Sie dazu Geräte."

„Funktioniert es?"

„Wer weiß?" Sie können nicht zurückkommen, um davon zu erzählen."

„Könnten sie nicht ihre eigene Zeitmaschine bauen – in die Zukunft zurückgehen?"

„Haben Sie mir nicht zugehört? Es gibt so etwas wie *die* Zukunft nicht. Selbst wenn man nach vorn reisen könnte, besteht keine Möglichkeit, die richtige zu finden."

Jemand kam in die Bar; ich wartete, bis sich die Tür langsam schloß, den Verkehrslärm verstummen ließ. „Was ist Ihnen also widerfahren? Sie machten einige schlechte Investitionen?“

„In Spaten. Schien eine sichere Sache zu sein. Lassen Sie's mich erklären. Wo ich herkomme, lebt fast niemand mehr auf der Erde, bloß Hausmeister und die Zeitreisenden. Es ist wie ein großer Park, ein großes Museum. Die meisten von uns leben in Orbitalsiedlungen, manche auf anderen Planeten.

Ich war eigentlich ein Geschichtsprofessor, spezialisiert auf die Geschichte der Technologie. Ich sparte mein Geld, um zurückzugehen und den ersten Flug zum Mond mitzuerleben.“

„Das war '70?“

„Nein. '69. Es war während des Abhebens, daß sich der Unfall ereignete. Niemand bemerkte, wie ich materialisierte. Ich bemerkte es selbst nicht einmal, bis ich versuchte, nachher durch jemanden hindurchzulaufen.

Glücklicherweise war das eine Zeit, als jeder sich verdammt noch mal so kleidete, wie es ihm Vergnügen bereitete, also sahen meine Kleider nicht sonderlich schrecklich aus. Ich schnorrte mich bis zu einer Heimstätte durch und nahm einige Arbeiten an, das Sortieren von Tomaten, etwas in der Art. Sparte genug zusammen, um an gefälschte Identitäten heranzukommen, kehrte schließlich zur Schule zurück und begann zu guter Letzt wieder mit dem Lehren. Heiratete während dessen irgendwann.“

„Eine, die versuchte, Sie unter den Pantoffel zu bekommen.“

„Das ist richtig. Vor sich sehen Sie, was daraus wurde. Wenn es eine sichere Sache gab, in die zu investieren sich lohnte, dann war es der Raum. Meine Frau war damit nicht einverstanden, aber es gab keine Möglichkeit, ihr zu erklären, weshalb ich mir so sicher war.

Ich machte weiter und investierte schwer in Raumindustrien – wirklich schwer –, kaufte bis hart an die Grenze, schwenkte um, verhandelte – aber meine Frau dachte, es würde alles in die konservative Mappe der Gemeinden gehen. Ich klaute sogar unserem Rechnungsführer einige Unterlagen und verfaßte jährliche Berichte, um sie ihr zu zeigen.“

„Ich denke, ich weiß, was folgt.“ Keine üble Story.

„Ja. Der sowjetisch-amerikanische Orbitalatomsperrvertrag, das gottverdammte Proxmire-Gesetz.“

„Nun, Killersatelliten . . .“

„Das ist der Clou. Das ist wirklich der Clou. In der Vergangenheit *meiner* Zukunft waren es die Killersatelliten, die die Möglichkeit des Nuklearkrieges für immer bannten! Sie verschrotteten schließlich die Flugkörper und begannen sich über die Tische hinweg anzuschreien.“

„Nun, Sie können nicht meinen, wir wären derzeit der Gefahr eines Nuklearkrieges ausgesetzt. Nicht wirklich.“

„Ja. Ich fand unseren Weg besser. Wie auch immer, die Sache verlor ihren Halt. Ich mußte meiner Frau erzählen, daß wir bankrott und verschuldet waren; ich mußte ihr alles erzählen. Ich dachte, ich kannte sie. Ich dachte, sie würde mir glauben. Der Rest ist ziemlich offensichtlich.“

„Schwammboote.“

„Richtig.“ Er nahm einen langen Zug und starrte niedergeschlagen in den trüben Spiegel hinter der Bar.

„Das ist alles? Keine Pointe?“

„Das ist alles. Schreiben Sie's auf. Sie werden es niemals verkaufen können.“

Ich blickte rasch auf meine Uhr. Könnte gerade noch den Ein-Uhr-Fünfunddreißiger nach Atlanta erreichen und binnen eines halben Tages an der Schreibmaschine sitzen.

Ich erhob mich und legte meine Hand auf seine Schulter. „Nehmen Sie sich die Sache nicht so zu Herzen, okay? Sie sind kein munteres Kücken mehr.“

„Sicher.“ Er hatte mich eigentlich niemals so recht angesehen.

Auf dem Weg zum U-Bahn-Terminal kam mir der Gedanke, daß ich nicht erst versuchen sollte, die Sache als eine ergreifende Lebensgeschichte zu verkaufen. Ich brauchte es bloß als Dichtung niederzuschreiben, und es ließe sich an *Planet Stories* oder eines dieser Schmierblätter verhökern.

Der Fahrkartenautomat begann mit mir einen Streit wegen des Wechselns eines Hundert-Rubel-Scheins, und ich mußte mich auf die Suche nach einem Schaffner machen. Dann waren da noch Reparaturen im Gange, und so dauerte es zwanzig Minuten, bis wir Atlanta erreichten; ich mußte rennen, um meinen Anschluß nach Seattle noch zu erwischen.

Raumbesiedelung. Zeitreise. Niemand würde 1924 so einen Quatsch schlucken.

Michael Bishop

Ein Ereignis im kalten Krieg

COLD WAR ORPHANS

Gegen Ende August 1957 fuhr mich mein Vater – gleich nachdem er seinen Abschied bei der U.S. Luftwaffe genommen hatte – quer über das Land von Edwards Air Force Base in der Mojave-Wüste in die Kleinstadt Huerfano, Kansas, etwa fünfunddreißig oder vierzig Meilen südlich von Wichita. Hier ließ er mich in dem zugigen, viktorianischen Haus meiner Großtante Theodosia Moyer zurück, einer apfelgesichtigen Frau mit einer gewissen, im Mittleren Westen beinahe stereotypen Verrücktheit, und fuhr davon in Richtung Washington D.C., um von dort aus eine Position im Nationalen Beratungsausschuß für Aeronautik anzutreten. Alles, was er mir oder meiner Großtante (Doozie ging auf die sechzig zu, und ich war gerade zwölf) erzählte, war, daß er von Incirlik Air Force Base in der Nähe von Adana in der Türkei aus arbeiten würde; von diesem Stützpunkt aus würde er, innerhalb eines Beitrags des NBAA zum Internationalen Geophysikalischen Jahr, Wettererkundungsflüge fliegen. Weder Theodosia noch ich verstanden, weshalb er seinen Abschied als Captain hatte nehmen müssen, wenn er doch weiterhin Regierungsflugzeuge fliegen würde, aber unsere Fragen tat er mit ein paar wenig überzeugenden Hinweisen auf Kongreßfinanzierung und „Vertragsregelungen" ab. Das Wichtigste für mich war allerdings, daß mein Vater mich in der Obhut einer Frau zurückließ, die ich kaum kannte, in einer Kleinstadt, wo die Einwohner und ihre Wertvorstellungen für mich ebenso fremdartig waren, wie die in Adana in der Türkei es wahrscheinlich für meinen Vater sein würden. Ich war schließlich ein kosmopolitischer Air Force-Bengel, und ich hatte das Gefühl, daß man mich hier auf wenig feierliche Weise zwischen Kleinstadtleuten und ihrem Tratsch abgeladen hatte.

Bevor mein Vater abfuhr, nahm Theodosia ihn beim Arm und sagte: „Ich weiß jetzt, was du wirklich machen wirst, Wesley Ray." Wir standen zusammen neben der Einfahrt zu ihrem Haus, und das plumpe, eckige, rot-weiß lackierte ’55er Chevrolet-Kabrio, das uns von Kalifornien hierhergebracht hatte, war in der Augustsonne so heiß wie ein Backblech.

„Was werde ich denn ‚wirklich machen‘?“ fragte Wesley Ray Weir die Schwester seiner verstorbenen Mutter.

„Für das FBI arbeiten“, stellte Doozie fest. „Deshalb bist du nicht mehr in der Air Force. Deshalb kannst du Malcolm nicht mitnehmen.“

Mir war, als ob die Augen meines Vaters sich weiteten und sein Unterkiefer herabhing, aber abrupt befreite er seinen Arm aus dem Griff meiner Großtante und begann zu lachen. Doozies Haus stand am nordöstlichen Rand von Huerfano, ein großes, einzelnes Haus an einem baumlosen Hang, und das Lachen meines Vaters schallte hinaus über den Highway, der sich von Wichita herunter nach Missouri und Arkansas zog.

„Was ist los?“ fragte Theodosia. „Kann ich hellsehen oder nicht?“

„Ja, Madam“, antwortete Wesley Ray Weir immer noch glucksend. „Wenn du überhaupt etwas bist, dann eine Hellseherin.“ Zehn Minuten später war er donnernd auf dem Highway verschwunden, über dem noch immer sein Lachen hing, wie eine flirrende Fata Morgana. Er war fort.

Er blieb auch fort, und zwar gründlich. Im September fing für mich die Schule an, und als der Monat halb vorbei war, hatte ich erst einmal von ihm gehört: eine Postkarte von den Propyläen, dem geheiligten Tor zur Akropolis in Athen; dort hatte er schon ein Erholungswochenende verbracht. Drei Zeilen mit nichtssagendem Geplauder; sie endeten: „Wenn Du Deine Zensuren hast, schick sie mir.“

Anfang Oktober schickte die Sowjetunion den ersten von Menschen gebauten Satelliten hoch, den Sputnik, und schreckte damit die gesamte westliche Welt aus ihren Illusionen von technologischer Überlegenheit. Aber noch immer schrieb mein Vater mir nicht. Im November ließen die Russen ihrem Sputnik I eine Hundenummer folgen, indem sie die zum Untergang verurteilte Hündin Laika hochschossen, und Tierfreunde und Vivisektionsgegner hängten sich allenthalben wie die Karpfen an diesen Köder. Die Vereinigten Staaten reagierten auf diese Herausforderung mit einem ungeheuren Tamtam um den winzigen Vanguard-Satelliten, den wir am 6. Dezember starten wollten und der sich dann am ausersehenen Tage unserer Abrechnung in aller Öffentlichkeit als Fehlschlag erwies. Wir wurden zum Gespött der ganzen Welt. Aber mein Vater schrieb immer noch nicht, und für mich war das eine viel tiefere Enttäuschung als unser überall sichtbarer und offenbar furchtbar komischer „Kaputtnik".

Die Begabung, Freundschaften zu schließen, hatte ich nicht, und als der Dezember halb vorüber war, war ich verbittert und verschlossen geworden.

In den Weihnachtsferien erwischte mich Doozie eines Tages dabei, wie ich trübsalblasend in ihrer riesigen Küche herumsaß, und sie schleifte mich zum Telefon an der Wand. „Wir rufen ihn an", sagte sie. „Wir führen jetzt ein Ferngespräch von Huerfano nach Wie-heißt-es-gleich in der Türkei. Komm."

Überhaupt eine Übersee-Verbindung zu bekommen, dauerte mehr als dreißig Minuten, und die erste europäische Stimme, die sich schrill ihren Weg durch die Leitung bahnte, sprach eine Sprache, die ich nicht identifizieren konnte; Französisch oder Deutsch war es nicht, soviel wußte ich. Aber die Übermittlung war fast bis zur Unverständlichkeit verstümmelt und dünn.

Irgendwie gelang es Theodosia nach weiteren zehn Minuten, mit jemandem zu reden, der behauptete, Unteroffizier der Air Force zu sein und noch nie von einem Mr. oder Captain Wesley R. Weir gehört hatte. Doozie und ich zerrten den schwarzen Hörer zwischen unseren beiden Köpfen hin und her.

„Mit wem spreche ich?" brüllte meine Großtante.

Eine summende, zischende Suppe, in der eine Armada von bedeutungslos klickenden Geräuschen schwamm, ergoß sich zur Antwort aus dem Hörer. Schließlich sagte der Funker: *„Hier spricht Sergeant Federico Seleno vom 1. Lunaren Nachrichtentrupp."* Selbst die Brühe von Lärm, die über diesen Worten lag, konnte die Tatsache nicht verschleiern, daß unser Unteroffizier entweder betrunken oder verrückt war.

„Geben Sie mir jemand anders!" schrie Theodosia.

Rauschen. Brüllende Leere. Dann: *„Ist sonst niemand da. Keine Menschenseele außer mir hier oben. Scott hat's nicht geschafft, und der arme alte Seleno sitzt verlassen auf dem Mond, liebe Dame."*

„Verschwinden Sie aus dem Funkraum", riet Theodosia Sgt. Seleno. „Gehen Sie weg und legen Sie sich ins Bett."

„Bringen Sie mich nach Hause", rief der Mann durch das hohe, dünne Rauschen mehrerer dazwischenliegender Zeitzonen. *„Liebe gute Dame, bringen Sie mich nach Hause . . ."*

„Dies ist nicht der Teilnehmer, den Sie verlangt haben?" unterbrach eine nasale Frauenstimme, viel näher als der 1. Lunare Nachrichtentrupp.

„Nein", antwortete Doozie, „nein, das ist er nicht."

„Dann sollten wir dieses Gespräch vielleicht unterbrechen. Versuchen Sie es bitte später noch einmal." Der Hörer klickte und bedachte Theodosia und mich mit einem langgezogenen, vorwurfsvollen toten Summen, regelrecht beleidigend. Ich mußte daran denken, daß ich Telefone noch nie gemocht hatte; sie saßen auf Tischen wie ebenhölzerne Buddhas mit einer Uhr im Bauch, oder sie hingen an Küchenwänden wie Feuermelder aus Plastik; bestenfalls waren sie nutzlos und schlimmstenfalls Unglücksboten.

„Beinahe", sagte ich ohne Sarkasmus zu meiner Großtante und wanderte in ihr Schlafzimmer, um dort durch die großen französischen Fenster in das herankriechende Dezember-Zwielicht hinauszustarren.

Ganz plötzlich war es 1958. Im Januar las ich überrascht in einer Ausgabe von *Time,* die auf einem Tisch in der Schulbibliothek lag, daß das Wetter im vergangenen Jahr wärmer als gewöhnlich gewesen war. „Die Wellen im planetarischen Wind", erzählte *Time* mir, „waren schwach und lethargisch . . . In Neu-England lagen die Temperaturen 15 bis 18 Grad über der Norm, und Gegenden, die für ihre Kälte berüchtigt sind, wie Montana, hatten ein geradezu mildes Klima." Demnach mußte ich glauben, daß die schweren Schneefälle, die wir zu Weihnachten in Huerfano gehabt hatten, ein ganz und gar lokal begrenztes Phänomen, wenn nicht gar eine unheimliche optische Täuschung gewesen waren. Mildes Klima im Herbst und Winter? Herbst und Winter von 1957 waren die kältesten gewesen, die ich jemals erlebt hatte, und jetzt hielt ich einen Artikel in der Hand, der behauptete, daß die planetaren Winde wieder aktiv geworden wären und daß der Nation besonders niedrige Temperaturen ins Haus ständen.

Auf dem absoluten Nullpunkt stand mein Inneres, auf dem absoluten Nullpunkt auch mein für alles unzugänglicher Geist, während ich die ersten drei Wochen des neuen Jahres wie ein Schlafwandler durchlebte . . .

Am Donnerstag, dem 23. Januar, lagen in Theodosias Briefkasten ein Reklamezettel des Gemüsehändlers, eine Probetube Zahnpasta und ein brauner Briefumschlag von meinem Vater, aufgegeben am 16. in München und über und über beklebt mit nachdrücklich abgestempelten ausländischen Briefmarken. Er war ausschließlich an mich adressiert. Ich trug das Päckchen nach oben in mein ungeheiztes Zimmer und riß es auf; ich zitterte, aber nicht nur vor Kälte. Dann zog ich Seite um Seite eines Briefes aus dem Umschlag, mit peinlicher Sorgfalt geschrieben und säuberlich mit einem Füllfederhalter korrigiert. Bis heute ist es der längste Brief, den ich jemals bekommen habe; und trotz der Anweisungen zur Vernichtung, die er enthält, habe ich den Brief meines Vaters aufbewahrt, habe ihn versteckt und bewacht, beinahe zwanzig Jahre lang.

Wie Sie gleich sehen werden, war das liebste Interpunktionszeichen meines Vaters der Gedankenstrich, und er bestand darauf, alle Dialoge in seinem Brief durchgängig in Großbuchstaben abzufassen – vielleicht weil der Luft-Boden-Funkverkehr in Geheimdokumenten jener Zeit oft auf diese Weise transskribiert wurde; ich weiß es nicht. Ich erwähne aber die Gedankenstriche und die Großbuchstaben, weil mein Vater gemeinhin keineswegs übermäßig sorgfältig war, und hier, ganz offenbar als eine Art Bußübung, zwang er sich, sich strikt an eine sorgfältig ausgearbeitete, starre Briefform zu halten. Es war charakteristisch für ihn, daß er diese Form selber entworfen hatte.

Liebster Sohn,
verspätete Grüße aus *Türkiye.* Ich weiß nicht, wie ich anfangen soll, ich weiß nicht, wie ich Dich ansprechen muß. An der Straße von Incirlik und der Einheit 10-10 – ungefähr 43 Kilometer von hier, um es möglichst genau zu sagen – liegt Tarsus, der Geburtsort des Heiligen Paulus. Jetzt, da ich diesen Brief beginne, ist es nicht mehr lange bis Weihnachten, und es war der Heilige Paulus – heißt es –, der das Christentum als erster als eine universale Religion sah. Aber ich war mit meinen Gefühlen noch nie ein Künst-

ler, und mit Worten immer ein ziemlich schlechter – ich kann nicht tun, was Rembrandt tat, und mich so malen, daß ich aussehe wie der Heilige Paulus, oder? Ich bin nicht einmal ein besonders guter Vater gewesen, und noch viel weniger ein Heiliger in irgendeiner Hinsicht, und das tut mir leid, Mal.

Ich glaube, ich habe Dir nie erzählt, daß ich religiös bin, aber ich bin es. Alles, was ich in meinem Wohnwagen hier auf dem Stützpunkt habe – ich schreibe dies auf einem Kartentisch –, ist ein Buch mit dem Titel *Die Bibel, als lebendige Literatur zu lesen.* Ich habe es mir aus der Bücherei des Stützpunkts geliehen, wie die Dinge liegen, aber ich weiß, für meine Mutter hätte dieses Buch niemals als eine ECHTE Bibel gegolten. Jedenfalls bin ich für Dich so weit von einem Vater oder einem Heiligen entfernt gewesen, daß ich gern eine oder zwei Zeilen aus dieser Pseudo-Bibel neben mir abschreiben möchte. Okay?

> Eben dieser Geist bezeugt es unserem Geist, daß wir Kinder Gottes sind. Sind wir aber Kinder, dann auch Erben, Erben Gottes und Miterben Christi, sofern wir mit ihm leiden, um mit ihm auch verherrlicht zu werden. Denn es ist meine Überzeugung, daß die Leiden dieser Zeit nicht zu vergleichen sind mit der Herrlichkeit, die an uns offenbar werden soll.

Und auch dies, Mal . . .

> Denn auf Hoffnung hin werden wir gerettet; Hoffnung aber, die schon geschaut wird, ist nicht Hoffnung; denn was einer schaut, was soll er da noch hoffen? Hoffen wir aber auf das, was wir nicht schauen, so warten wir in Geduld.

Diese Stellen stammen aus dem Brief an die Römer. Paulus war ein besserer Briefeschreiber als ich, nicht wahr? Aber wenn Du vielleicht schon angefangen hattest zu glauben, ich hätte Dich vergessen, dann lies bitte diese Passagen ein paarmal und denke über sie nach. Du bist ein Denker, Mal – zumindest im Vergleich zu mir –, und wahrscheinlich wirst Du verstehen, was ich zu sagen versuche, indem ich die Worte eines anderen stehle, um es zu sagen. Ich hoffe, daß Du Hoffnung gehabt hast, weißt Du. Es ist die Hoffnung, die Dich rettet – Glaube und Hoffnung.

Der Grund dafür, daß ich Dir in einem Brief meine religiösen Gefühle enthülle, ist der, daß ich vor nicht allzu langer Zeit nach

Tarsus gefahren bin und Sen Pol Kuyusu gesehen habe, die Quelle, aus der die Familie des Heiligen Paulus ihr Wasser bekam. Es scheint manchmal, daß die Quelle des Glaubens und der Hoffnung auf dieser Welt austrocknet, und ich will nicht, daß Du es so empfindest, Mal.

Die verdammte Schreibmaschine – sieh nur, wie verschmiert das *e* und das *o* sind, und das *n* bleibt auch immer stecken . . .

Außer der *Bibel, als lebendige Literatur zu lesen* habe ich hier noch die Kopie eines Briefes von meiner Tante – Deiner Großtante – meinem Gewissen. SCHREIBE DEINEM SOHN ist im Grunde das, was darin steht, aber ich will daraus zitieren: „Ich bin gegen *Väterlichkeit* bei so gut wie jeder menschlichen Unternehmung, W.R., aber *Vaterschaft* ist wieder etwas anderes. Ich befürchte, Du denkst an dieses letzte Wort nur noch im Zusammenhang mit dem gerichtlichen Aspekt. Das ist nicht recht, W.R. Wach auf und schäme Dich. Schreibe Deinem Sohn!!!" Als der Brief hier ankam, hatte ich den Eindruck, daß er unterwegs geöffnet worden war.

An fast allen Briefen, die ich hier bekommen habe, Malcolm, hat sich jemand zu schaffen gemacht. Deshalb werde ich diesen hier nicht auf dem Postamt des Stützpunktes aufgeben. Ich werde auch meine Armeepost-Nummer nicht auf den Umschlag schreiben – nur meinen Namen. Aus Sicherheitsgründen, nehme ich an, zensiert möglicherweise jemand von der Spionageabwehr hier die ankommende und die ausgehende Post. (Das ist *einer* der Gründe, weshalb ich Dir noch nicht geschrieben habe; ich weiß allerdings, daß das eine müde Ausrede ist.) Ich finde, jemand, der einen solchen Job annimmt, ist eine Art menschlicher Schakal; er frißt Gedärm und Weichteile anderer Leute, und wenn dieser Schakal lesen würde, was ich empfinde, könnte er leicht meinen ganzen Brief zerreißen. Das will ich nicht, aber ich will sagen, was ich sagen will – deshalb schicke ich meinen Brief woanders ab und halte die Daumen.

Um zu zeigen, daß ich Dir vertraue, Malcolm, werde ich Dir genau erzählen, was ich tue. Du darfst es allerdings niemandem sonst erzählen – nicht einmal Doozie. Wenn mein Brief abgefangen wird, bevor Du ihn erhältst, wird man mich feuern; man wird mich einen Verräter und noch Schlimmeres nennen. Dieses Risiko will ich auf mich nehmen, um Dir mein Vertrauen zu zeigen und um Dir ein Weihnachtsgeschenk zu machen, von einem schlechten Christen im Lande der Moslems. Es wird ein verspätetes Geschenk werden, schätze ich.

Ich arbeite für die Central Intelligence Agency – deshalb habe ich meine Offizierslaufbahn beendet; ich mußte sie aufgeben, um diesen Job zu bekommen –, und ich fliege ein neues Aufklärungsflugzeug über der Sowjetunion. Die anderen Piloten und ich machen Luftaufnahmen von militärischen und industriellen Zentren – wir fotografieren auch Starts von Lenkgeschossen und Raketen. Zwar hat niemand von uns hier gesehen, wie die Sputniks hochgingen, aber ein paarmal haben wir den großen Feuerzauber im Tyuratam Kosmodrom gesehen und aufgenommen – von dort schießen die Russen die meisten ihrer Raketen ab. Es erfüllt mich mit lächerlichem Stolz, wenn ich sage, daß die Leute dort genausowenig Superman sind wie Uncle Sam. (Ich schätze, Superman sind wir Piloten, wenn wir unangetastet und unbemerkt über die Brust von Mütterchen Rußland hinweggleiten.) In Wirklichkeit sind sie ein verängstigter und stolzer Haufen von Leuten – mit Reißverschlüssen in den Hosen und Wodkadunst im Atem –, die wissen, daß wir alles beobachten, was sie tun, und daß wir bei jedem Countdown mitzählen, während wir zusehen. Deswegen rasselt ihr Dicker Mann mit seinen Raketen. Er ist ein verängstigter Bär, und er glaubt, wir wollen ihn auf einen Baum scheuchen und abschießen – das glaubt er wirklich.

Ich verdiene 30 000 Dollar im Jahr, und meine Arbeit gefällt mir nicht. Angeblich bin ich ein Lockheed-Angestellter – das wußtest Du, glaube ich –, der dem Nationalen Beratungsausschuß für Aeronautik leihweise überlassen ist. Angeblich bin ich hier Pilot in der 2. Wetterbeobachtungsstaffel, und angeblich bin ich einer von denen, die Turbulenzen und meteorologische Bedingungen im Nahen Osten studieren. In Wirklichkeit bin ich – und Doozie hat das im letzten August beinahe erraten – ein Spion. Ich bin nicht gern ein Spion, trotz der 30 000 Dollar. Ein Spion zu sein, macht mich nervös und schlechtgelaunt – es macht mir nicht einmal mehr Spaß, die zierliche aerodynamische Schönheit zu fliegen, die mir während meiner Ausbildung auf dem Watertown-Flugplatz in Nevada als ein so wundervolles Erzeugnis amerikanischer Flugtechnik vorkam. Manchmal habe ich Angst, ich könnte mich in meinen Helm übergeben und den ganzen Weg zum Stützpunkt Erbrochenes einatmen. (Vierundzwanzig Stunden vor jedem Überflug esse ich absichtlich nichts mehr – diese Übelkeit wird mich umbringen, bevor es die Zyanid-Kapseln tun, die wir für „Notfälle" mitnehmen dürfen.)

Noch sechs andere Piloten arbeiten hier, Malcolm, obwohl ich zur Zeit allein in meinem Wohnwagen lebe. Als ich ankam, hatte der Mann, mit dem ich das Quartier teilen sollte – ich werde ihn G nennen, denn ich will eigentlich keinen von diesen Burschen irgendwie belasten –, die achtzehn Monate seines Vertrages beinahe abgedient, und er wußte nicht, ob er sich noch einmal für zwölf Monate verpflichtet wollte oder nicht. Gs Frau war es irgendwie gelungen, einen zivilen Job auf Wheelus Air Force Base in Tripoli zu bekommen – hier bei uns gibt es keine Stellen für amerikanische Zivilisten –, und als G im September Urlaub hatte, fuhren sie beide in die Staaten, um die Situation zu besprechen. Als die CIA sich schließlich bereitfand, zivile Familienangehörige nach Incirlik kommen zu lassen, sofern alle Kurzzeitverträge verlängert würden, verlängerte G. Kurz vor Weihnachten – das war übrigens gestern – kamen G und seine Frau zurück, aber sie haben jetzt ein Haus in Adana – wie die meisten der anderen verheirateten Piloten –, und so kommt es, daß ich die meiste Zeit allein in diesem Wohnwagen lebe.

Mein Wohnwagen steht nicht weit vom Flugplatz entfernt. Um den Bereich der Einheit 10-10 zieht sich ein Zaun, an dem überall steht ZUTRITT FÜR UNBEFUGTES PERSONAL VERBOTEN, und an allen Einfahrten stehen Wachtposten mit Stahlhelmen. Manchmal fühle ich mich wie im Gefängnis hier, aber die meisten anderen Piloten scheinen sich wohlzufühlen und ihren Job gernzuhaben. Es gibt Gerüchte, nach denen wir demnächst einen Offiziersclub bekommen. Vielleicht wird das ein wenig Abwechslung bringen.

Weihnachten ist vorbei. Seit einigen Tagen läuft in Kairo eine Solidaritätskonferenz der asiatischen und afrikanischen Völker, und am Samstag hat ein Büttel des Dicken Mannes der Konferenz mitgeteilt, daß sein Land alle dort ins Leben gerufenen „Freiheitsbewegungen" unterstützen werde. Ich wollte, ich wäre in Kairo –

aber ich bin weder Asiate noch Afrikaner, und ich glaube, daß ich wohl nicht dort hingehöre.

Hier gehöre ich auch nicht hin.

Oben auf den Seiten, die ich am Tage nach Weihnachten geschrieben habe, sage ich, daß ich „die meiste Zeit allein" in diesem Wohnwagen lebe. Aber manchmal bin ich nicht allein. Als G Incirlik verließ, um seine Angelegenheiten mit seiner Frau in den Staaten zu regeln, begann ein Pilot, ein Draufgänger, der zwei Wagen weiter wohnt, gelegentlich vorbeizukommen, immer, wenn er und sein Mitbewohner – den ich Q nennen will – einen Streit hatten. Q ist ein schlampiger Bursche von 36 Jahren, mit vielen menschlichen Schwächen, während der Draufgänger-Pilot ein pokergesichtiges, 27 Jahre altes Modell amerikanischer Männlichkeit ist. Ich werde hier seinen richtigen Namen benutzen, denn er ist tot, und so besteht keine Möglichkeit, daß ich sein Leben dem Feind preisgeben könnte.

Der wirkliche Name dieses Piloten war Lt. John Scott Brown. Technisch gesehen war er überhaupt kein Lieutenant mehr – so wie ich kein Captain mehr bin –, aber anscheinend sehen wir uns immer noch als militärisches Personal, und John Scott Brown war Lieutenant, bevor er CIA-Agent wurde. Er war Pilot, bevor er Lieutenant wurde. Er war ein Fanatiker, bevor er Pilot wurde. Ich glaube nicht, daß er ein kleiner Junge war, bevor er ein Fanatiker wurde, denn ich kann ihn mir nicht anders vorstellen als so, wie er mit seinen 27 Jahren war. Er sah aus wie ein Modell für die Ausgehuniform der Air Force – eine von diesen Plastikpuppen aus dem Kaufhaus, mit perfekten Augenbrauen und künstlichem Rosa auf den Wangen –, aber er war ein echtes menschliches Wesen. Zumindest glaube ich, daß er das war. Q schwört noch heute, daß Scott mit einem Haarnetz und mit Creme im Gesicht schlief – ohne daß er es je mit eigenen Augen gesehen hätte. Außerdem hatte Q den Verdacht, daß Scott kleine gefärbte Linsen auf den Augen trug, um seinen Augen diesen überraschenden, strahlendblauen Blick zu geben, und vielleicht auch, um eine Sehschwäche zu korrigieren. (Keiner von uns U 2-Piloten sollte natürlich irgendwelche Sehschwächen haben.)

EINMAL WURDE ICH MORGENS FRÜH MIT BAUCHSCHMERZEN WACH, erzählte Q mir Ende August, UND ALS ICH INS BAD GING, WAR SCOTT AM WASCHBECKEN

UND WUSCH SEIN GESICHT. ER SAH ZU MIR AUF, RAY, UND ER SCHIELTE WIE EINE SIAMKATZE, UND SEINE IRIS HATTE DIE FARBE VON FRISCHEM MILCHPULVER. DANN MACHTE ER IRGEND ETWAS MIT SEINEN HÄNDEN UND BEDECKTE DABEI SEIN GESICHT, UND PLÖTZLICH WAR ER WIEDER SO, WIE ER TAGSÜBER IST – MIT VEILCHENBLAUEN AUGEN UND GEMEINEM GESICHT. Q sagte, das sei gegen fünf Uhr morgens gewesen, und Scott habe sich heimlich die Cold Cream abgewaschen. Er sagte, Scotts Haarnetz sei wahrscheinlich in der Tasche seines Bademantels gewesen.

HAST DU DAS HAARNETZ GESEHEN, fragte ich Q. HAST DU DIE COLD CREAM IN SEINEM GESICHT GESEHEN. BIST DU SICHER, DASS DU NICHT EINFACH BENOMMEN WARST UND DIR IRGEND ETWAS EINGEBILDET HAST?

ICH WAR NICHT EINFACH BENOMMEN, RAY. DAS SCHWEIN IST IMMER SPÄTER ALS ICH INS BETT GEGANGEN UND FRÜHER AUFGESTANDEN. WÄHREND ICH SCHLIEF, HAT ER SEIN MAKE-UP UND SEIN HAARNETZ ANGELEGT UND SEINE AUGEN HERAUSGENOMMEN. ALS ICH AN DEM MORGEN AUFWACHTE, WEIL MIR SCHLECHT WAR, RAY, DA HÄTTE ICH DAS SCHWEIN BEINAHE BEI SEINEN TRICKS ERWISCHT. DER SAUHUND HAT *WEISSE* AUGEN, ICH SAG'S DIR!

ER STEHT FRÜHER AUF ALS DU, sagte ich, WEIL ER NICHT WILL, DASS IRGEND JEMAND IN DER EINHEIT MILITÄRISCHER IST ALS ER, DAS IST ALLES!

Q schüttelte den Kopf und murmelte, daß er der einzige Mann auf dem Stützpunkt sei, der die Möglichkeit hätte, Scotts „Geheimnisse" wirklich zu kennen. Es sei verblüffend, sagte Q, daß Scott in der Lage gewesen war, durch alle Voruntersuchungen der CIA drüben in den Staaten zu kommen. Aber damals war ich neu in Incirlik, Malcolm – als Ersatz für einen Piloten, dessen Flugzeug in die Turbulenz von zwei kanadischen Air-Force-Jets gekommen war, über Giebelstadt in Deutschland –, und mein erster Eindruck war, daß Q einfach verückt geworden war, als er den Sommer über an türkischen Stränden geschwitzt hatte und durch die hethitischen Ruinen in Karatepe gestolpert war. Außerdem hatte ich gesehen, daß er mehr Bier trinken konnte als ich, und so – Doozie hätte ebenso reagiert – traute ich seinem Urteilsvermögen nicht.

Dann lernte ich John Scott Brown aus der Nähe kennen – bei mir. Es war an einem Samstag, Anfang Oktober, und unerwartet heiß. Jemand trommelte plötzlich gegen meine Wohnwagentür, daß es klang wie acht oder zehn Rammböcke. Im Bademantel taumelte ich zur Tür und fand John Scott Brown draußen in der Hitze; er sah sehr adrett, stramm und geschäftsmäßig aus.

DU SCHLÄFST DOCH NICHT MEHR, ODER! Ich sagte ihm, daß ich nicht mehr schlief, und er sagte: Q HAT UNSER NEST VERSAUT, RAY, UND ICH MUSS RAUS AUS DEM GESTANK UND DEM QUALM. ES WIRD DICH KAUM STÖREN, WENN ICH BEI DIR BIN; DIES IST SCHLIESSLICH EIN ZWEI-MANN-WAGEN, UND G IST NICHT ZU HAUSE. Er kam die Stufen herauf, betrachtete das Durcheinander wie ein Mann vom Büro des Generalinspekteurs und schnüffelte die Luft, um festzustellen, ob er sie atmen konnte.

Scott – das hatte ich schon erfahren – hatte es sich zur Gewohnheit gemacht, zur Personalabteilung der Einheit zu gehen und die Namen von Neuankömmlingen in Erfahrung zu bringen. Dann suchte er aus Vor-, Mittel- und Familiennamen der betreffenden Person denjenigen aus, der ihm – Scott – am besten gefiel und rief den Neuen dann entsprechend. Er selbst bestand darauf, daß man ihn Scott nannte, und viele von uns hier, auch nach seinem Verschwinden und Tod, werden bei unseren Mittelnamen gerufen, nur weil Scott dieser zufällig besser als alle anderen Möglichkeiten gefiel. Weil man mich immer bei *zwei* Namen gerufen hat, war es nicht schwer, mich an den mittleren allein zu gewöhnen – aber Q mag *seinen* Mittelnamen überhaupt nicht und hat etwas dagegen, wenn man ihn benutzt.

WAS HAT Q GEMACHT, fragte ich Scott, als er in der Luft geschnüffelt hatte.

ER HAT SICH GESTERN IM PX BETTY CROCKER'S TEUFELSMIX ZUM SELBERBACKEN GEKAUFT, UND HEUTE MORGEN HAT ER VERSUCHT ZU BACKEN – *DAS* HAT ER GEMACHT!

ABER WAS MACHT ER JETZT, SCOTT?

ER SITZT IN UNTERHOSEN AUF DEM BETT UND TRINKT FALSTAFF. ÜBERALL HAT ER LEERE BÜCHSEN VERSTREUT. ICH WERDE DEN TAG HIER BEI DIR VERBRINGEN, RAY, UND DIE NACHT AUCH, WENN ER DIE SAUEREI NICHT AUFRÄUMT. Er bat mich um Kaffee und sagte, er habe noch nicht gefrühstückt. WIR WOLLTEN DEN KUCHEN ESSEN, ABER DER KUCHEN SIEHT AUS WIE EIN FRÜHES AMERIKANISCHES BÜGELEISEN, EINFACH UNGENIESSBAR.

Scott setzte sich an den Tisch im Wohnzimmer und schaltete meine Klimaanlage ein. Er legte die Füße mit den Knöcheln übereinander und begann dann mit seinen Händen zu spielen, als zöge er sich Finger für Finger ein Paar weiße Handschuhe aus. Er trug aber überhaupt keine Handschuhe. Ich blieb die ganze Zeit, während unser Kaffeewasser kochte, in der „Küche", und er zog sich ständig seine unsichtbaren Handschuhe an und aus. Dann trug ich zwei Tassen mit türkischem Kaffee zum Tisch und setzte mich ihm gegenüber. (Ich hatte den Kaffee auf dem überdachten Markt in Adana gekauft, auf dem Kapali Çarşi – es ist die Sorte, die man mit viel Zucker im Kessel kochen muß.) Die Klimaanlage blies direkt über unsere Tassen hinweg.

DU BIST AUS KANSAS, sagte er, nachdem er daran genippt hatte. DU HAST EINE WUNDERBARE ZUKUNFT VOR DIR.

WARUM? fragte ich.

KANSAS IST DAS HERZ DES HERZENS DES LANDES.

MANCHE SAGEN AUCH, ES IST DIE ACHSELHÖHLE.

NICHT WENN ICH DABEI BIN. ICH BIN SELBER AUS KANSAS. AUS WICHITA. Dann sagte er: DIE ZUKUNFT GEHÖRT DERJENIGEN NATION, DIE DIE EXOSPHÄRE UND DEN INTERPLANETARISCHEN RAUM BEHERRSCHT, UND WICHITA IST DIE LUFTFAHRTHAUPTSTADT DER WELT. CESSNA, BEECH UND BOEING SIND DORT ERFOLGREICH, GAR NICHT ZU REDEN VON McCONNELL AIR FORCE BASE.

NIEMAND GEHT IN EINER ZWEISITZIGEN BEECH IN DEN INTERPLANETARISCHEN RAUM, sagte ich, UND ES WAREN DIE RUSSEN, DIE GERADE EINEN SATELLITEN HOCHGESCHOSSEN HABEN.

Das letzte ignorierte er. WOHER KOMMST DU IN KANSAS, RAY.

HUERFANO, sagte ich.

NIE GEHÖRT.

ABER ICH HABE SCHON VON WICHITA GEHÖRT. ICH HABE AUCH SCHON EINMAL VON EINEM AUS KANSAS GEHÖRT, DER JOHN BROWN HIESS.

EIN ENTFERNTER VERWANDTER VON MIR. SEIN MITTELNAME WAR ABER NICHT SCOTT. ER WAR EIN VERRÜCKTER – VÖLLIG ÜBERGESCHNAPPT. ER DACHTE, DAS HIMMELREICH WÄRE DIE ZUKUNFT – DAS WAR SEIN FEHLER –, UND ER VERGOSS DAS BLUT ANDERER LEUTE, DAMIT SIE GELÄUTERT DORTHIN KOMMEN KÖNNTEN. SO VERBLENDET BIN ICH NICHT.

Wir schlürften unseren Kaffee, und die Klimaanlage summte leise, während sie ihn langsam abkühlte. Ich dachte, Scott würde wieder darauf zurückkommen, welch große Zukunft Leute aus Kansas noch vor sich hatten, aber er ließ sich noch eine frische Tasse Kaffee geben und wechselte das Thema. Er fragte mich, ob ich verheiratet wäre und wieviele Kinder ich hätte, und ich erzählte ihm von Dir. Dann wollte er wissen, was Malcolm für ein Name sei, und ich sagte ihm, das sei der Name, den Deine Mutter und ich zusammen ausgesucht hätten – mehr nicht. Er schüttelte den Kopf. Ich glaube, er hätte gern gewußt, was Dein Mittelname ist, aber Deine Personalakte stand nicht zur Verfügung, und fragen wollte er wohl nicht. Schließlich zog er seine Brieftasche heraus und zeigte mir ein paar Photos.

ICH HABE ZWEI KOMMA DREI KINDER, sagte er. DAS IST DER NATIONALE DURCHSCHNITT. WEIL WIR AUS KANSAS SIND, STELLEN MARY UND ICH UNS GERN VOR, DASS UNSER DRITTES KIND IMMER UNENTDECKT IM OFEN IST. EHRLICH GESAGT, ICH KANN DIE BEIDEN HAUS-AFFEN, DIE WIR JETZT HABEN, SCHON KAUM VERDAUEN – DU WÜRDEST MICH ALLERDINGS NIE DAZU BRINGEN, DAS ZUZUGEBEN, NICHT EINMAL MIT SPLITTERN UNTER DEN FINGERNÄGELN UND GLÜHENDEN ZANGEN AN DEN EIERN.

WAS HAST DU GESAGT? fragte ich. Ich war mit meinen Gedanken woanders gewesen, und seine letzten Worte hatten mich aufgeschreckt.

NICHTS, sagte er lächelnd, und seine Augen waren so blau wie die Wasser vor Iskenderun. Also fragte ich mich natürlich, ob ich mir nur eingebildet hatte, das zu hören, was ich jetzt oben niedergeschrieben habe.

Die beiden Kinder von Scott hießen Curt und Cathy – nicht Curtis und Catherine, warnte er mich; sogar auf ihren Geburtsurkunden stände Curt und Cathy –, und sie schienen ungefähr sechs und vier zu sein. Das Foto zeigte sie, wie sie auf der Haube eines '57er Ford saßen, und sie waren so zerzaust, als wären sie soeben aus einem Heuhaufen gekrochen. Mary – Scotts Frau – stand seitlich neben dem Auto; sie trug einen Pullover mit den Buchstaben für Wichita darauf, der zu groß für ihre Hausfrauenschultern war. Aber sie war hübsch.

DU HAST EINE NETTE FAMILIE.

JA, sagte Scott. SIE SIND DAS KAPITAL MEINER KARRIERE.

Etwa eine Woche danach fuhr ich mit Scott und Q zum Essen nach Adana. Das einzige vernünftige Lokal, in das man dort gehen kann, ist das Dachgarten-Restaurant im Hotel *Erciyas Palas.* Reiche Türken, ausländische Geschäftsleute und amerikanische Offiziere aus Incirlik – die manchmal Uniform tragen statt Straßenkleidung wie wir „Zivilisten" von der CIA – essen hier. An den Tischen des Restaurants hört man den Lärm von der Straße, während man sein kirkassisches Hühnchen auseinanderpflückt oder das Fleisch und die Tomaten an einem *Şiş Kebabi*-Spieß – aber gewöhnlich ist es abends kühl dort oben, und das Ganze ist mit einem Gitterwerk bedeckt, an dem zwischen Ranken bunte Laternen hängen. (G hat mich einmal gleich nach meiner Ankunft dorthin mitgenommen, und als ich wieder auf dem Stützpunkt war, wurde ich ziemlich krank. Es lag aber nicht am Essen, sagte G, es lag an mir – man muß sich einfach akklimatisieren.)

Jedenfalls – an dem Abend, als wir zusammen zum *Erciyas Palas* gingen – bestellte Q für uns alle. Als Vorspeise Gurkensalat, danach Mittelmeer-Schwertfisch, in Scheiben geschnitten und am Spieß serviert, und dazu Weißwein aus Anatolien. Das war ungefähr drei Tage, nachdem Außenminister Dulles die Russen vor den Konsequenzen eines Angriffs auf die Türkei gewarnt hatte. Außerdem standen die Wahlen vor der Tür. Beim Essen warfen Scott und Q mit Namen um sich: Menderes, Ismet Inonu und Kasim Gulek. (Gulek ist ein Republikaner, der verhaftet wurde, weil er gegen das gesetzliche Verbot von politischen Versammlungen verstoßen hatte, indem er auf einem Dorfmarkt einigen seiner bäuerlichen Anhänger die Hand schüttelte.) Niemand vom Stützpunkt ging jemals zusammen mit Scott und Q in die Stadt – das erfuhr ich später, als es mir nichts nützte –, weil sie immer mit lauter Stimme über die türkische Politik diskutierten, ohne Rücksicht auf die Leute, die um sie herum waren. Ich aß meinen Schwertfisch und trank meinen Wein, während Scott und Q stritten.

MENDERES IST EIN ARSCH, sagte Q laut, aber ruhig. WENN ER EIN DEMOKRAT IST, DANN WAR PRETTY BOY FLOYD EIN PREDIGER DES EVANGELIUMS.

DU REDEST VOM GEISTIGEN ERBEN ATATÜRKS, entgegnete Scott, MENDERES BRINGT DIESES LAND INS 20. JAHRHUNDERT.

AM ARSCH! ER FÜHRT ES GERADEWEGS IN DEN BANKROTT.

NEIN, DAS TUT ER NICHT. ER IST EIN BAUMEISTER, EIN PHARAO.

DER PHARAO KRIEGT JA NICHT MAL EINEN KREDIT VON SEINER EIGENEN NATIONALBANK. ER IST EIN VERLIERER. WIDERSPRICH DEM SCHWEIN, UND DU SITZT IM TIGERKÄFIG.

(Ja, Malcolm, ich weiß, das ist eine ziemlich häßliche Sprache hier – aber Du hast schon Schlimmeres gehört, sogar von mir. Ich glaube, daß Du sehr schnell erwachsen wirst. Das ist gut so, denn ich habe noch niemanden gesehen, der so jung ist wie Du und sich so schnell auf Veränderungen einstellen kann.)

Die Leute schauten zu uns herüber, aber Q und Scott stritten immer weiter. Scott war der Lautere von beiden, weil – gewöhnlich – jeder, der sich mit ihm stritt, aufgab, wenn er laut wurde. Q gab aber nicht auf – er gab vulgäre Erwiderungen und beobachtete, wie Scotts rosige Wangen immer röter wurden, als der Streit weiterging. Q machte es Spaß, Scott zu ködern, und Scott merkte nie, daß er geködert wurde. Ich war nur dankbar, daß der Laute an unserem Tisch *für* das Menderes-Regime argumentierte, obgleich seine Lautstärke implizierte, daß Q oder ich dagegen sprachen. Mein *Kilic Şiş* schmeckte mir nicht besonders gut.

REPRESSIV! schrie Scott. WENN ER REPRESSIV IST, DANN DESHALB, WEIL DIE FÜHRUNG DER ARMEE IN SYRIEN KOMMUNISTISCH IST. WEIL ER WEISS, DASS DIE RUSSEN VON KARS BIS IZMIR ÜBER DIE LEICHEN ALL DIESER LIBERALEN MARSCHIEREN KÖNNTEN, DIE IM ANGESICHT DIESER BEDROHUNG NACH REFORMEN SCHREIEN! GOTT SEI GEDANKT FÜR ADNAN MENDERES, SAGE ICH. SONST WÜRDEN WIR ALLE BORSCHT ESSEN!

AM ARSCH, sagte Q. DA IST ES JA EIN WUNDER, DASS WIR NICHT ALLE HOT DOGS ESSEN.

Ein Kellner strich zwischen den Tischen umher – immer wieder sah er zu uns herüber –, und ich hatte gerade meinen Wein verschüttet, weil ich ständig mit meinem Glas herumspielte. Ich legte eine Serviette über die Lache und sah zu, wie sie sich dunkel färbte – ich wollte nicht unbedingt herausfinden, ob der Kellner sich entschlossen hatte, etwas gegen unsere Lautstärke zu unternehmen – Scotts Lautstärke, meine ich, und Qs. Ich fragte mich, ob ich vielleicht versuchen sollte, eine Unterhaltung über Mickey Mantle oder Johnny Unitas anzufangen.

Da hörte ich, wie der vierte Stuhl an unserem Tisch kreischend über den Boden schleifte. Ich schaute zur Seite und sah – anstelle des zornigen Kellners – einen kleinen Jungen in einem groben Leinenhemd und mit flachen amerikanischen Turnschuhen, die für mich höchstens eine oder zwei Nummern zu klein gewesen wären. Er trug eine ausgebeulte Hose, die ihm bis zur Wade reichte. Er schob den Stuhl herum, bis er schließlich so stand, daß er sich hinsetzen und die Ellbogen auf den Tisch legen konnte.

YEŞAR! sagte Scott erfreut. WO HAST DU DENN GESTECKT? Der Streit war beendet. RAY, DAS IST YEŞAR ATABÖY. YEŞAR, DAS IST RAY.

HALLO, sagte ich. Und der Kellner kam eilig herüber, in der Absicht, den kleinen Yeşar Ataböy aus dem Restaurant zu werfen. Aber Scott bestellte noch ein Essen und schickte den Kellner zurück in die Küche. Der Junge war etwa so alt wie Du, Malcolm, aber viel kleiner und dunkler. Sein Mund war klein und purpurrosa, wie eine Veilchenblüte, und seine Augenbrauen waren über der Nase zusammengewachsen. Wenn man ihn richtig ansah – oder vielleicht sollte ich sagen „falsch" –, dann schien er eher sechzig als zwölf zu sein. Er war nur ein Junge, aber er hatte die Art von glattem Babygesicht, die manche älteren Männer – wie Dein Großvater, Malcolm – noch mit ins Grab nehmen.

In stockendem Englisch erzählte uns Yeşar, daß seine ältere Schwester – bei der er gewohnt hatte – soeben „ein bißchen verhaftet" worden war. Mein erster Gedanke war, daß das Mädchen eine Prostituierte gewesen sein mußte, aber aus dem Rest von dem, was der Junge erzählte, ging hervor, daß sie zu einer verbotenen Derwisch-Sekte gehörte, die man vor etwa zwei Wochen – am Tag, als die Russen ihren Satelliten starteten – dabei ertappt hatte, wie sie langsam und bewußt über einen der Märkte von Adana, den *Bazar Hamam,* tanzte und dabei ketzerische Verse vor sich hin sang. Deswegen hatte man sie „ein bißchen verhaftet". Schlimmer noch – gewöhnlich sind es Männer, die auf diese Weise eine Verhaftung herausfordern –, es kommt so gut wie nie vor, daß eine Frau so etwas tut, denn sogar die Derwisch-Sekte, zu der seine Schwester gehörte, sagte Yeşar, sieht es nicht gern, wenn Frauen tanzen. Alle am Tisch äußerten ihr Bedauern.

KEINE SORGE, sagte Yeşar Ataböy. SIE VERRÜCKT! AM SCHLIMMSTEN FÜR MICH, DASS ICH BIN RAUSGEWORFEN AUS MEIN WOHNUNG.

DU HAST KEINE WOHNUNG, fragte Scott. WAS IST MIT DEINEM BRUDER, SCHICKT ER DIR KEIN GELD?

Yeşars Bruder war als Soldat an der russisch-türkischen Grenze stationiert, nicht weit vom Schwarzen Meer. Er war *mehmetcik.* Sein Name war Nihad, und Q erzählte mir später, daß Nihad kein Geld geschickt hatte, um damit die Miete für Yeşar und seine Schwester in Adana zu bezahlen. Bis man sie „ein bißchen verhaftet" hatte, hatte Ömir – die Schwester – für ein Bad gearbeitet, das Invalide und andere Kranke versorgte. Yeşars Wohnung war nun kürzlich anderweitig vermietet worden. In den letzten beiden Wochen hatte er in einem Versteck geschlafen, das er selbst in einer der Moscheen der Stadt entdeckt hatte – dort war es bequem, sagte er, weil er immer ein Stückchen Teppich unter sich hatte.

DAS IST JA SCHRECKLICH! schrie Scott. DAS IST EMPÖREND! DU KOMMST MIT UNS HINAUS NACH INCIRLIK!

OH NEIN, stöhnte Q.

Scott wirbelte schneller zu Q herum, als jeder Derwisch das gekonnt hätte. DEIN GANZES VERPISSTES GEJAMMERE UM DIE RECHTE ANDERER MENSCHEN HÖRT SOFORT AUF, WENN DU AUF JEMANDEN TRIFFST, DER *WIRKLICH* IN SCHWIERIGKEITEN STECKT. YEŞAR BRAUCHT EINEN PLATZ ZUM SCHLAFEN. WIR BRINGEN IHN BEI UNS IM WOHNWAGEN UNTER.

IN WESSEN BETT? fragte Q.

DAS IST MIR EGAL – WENN ES SEIN MUSS, IN MEINEM!

Yeşar gefiel diese Idee, und er sagte, daß er eines Tages in die USA reisen wollte. Die Städte, die er besonders gern sehen wollte, waren Wichita – davon hatte er Scott reden hören – und Kalifornien. Als sein Essen kam, verschlang er es, während Q und ich dabeisaßen und ihm zuschauten wie zwei alte Chinesen. Q rauchte eine dicke, braungrüne Zigarre und blies Rauch über Yeşars Teller, aber das geschah vielleicht ohne Absicht. Scott wurde immer fröhlicher, je mehr Yeşar aß – er versuchte, durch den Qualm von Qs Zigarre hindurch mit dem Jungen Türkisch zu reden –; er aß sogar *baklava* zum Nachtisch, während Q und ich mit unseren Stühlen scharrten.

Scott und Q hatten Motorroller, und damit fuhren wir zum Stützpunkt zurück, Yeşar hinter Scott, und Dein Daddy an Q geklammert. Nach Einbruch der Dunkelheit mit einem Motorroller durch die Straßen von Adana zu fahren, das ist wie eine Achterbahnfahrt – besser als im Kinderparadies in Wichita –, aber die diensthabenden Wachtposten wollten nicht gestatten, daß Scott Yeşar auf das Gelände der Einheit 10-10 brachte, und Scott flog aus seinen Gleisen wie ein wildgewordener Achterbahnwaggon. Er sagte den Wachtposten, daß sie vorschriftenhörige Schaumschläger seien, wenn sie seinem Jungen – für den er eine UN-Patenschaft hatte – ein Bett für die Nacht verweigern würden. Ob sie etwa wollten, daß Yeşar in einem Gotteshaus der Ungläubigen nächtigte. Die Posten waren Zeitsoldaten, und Scott wurde lauter und lauter, bis einer von ihnen sagte: GEHEN SIE HINEIN, SIR – SCHAFFEN SIE IHN NUR MORGEN FRÜH WIEDER HINAUS, OKAY. Und Yeşar verbrachte die Nacht bei mir, weil ich ein freies Bett in meinem Wagen hatte und Scott und Q nicht.

Am nächsten Tag ging Scott zum Lazarett und schwatzte einem Sanitäter ein paar Flaschen Wasserstoffsuperoxyd ab. Dann bleichte er Yeşar Ataböy die Haare und zog darauf mit ihm auf dem Gelände herum und stellte ihn als seinen Sohn Curt vor – Curt ist über Athen aus den Staaten eingeflogen worden, als Belohnung für Scott, weil er seinen Vertrag verlängert hat. Wie er so auf Scotts Schultern saß, sah der Junge aus wie ein Barbary-Affe, den Scott auf einem Erholungstrip nach Gibraltar oder Tripoli aufgelesen hatte – ein Barbary-Affe mit struppigem, kränklichgelbem Haar auf dem Kopf.

Sogar Q dachte, daß Scott jetzt wirklich zu weit gegangen war. Der General würde ganz sicher Wind von Scotts durchsichtiger Lüge bekommen, er würde ganz sicher sehen, wie er Yeşar huckepack über den Stützpunkt trug. Dann würde es aus sein mit der Maskerade, und Scott würde in den Staaten landen, entlassen aus medizinischen Gründen, mit einer kleinen Invalidenpension. Aber so kam es nicht. Curt – Yeşar – wurde von jedermann als Scotts Sohn akzeptiert, obwohl niemand wirklich glaubte, daß er es war, und je nachdem, wer von uns Nachtflüge zu machen hatte, wohnte der Junge drei oder vier Nächte in der Woche in meinem Wohnwagen und die restliche Zeit bei Scott und Q.

Das ist auch ein Grund dafür, daß ich noch nicht geschrieben habe, Malcolm. Yeşars häufige Besuche haben es mir schwergemacht, mich hinzusetzen und Dir zu schreiben. Ich kann das überhaupt nicht erklären – aber seine Anwesenheit im Wagen, seine Anwesenheit auf dem 10-10er Gelände – machte mir ein schlechtes Gewissen, weil ich Dir schreiben *wollte.* Ja, ich hatte, wegen dieses alten kleinen Jungen mit seinen schwarzen, raupenartigen Augenbrauen und seinem gelbsüchtigen Haar, größere Schuldgefühle, weil ich Dir schreiben wollte, als deshalb, weil ich es nicht tat.

Yeşar Ataböy wurde das Kind unserer Einheit. Die übrigen Piloten und ich waren ebenso seine Väter wie Scott, und nur Q schien eine ausgeprägte Abneigung gegen ihn zu haben. Eines Morgens, als Q sah, wie Scott mit Yeşar auf den Schultern geradewegs über die dampfende Rollbahn hinausging, schlug er Krach und ließ die beiden entfernen.

DER JUNGE IST EIN SPION! brüllte er von der Leiter an seinem Flugzeug herunter. ER IST EIN ARMENISCHER SO-

WJETSPION, UND ER WILL MIR EINE MINE IN DEN SCHLEUDERSITZ STECKEN! Weil Q seinen schwerfälligen Fliegeroverall trug, die Sichtscheibe an seinem Helm hochgeklappt, konnte er nichts anderes tun als seine Vorwürfe über den Asphalt schreien. Zwei Posten in einem Jeep eskortierten Scott und Yeşar jedoch von der Bahn herunter, und als sie verschwunden waren, half ich Q ganz in sein Cockpit hinein. (Ich war Flugsicherheits-Offizier in jenem Tag.) Q brummelte und nörgelte, wie wir doch die Sicherheit auf Incirlik vernachlässigten. Wir seien Penner, Idioten und Amateure.

DU KLINGST BALD GENAUSO PARANOID WIE SCOTT, sagte ich.

AM ARSCH, sagte Q.

ICH HÖRE MICH SELBST. DU HAST WAHRSCHEINLICH RECHT. ER *WILL* MEINEN ARSCH, *DAS* MEINE ICH. ER WEISS, DASS ICH IHN NICHT IM WAGEN HABEN WOLLTE, UND DESHALB SCHLEICHT ER NACHTS HIER DRAUSSEN HERUM UND MACHT SICH AN MEINEM FLUGZEUG ZU SCHAFFEN – UND SCOTT MACHT DAS AUCH. BETE ZU GOTT, RAY, DASS ICH NIEMALS MEINEN SCHLEUDERSITZ BRAUCHE, DENN WENN ICH DAS VERDAMMTE DING JEMALS ZÜNDEN MUSS, DANN WIRD ES MICH GERADEWEGS DURCH DIE NASE VON MEINEM BABY SCHIESSEN. SIE HABEN AN DER SPRENGLADUNG HERUMGEFUMMELT.

NEIN, DAS HABEN SIE NICHT. ICH ZEIG'S DIR.

NEIN! NICHT ANFASSEN! BLEIB DA WEG! Bevor er mit den diversen Checks anfing, die wir bei offener Haube machen sollen, schloß Q seine Sichtscheibe und klappte die Haube zu. Bald darauf bohrte sich das Heulen seiner Maschine in mein innerstes Ohr, und ich trat zurück, die Hände seitlich an den Kopf gelegt – das Geräusch klingt ein bißchen wie ein riesiger Staubsauger und ein bißchen wie eine Katastrophensirene. Als ich dort in dem heißen Wind auf dem Asphalt stand – daran erinnere ich mich –, da hatte ich ein bißchen Angst, Q könnte von diesem Flug nicht zurückkommen; es war eine seltsame Intuition. Aber er kam zurück, und danach war ich sicher, daß Q genauso verrückt war wie Scott. Vielleicht ist er noch verrückter.

Der Grund dafür, daß es mir gefällt, ist, glaube ich, daß man allein und unentdeckt ist – beim Fliegen, meine ich. Man ist allein und unentdeckt und sehr mächtig. Es ist sogar noch besser als die Träume, die ich immer habe, daß ich ohne Hilfe fliegen kann, indem ich mich nach Belieben in die Luft erhebe und meinen Körper ausstrecke. In diesen Träumen, Malcolm, bin ich immer im Hause. Ich kann von Zimmr zu Zimmer fliegen – oder Korridore entlang – oder um die Lampen und Kronleuchter in irgendeinem anonymen Landhaus herum –, aber ich kann niemals draußen fliegen. Draußen gibt es Bäume, Telefondrähte und – was das Schlimmste ist – Windströmungen, derentwegen ich meinen Flug nicht kontrollieren kann. Deshalb sehe ich mich, wenn ich vom Fliegen träume, immer knapp unter einer Decke – mit ausgestreckten Armen und eingezogenem Kopf, damit ich mich nicht am Putz über mir stoße. Ich fühle mich, wie die Gebrüder Wright sich mit ihrer Kitty Hawk gefühlt haben müssen: mächtig und glücklich, aber der Grenzen des Flugzeuges sehr bewußt.

Leute, die träumen, daß sie fliegen können – habe ich gehört – sollen Opfer eines „Überlegenheitskomplexes" sein. Ich träume häufig, daß ich fliegen kann – zumindest drinnen –, aber ich hatte noch nie wirklich das Gefühl, daß ich eine überlegene *Person* bin. Vielleicht bin ich ein überlegener Pilot, aber ich bin ganz sicher kein besserer Mensch oder ein besserer Christ oder ein besserer Vater. Ein Mensch, der träumt, daß er nur im Hause fliegen kann, muß wohl einige Zweifel an seiner Überlegenheit haben, meinst Du nicht auch? Ich glaube, ich bin bescheiden in den paar Dingen – eigentlich fällt mir jetzt nur das Fliegen von Regierungsflugzeugen ein –, bei dem ich vielleicht überlegen bin. Ich weiß, das klingt komisch, aber es ist wahr. Ich bin nicht einmal stolz darauf, daß ich in diesen Dingen – oder in diesem einen –, in denen ich vielleicht überlegen bin, bescheiden bin. Das Beste an mir, Malcolm, bist wahrscheinlich Du.

Aber dieses Flugzeug zu fliegen – man hat uns erzählt, daß die Russen es die Schwarze Dame der Spionage nennen, obwohl wir die U-2 seit kurzem silberblau anstatt schwarz streichen – ich nehme an, daß sie das nicht wissen – ist besser als träumen. Die U-2 zu fliegen ist besser als sich in einer Telefonzelle Strumpfhosen und ein Cape anzuziehen. In einem Druckanzug und einer zierlichen, kreuzförmigen Maschine ist man so nahe am Himmel, wie man es nur sein kann. Die Erde liegt unter Dir – entblößt, nackt und verwundbar –, und der Himmel umschließt Dich wie blaßblaue Zuckerwatte. Du hast das Gefühl, daß Gott Dein Copilot ist – das hat Du tatsächlich. Du hast das Gefühl – wie es in dem Pilotengedicht heißt –, daß Du oft die Hand ausgestreckt und Gottes Gesicht berührt hast. Aber Du fühlst auch Ehrfurcht und Demut bei diesen Gefühlen. Zumindest tue ich das – und das ist die Wahrheit.

Sie bezahlen mir nicht 30000 Dollar im Jahr dafür, daß ich dieses Flugzeug fliege, Malcolm. Sie bezahlen mir 30000 Dollar im Jahr dafür, daß ich dieses Flugzeug *über Rußland* fliege.

Sogar in den Nächten, in denen er in meinem Wagen schlief, gelang es Yeşar Ataböy, mir aus dem Weg zu gehen. Obwohl ihm seine Turnschuhe viel zu groß waren – keiner von uns dachte je daran, ihm welche zu kaufen, die besser paßten –, lief er damit so leise herum wie eine Kakerlake. Einmal in der Woche – an jedem Sonntag morgen – half Scott Yeşar dabei, sein Haar im Rahmen der inzwischen unnötigen Verschwörung gegen die Dienstvorschriften mit Superoxyd zu färben. Niemand fand es mehr notwendig, den Jungen Curt zu nennen – er war Yeşar, Scotts Sohn.

Q aber trank ein Sechserpack nach dem anderen und schlief mit einer 22er unter dem Kopfkissen – doch er bestand nicht darauf, daß der Junge nach Adana zurückgebracht wurde. Wenn es ihm wirklich schlecht ging, kaufte Q manchmal ein paar verschiedene Sorten von Betty Crockers Kuchenmischung im PX und verbrannte sie – oft ohne sie auszupacken – in seinem und Scotts Backofen. Damit konnte er Scott und Sohn in meinen Wohnwagen hinüberscheuchen. Scott machte das nichts aus. Solange er Yeşar bei sich hatte, wetterte er nicht so viel über Qs Schlampigkeit.

Ungefähr vierzehn Tage nach dem zweiten sowjetischen Satellitenstart – dem mit dem Hund – kam Q eines Abends herüber und erzählte mir eine seltsame Geschichte.

RAY, sagte er, SCOTT MACHT FÜR YEŞAR EINEN U-2-DRUCKANZUG. ER HAT EINEN VON UNSEREN GROSSEN ANZÜGEN ZUSAMMENGESCHNITTEN, UND ER MACHT SOGAR EINEN HELM FÜR DEN JUNGEN. DIE SICHTSCHEIBE IST AUS PLEXIGLAS, GLAUBE ICH, UND DER HELM HAT AUF JEDER SEITE DAS VOGEL-

ABZEICHEN VON DER ST. LOUIS CARDINAL FOOTBALL-MANNSCHAFT.

DAS IST WAHRSCHEINLICH BLOSS EIN GESCHENK, sagte ich. WAHRSCHEINLICH BEDEUTET ES ÜBERHAUPT NICHTS – EIN SPIELZEUG.

ICH TRAUE DIESEM SCHWEIN NICHT, RAY. ER IST EIN IRRER.

HAST DU IHN NACH DEM ANZUG GEFRAGT UND WARUM ER IHN MACHT?

ER SAGT, ER IST FÜR EINEN AFFEN.

FÜR EINEN AFFEN.

JA. ER SAGT, ER MACHT IHN FÜR EINEN AFFEN. ER SAGT, WENN DER RUSSISCHE HUND EINEN DRUCKANZUG GEHABT HÄTTE, HÄTTEN SIE IHN VIELLEICHT ZURÜCKHOLEN KÖNNEN. ER SAGT, EINES TAGES SCHICKEN DIE USA GANZ BESTIMMT EINEN AFFEN HOCH, UND ER HOFFT, EINEN FUSS IN DIE TÜR ZU KRIEGEN, WENN ER DEN ANZUG FERTIG HAT.

WAS FÜR EINE TÜR? IN WAS FÜR EINE TÜR WILL ER SEINEN FUSS KRIEGEN?

WEISS ICH NICHT. DIE RAUMANZÜGE-FÜR-AFFEN-TÜR VIELLEICHT. WER WEISS. ABER *ICH* SAGE, DER ANZUG IST FÜR YEŞAR, UND *MIR* GEFÄLLT DAS NICHT.

Ungefähr drei Tage nach meinem Gespräch mit Q sah ich Yeşar auf Scotts Schultern im PX. Der Junge trug dieselben Kleider, in denen er auf den Stützpunkt gekommen war, aber auf dem Kopf trug er einen umgebauten Football-Helm von St. Louis Cardinal mit hochgeklappter Plexiglas-Sichtscheibe. Ich sah, wie die rotweiße Schale des Helms – und das dunkle, grinsende Gesicht des Jungen darin – über einem der Stände mit Toilettenartikeln und Erste-Hilfe-Material dahinschaukelte. Scott kaufte wahrscheinlich Superoxyd – er kaufte oder organisierte ständig Superoxyd –; Q sagte, ihr Wagen sei voll davon. Aber weder Yeşar noch Scott sahen mich, und ich winkte ihnen nicht zu.

Am Wochenende nach Thanksgiving veranstalteten wir eine Pokerpartie in meinem Wohnwagen. Die Party war Scotts Idee, und er schickte uns allen Einladungen, die er in einem Laden in Adana hatte drucken lassen – an uns U-2-Piloten im Stützpunkt und an ein paar Leute vom Versorgungspersonal aus anderen Einheiten. Nicht alle kamen. Q war eingeladen, aber er schützte Unpäßlichkeit vor – ZUVIEL TRUTHAHN, sagte er mir am Morgen der Party. Zuviel hatte er wohl auch von Yeşar Ataböy, der auch unter den Gästen sein sollte. Deswegen hatte Scott die Party von seinem und Qs Wagen in meinen verlegt, obwohl er keine Zeit mehr hatte, die Korrektur drucken zu lassen und deshalb alle seine Gäste persönlich informieren mußte. Aber das verdarb ihm nicht die Laune, denn Q konnte ihn nicht mehr aufregen.

Scott brachte sämtliche Erfrischungen mit – Bier, Schnaps, Crackers, Käse, Chips, Dips, Sardinen, kalten Braten, Eis. Ich brauchte nur noch den Wagen für die Gäste zu öffnen und ein paar Klapptische aufzustellen; einen davon mußte ich mir leihen. Unter den Gästen waren – ich spreche von denen, die tatsächlich kamen – vier U-2-Piloten neben Scott und mir, Yeşar Ataböy mit seinem Football-Helm und Sergeant Frederic Sereno von der Funkereinheit des Stützpunktes.

Sereno war eingeladen, sagte Scott, weil er dauernd Heimweh hat. Er kam im Arbeitsoverall, aber selbst in diesem ausgebeulten Schlotteranzug war er noch so drahtig, daß es aussah, als wäre er an einem Ort aufgewachsen, wo die Schwerkraft außer Kraft gesetzt war. Scott hatte Mitlid mit ihm, weil seine Augen immer feucht waren – man hat schon gehört, daß er weinend zusammenbrach, während er Piloten im Einsatz irgendwelche Fluginformationen übermittelte. Urlaub nimmt er nicht, und gewöhnlich meldet er sich freiwillig zum Wochenenddienst, weil er glaubt, daß er so genug Urlaub sammelt, um die letzten zwei von seinen zwanzig Dienstjahren zu Hause verbringen zu können. Niemand kann ihm klarmachen, daß der Urlaub in dem Jahr, in dem er aufgelaufen ist, genommen werden muß, weil er sonst gänzlich verfällt – er sagt, sein hingebungsvoller Einsatz wird ihn von dieser Regelung befreien. Seine Einsatzfreude und sein weinerliches Aussehen haben ihn auf dem Stützpunkt ziemlich unbeliebt gemacht. Er ist gerade 24, aber seine Stimme klingt wie das Zischen einer Bisamratte – einer Bisamratte, die ihren mageren Kopf einen oder zwei Zoll aus dem Wasser streckt, in dem sie schwimmt.

Mein Wohnwagen war gedrängt voll, Malcolm. Der Boden bebte, wenn jemand sein Gewicht verlagerte oder den „Gang“

hinunter zum Bad torkelte. Von allen Piloten wollten nur Scott und ich wirklich Poker spielen – deshalb mußten wir Yeşar und Sereno zu uns an den Tisch beordern. Unsere Kollegen standen in der „Küche“, Gläser in den Händen, und tauschten Kriegsgeschichten aus. Scott ist der einzige von uns, der nicht in Korea gewesen ist – alle anderen waren damals Kampfflieger gewesen auf der F-4F.

Es fiel mir schwer, mich auf meine Karten zu konzentrieren, denn eine F-84-Kriegsgeschichte kann man nicht erzählen, ohne mit den Händen herumzusausen und Motor- und Maschinengewehrgeräusche zu machen.

L verschüttete dauernd seinen Drink, holte sich einen neuen und verschüttete ihn wieder – weil er mit der Rechten besser manövrieren konnte und weil es seiner Linken immer wieder mißlang, den Kanonen seiner Rechten auszuweichen. T zeigte allen, wie er einmal unter einer nicht vorhandenen Brücke über den Yalu-Fluß hinweggeflogen war, während B und LK Daumen an Daumen Überrollmanöver in Präzisionsformation ausführten. Das ging lange Zeit so, und sie wurden dabei immer lauter und immer heldenhafter. Ich habe dasselbe auch schon gemacht, Malcolm – es ist eine spannungslösende Kameraderie, in der jeder Mann beinahe ebenso allein ist, wie er es in 70 000 Fuß Höhe in einer silberblauen U-2 wäre. Aber Gott mischt sich in dieses Handgesause in geschlossenen Räumen nicht ein, und man kann noch am Steuerknüppel seine Drinks schlürfen. (Deshalb brauchen wir einen Offiziersclub auch dringender als eine Kirche.)

Dieses Gerede von Schnaps und Maschinengewehren erinnert mich daran, daß es Doozie nicht gefallen würde. Wenn Du diesen Brief gelesen hast, Mal, möchte ich, daß Du ihn verbrennst. Lies ihn noch einmal, wenn Du willst – lies ihn drei- oder viermal –, aber wenn Du fertig bist, lege diesen Brief unten in Deinen Blechpapierkorb und zünde ihn an. Wenn Du den Brief verbrannt hast, wird mein Verrat – beinahe jedenfalls – nur noch eine Frage von Mutmaßungen sein.

An meinem Kartentisch hatte Yeşar inzwischen mit seinem YOK angefangen. YOK, wenn er keine Karte mehr wollte. YOK, wenn er nicht bieten wollte. YOK, wenn man ihm etwas zu essen oder zu trinken anbot. YOK ist eine türkische Negation, Malcolm – es bedeutet NEIN oder GIBT ES NICHT oder, so wie Yeşar es anscheinend verwendete, auch ICH WILL NICHT. Für YOK warf der Junge seinen Kopf zurück, bellte dieses Wort heraus und starrte uns alle aus seinem Football-Helm heraus mit wildem, verächtlichem Ausdruck an. Scott hatte ihm das Pokern beigebracht – im Augenblick spielten wir Stud mit sieben Karten –, und jetzt war er dabei, so oft zu yokken und zu gewinnen, daß ich langsam glaubte, er habe seinen Helm aufgesetzt, um sich vor den wütenden Verlierern an unserem Tisch zu schützen. Aber eigentlich war ich der einzige wütende Verlierer – Scott genoß es, Yeşar gewinnen zu sehen, und Sereno war viel zu sehr mit seinem Heimweh beschäftigt, um auf irgendjemanden wütend zu sein.

ICH BIN DIE EINZIGE MENSCHENSEELE AUF DIESER PARTY, DIE ZEITSOLDAT IST, sagte er gelegentlich. ICH SOLLTE EIGENTLICH WIEDER IN DEN FUNKRAUM GEHEN.

TEIL AUS, befahl Yeşar Ataböy ihm dann.

Das Geyokke und Gesause um mich herum dauerte Stunden. Ich hatte Kopfschmerzen – zuviel getrunken –, und an unserem Tisch wölkte soviel Zigarren- und Zigarettenqualm vorüber, daß ich halb und halb glaubte, er stamme von den Flugzeugabstürzen, die meine Kollegen einander beschrieben. Hundert chinesische MIGs waren an verschiedenen Stellen rund um meinen Wohnwagen heruntergekommen und ausgebrannt, und jetzt verpesteten diese imaginären Metallhaufen die Luft mit ihren klebrigen Todesrülpsern. Um diesen Qualm aus seiner Lunge zu halten, ließ Yeşar seine Sichtscheibe herunter. Ich warf mein lausiges Blatt hin – eine Zwei, eine Drei und anderer Schrott –, kippte meinen Stuhl auf den Hinterbeinen zurück, so, wie Deine Mutter und Doozie es mir immer verboten haben – und sah meine Pokerpartner so niederträchtig und unfreundlich an, wie man es sich nur wünschen kann. Meine Laune war sehr unangenehm.

SCOTT, sagte ich, WIESO MACHST DU DEINEM KLEINEN AFFEN EINEN DRUCKANZUG?

WELCHEM KLEINEN AFFEN? fragte er.

DEM DA, sagte ich und nickte zu Yeşar Ataböy hinüber. ER HAT KEIN EIGENTUM DER US-REGIERUNG ZU TRAGEN, UND DU HAST DIESES EIGENTUM NICHT SO ZU ÄNDERN, DASS ES IHM PASST.

ICH HABE MARY GEBETEN, MIR DEN FOOTBALL-

HELM ZU SCHICKEN, sagte Scott gleichmütig. DAS IST KEIN REGIERUNGSEIGENTUM. DIE SICHTSCHEIBE AUCH NICHT – DIE HAT MIR MARY AUCH GESCHICKT.

Q SAGT, DU MACHST EINEN U-2-DRUCKANZUG FÜR YEŞAR.

Q IST FALSCH INFORMIERT, RAY. ICH MACHE EINEN RAUMANZUG FÜR DEN ERSTEN RHESUS, SCHIMPANSEN ODER SPINNENAFFEN, DEN DER NBAA IN DEN ORBIT SCHIESST – UND ICH BENUTZE YEŞAR ALS MODELL. DAS IST ALLES.

WIESO?

WEIL ER ANSCHEINEND UNGEFÄHR DIE RICHTIGE GRÖSSE HAT.

ICH MEINE, WIESO MACHST DU EINEN RAUMANZUG FÜR EINEN AFFEN? Scott starrte mich nur an – er lächelte matt. Ich sagte: IN WELCHE TÜR VERSUCHST DU DEINEN FUSS ZU KRIEGEN? Q SAGT, DU VERSUCHST DEINEN FUSS IN DIE TÜR ZU KRIEGEN.

DA HAT Q AUSNAHMSWEISE EINMAL RECHT. DIE TÜR IST DIE ASTRONAUTIK, RAY. DIE RUSSEN HABEN ZWEI SATELLITEN OBEN, UND DAS BEDEUTET, DASS DIE GUTEN ALTEN USA DASSELBE MACHEN MÜSSEN. NACH DEN UNBEMANNTEN SATELLITEN WERDEN WIR AFFEN SCHICKEN, DANN SCHICKEN WIR MENSCHEN. ES WIRD EIN NATIONALES RAUMFAHRTPROGRAMM GEBEN, RAY, UND ICH HABE DIE ABSICHT, EINER DER ERSTEN MENSCHEN ZU SEIN, DIE HINAUFGEHEN – DESHALB, WEIL ICH DEN RAUMANZUG FÜR DEN ERSTEN AFFEN GEMACHT HABE.

ABER WAS IST, WENN WIR EINEN HUND HOCHSCHICKEN, WIE ES DIE RUSSEN GERADE GETAN HABEN?

ES WERDEN AFFEN SEIN, RAY. AMERIKANER HABEN IHRE HUNDE VIEL ZU GERN, UM SIE INS ALL ZU SCHIESSEN. AFFEN SIND OKAY, WEIL SIE MEHR WIE MENSCHEN SIND.

ABER DU BIST EIN U-2-PILOT, KEIN ASTRONAUT.

ES GIBT NOCH KEINE ASTRONAUTEN – WIR SIND ES NOCH AM EHESTEN. DIESER JASPER MIT SEINEM BAL-

LON IM LETZTEN SOMMER ZÄHLT NICHT. Er sah mich scharf an. ABER WENN DIE RAUMBEHÖRDE ERST STEHT, DANN WERDEN SIE LEUTE WIE MICH SUCHEN – ICH ENTSPRECHE DEN ERFORDERNISSEN EINES SOLCHEN PROGRAMMS VOLLKOMMEN. ICH HABE ALLES, WAS DAFÜR NÖTIG IST. DAS ÜBERLÄSST MAN ABER NICHT DEM ZUFALL. WENN MAN UNTEN HINEINKOMMEN WILL, MUSS MAN ETWAS BEISTEUERN, EIN BISSCHEN PR MACHEN. DESHALB BENUTZE ICH YEŞAR ALS MODELL FÜR MEINEN AFFENANZUG – ES IST DER ERSTE SCHRITT, IHRE AUFMERKSAMKEIT ZU GEWINNEN. WENN SIE MICH ERST GESEHEN HABEN, RAY, DANN KOMME ICH SICHER HINEIN.

WEIL DU EIN MODELL-PILOT UND EIN MODELL-AMERIKANER BIST.

GENAU! ICH BIN EIN GUTAUSSEHENDER JUNGE, HABE EINE NETTE FRAU, ZWEI KOMMA DREI KINDER (er hatte ebenfalls eine Menge getrunken) UND BIN IN KANSAS AUFGEWACHSEN. DARUM WIRD ES JOHN SCOTT BROWN SEIN, DER ALS ERSTER SEINEN STIEFELABDRUCK IM SCHNEE DES MONDES HINTERLÄSST, RAY. ICH WERDE SAGEN: „HEILIGE SCHEISSE, ICH HAB'S GEMACHT!“ UND DAS FERNSEHPUBLIKUM DER GANZEN WELT WIRD MICH HÖREN, UND MEIN NAME WIRD UNVERGESSLICH WERDEN.

DEINE STIMME WIRD GAR NICHT DURCHKOMMEN, warf Sergeant Sereno ein. SIE WERDEN NUR STATISCHES RAUSCHEN HÖREN UND DAS PFEIFEN DER WASSERSTOFFATOME. Seine Augen waren mehr als gewöhnlich gerötet, vielleicht wegen des Tabakqualms, der in der Luft hing und jedesmal aufwirbelte, wenn jemand eine Handbewegung machte oder eine weitere Lungevoll dazublies.

SIE WERDEN DAS SINGEN DES ASTRONAUTEN-HELDEN SCHON HÖREN – UND SIE WERDEN MICH STRAHLEND AUF DEM MOND SEHEN.

WILLST DU DESHALB GEHEN? fragte ich.

NA KLAR UND UM HIER WEGZUKOMMEN. WOFÜR ES SICH AUCH LOHNEN MAG ZU LEBEN, ES MUSS DA DRAUSSEN SEIN, RAY – ES IST TODSICHER NICHT

HIER UNTEN. ABER DU WÜRDEST MICH NIE DAZU BRINGEN, DAS NOCH EINMAL ZUZUGEBEN, NICHT EINMAL MIT SPLITTERN UNTER DEN FINGERNÄGELN UND GLÜHENDEN ZANGEN AN DEN EIERN.

WAS HAST DU GESAGT? fragte ich und kippte überrascht meinen Stuhl nach vorn.

WIR SPIELEN JETZT STUD MIT FÜNF KARTEN, erwiderte Scott.

TEIL AUS, SERENO, BEVOR DU DAS GANZE ALLAHVERDAMMTE SPIEL AUFWEICHST.

Yeşar klappte seine Sichtscheibe hoch. NICHT ALLAH, sagte er und yokkte Allah aus seinem Dasein. GUTE GRUND SERGEANT HAT ZUM WEINEN. EGAL, WEICHE KARTEN – EGAL.

Der Junge gewann die nächsten vier Spiele, und dann sagte Scott, es sei nun Schlafenszeit für Yeşar. Er setzte ihn auf seine Schultern, lief im Entengang herum und schüttelte den anderen Gästen die Hände, versprach mir, am nächsten Morgen beim Aufräumen zu helfen und ging hinaus in die Dunkelheit, mit einem kleinen türkischen Affen auf dem Rücken. Ich sah, wie sie auf ihren Wohnwagen zuwankten – die Helmschale auf Yeşars Kopf schimmerte geisterhaft im schwachen Mondschein. Scott sang „Shine on, Harvest Moon" mit seinem wundervollen, betrunkenen Tenor.

Ein paar Tage, bevor ich diesen Brief anfing – etwa eine Woche nach dem Fehlstart des Vanguard-Satelliten –, verschwanden John Scott Brown und Yeşar Ataböy. Sie nahmen eine U-2 mit. Ich schätze, sie brachten das Flugzeug so hoch es ging – angestachelt von Scotts Angst vor dem im Entstehen begriffenen X-15-Programm der Air Force, von dem er neulich Wind bekommen hatte. Bei seinem Radiokontakt mit Sgt. Sereno meldete Scott, daß sie zehn Meilen hoch waren . . . dann zwölf . . . dann vierzehn. Sie waren dicht unter der Maximalhöhe der U-2, aber immer noch zogen Scott und Yeşar ihr Flugzeug höher.

WIR FLIEGEN ZUM MOND, habe Scott ihm gesagt, behauptet Sereno. DIE ERDE LIEGT UNTER UNS WIE EINE KRIEGSKARTE. SIE IST SCHÖN, ABER KALT – ALSO FLIEGEN WIR ZUM MOND.

AUF DEM MOND IST ES NOCH SCHLIMMER, habe er geantwortet, sagt Sereno. UND SIE HABEN NOCH NICHT EINEN BRUCHTEIL DES WEGES HINTER SICH. DER GENERAL BEFIEHLT IHNEN ZURÜCKZUKOMMEN.

SAG ALLEN, WIR GEHEN. SAG'S ALLEN, WENN WIR ANKOMMEN. ÜBRIGENS FLIEGT YEŞAR DIESES DING, UND ER UNTERSTEHT NICHT DEM BEFEHL IRGENDEINES OFFIZIERS DER US AIR FORCE. ER IST EIN TÜRKISCHER STAATSBÜRGER. ICH BIN KEIN SELBSTSÜCHTIGER SCHWEINEHUND, SERENO. ICH TEILE DEN RUHM.

BITTE, SIR, VERANLASSEN SIE DEN TÜRKISCHEN STAATSBÜRGER, SIE ZUM STÜTZPUNKT ZURÜCKZUBRINGEN.

GEHT NICHT, erwiderte Scott. ZUM MOND ODER NIRGENDWOHIN.

Sereno diskutierte, er flehte. Er sagte Scott, daß die U-2 – so brilliant konstruiert und leistungsfähig sie als Flugzeug auch sei – niemals für den Einsatz an der Grenze zum Weltraum gedacht gewesen sei, geschweige denn für das Vakuum zwischen Erde und Mond. Selbst wenn sie Scott und Yeşar durch eine phantastische Erweiterung ihrer Steigfähigkeit bis in die Stratosphäre, die Thermosphäre und die Exosphäre (!!!) hinaufbrächte – all das war so unwahrscheinlich, daß Sereno weinen mußte, als er die Irrationalität von Scotts Hoffnungen umriß –, dann würde das Flugzeug in diesen schwindelerregenden Höhen immer noch *manövrierunfähig* sein. Es *war* schließlich immer noch ein Flugzeug und kein Raumschiff, und die geringe Dichte der Atmosphäre bei hundert Meilen und mehr würde die weiter steigende, laut bebende U-2 in ein „ungesteuertes Geschoß" verwandeln. Ihre Flügel wären ein tödliches Versprechen, und ihre Maschinen wären etwa so nutzlos wie die Pedale eines Fahrrades. Yeşar würde irgendwo über Scotts Knien herumschweben, ebenso alle ungesicherten Ausrüstungsgegenstände, die ein U-2-Pilot für den Fall eines Absprungs oder einer Notlandung mit sich führt. Wenn die Sitztasche, die diese Ausrüstung enthielt, sich löste, dann könnte man sich leicht vorstellen, wie Passagier und Pilot – ganz gleich, wer nun was war – von schwimmenden Signalraketen, Ringen und Armbanduhren, ausländischem Geld (Münzen und Noten), Wasserreinigungstabletten und einem Sortiment von folienverpackten Kondomen umgeben wären. Pilot und Passagier würden in die äußere Atmosphäre gelangen, umgeben von einem so banalen und irdischen Durcheinander, daß ihr Tod jegliche Romantik verlieren würde. Sie wollten doch nicht, daß das passierte, oder. Sereno zischte sie durch sein Radio an und versuchte, sie zum Stützpunkt zurückzulocken, indem er ihnen den schändlichen, glanzlosen Tod beschrieb, den sie zu erwarten hätten – Sereno ist ein Mann mit einiger Überzeugungskraft, sollte ich vielleicht hinzufügen, wenn seine Tränen und sein Flehen sich in einem ehrlichen, von Herzen kommenden Appell vereinigen.

Aber John Scott Brown lachte den Funker aus. Sie hätten nichts von diesem banalen Erdenmüll mitgenommen, sagte er – überhaupt nichts. Statt dessen hätten er und Yeşar das Flugzeug insgeheim für den Trip zum Mond modifiziert. Sie hätten ihre Arbeit nachts verrichtet, und die letzten physikalischen Korrekturen am Flugzeug hätten sie mit einem Timing von Sekundenbruchteilen und mit solchem Professionalismus vollzogen, daß sie nicht nur Q, sondern auch die bewaffneten Wachen auf dem Flugfeld an der Nase herumgeführt hätten. Die U-2 sei jetzt mit sechs kleinen Steuerdüsen an Flügeln und Leitwerk ausgerüstet, und diese würden in der Mesosphäre die Steuerfunktionen von Tragflächen, Höhen- und Querrudern übernehmen. Ihr Flugzeug sei ganz und gar kein „ungesteuertes Geschoß“ – es sei ein Raumschiff. Tatsächlich hatte Scott die Idee mit den Düsen an Tragflächen und Leitwerk von dem Entwurf für das X-15-Raketenflugzeug gestohlen, das bei North American Aviation gebaut wurde.

TREIBSTOFF, hielt Sereno ihm entgegen. WAS BENUTZEN SIE ALS TREIBSTOFF? EIN TANK VOLL BENZIN BRINGT SIE NICHT ZUM MOND UND WIEDER ZURÜCK.

DAFÜR HABEN WIR GESORGT.

WIE, SIR? WIE HABEN SIE DAFÜR GESORGT?

ERSTENS, SERENO, KOMMEN WIR NICHT ZURÜCK. DARUM BRAUCHEN WIR AUCH KEINE ARMBANDUHREN, RUBEL ODER PARISER. ALLES, WAS WIR BRAUCHEN, IST BRENNSTOFF FÜR DEN EINFACHEN FLUG, UND DEN HABEN WIR. An dieser Stelle wurde der Empfang schlechter, es krachte, zischte und rauschte.

DEN EINFACHEN FLUG, rief Sereno.

DEN EINFACHEN FLUG ZUM GLANZ DES RUHMES. WIR HABEN EINEN KONVERTER IN DEM RUMPF DIESES BABYS EINGEBAUT, DER WASSERSTOFFSUPEROXYD IN BRENNBARE GASE UMWANDELT, SERENO, UND WIR HABEN GENUG SUPEROXYD AN BORD, UM UNS WEIT, WEIT WEGZUBRINGEN – NUR NICHT ZURÜCK. Dann schwand Scotts Stimme, und Sereno konnte nichts mehr von ihm oder Yeşar Ataböy auffangen. Die U 2 war verschwunden.

Und Serenos Geist ist ihnen zum Mond gefolgt – er versucht nicht mehr, von hier, vom Stützpunkt in der Türkei, nach Hause zu kommen. Er versucht es jetzt von einer Funkstation im Mare Fertilitatis aus.

Dort sind Kondome nicht gestattet, sagt er. Und auch nicht notwendig.

Neben dem, was ich anfangs zitiert habe, Malcolm, hat Paulus von Tarsus auch einmal geschrieben:

> Nicht alles Fleisch ist dasselbe Fleisch, sondern ein anderes ist das von Menschen, ein anderes das von Haustieren, ein anderes das von Vögeln, ein anderes das von Fischen. Und es gibt himmlische Körper und irdische Körper; doch ein anderer ist der Glanz der himmlischen, ein anderer der Glanz der irdischen. Ein anderer ist der Glanz des Mondes, ein anderer der Glanz der Sterne; denn ein Stern unterscheidet sich vom anderen im Glanz. So ist es auch mit der Auferstehung der Toten. Gesät wird in Unansehnlichkeit, auferweckt in Herrlichkeit; gesät wird in Schwachheit, auferweckt in Kraft; gesät wird ein sinnenhafter Leib, auferweckt ein geistiger Leib.

Dies – so steht es in meiner Ausgabe von der *Bibel, als lebendige Literatur zu lesen* – stammt aus den Briefen Paulus' an die Korinther. (Tarsus ist nur 43 Kilometer entfernt.) Ich habe einen Grund, diese Passage zu zitieren – ganz bestimmt –, aber es fällt mir schwer, darüber nachzudenken. EIN EINFACHER FLUG ZUM GLANZ DES RUHMES, hat Scott zu Sereno gesagt. Und jetzt ist er tot, ohne viel Hoffnung auf die Auferstehung, zumal die Air Force und die CIA nicht die Absicht haben, sein irrsinniges Unternehmen an die Öffentlichkeit dringen zu lassen. Mary, Curt und Cathy wird man kaufen, und so wird niemand davon wissen. Welch ein Ruhmesglanz. Nun, der Preis hier in Incirlik ist wohl 30 000 Dollar im Jahr. Mit seinen künstlichen Augen, seinem Haarnetz und seiner Gesichtscreme war Scott als sinnenhafter Leib gesät – meine Gründe für das Zitat werden mir langsam wieder klar, schäbig und verspätet –, aber in letzter Zeit ist er in mir als ein geistiger Leib wieder auferweckt worden. Ich glaube – ich bin nicht sicher, ich habe Schwierigkeiten damit –, ich hoffe, Du versuchst mir zu helfen, Mal.

Weihnachten ist längst vorüber. Die zwei Wochen, die jetzt vergangen sind, könnten ebensogut zweitausend Jahre sein – den ganzen Weg zurück bis zu der ursprünglichen Geburt, über die Leichen von zweihundert brutalen und wunderschönen Jahrhunderten. Ich glaube, ich habe in dieser Zeit ein paar Einsätze geflogen, aber ich kann es nicht mit Sicherheit sagen. Vielleicht haben John Scott Brown und Yeşar Ataböy auch niemals existiert – aber der Beweis des Gegenteils ist die Tatsache, daß Q zur Zeit keinen Mitbewohner hat und daß uns anscheinend ein Flugzeug fehlt. Ich nehme an, das ließe sich damit erklären, daß unsere U-2s häufig zwischen hier und Atsuki in Japan oder zwischen hier und Lahore und Peshawar in Pakistan hin und her pendeln – vielleicht wurde Scott zeitweilig zu einer anderen Einheit versetzt. Sie hätten gern, daß wir das glauben. Ich glaube es nicht. Meine ganze armselige Hoffnung hängt in diesen Tagen an der lächerlichen Überzeugung, daß Scott und Yeşar weit genug nach draußen gelangt sind, um die Veränderung ihrer Substanz zu erreichen. Ich verbringe viel Zeit damit, den Mond anzusehen, zu versuchen, sein Geheimnis zu entdecken.

So dieser Brief, voll mit Geheimnisverrat und melancholischer Religion, ist mein verspätetes Weihnachtsgeschenk für Dich. Ich muß Dir von meiner tiefen, schmerzhaften Liebe zu Dir erzählen, und ich bitte Dich inständig, hoffnungsvoll in Deine Zukunft zu schauen. Du bist aus Kansas, nicht wahr? Stelle Dich in den Mittelpunkt, ohne Arroganz. Alles ist am Ende miteinander verwoben, und Du mußt daran glauben, daß Du einer der Fäden in diesem Teppich bist – und ein wichtiger, wenn auch vielleicht nur für Dich. Glaube etwas anderes, und Du wirst mehr entwirren als den Faden im Gewebe dessen, was Du bist – Du entwirrst Zusammenhänge, die größer sind als Du. Darum scheinen sich – heute – so viele Dinge zu entwirren.

Verbrenne diesen Brief. Morgen reise ich nach Deutschland. Wenn Kinder, dann auch Erben. Vergiß nicht, das hier zu verbrennen.

In Liebe, PAPA

Schaudernd las ich diesen Brief von meinem Vater ein zweites, drittes und viertes Mal. Dann warf ich ihn in den Blechpapierkorb, den wir aus unserem Quartier in Edwards Air Force Base mitgenommen hatten, und hielt ein Streichholz darüber. Aber ich konnte es nicht hineinfallen lassen. Ich holte die Blätter wieder aus dem Papierkorb und versteckte sie in meinem Zimmer.

Am letzten Tag im Januar 1958 brachte eine Jupiter-C der Armee den Explorer I in den Orbit, und die Vereinigten Staaten waren nunmehr offiziell zusammen mit der Sowjetunion im All. Meine Aufregung war echt. Obwohl mein Vater mir nicht noch einmal schrieb, dämpfte dieser amerikanische Erfolg zusammen mit dem Brief, den ich in einer Schreibtischschublade aufbewahrte, meine Depressionen und untergrub meine Verbitterung. Ich zweifelte nicht daran, daß mein Vater mich liebte und daß deshalb die Gerechtigkeit in den internationalen Angelegenheiten den Sieg davontragen würde.

Erst im Sommer, während der jährlichen Pioniertage in Huerfano, kam ein Mann von Wichita herunter, um Theodosia und mir zu sagen, daß mein Vater auf einem routinemäßigen Wetterflugeinsatz über dem Nahen Osten vermißt sei. Weil er schon seit zweiundsiebzig Stunden überfällig war, sah es nicht sehr gut aus. Es ergab sich, daß Wesley Ray Weir nie mehr nach Hause kam. Nichts davon gelangte jemals in die Zeitungen, und ein wesentlicher Trost hat für mich stets in dem Glauben gelegen, daß er übergelaufen ist – nicht zu irgendeiner politischen Macht, sondern zu einer Unverweslichkeit, die nichts mit dieser Welt zu tun hat.

Und ich war nie religiös.

Gero Reimann

Jenseits des Rheins

Der Hügel lag an der Rue des Crêtes, etwa zwölf Kilometer von Aurillac entfernt. Wir hatten unseren japanischen Wagen unten an der Straße geparkt und waren das kurze Stück bis zur Wiese hinaufgegangen – nachdem ein Versuch, den Wagen hinaufzufahren, gescheitert war. Die Antriebsräder hatten wegen des steilen Anstiegs des Feldwegs durchgedreht und den sandigen Boden aufgewirbelt.

Sie hatte auf der Decke ausgestreckt dagelegen und im achten Band der Hanser Jean-Paul-Ausgabe, im *Kampaner Tal,* gelesen.

Währenddessen versuchte ich den Pfosten des Gatters mit dunkelgrünem Buntstift auf dem matten Aquarell-Bütten-Papier nachzuzeichnen. Einen abgestorbenen, vertrockneten Pfosten, der sich über einem Tal in den Himmel reckte, umwunden von Stacheldraht, dessen Enden wirr durch die feine Struktur der Gräser führten und dann abrupt aufhörten.

Nach einigen weiteren Versuchen kapitulierte ich vor der Schönheit des feingemaserten Papiers und der Schönheit des simplen, grasumwucherten Pfostens.

Ein Bauer kam mit einem Trecker vorbeigefahren. Nebenher lief ein kleiner, spitzköpfiger Hund, der uns aus gebührendem Abstand betrachtete und beschnüffelte, zu dem Bauern hochsah und dann, als hätte er von diesem eine beruhigende Zusicherung erhalten, weiterlief. Der Bauer murmelte beim Vorbeifahren etwas wie „Il va pleuvoir“ in hartem auvergnatischem Dialekt, grinste uns kurz zu und fuhr weiter.

Der dachte wohl, wir wollten auf seiner Wiese einen wegstekken – der alte Knatterfrosch. Dabei hing ich voll in den Gräsern und verästelte mein Gemüt in dermaßen feinen Strichelchen, daß ich mit dem Anspitzen kaum noch nachkam, so oft brachen meine Gedankenspitzen ab. Sicher, weil ich sie zu fein zuspitzte.

Aus dem Tal hallten vereinzelt Geräusche herauf. Tönende Fluchtlinien, die sich verliefen wie die Faserspitzen der Grashalme in einem leicht bewölkten Himmel. Das Kläffen eines Köters.

Das Klappern metallenen Geräts. Das Klingeln der Glocken einer mittagsmüden Kuhherde. Das Klopfen eines Traktors, mit dem ein Bauer an einem weit entfernten Hang hin und her fuhr, um das Heu zu wenden. Gelegentlich fuhr unten an der Straße ein Auto vorbei.

Meine Wahrnehmung erschien mir weitaus schärfer als gewöhnlich, wohl wegen der gleichförmigen Landschaft und wohl auch wegen der Anspannung meiner Muskulatur durch die Zeichenversuche. Ich sah aus nächster Nähe die Poren ihrer Nase, sah feinste Härchen auf der Haut, strich ihr zart über die Augenbrauen und über die Lippen. Die öffneten sich, und da ich sie von oben her sah, konnte ich keinen Gesichtsausdruck dieser kleinen Muskelbewegung zuordnen.

„Was meinst du, wieviel Strahlung mögen wir abbekommen haben?“ sagte sie.

Strahlung, als bildeten sich in den Poren der Haut unsichtbare molekulare Prozesse heran. Als wären die Sommersprossen auf ihrer Nase das erste zarte Wuchern eines Hautkrebses.

„Keine Ahnung“, sagte ich.

Froh sein, dem Inferno jenseits des Rheins entkommen zu sein? Sollten wir das? Und alles, was wir gekannt hatten, was unseren Berufsalltag ausgemacht hatte, war hin, war Wüste, war Strahlung.

Meine Gedanken zerfaserten sich, so starr schaute ich in das Gewirr der Grashalme. Wenn ich mir jetzt ein Stück von dem Stacheldraht um die Rübe wickle, bin ich ein Jesus. Und wenn sie ihn dann mit herrischer Geste herunterreißt, werde ich wiedergeboren. Dann kommen die Franzosen wieder zu einem Papst. St. Geraud II.

„Was soll’s, hast du noch ein Stück Käse?“

Sie schob mir das zerknautschte Päckchen rüber. Ich wickelte den schimmligen Bleu d’Auvergne aus und mampfte mit Hilfe eines Stückchen Weißbrots einige Bröckchen hinunter. Der schmeckte schon arg verwest.

Sie legte das Buch zur Seite ins Gras und sah mich an. Dachte, was für ein armes Schwein ist er doch. In ihm brodelt es rum, er traut sich in seiner Panik mit seinen Gedanken nicht an die Realität ran, und wenn er dann doch ranstößt, zuckt er zusammen, mampft unverdrossen und lächerlich naiv anzusehen den verschimmelten Käse rein. Und schon wuchert es wieder in ihm los. Wenn eine Uhr längere Zeit in einem Raum tickt, stellt die Automatik in deinem Hirn das Ticken bald ab. Wenn jenseits des Rheins Präventivschlag und Gegenschlag das Gelände einäschern und du liegst in der Auvergne, dann hörst du das Klappern der Kuhglocken auch nicht mehr. Du bist im Kampaner Tal. Nur keine Gedanken hochkommen lassen. Halte den Augenblick, halte ihn.

Sie spürte, wie ihr gleich diese blöden Tränen in die Augen treten würden, wie mit Fußtritten hineingestampft, und wandte sich ab, damit er sie nicht sehen sollte. Er hätte dann wieder den Spruch drauf, daß Tränen auch nichts brächten, und würde sich an diesem Gedanken über seine Panik mannhaft hinwegsetzen. Kurzfristig, bevor der Jammer ihn zu ihr trieb wie ein blindes Kaninchen und sie das große Schmusetier abgeben mußte. Sie hatte zwar, als sie die Nachricht in Aurillac mitbekamen, gesagt, daß sie es nicht fassen könne, wie sie dann abends in dem Straßencafé saßen, gegenüber von dem verschlossenen Park, und er sein Guiness, sein teures Guiness schlürfte, sie hatte es aber erfaßt. Das machte sie fertig. Ihn machte, so schien es ihr jedenfalls, vor allem fertig, daß sie wirklich fertig war, fertig mit achtundzwanzig Jahren mehr oder minder geordneten Lebens. Das bezog er auf sich und warf ihr bei jeder Träne vor, daß sie sich nicht zusammennehmen könne – und verfiel immer mehr.

Schließlich gab es die Strahlung kostenlos und kein Benzin mehr. Sie könnten das Gaspedal nochmal kräftig durchtreten und aus einer Kurve in einen Vulkankrater hinunterstürzen. Aber das Leben ging weiter. Sie könnten sich melden und in der Bürokratie liebenswerter französischer Hilflosigkeit etwas tun, was den Anschein der Nützlichkeit hätte. Sie könnten wandern, schlafen und weiterleben. Sie könnten . . .

Er drehte sich um und sah ihr grünes Kleid. Die beiden Träger, die sich auf ihren braunen Schultern kreuzten und die er immer festknöpfen mußte, wobei ihn Zärtlichkeit überkam. Er sah ihren menschlichen Körper auf einer Wiese auf einer verblichenen rosa Wolldecke. Einer dünnen.

Die Haßorgie auf die Verantwortlichen war nun zu spät. Sie würde dann sagen: Jetzt ist es zu spät. Eine neue Situation erfordert neue Bedingungen. Neue Empfindungen. Vielleicht würde man mal in Afrika, so die nicht den ganzen Scheiß in die Luft jagten, ihre Liebesgeschichte lesen und aus großen, dunklen Augen Tränen weinen. Tränen über die Schlachtfeld-Europäer und ihre Strahlen- und Feuerbombentoten und ihre leukämischen Kinder, deren Chromosomen das Verhängnis gespeichert haben würden.

„Komm", sagte er, „es wird etwas kühl, laß uns weiterfahren. Wir brauchen ein billiges Hotel für die Nacht."

Hoffentlich hatte der Bauer unrecht, und es regnete nicht. Sie fuhren weiter in die Zukunft. Mit 85 PS, die unheimlich schnell das letzte Benzin aus dem Tank schlürften.

Gerd Maximovič

Die neuen Menschen

Die Wohnung, in die Dr. Glanable eintrat, wies einen geräumigen Flur auf, der jetzt mit Polizisten gefüllt war. Es waren zumeist junge Männer, ungepflegt und struppig, die, als würden sie einen Anhalt suchen, die Maschinenpistolen unter die Achseln klemmten. Crossen, der Polizeioffizier, der den Einsatz geleitet hatte, winkte Glanable den Flur hinunter. Im Vorbeigehen konnte Glanable spüren, wie diese in Lederjacken gekleideten jungen Polizisten ihre Angst ausgeschwitzt hatten.

Vom Flur führten mehrere Türen ab, die zum Teil angelehnt, zum Teil geschlossen waren. Die Türe ganz hinten war weit geöffnet. Schon beim Nähertreten konnte Glanable sehen, daß die Türe, in der Crossen stand, zum Schlafzimmer führte. Crossen war über die Türschwelle getreten. Glanable folgte ihm, indem er sich an einem jungen Polizisten vorbeidrängte. Mit einem Blick hatte er das Schlafzimmer übersehen, den großen Schrank mit dem Spiegel in der Mitte, das Fenster mit den wehenden Gardinen und unter dem Fenster ein Bett, an dessen Fußende man einen tragbaren Fernseher sehen konnte, mehr eine breite Liegewiese, von der jetzt ein Polizeireporter, der sich Kameras und Batterien um den Hals gehängt hatte, und zwei Polizisten zurücktraten.

Auf dem Bett lagen zwei nackte, in sommerliche Laken gewikkelte Gestalten, die wie in Panik unordentlich über das Bett verstreut waren. Es waren ein Mann, er lag mit dem Gesicht nach unten, und ein Mädchen, sich halb von ihm abwendend, wie zur Flucht entschlossen. Glanable kannte das Mädchen. Es war eines der Mädchen, die Maren aus dem Glaskolben entführt hatte. Man konnte Marens Rücken sehen. Er war von einer Garbe, die aus einer Maschinenpistole gekommen sein mußte, geöffnet. Der linke Arm Marens baumelte über die Kante des Bettes, der andere war zum Kopfkissen erhoben, als habe er zum Fenster hinaufkriechen wollen, bevor ihn die Kugeln trafen.

Glanable konnte die Augen des Mädchens sehen. Sie waren weit geöffnet, und sie schien auf einen Vorgang, den sie absolut nicht verstehen konnte, zu starren. Ihr Gesicht war wächsern. Über ihr Kinn hatte sich ein dunkelrotes Rinnsal, das bereits erstarrt war, gezogen. Das Blut der beiden war überall auf dem Bett und auf dem braunen Teppichboden zu sehen. Es schien, als hätte man es eimerweise vergossen. Glanable suchte vergebens nach Anzeichen, die darauf hinwiesen, daß die beiden bewaffnet gewesen wären.

Glanable war um das Bett herumgegangen. Neben dem toten Maren kniete er nieder. Er betrachtete dessen Gesicht von der Seite. Marens Mund war geöffnet, als habe er im letzten Augenblick noch etwas geschrien. In dem einen großen Auge, das gläsern über den Teppich starrte, war ein Ausdruck des Entsetzens und der Panik zu lesen. Ohne daß er es verhindern konnte, hatte sich Glanables Nacken mit einer leichten Röte überzogen. Crossen hatte die Betroffenheit Glanables gesehen und äußerte einige bedauernde Worte, in denen er die Notwehr, in der seine Beamten gehandelt hätten, hervorkehrte. Glanable, als er hinausging, seine toten Geschöpfe im Rücken, nickte.

Es war eine Regierungsidee gewesen, daß man versuchen sollte, künstliche Geschöpfe in der Retorte herzustellen. Dabei war es nicht, wie bei früheren medizinischen Versuchen, darum gegangen, das befruchtete Ei außerhalb des Mutterleibs auszubrüten oder bloß die Vereinigung dort zu vollziehen, sondern man war davon ausgegangen, daß es mit einem neuen Wirkstoff, einem schnellen Katalysator, gelingen mußte, den Wachstumsprozeß des menschlichen Körpers, die neun Monate und die vielen Jahre, mittels der Fermentsteuerung auf wenige Monate abzukürzen.

Man hatte in Washington ein streng geheimes Laboratorium eingerichtet. Der Kern dieses Labors war ein geschlossener Versuchsraum, in dem mehrere zylindrische Kolben untergebracht waren. Jeder dieser Kolben hatte eine Höhe und einen Durchmesser von etwa drei Metern. Nach oben hin wurden die Kolben schmaler, wo sie in eine birnenförmige Verengung ausliefen. In jeden der Kolben führte ein Gewirr von Kabeln, Spulen, Drähten sowie von Schläuchen, durch die die Nährflüssigkeit, die man in Behältern an der Decke untergebracht hatte, tropfte.

Man war in genetischen Manipulationen schon so erfahren, daß man das Wachstum der künstlichen Menschen von Anfang bis zu Ende über Matrizen, die ihre Impulse in eine künstliche Hefe gaben, steuern konnte. Die Steuerung übernahm ein Computer, der die Hälfte des Labors bedeckte. Der Sinn des Experiments, und darum war strikte Geheimhaltung beschlossen worden, lag darin, schnell und in beliebiger Menge neues Menschenmaterial herzustellen. Es mußte, da das Experiment an alle ethischen Grundsätze, an die die Menschheit bis dahin glaubte, rührte, der Versuch in aller Stille durchgeführt werden. Auch sah man ein, daß man dem Gegner im Falle eines Krieges diesen unermeßlichen Vorteil, das Menschenmaterial betreffend, nicht in die Hände spielen durfte.

Glanable und seine Mitarbeiter waren mit den ersten Wachstumsraten sehr zufrieden. Schon nach wenigen Stunden konnte man das Entstehen der künstlichen Geschöpfe in der Hefe auf dem Boden der Behälter sehen. Rasch, fast wie im Zeitraffer, durchliefen sie alle Stationen, worin Menschen sich entwickeln. Über die gläsernen Wände war das Pochen der künstlichen Herztöne zu hören. Regelmäßig wurden die Zylinder gewiegt und geschaukelt, wurden Luft, Druck und Temperatur verändert, damit das entstehende Leben eine normale Entwicklung nähme.

Nach zwei Wochen war der Zeitpunkt der Geburt für die neuen Menschen gekommen. Man hatte sie abgenabelt und begann, sie mittels einer Apparatur, die es ihnen ermöglichte, sich über einfache Reflexe, die sie bereits erlernt hatten, selbst Nahrung zuzuführen, zu ernähren. Obwohl sie fast täglich größer wurden und sichtbar wuchsen, verlief ihr Leben nicht viel anders als das hilfloser Babys, die in gewisser Weise nicht mehr sind als reine Verdauungsmechanismen.

Der kritische Punkt des Experiments war das Gehirn der künstlichen Menschen. Es war, im Prozeß der körperlichen Reife, mitgewachsen, ohne daß es sich mit den in achtzehn Jahren sich ansammelnden Impulsen eines normalen Lebens hatte anreichern können. So waren, nach zwei Monaten und einigen Tagen, als die körperliche Entwicklungsphase abschloß, die Mädchen und die jungen Männer, von denen einige zu beachtlichen körperlichen Proportionen gezüchtet waren, in ihrer geistigen Entwicklung weiße, unbeschriebene Blätter, auf denen man einen beliebigen Text eintragen konnte.

Es würde, hätte man die geistige Entwicklung der neuen Menschen in dem angemessenen Tempo, das normale Menschen durchlaufen, nachholen wollen, Jahre gedauert haben, bis die neuen Menschen ihren körperlichen Entwicklungsstand auch geistig aufgeholt hätten. Zudem hätte dies bedeutet, daß man den zeitlichen Vorsprung, den man ja in Hinblick auf die Wachstumsraten der neuen Menschen gerade hatte herausholen wollen, wieder verloren hätte.

Darum hatte man ein Verfahren ersonnen, wie mittels einer komplizierten Traummaschine das Bewußtsein hervorragender Menschen auf die künstlichen Menschen übergreifen sollte. Das Problem bestand darin, daß die Maschine wohl einzelne Informationen und Bündel von Informationen übertragen konnte, daß sie es aber nicht vermochte, Querverbindungen und Assoziationen, die die Gehirne selbst leisten mußten, zu erzeugen.

Man hatte die Traummaschine mit zwei verschiedenen Programmen gefüttert, eins für die drei jungen Männer, eins für die Mädchen, so daß sie also, wenn das Experiment gelingen sollte, geistig völlig gleichartig wären, was ja, wenn man an die militärischen Zwecke dachte, ein durchaus erwünschter Aspekt der Angelegenheit wäre. Die Einspeisung der Gedanken wurde an einem Schaltpult, das mit dem Computer gekoppelt war, vorgenommen. Man konnte den Vorgang, wie die seidenweichen Matrizen in den Gehirnen der neuen Menschen umgeblättert wurden, auf einem Kontrollmonitor sehen. Man konnte den neuen Menschen gleichsam in ihre, auf dem Schirm freilich zu Zwecken der Unterscheidung, eingefärbten Gehirne sehen.

Da die Traummaschine über eine große Kapazität verfügte, war für den Prozeß der Organisierung des Bewußtseins ein Zeitraum von etwa zwei Stunden angeschlagen. Es versteht sich, daß man die Gehirne von unten, aus dem Hirnstamm, vom Geruchssinn, von den Gefühlen und Emotionen her aufbaute. Wenn man den jungen Menschen zusah, konnte man sehen, wie der Prozeß ihrer eigenen Bewußtwerdung auf sie wirkte. Fast gleichzeitig hatten sie begonnen, über ihre nackten, jungfräulichen, rosigen Körper zu tasten. Eben noch die Daumen in den Mündern, waren sie nun zur Erforschung ihrer nächsten Umwelt aufgebrochen. Dies taten sie noch mit geschlossenen Augen. Aber selbst, als sie jetzt zögernd, blinzelnd die Augen aufschlugen, konnte man bereits einige Unterschiede erkennen.

Ein junger Mann in dem rechten Kolben, dessen Bewegungen, mit denen er seinen Körper ertastete, sehr langsam gewesen waren, eher zögernd, als würde er an sich selbst nicht glauben, öffnete nur halb die Augen, in denen die Augäpfel sogleich verschwammen. Über ihn hinweg lief gleichsam die Maschine, die weitere Impulse in ihn preßte, als er in seiner großen Flasche bereits auf den Boden hinabgesunken war. Jeder neue Impuls, der in seinen Kopf einlief, schien ihn wieder ein wenig aufzurichten, doch fiel er nach jeder Informationsflaute erneut in sich zusammen.

Die beiden anderen jungen Männer entwickelten sich zunächst prächtig. Sie hatten ihre Augen weit geöffnet, als gelte es, eine Welt für sich zu entdecken. War der Ausdruck ihrer Augen zuerst noch trübe und verschwommen und hatten die Linsen sich erst einmal auf die Umgebung einstellen müssen, so wurde er jetzt zunehmend schärfer und präziser, begannen sie, wie man an ihren Blicken merken konnte, selbst die gläsernen Kolben, in denen sie gefangen waren, als ihre Umgebung wahrzunehmen, zugleich mit dem Hinweis, daß sie ihr Gefängnis bald verlassen würden.

Der mittlere junge Mann schien am weitesten zu kommen. Sein Gesicht war ganz frisch und rosig. Seine Augen glänzten. Er machte den Eindruck eines eifrigen Schülers, der mit Riesenschritten durch den Stoff eilt und sich der Fortschritte, die er macht, bewußt wird. Wenn man sein Gesicht ansah und insbesondere seine Augen, so wirkte er wie eine Einbahnstraße, durch die man unbeirrt und mit wachsendem Tempo fahren konnte. So stark und sicher war er schon geworden, daß man denken mochte, er würde schon im nächsten Augenblick Einhalt gebieten, um den gläsernen Kolben zu verlassen.

An dieser Stelle war, als hätte eine Wolke das Labor verdunkelt, ein Schatten über sein Antlitz gefallen. Seine Augen, die die Welt noch eben gesehen hatten, als würde sie immerzu hell erstrahlen, hatten geflackert. Es schien tatsächlich, als würde das Licht, das ihm von innen heraus strahlte, mit seinen Helligkeitswerten schwanken. Ein rätselhafter Ausdruck war in seine Augen getreten. Es war ein wenig, als drängten sich alle ungelösten Fragen dieser Erde, als müsse ausgerechnet er sie lösen, in seinem Kopf zusammen.

Er hatte, wie um zum ersten Mal zu sprechen, den Mund geöffnet. Aber obwohl die Sprachfähigkeit bei ihm bereits voll entwikkelt sein mußte, kam aus seiner Kehle nur ein trockenes Krächzen. Jetzt hörte man ihn lallen. Er fuhr sich mit der Hand an die

Kehle. Dann war es, als würde eine gewaltige Faust, die aus dem Nichts erschienen war, nach ihm schlagen, als würde sie über seinen Schädel fahren, als würde sie über sein Gehirn radieren. Sein Gesicht war jetzt eine verzerrte Maske. In seinen Augen überstrahlten sich die Feuer.

Er hatte begonnen zu zucken. Es war, als würden ihm seine Arme nicht mehr zu ihm gehören. Der Versuch, sich über zitternden Beinen aufzurichten, war vergebens. Sein Körper lag zuckend auf dem Boden. Schaum war vor seinen Mund getreten. Obwohl das Glas, in dem sie alle gefangen waren, den Schall dämpfte, konnte man sein Toben und Schreien hören, als wolle er die Welt dort ganz weit draußen damit erreichen. Zu diesem Zeitpunkt hatte Glanable die Maschine, was diesen und den ersten jungen Mann betraf, bereits abgeschaltet.

Bevor wir uns dem dritten jungen Mann zuwenden, wollen wir die drei Mädchen sehen. Was immer in den beiden jungen Männern vorgegangen sein mochte, die Mädchen hatten es, sah man auf den Verlauf des Experiments, besser. Sie waren alle drei süße, sanfte Gestalten, denen man ein etwas altmodisches Programm einflößte. Zwar war die Gesellschaft im Umbruch begriffen, doch galt es für die Zwecke des Experiments als sinnvoll, den Mädchen eine eher demütige, unterwürfige Rolle, worin ihre Hauptaufgabe darin bestand, den Männern zu gefallen und alle Arbeit klaglos zu machen, zuzuweisen.

So hatten sie sich auch in den Kolben entwickelt. Waren sie schon vorher schöne Hüllen, hübsche Larven gewesen, noch ganz ohne Bewußtsein, so blühten sie auf in dem stetig rinnenden Strome der Informationen. Was ihnen ihre Körper allein nicht geben konnten, das gab ihnen die Reinheit ihrer Gedanken, das gab ihnen das Feuer, mit dem ihr Bewußtsein ihre Körper erfüllte. Sie bedeckten erschrocken ihre Blöße, während sie mit aufreizenden Blicken aus den Kolben sahen, ohne daß sie bereits wahrgenommen hätten, wohin es die Entwicklung in den anderen beiden Kolben gebracht hatte.

Der Junge in dem linken Kolben, Maren, hatte eine ähnliche Entwicklung wie die beiden anderen jungen Männer, die bereits erledigt waren, genommen. Auch er hatte seinen Körper ertastet. Auch er hatte den Duft, den man in seinen Kolben geblasen hatte, in sich aufgesogen. Auch er hatte ein wenig zögernd, dann mit zunehmendem Eifer die Augen aufgeschlagen. Auch sein Gesicht, als er lernte, war zuversichtlich und strahlend. An dem Punkt aber, wo auch er in Verwirrung geriet, hatte seine Entwicklung begonnen, von der seiner Nachbarn abzuweichen.

Auch in ihm lief die Traummaschine weiter. Es mag sein, daß noch einige Quentchen an zusätzlichen Informationen sein Bewußtsein vor dem Einsetzen der Verwirrung erreichten. Wie auch immer. Man konnte sehen, er war getaumelt. Die Wucht der Gedanken, die hinter seiner Stirn rasten, hatte ihn fast niedergeschlagen. Aber obwohl er wankte, war er nicht gefallen. Sein Körper hatte sich, ganz im Gegenteil, hoch aufgerichtet. Dort stand er, inmitten seines Kolbens, mit aufleuchtenden, erbitterten Augen. Im nächsten Moment hatte er sich die Fäden, die ihn mit der Traummaschine verbanden, vom Kopf gerissen und benutzte die stählerne Krone, die noch eben um seinen Kopf gelegen, als Waffe, um den gläsernen Zylinder zu zertrümmern.

Die Wissenschaftler waren zurückgefahren, als das Glas von Marens Flasche um sie herum zersplitterte. Man konnte in ihren weißen Gesichtern das blanke Nichtbegreifen sehen. Man hörte den einen oder anderen erstickten Ausruf, der jedoch sogleich in Anbetracht des – ja, wessen: des Ungeheuers? des abnormen Menschen? des Frankenstein, der aus dem Kolben getreten? – verstummte. Auf diesen Fall nicht vorbereitet, verschafften sie so dem Monster eine Pause.

Es war aber auch so, als wäre in Marens Haltung, in seinen Gesten, in seinen Blicken etwas, das Respekt, Achtung, selbst Unterwerfung erheischte. Er war, als würde er sein Bewußtsein auf der Spitze balancieren, als hätte er alle Gedanken zu einer einzigen Idee zusammengezogen, als wäre er jetzt reine Handlung, reiner Willen, einige noch ziellose Schritte durch das Labor gegangen. Der völlig nackte Mann, ganz rosig, noch glänzend von den hinter ihm liegenden Strapazen, in seiner Hand den stählernen Reifen, mit dem er den Kolben zerschmettert hatte, setzte seine Schritte, als schreite dort ein König.

Dann hatte er sie fast alle gleichzeitig angesehen, mit einem ungeheuren, schweifenden Blicke, der rastlos war und zugleich klar und voller Tiefe, in dem die Informationen, die er nun sammelte, wie auf den Grund eines stillen Sees hinunterliefen. Mit diesem einen Blick schien er sie nochmals abzuschätzen, was von ihnen zu halten wäre, schien er sich dessen, was er bereits wußte und was er sich in seinem kurzen Leben zusammengereimt hatte, zu vergewissern. Bis zu diesem Zeitpunkt gab es niemanden, der auf den Gedanken gekommen wäre, Maren aufzuhalten.

Die Lähmung der Wissenschaftler ob Marens sicherer, zielstrebiger Haltung war noch nicht vergangen, als der künstliche Mensch mit einer zweiten furchtbaren Geste einen der Kolben, in denen die Mädchen sich befanden, zerschmettert hatte. Als wäre er an den Fußsohlen durch lange Übung, durch Autosuggestion unempfindlich geworden, war er durch die Glassplitter getreten und hatte das Mädchen aus den Überresten des Kolbens herausgezogen.

Dann, mit dem Mädchen an der Seite, hatte er sich erneut besonnen. Er hatte es wie ein kleines Kind auf einen der Tische der Computerkonsole gehoben und hatte sich dann mit einem scharfen Werkzeug, das er auf einem der Tische fand, bewaffnet. Erst jetzt kam Bewegung in die Menschen, die ringsum standen und das Wunder, das sich hier ereignet hatte, nicht begreifen konnten. Maren, der das Mädchen wieder ergriffen hatte, stoppte diese Bewegung mit einer Geste.

Man konnte Haß in seinen Augen aufleuchten sehen. Es war seltsam, wenn man die beiden in der Erinnerung so ansah. Sie waren beide nackt und schutzlos in eine Welt getreten, die nur aus Fragmenten in ihrem Kopf bestehen konnte. Eigentlich waren sie doch, nach allem, was man denken mochte, ihren Herren und Meistern ausgeliefert. Selbst die moralische Konditionierung, daß man in zivilisierten Breiten so, wie die beiden es notwendigerweise taten, nicht herumlaufen konnte, war ein sie hemmender Strick in der Psyche.

Und gleichwohl. Allen Fallstricken zum Trotz, die ihnen Moral und Anstand in den Kopf gelegt hatten, dies galt vor allem für Maren, schien es, als wäre der Überlebenswille stärker, schien es, daß es jenseits des Wunsches zu leben, sich zu behaupten, sich durchzusetzen, keinerlei moralisches Gebot, kein Bedenken, keine Barriere gebe. An den Augen Marens konnte man sehen, daß er selbst bereit gewesen wäre zu töten, wenn sie ihn an der Flucht aus dem Labor, für die er sich nun die Kleider hatte aushändigen lassen, gehindert hätten. So war er, zunächst reiner Wille, entkommen.

Es war noch unklar, wo Maren sich in den Tagen zwischen seinem Ausbruch aus dem Labor und seiner Erschießung mit seinem Mädchen herumgetrieben hatte. Dr. Glanable hoffte, darüber einiges aus den polizeilichen Recherchen, derer er sich bei Crossen versichert hatte, zu erfahren. Er war, nachdem er die Leichen verlassen hatte, nicht ins Institut, sondern in seine Wohnung gefahren. Ein Brief, der diesen Morgen abgeliefert worden sein mußte und auf dem die Absenderangabe fehlte, lag unter der Tür.

Als er den Brief noch unter der Türe aufriß und sogleich begann, ihn zu lesen, hatte er zuerst Mühe, die ungelenke Handschrift Marens zu entziffern. „Lieber Doktor!“ lautete das Schreiben. „Ich schreibe Ihnen, weil ich nicht weiß, an wen ich mich sonst wenden sollte. Durch die Umstände, durch die ich in die Welt versetzt wurde, habe ich niemanden, der mich verstehen könnte, außer Ihnen. Ich möchte Ihnen versichern, daß ich es zutiefst bedauern würde, wenn bei meiner Flucht aus dem Labor unnötiger Schaden angerichtet worden wäre. Auch möchte ich Sie um Verständnis dafür bitten, daß ich das Mädchen mitnehmen mußte, aber ganz allein könnte ich dort draußen nicht leben.

Das Problem, das mich bedrückt und bei dessen Lösung ich Ihre Hilfe erbitte, kann ich bis zu einem gewissen Grad aus den Informationen, die Sie in mein Bewußtsein gelegt haben, entnehmen. Ich möchte Ihnen schildern, wie es mir in den letzten Tagen, als ich mich unter Menschen bewegte, ergangen ist. Es ist ja seltsam, unter den ethischen Werten, die Sie meinem Bewußtsein eingepflanzt haben und die doch in allen Bewußtseinen verankert sein müßten, steht der Mensch in seiner Würde ganz oben. Nach einem Wort, dessen ich mich entsinne, sind alle Menschen Brüder!

Nun werden Sie verstehen, daß ich Schwierigkeiten hatte, mich trotz dieser Maxime unter Menschen zu bewegen. Als wir die Straße hinuntergingen, war es, als würden wir alle Blicke auf uns ziehen. Ich hatte den Eindruck, an jeder Ecke würde ein Aufpasser stehen, dessen Aufgabe es wäre, zu beobachten, ob sich jeder den Spielregeln gemäß, die uns nicht alle geläufig sein können, bewegte. Ich habe festgestellt, daß, fällt man auch nur ein klein wenig aus der Rolle, wird man zudem nervös wegen dieser Umstände, wegen dieser allgemeinen Bedrückung, man zahlreiche Passanten auf sich zieht, als wäre man ein verwundetes Tier, auf das sich die übrigen wie auf eine leichte Beute stürzen.

Ich muß überhaupt gestehen, daß der Gedanke, alle Menschen seien Brüder, durch meine Beobachtungen auf Schritt und Tritt widerlegt wurde. An einem Bahnhof zum Beispiel sah ich heruntergekommene, zerlumpte Gestalten, Rotweinflaschen in den Händen, die ganz offensichtlich aus der Gnade der Gesellschaft gefallen waren, ohne daß sich auch nur irgend jemand um sie gekümmert hätte. Wie ist so etwas möglich?

Ich habe in meinem kurzen Leben, das ich bisher draußen führte, einen Verkehrsunfall gesehen. Zwei Wagen waren an einer Kreuzung infolge der Unachtsamkeit eines Passanten ineinander gefahren. Beide Fahrer wurden schwer verwundet. Nun ist es klar, daß Menschen Fehler machen und versagen können. Es ist auch klar, daß nicht alle der Umstehenden die notwendigen medizinischen Kenntnisse haben konnten. Was ich aber in diesem Zusammenhang nicht verstehe, ist die Tatsache, daß sich die Neugierigen um den blutigen Vorgang drängten, als gäbe es hier etwas besonders Erstrebenswertes zu sehen.

Einige Verkehrspolizisten, die an der Unfallstelle eingetroffen waren, hatten Mühe, den Ambulanzen einen Weg durch die Menge zu bahnen. Ich konnte sogar sehen, daß man auf einzelne Passanten, die absolut nicht weichen wollten und sogar fotografierten, einprügeln mußte, um sie von der Stelle zu vertreiben, damit die Arbeit der Ambulanzen nicht behindert würde.

Ich schreibe Ihnen, lieber Dr. Glanable, diese wenigen Beispiele aus einer Fülle von Beobachtungen, die ich in diesen kurzen Tagen meiner Freiheit – meiner Freiheit? – und meines Lebens machen konnte, damit Sie wissen, worüber ich mit Ihnen sprechen möchte, und damit Sie mir helfen, den Widerspruch in meinem Kopfe, zu dessen Auflösung ich keinen Zugang finde, aufzuklären. Obwohl wir uns zwangsläufig etwas auffällig benommen haben, glauben wir doch, daß wir in Dr. Brownmillers Wohnung in Sicherheit sein werden. Ich schreibe Ihnen hier die Adresse und bitte Sie, so bald wie möglich zu kommen. Ihr Maren.“

Joachim Körber

Ein Bombenprogramm

Das Fahren durch den dichten Feierabendverkehr war die übliche Tortur, mit der Thomas Carter sich schon abgefunden hatte. Es war zwecklos, mit seinem Kleinwagen die Spur wechseln zu wollen, denn die fünfzehn Fahrspuren links von ihm waren ebenso verstopft wie die, auf der er sich befand. Zum Teufel!

Es war ein heißer Sommertag, der Schweiß rann ihm in Strömen von der Stirn und brannte in seinen Augen, die er deswegen, aber auch wegen der Sonne, zu schmalen Schlitzen zusammengepreßt hatte, was ihm den Ausdruck einer nachtblinden Eule verlieh. Fluchend holte Carter ein schmutziges Taschentuch aus der Tasche und wischte sich Stirn und Nacken damit ab. Er war Mitte Vierzig, untersetzt, Bauchansatz, aufgeschwemmtes Gesicht. Gekleidet war er in jeder Hinsicht wie Der Kleine Amerikanische Angestellte; ungeachtet der Hitze trug er Hemd und Krawatte, dezent bis konservativ, einen hellen Anzug – wobei er sich bei den herrschenden Temperaturen ausnahmsweise einmal dazu hatte hinreißen lassen, das Jackett abzulegen – und helle Schuhe, wie sie vor fünf Jahren in Mode gewesen waren. Wie jeder acht Stunden im Büro getretene und gedemütigte kleine Angestellte wollte er jetzt auch gerne seinen Frust am Auto auslassen, konnte es aber nicht, weil Hunderte von Leuten wie er nach Hause fuhren, deren Frustration – wie seine – deshalb nicht gerade geringer wurde. Im Radio kam wie üblich nichts, abgesehen vom üblichen Feierabendgedudel degenerierter Musik, die er verabscheute.

Seufzend dachte er an seine Frau und seine Kinder. Was sie wohl augenblicklich machten? Wahrscheinlich sahen sie fern. Sie sahen immer fern. Sucht. Ja, das war es, sie waren süchtig. Fernsehkrank. Abhängig von der Glotze . . .

Aufgeschreckt durch das Hupen hinter sich, wandte Carter seine Aufmerksamkeit wieder der Fahrbahn zu. Er trat aufs Gaspedal, legte beschleunigend die paar Meter bis zum Fahrzeug vor ihm zurück, um dann heftig auf die Bremse zu treten. Verdammter Mist!

„. . . nun das Nachmittagsprogramm für euch, liebe Kinder. Und nach diesem kurzen Zeichentrickfilm beginnen wir auch gleich mit der *Juniorenshow*. Ich verabschiede mich schon von euch und wünsche euch recht viel Spaß."

Zeichentrickfilm! Kaum war das Gesicht der Ansagerin vom Schirm verschwunden, sprang Billy Carter aus seinem Sessel und eilte in die Küche, um sich ein Glas Milch und ein belegtes Brot zu holen, bevor die *Juniorenshow* begann. Und die wollte er auf gar keinen Fall verpassen.

Er nahm eine Scheibe Toastbrot, bestrich sie dick mit Butter und Marmelade, legte eine zweite obendrauf, goß ein Glas Milch ein und machte sich dann wieder auf den Weg ins Wohnzimmer.

Im Flur traf er seine Mutter, die gerade vom Einkaufen zurückkam. In ihrer Tasche hatte sie *Uncle Joe's Reis* (der Reis, der körniger ist als andere), *Bloshup's Country Milk* (die Milch mit dem volleren Geschmack), Erdnußbutter (da werden Ihre Kinder Augen machen!) und ein paar Illustrierten.

„Na?" fragte sie keuchend, denn der Weg zum Zulieferer im siebenundzwanzigsten Stock des Hauses (sie wohnten im vierunddreißigsten) nahm sie immer sehr mit, und außerdem bekam sie im Fahrstuhl meistens klaustrophobische Anfälle – einmal hatte sie sich sogar im Nacken des Fahrstuhlführers, Mr. Brown, festgebissen, und der hatte hinterher zwei Wochen lang eine Binde tragen müssen. „Schaust du dir heute denn nicht die *Juniorenshow* an?"

„Hat noch nicht angefangen", maulte Billy mürrisch zur Antwort. Dann eilte er hastig weiter ins Wohnzimmer. Ohne sich um das zornige Geschnatter Donald Ducks zu kümmern, setzte er sich auf das Sofa und biß in sein Brot. Er sah desinteressiert zu, wie Donald einen Berglöwen verprügelte, weil er der Meinung war, seine drei kleinen Neffen würden sich unter dem Fell verbergen. Das Gerangel zwischen Donald und dem Berglöwen ging noch eine Weile weiter.

Als der Film, der den sinnigen Titel *Lion Around* trug, zu Ende war, hatte er auch sein Brot aufgegessen. Das Bild wurde ausgeblendet, und er beugte sich interessiert nach vorne, um dann enttäuscht wieder nach hinten zu sinken.

Ein Werbespot! Ausgerechnet. Wollte die *Juniorenshow* denn heute überhaupt nicht mehr beginnen?

„Können Sie nicht einschlafen?“ fragte eine sonore Stimme. „Haben Sie Atembeschwerden? Vertragen Sie das Fahrstuhlfahren nicht?“ Lange Pause, dann wurde eine rot-weiße Packung eingeblendet. „Dann werden Ihnen diese, von führenden Ärzten empfohlenen Tabletten sicher helfen. Dr. STERZ’ Spezialdragees, die Marke Ihres Vertrauens. Dr. STERZ’ Spezialdragees – die Tabletten, die Ihnen *helfen!*“

„Das stimmt“, bekräftigte Billys Mutter, die eben hereinkam. „Die helfen wirklich.“ Und sofort dachte sie mit Entsetzen an die gerade überstandene Fahrstuhlfahrt und blickte sofort zu dem niederen Fernsehtischchen, um sich zu vergewissern, ob die Pakkung Dr. STERZ’-Dragees wie üblich dort lag. Beruhigt nahm sie das zur Kenntnis, erst dann entspannte sie sich im Sofa, um zusammen mit ihrem Sohn die *Juniorenshow* anzusehen.

Natürlich war das, wie sich Mrs. Carter schamhaft eingestand, eine Kindersendung, aber – ihr Herz machte einen Sprung, als er auf dem Bildschirm erschien – der Moderator gefiel ihr so gut. Er war ein Mann Mitte Dreißig, hatte blondes, gelocktes Haar, eine Adlernase und stechende, stahlblaue Augen. Ein Traum von einem Mann. Wie gebannt lauschte sie seinen Worten.

„. . . sind ganze Waschkörbe voller Post bei uns eingegangen, viele der angegebenen Lösungen waren richtig. Wir haben heute einen reizenden Studiogast zu uns gebeten, der aus allen richtigen Einsendungen die fünf Gewinner eines vollautomatischen Schnellfeuergewehrs ermitteln wird. Es handelt sich um . . .“ Die Kamera schwenkte zum roten Vorhang im Hintergrund, der sich erwartungsgemäß teilte, um eine kleine Blondine hereinzulassen, die mit langen Schritten in den Vordergrund trat. Sie hatte ein dick geschminktes Gesicht, dessen Züge man kaum unter dem Make-up erkennen konnte, dunkle Augen und war, soweit man das abschätzen konnte, etwas über zwanzig Jahre alt.

Der Moderator nahm das Mikro in die linke Hand, während er die rechte Hand vertraulich um die Schultern des Mädchens legte. „Ihr alle habt sie sicher schon erkannt, es handelt sich um – Miß Desiree Gillon. Applaus für unseren reizenden Studiogast.“ Er vergewisserte sich mit einem kurzen Seitenblick davon, daß der Tontechniker das Band mit dem Applaus zuschaltete, dann sah er wieder direkt in die Kamera hinein und damit aus dem Bildschirm heraus. „Wir freuen uns natürlich sehr, daß Miß Gillon heute nachmittag zu uns gekommen ist, denn sie steht gerade für einen Spielfilm des Senders Dallas Eleven vor der Kamera. Desiree, würden Sie uns und den neugierigen Zuschauern dort draußen bitte verraten, um was für einen Film es sich handelt?"

Sie lächelte zu dem Moderator auf. „Aber gerne. Aber zunächst möchte ich noch sagen, daß ich selbst begeisterter Zuschauer der *Juniorenshow* bin und ich mir keine Folge entgehen lasse. Deshalb freut es mich ganz besonders, daß ich heute hier sein darf."

Der Moderator räusperte sich und entblößte für das Publikum grinsend blendendweiße Zähne. „Über ein Kompliment von so einer reizenden jungen Dame freut man sich natürlich ganz besonders. Vielen Dank. Aber nun zum neuesten Film. Was für eine Rolle spielen Sie?"

„Ich spiele ein mittelloses fünfzehnjähriges Mädchen, das bei der Heilsarmee übernachten muß und dabei hintereinander von sieben alten Männern verführt wird. Es handelt sich um einen Spielfilm für Zehn- bis Dreizehnjährige, und ich bin überzeugt, er wird ein großer Erfolg werden."

„Ja, das glaube ich auch, und ihr am Bildschirm seid sicher auch schon gespannt. Aber ihr werdet noch bis zur Fertigstellung des Films Geduld haben müssen." Er führte seinen Studiogast zu einem großen Korb, neben dem eine Leiter stand. „Und hier haben wir alle richtigen Einsendungen, aus denen Miß Gillon nun fünf Karten herausziehen wird. Doch zuvor möchte ich noch kurz auf die richtige Lösung eingehen."

Nun sah man auf dem Bildschirm zwei Soldaten, von denen einer definitiv Amerikaner war. Über Nationalität und Hautfarbe des anderen konnte man sich zunächst kein eindeutiges Bild machen; er hatte jedoch unübersehbar fernöstliche Gesichtsmerkmale. Der Amerikaner riß eine Axt von seinem Gürtel und schlug seinem Gegner damit den Schädel ein. Blut und Gehirnmasse spritzten weithin und besudelten den Anzug des Amerikaners, der mit einer raschen Bewegung die Axt wieder an sich riß. Einen Augenblick fing die Kamera die klaffende Schädelwunde des Gegners ein, bevor dieser zu Boden stürzte. Der Amerikaner schlug wild mit der Axt auf ihn ein, bis nur noch eine blutige Masse auf dem Boden zurückblieb. Danach zündete er sich gemütlich eine Zigarette an und lief weg, wobei er Farne und herabhängende

Zweige mit der noch blutigen Axt abtrennte. Kurz bevor er hinter einem Zweig verschwand, drehte er sich nochmals um, kniff ein Auge zusammen und öffnete den Mund. Die Kamera holte sein Gesicht in Großaufnahme heran. „Na?" fragte er, breit Kaugummi kauend. „Habt ihr die Lösung?"

Der Moderator kam ins Bild. „Selbstverständlich habt ihr die Lösung, ihr habt sie ja eben gesehen. Die Axt ist als Nahkampfwaffe im Dschungel viel besser geeignet als ein Gewehr, denn abgesehen davon, daß man den Gegner damit sauber und effektiv töten kann, ermöglicht sie es einem auch noch, ohne größere Schwierigkeiten den Urwald zu durchqueren. Hier in diesem Korb, aus dem Miß Gillon nun gleich die fünf Hauptgewinner ziehen wird, befinden sich alle Zuschriften, auf denen das Wort *Axt* als richtige Lösung angegeben war. Bitte, Miß Gillon!"

Desiree Gillon tänzelte zu der Leiter, erklomm mit affektierten Bewegungen die Sprossen, wühlte in dem Korb – wobei sie sich aufreizend vornüberbeugte und viel Schenkel sehen ließ – und zog schließlich die erste Karte heraus, die sie dem Moderator gab.

„So . . . wen haben wir denn da?" Es folgte eine kurze Pause, während er sich bemühte, die Schrift auf der Karte zu entziffern, dann blickte er wieder lächelnd in die Kamera. „So. Der erste Gewinner eines vollautomatischen Schnellfeuergewehres ist . . ." Er wartete, bis der eingespielte Trommelwirbel verklungen war, und fuhr dann fort: „ . . . Danny Steinback. Der kleine Danny ist . . . elf Jahre alt."

Er trat einige Schritte beiseite, und die Kamera folgte ihm, wobei der Kameramann genüßlich am ausgestreckten Bein von Miß Gillon entlangglitt. Schließlich hielt er das Mikro dicht vors Gesicht und sagte: „Und während unsere reizende Miß Gillon die weiteren Gewinner zieht, zeigen wir euch einen Film über das entbehrungsreiche Leben der amerikanischen Eingreiftruppen in Saudi-Arabien. Film ab."

„Ob ich auch etwas gewinne?" fragte Billy, den der gezeigte Film nur am Rande zu interessieren schien, erwartungsvoll.

„Aber was sollen wir denn in einer Stadtwohnung mit einem Schnellfeuergewehr?" sagte seine Mutter. „Ich bitte dich, Liebes, wir . . ."

„Doch!" fiel ihr Billy ins Wort. „Ich will eins! Ich könnte in den Ferien zu Tante Martha aufs Land fahren und ihre Hühner abknallen, wie die amerikanischen Eingreiftruppen das mit den bösen . . .“

„Unsinn!“ Nun duldete der Ton seiner Mutter keine Widerrede mehr, daher richtete Billy seine Aufmerksamkeit wieder auf den Bildschirm.

Der Film über die tapferen Legionäre in Saudi-Arabien war zu Ende, und nun erschien das Bild einer älteren, gemütlich aussehenden Dame mit runzligem Gesicht und rosarot geschminkten Lippen auf dem Bildschirm.

„Gewalt“, verkündete sie ernst, „ist um uns. In unserem täglichen Leben sind wir überall von Gewalt umgeben. Das gilt besonders für unsere Kinder, liebe Zuschauer und Zuschauerinnen.“ Sie räusperte sich anklagend. „Gegen die Gewalt können wir nichts tun“, fuhr sie dann mit tieferer Stimme fort, „aber wir können Ihrem Kind helfen, die Gewalt leichter zu ertragen. Die bekannte *Kalt*-Tablette ist ein Präparat, das die Gewalt nicht aus dem Leben Ihres Kindes verdrängen kann, aber es läßt Ihren kleinen Liebling dagegen abstumpfen! Kein Herzklopfen mehr bei Mord im Fernsehen, keine Tränen bei Gewalt und Schlägereien. Eine *Kalt*-Tablette vor dem Fernsehen stumpft Ihr Kind genau auf das richtige Maß ab – und sollte Ihr kleiner Liebling nach dem Fernsehen nicht einschlafen können – zwei *Kalt*-Tabletten werden ihn gewiß beruhigen und zum ausgeglichensten Kind der Welt machen. *Kalt*-Tabletten . . . die Marke Ihres Vertrauens!“

„Und hier sind wir wieder, meine lieben Zuschauer, dies ist die *Juniorenshow,* und nun kommen wir zum Höhepunkt. Im Spielteil seht ihr heute den Boxkampf zwischen dem zehnjährigen Peter Canvas und seinem zwölfjährigen Kontrahenten Joey „Wildman“ Frigge. Und damit sind wir auch schon beim heutigen Rätsel, denn das wird ein wenig anders ablaufen als sonst. Ihr, liebe Kinder, sollt erraten, wer aus diesem Boxkampf als Sieger hervorgehen wird. Peter . . .“ – die Kamera zeigte ein schmächtiges Bürschchen mit Hühnerbrust, strohblonden Haaren, Sommersprossen und einer Kieferklammer – „ . . . oder Joey.“ Nun glitt die Kamera auf den Zwölfjährigen zu, einen stämmigen Jungen mit Muskeln, einem düsteren Gesicht und feuerroten Haaren. „Wer wird gewinnen? Ruft uns an und sagt euren Namen, eure Adresse und den Namen desjenigen, der eurer Ansicht nach gewinnen wird. Unsere Nummer ist . . .“

Billy holte sich hastig einen Bleistift und schrieb mit. „Ist doch klar, wer das gewinnt“, verkündete er in jenem Brustton der Überzeugung, den er in der Werbung schon so oft gehört hatte.

„Hauptgewinn ist dieses Mal eine Woche Urlaub an der Front, bei unseren tapferen Soldaten in Saudi-Arabien. Na, ist das etwa nichts? Eine Woche live im Kampfgetümmel? Also . . . ruft an! Doch bevor es mit dem Kampf losgeht, wird Miß Gillon uns noch ein kleines Lied von ihrer neuesten LP singen . . .“

Schweißtriefend, fluchend und außer sich vor Zorn und Mattigkeit lenkte Mr. Carter den Wagen in die Tiefgarage des Hochhauses, wo er seinen Parkplatz hatte, der, sehr zu seinem Mißfallen, im sechsten Untergeschoß lag. Mißmutig fuhr er in die enge Kabine des Autofahrstuhls, stellte den Motor ab und drückte auf den Knopf mit der Aufschrift „UG 6“. Endlich daheim! Er wartete.

„Guten Abend, meine lieben, verehrten Zuschauer, hier ist wieder Zeitvertreib, Nervenkitzel, Kurzweil und gute Unterhaltung mit der *Würden Sie's tun?*-Show. Und da unsere Sendezeit knapp ist, wollen wir auch gleich zum Thema kommen. Sie alle erinnern sich bestimmt noch an die letzte Folge.“

Der schwere Brokatvorhang an der Seite der Bühne glitt beiseite. Herein kam eine adrett gekleidete dunkelhaarige Frau, die ein Wägelchen vor sich herschob.

„Und hier ist auch schon meine liebliche Assistentin Monika, die Sie alle kennen – bitte Applaus für Monika . . . Ja, das ist schön. So.“ Der Showmaster deutete auf das Wägelchen, auf dem ein gewaltiges Bündel Geldscheine lag. „Als Teilnehmerin der letzten Show ermittelten wir Mrs. Gloria Johnson aus Providence, Rhode Island, als Hauptkandidatin für unsere heutige Sendung. Und wir stellten Ihnen, liebe Zuschauer, die Frage: Wird Mrs. Johnson für einhunderttausend Dollar – das ist exakt die Summe, die Sie hier vor sich sehen – bereit sein, ihr neugeborenes Baby den Niagarafall hinabzuwerfen? Sie alle wissen, unsere Show garantiert völlige Straffreiheit. Wird Mrs. Johnson bereit sein, für einhunderttausend Dollar ihr eigen Fleisch und Blut in die tosenden Fluten hinabzustürzen? Das war die Frage an Sie, liebe Zuschauer, und wie immer konnten wir eine rege Anteilnahme verzeichnen. Hier, in diesen beiden Becken, die, wie Sie sicher bemerkt haben, randvoll sind, haben wir alle eingegangenen Stimmen gelagert. Wer der Meinung war, daß Mrs. Johnson ihr Kind opfern würde, sollte mit „Ja“, der andersdenkende Teil der Bevölkerung mit „Nein“ antworten. Hier rechts sehen Sie die Ja-, links daneben die Nein-Stimmen. Und nach dieser kurzen Pause schalten wir um, live zu den Niagarafällen, wo Mrs. Johnson, ihr Kind und unser Kamerateam schon gespannt warten.“

Sein Bild verschwand, um von dem eines Nachttisches ersetzt zu werden, auf dem zwei Gebisse in ihren Gläsern lagen. Das Wasser im einen war klar und offensichtlich schon ein wenig abgestanden, während es im anderen Glas munter sprudelte. Das Gebiß im Glas mit dem abgestandenen Wasser preßte verbissen die Zähne zusammen und murmelte elend: „Ach Gott, was für ein ekelhaftes Wasser. Und die Vorstellung – die ganze Nacht hier drinnen, und dann nimmt sie mich wieder in den Mund!“

Das Gebiß im Glas mit dem sprudelnden Wasser bot ein Bild überschwenglicher Lebensfreude. „Juchee!“ jubilierte es. „Frisches, sauberes und klares Wasser mit sprühaktivem Sauerstoff!“ Es rülpste verhalten, errötete etwas, dann fuhr es fort: „In *meinem* Wasser ist nur eine einzige *Rudiment*-Tablette aufgelöst, die sichert mir die ganze Nacht woooooooohlige Frische!“ Das Bild wurde mit einem neidischen Blick des anderen Gebisses ausgeblendet.

„Rudiment“, verkündete ein überzeugter Sprecher in weißem Ärztekittel, „denn für Ihre . . . öhö . . . *dritten* Zähne sollte Ihnen das Beste gerade gut genug sein.“

Nach einer winzigen Pause sah man das gewaltige Panorama der Niagarafälle, deren immense Wassermassen donnernd in die Tiefe stürzten. Brillierende Gischt sprühte in die Luft, erzeugte Farben in allen Spektralbereichen des Regenbogens, um dann, lautlos im Tosen des Falls, niederzusinken.

Das Fernsehteam hatte weder Kosten noch Mühen gescheut . . .

„Zuschauerzahlen, hihi, Zuschauerzahlen . . .“ sagte Elias Pournel, der greise und schon reichlich senile Besitzer von zwölf amerikanischen Fernsehstationen. „Weiter so, Junge, hihihi.“ Er rieb sich vergnügt die Hände.

„Wißt ihr denn nichts Besseres, als immer nur fernzusehen, verdammt noch mal . . .?“

. . . und eine Art Steg erbaut, der weit über den Abgrund hinausreichte. Er hatte eine Breite von etwa einem Meter und war durch ein Gitter geschützt. Auf ihm standen Mrs. Johnson und ein Moderator, während die Kamera direkt an seinem Ursprung, aber noch auf solidem Grund montiert war.

„Guten Abend, liebe Zuschauer daheim an den Bildschirmen“, sagte der Moderator mit breitem Grinsen. „Hier sind wir wieder, live, mit dramatischen Entscheidungen, Schmerz und Gewissensbissen und so weiter. Sie alle wissen, Mrs. Johnson hier schwankt noch, ob sie ihr gerade sechs Monate altes Baby für hunderttausend Dollar den Niagarafall hinabwerfen soll oder ob ihr das eigene Fleisch und Blut mehr wert ist als alles Geld der Welt. Wie wird ihre Entscheidung ausfallen?“

Die Kamera fuhr auf Mrs. Johnson zu, die am äußersten Ende des Steges stand und ein in Windeln gehülltes Bündel auf den Armen trug. Als die Kamera es in einer Großaufnahme heranholte, konnte man sehen, daß es schrie und weinte, aber vor dem Donnern des Wassers war kein Laut zu hören.

„Wir wollen Mrs. Johnson noch einmal an alle Fakten erinnern“, meldete sich der Moderator wieder zu Wort. „Mrs. Johnson, Sie wissen, wir garantieren Ihnen völlige Straffreiheit vor dem Gesetz. Werfen Sie Ihr Kind hinab, dann gehören die hunderttausend Dollar, die ich hier in diesem Postsack . . .“ – der Moderator hob einen braunen Jutesack vor die Kamera – „. . . habe, Ihnen. Wenn nicht, dann können Sie und Ihr Kind jederzeit den Steg verlassen, und unser Wagen wird Sie wegbringen. Nun, Mrs. Johnson?“

Die Frau befand sich offensichtlich in einer schrecklichen Gewissensnot. Sie sah zu dem Bündel auf ihrem Arm, dann wieder zu dem Moderator und dem Geldsack. Der Moderator öffnete ihn und holte einen gebündelten Packen Geldscheine heraus, mit denen er vor Mrs. Johnsons Nase winkte. „Ihre Entscheidung, Mrs. Johnson“, sagte er.

Die Frau drehte sich um, bedachte ihr Baby mit einem letzten Blick, preßte dann fest die Augen zusammen und warf das Kind über das Geländer des Stegs in die Tiefe.

„. . . Zuschauerzahlen sind der Spiegel des Erfolgs eines Senders . . .“

Die Kamera folgte ihm, bis es im herabfallenden Wasser nicht mehr zu erkennen war.

Mrs. Johnson trat hastig zurück und griff nach dem Geldsack.

„Sie hat es tatsächlich getan“, stammelte Mrs. Carter einigermaßen fassungslos in ihrem Sofa.

„Widerlich!“ ereiferte sich Mr. Carter. „Wißt ihr denn nichts Besseres, als immer nur fernzusehen, verdammt noch mal . . .?“

Doch seine Frau schien ihm überhaupt nicht zuzuhören. Sie hatte den starren Blick wieder dem Bildschirm zugewandt, wo der Moderator im Studio gezeigt wurde, der ihr sogar noch besser gefiel als der bei der *Juniorenshow.*

„Ich gehe zu Bett“, sagte Mr. Carter müde und verschwand.

„So, hier sind wir wieder im Studio, und Sie alle konnten soeben die dramatischen Ereignisse bei den Niagarafällen miterleben. Mrs. Johnson wird in diesem Moment mit einem unserer Wagen – und selbstverständlich ihrem Geld – weggebracht.“ Er legte eine rhetorische Pause ein. „Wir aber kommen nun zur Ziehung unseres nächsten Kandidaten“ – süffisantes Lächeln – „oder unserer nächsten Kandidatin. Meine Assistentin Monika wird nun eine Karte aus dem Becken mit den Ja-Stimmen herausziehen. Bitte, Monika.“

Das Orchester spielte eine verhaltene, dezente Hintergrundmusik, während die Assistentin zum Becken schritt, etwas darin herumwühlte und dann eine Karte zog, sie dem Moderator reichte und nach einem Nicken in Richtung Kamera wieder verschwand.

„Nun, wen haben wir denn da?“ platzte der Moderator lauernd heraus. „Unsere Kandidatin für die nächste Show ist eine Mrs. Carter aus . . .“

Grelle Lichtblitze durchzuckten ihr Gehirn. Mrs. Carter aus . . . Aber das war ja sie! Nicht zu fassen – sie war als Hauptakteurin der nächsten Show ausgewählt worden! Doch einen leichten Wermutstropfen gab es: Was würde man von ihr verlangen? Ganz gewiß würde sie nicht ihren Sohn opfern, der ihr beim Fernsehen immer so nett Gesellschaft leistete. Auch nicht für einhunderttausend Dollar. Auch nicht für . . .?

Sie konzentrierte ihre Aufmerksamkeit wieder auf den Bildschirm, wo der Moderator weitersprach:

„Nun, Mrs. Carter, haben Sie mitgehört? Wenn ja, dann sind Sie sicher schon genauso gespannt wie alle unsere Zuschauer, wie Ihre Hunderttausend-Dollar-Aufgabe aussehen wird! Nun . . . Monika bitte!"

Die Assistentin kam hereingetänzelt. Sie trug mit beiden Händen ein rotes Samtkissen, auf welches die Kamera langsam zuglitt. Eine Pistole lag darauf.

„Das hier", verkündete der Moderator in fröhlichem Plauderton, „ist eine manuelle Pistole der Weltmarke *Knauser*. Sie ist mit sechs Schuß geladen, und sie ist für Sie, Mrs. Carter. Sie haben eine Woche Zeit zum Überlegen. Und Sie, liebe Zuschauer, haben zwei Tage Zeit, Ihre Antwort an uns einzusenden. Unsere Frage lautet: Wird Mrs. Carter mit dieser Pistole in der nächsten Sendung – für einhunderttausend Dollar, die Summe hier auf dem Wägelchen – vor den Augen unserer Kamera . . . ihren Mann erschießen? Spannung, Nervenkitzel, Unterhaltung . . . in einer Woche sind Sie wieder live dabei mit . . ."

„. . . hihi, Zuschauerzahlen, hihi . . ."

„. . . ganze Waschkörbe voller Post . . ."

„Endlich daheim!" sagte Mr. Carter in der Tiefgarage. Er wartete.

Mrs. Carter ging, völlig außer sich, im Wohnzimmer auf und ab. Sie achtete nicht einmal auf das Fernsehprogramm. Ihren Mann erschießen. Was sollte sie nur tun? Hunderttausend Dollar . . .! Was nur? Sie schaltete abwesend den Fernseher aus und ging ins Schlafzimmer, wo Mr. Carter bereits ahnungslos schlief. Sie legte sich ebenfalls ins Bett, konnte aber – ungeachtet der Einnahme von sogar drei *Kalt*-Tabletten – keinen Schlaf finden.

Von den Menschen angestarrt, von den Nachbarn angespuckt und gemieden wie eine Aussätzige, was soll ich nur tun . . .?

Nach dem üblichen Frühmorgenstau kam Mr. Carter etwas aufgebracht ins Büro. Trotz seiner innerlichen Wut, die ihn für vieles blind machte, entging ihm aber der mitleidige Blick der Sekretärin nicht.

Und nun, wo er darüber nachdachte – auch der Pförtner hatte ihn seltsam angesehen, erwartungsvoll und fast etwas gierig, und alle anderen Angestellten begegneten ihm mit reservierter, aber aufmerksamer und gespannter Zurückhaltung, als würden sie auf eine Reaktion seinerseits warten. Vorerst beschloß er, ihr Verhalten zu ignorieren.

Doch es wurde im Verlauf des Tages immer mysteriöser, bis er es nicht mehr aushielt und sich an die Sekretärin wandte. „Miß Dusbergh", sagte er, „was hat das nur alles zu bedeuten? Warum starren mich alle Leute so an? Was ist los?"

Die Sekretärin sah ihn an wie das achte Weltwunder. „Aber . . . Mrs. Carter . . . äh, ich meine . . . oh, bitte Mr. Carter, stellen Sie sich doch nicht so ahnungslos, ersparen Sie mir die Peinlichkeit . . ."

„Aber ich *bin* ahnungslos, Miß Dusbergh. Was ist nur mit den Leuten los? Ich habe keine Ahnung!"

„Aber . . . Ihre Frau . . . die Show gestern abend . . . Sie . . . Sie sind . . . Sie werden . . . ich meine, Ihre Frau soll . . ."

„Bitte, Miß Dusbergh, sagen Sie mir *alles!*" forderte Mr. Carter nun in barschem Ton, da ihm die Geheimniskrämerei und das Getue auf die Nerven gingen. „Sagen Sie mir alles!"

Sie setzte sich zurecht und sagte ihm alles.

„Ganz eindeutig Selbstmord, Lieutenant", meldete der Beamte. „Sie hat sich eine Stricknadel durchs Auge ins Gehirn gestoßen."

„Geschieht ihr recht!" brummte Lieutenant Hunter erbost. „Schafft sie raus." Dann, nach einem letzten, mitleidlosen Blick auf den Leichnam der Frau: „Ihr eigenes Kind vor der Kamera zu ermorden!"

Er ging zur Tür, blieb dort aber noch einmal stehen und wandte sich an seinen Assistenten. „Nehmt den Rest der hunderttausend Dollar mit und spendet sie dem Kinderschutzbund. Vielleicht verkürzt das ihren Aufenthalt in der Hölle ein wenig."

„Jawohl, Sir", sagte der Beamte gehorsam und gehorchte.

Als der Chef, Mr. Hollyham, ihn an diesem Nachmittag zu sich bitten ließ, kam ein recht bleicher und verstörter Mr. Carter zu ihm ins Büro. Mr. Hollyham rutschte unbehaglich auf seinem Ledersessel hin und her.

„Ich weiß gar nicht so recht, wo ich beginnen soll", sagte er verlegen. „Ich appeliere an Ihr Verständnis, aber ich werde schon vorsorglich eine neue Stelle ausschreiben lassen, für den Fall . . ."

„Was soll das!" fuhr ihn Mr. Carter aufgebracht an. „Das können Sie sich sparen! Meine Frau wird mich nicht . . ." Mr. Carter schluckte. „Davon bin ich felsenfest überzeugt", sagte er unsicher.

„Selbstverständlich rechne auch ich nicht im entferntesten mit einer solchen Möglichkeit", versicherte ihm sein Chef, „aber wir sind ein gut florierendes Unternehmen, das müssen Sie verstehen, wir sind mit Aufträgen eingedeckt, und wir könnten es uns nicht leisten, auch nur einen Mann zu verlieren. Daher bin ich gezwungen, mich schon – natürlich rein prophylaktisch, gewissermaßen präventiv, höhö, Sie verstehen – jetzt nach einem Nachfolger umzusehen. Sollte Ihnen nichts geschehen, dann werde ich Sie . . ."

„Mir *wird* nichts geschehen!"

„Aber ja . . . Sie selbstverständlich weiter in meinen Diensten behalten, denn Sie . . ."

„Sparen Sie sich Ihre Worte! Sie brauchen keine Rücksichten mehr zu nehmen. Ich kündige! Augenblicklich! Überweisen Sie mir mein Restgehalt bitte. Auf Nimmerwiedersehen!"

Nachdem die Tür krachend hinter ihm ins Schloß gefallen war, seufzte Mr. Hollyham ergeben. Armer, armer Mann, dachte er. Natürlich werde ich seine Kündigung nicht ernst nehmen, sollte er die kommende Woche überleben. Er wird reuevoll zu mir kommen, und ich werde ihn wieder einstellen. Wenn nicht . . . nun, seinesgleichen ist ersetzbar. Armer, armer Mann! Wie gut, daß meine Frau sich nicht für diese elenden Shows interessiert!

Mrs. Carter war sichtlich überrascht, ihren Mann schon so früh vor sich zu sehen. „Was ist denn, Liebling?" fragte sie verwirrt.

Er sah sie mit starrem Blick an.

„Du hast ja getrunken!" sagte sie angeekelt.

„Ist das wahr?" fragte er.

„Was?“

„Stell dich nicht so dumm an! Ob es wahr ist, will ich wissen!“

„Ach“, flötete sie mit künstlicher Ungezwungenheit, „die Show.“

„Ja“, knurrte er. „Die Show! Natürlich wirst du mich nicht erschießen, nicht wahr? Ich verdiene zwar nicht viel, aber es reicht für ein angenehmes Leben. Wir brauchen keine hunderttausend Dollar. Nicht wahr, du wirst mich nicht umbringen . . .?“

„Ich mach dir was zu essen“, sagte sie und verschwand in der Küche. Mr. Carter sah ihr düster nach.

„Ja“, schrieb Mrs. Hollyham mit großen, deutlichen Buchstaben auf die Postkarte, die sie an die Redaktion der *Würden Sie's tun?*-Show adressierte. Natürlich würde sie ihren Mann ermorden! Mann, dachte sie verzweifelt, wenn ich *die* Gelegenheit hätte!

„Jetzt sitzt du schon seit vier Tagen hier rum und bläst Trübsal und starrst vor dich hin und trinkst!“ maßregelte Mrs. Carter ihren Mann.

„Hör endlich auf, so zu tun, als ob nichts geschehen wäre“, antwortete er.

„ . . . Zuschauerzahlen, hihi . . .“

„Gewalt“, verkündete sie ernst, „ist um uns.“

DIE BEISETZUNG FAND IN ALLER STILLE STATT. (-Eigenbericht-) Ohne öffentliches Aufsehen fand heute die Beisetzung von Mrs. Johnson statt, die auf dem Friedhof von . . . begraben wurde. Ihr Mann, der in einer geschlossenen Anstalt einsitzt, konnte an der Beerdigung nicht teilnehmen. Auch sonst war niemand gekommen. Mrs. Johnson hatte vergangene Woche . . .“

„Gewalt“, verkündete sie, „ist um uns.“

Es klingelte an der Tür.

„ . . . Zuschauerzahlen . . . hihi, Fernsehen, hihi . . .“

Mrs. Carter zögerte.

Es klingelte an der Tür.

Mrs. Carter zögerte, entschloß sich aber dann doch zu öffnen. Wer konnte das sein? Ein Besucher? Ein Schaulustiger? Bestimmt. Schließlich lief heute abend die neue Folge der *Würden Sie's tun?*-Show. Zu ihrer großen Überraschung handelte es sich um das Kamerateam.

„Schon?" fragte Mrs. Carter verblüfft. „Aber die Show beginnt erst in fünf Stunden."

„Gewiß, Lady, aber wir müssen in jedem Zimmer eine Kamera installieren; schließlich wissen wir ja nicht, wo es passieren wird . . . oder nicht passieren wird. Fünf Stunden sind für uns eine verdammt knappe Zeit. Aber mit dem modernen Satellitennetz ist nichts mehr unmöglich."

„Ja, aber . . . warum kommen Sie dann nicht früher?"

„Das Live-Element unserer Show muß um jeden Preis erhalten bleiben. Außerdem ist Mr. Carter heute nachmittag nicht zu Hause."

„Das wissen Sie?"

„Sicher, Lady, das ist unser Job. Los, Jungs, fangt an!"

Bei Einbruch der Dunkelheit hielt es Mr. Carter auf seiner Parkbank nicht mehr aus. Noch eine halbe Stunde bis zu der verdammten Show. Er würde ganz einfach nicht nach Hause gehen! Sollten die Narren doch sehen, was sie dem Publikum zeigen konnten. Anderseits . . . natürlich würde seine Frau ihn nicht erschießen! Natürlich nicht! Er konnte furchtlos heimgehen. Ja, das würde er tun! Er würde es ihnen zeigen. Und schon lenkte ein unwiderstehlicher Zauber seine Schritte heim zu seiner Wohnung . . .

„Hier sind wir wieder, liebe Zuschauer, live dabei! Haben Sie auch letzte Woche alle zugeschaut? Wir stellten die Frage, ob Mrs. Carter ihren Mann erschießen würde, wenn wir ihr völlige Straffreiheit und hunderttausend Dollar zusichern. Wir schalten gleich um zu Mrs. Carter in die Wohnung. Also, bleiben Sie dran! Und hinterher werden wir, wie üblich, aus den eingegangenen Zuschriften den nächsten Teilnehmer ermitteln. Bis gleich!"

Mr. Hollyham, der sich nichts aus dieser Show machte, hatte heute abend doch nicht widerstehen können und den Fernseher eingeschaltet. Nun wurde er sich, aufsehend, des seltsamen Blicks seiner Gattin bewußt.

„Was ist denn, Liebling?“ fragte er. „Greift es deine Nerven zu sehr an? Soll ich abschalten?“

„Nein, nein“, sagte sie mit vor unterdrückter Aufregung zitternder Stimme, „laß nur.“ Dann, mit gespielter Beiläufigkeit: „Ist das nicht einer deiner Angestellten?“

„Doch“, antwortete Mr. Hollyham und seufzte schwer.

„. . . hinterher werden wir, wie üblich, aus den eingegangenen Zuschriften den nächsten Teilnehmer . . .“

Mrs. Hollyhams Blick glitt sehnsüchtig zu den Ja-Stimmen.

„Frauchen hat wieder das Wasser nicht gewechselt“, sagte das Gebiß verdrießlich . . .

„Das hier, liebe Zuschauer, ist die Wohnung von Mrs. Carter. Hier lebt sie mit ihrem Sohn Billy und mit ihrem Mann, Mr. Carter. Mr. Carter ist derzeit noch unterwegs, aber, wie ich von unseren Beobachtungswagen übermittelt bekomme, auf dem Weg nach Hause. Wir müssen uns eben noch ein wenig gedulden.“

Gott sei Dank, daß der alte Narr von allein kommt, dachte der Moderator. Was hätte denn das für einen Eindruck gemacht, wenn ihn unsere Jungs mit Gewalt vor die Kamera hätten zerren müssen!

„Und hier ist auch schon meine Assistentin Monika, die heute ausnahmsweise nicht im Studio ist, sondern hier bei mir, sozusagen vor Ort. Monika, bitte kommen Sie doch her und überreichen Sie Mrs. Carter die Waffe!“

Das Mädchen trat in den Erfassungsbereich der Kamera. Sie trug das rote Samtkissen auf beiden Armen und näherte sich Mrs. Carter.

Mr. Hossom, ein alternder Junggeselle, sah sehnsüchtig zum Bildschirm. Auch er hatte mit „Ja“ gestimmt. Hoffentlich klappte es heute! Schon jahrelang spielte er bei der Show mit, und noch nie hatte er Glück gehabt. Na ja, waren auch verdammt viele, die mitmachten. Trotzdem . . . mal sehen.

Mr. Carter drückte den Knopf mit der Nummer 34 im Fahrstuhl. Er betrachtete mißbilligend den Sendewagen vor der Tür, dann fuhr er hinauf in seine Wohnung.

„. . . und das ist schon alles, Mrs. Carter. Sie wissen jetzt, wie man die Waffe bedient. Und da kommt auch schon Mr. Carter zur Tür herein. Wir dürfen gespannt sein, liebe Zuschauer! Und nicht vergessen, Mrs. Carter – es ist allein Ihre Entscheidung! Sein oder Nichtsein, hunderttausend Dollar oder nicht hunderttausend Dollar!“ Damit entfernte er sich ins Nebenzimmer.

„Erlauben Sie mir eine Frage, Mr. Carter, die unser Publikum dort draußen am Bildschirm sicher brennend interessiert: Halten Sie es für möglich, daß Ihre Frau Sie tatsächlich erschießen wird – für hunderttausend Dollar?“

Mr. Carter starrte den Moderator aus blutunterlaufenen Augen an. Er hatte Bartstoppeln im Gesicht, seine Kleidung war heruntergekommen, zerknittert und schmutzig. Hätten ihn noch ein wenig schminken sollen, dachte der Moderator. Was für ein unästhetischer Anblick für die Zuschauer. Na ja . . .

„Nein!“ brüllte Mr. Carter. „Ich habe ein bescheidenes, aber regelmäßiges Einkommen, das uns genügt. Ich mache mir überhaupt keine Sorgen.“

„Na gut“, sagte der Moderator schmunzelnd. „Dann gehen Sie jetzt bitte ins Nebenzimmer, wo ihre Frau mit der Waffe wartet – und mit hunderttausend Dollar in kleinen Scheinen. Bitte, Mr. Carter.“

Er sah in die Kamera. „Und nun, liebe Zuschauer, kommt der große Augenblick!“

Mr. Carter trat unter den Türrahmen und sah ins Wohnzimmer, wo seine Frau mit erhobener Waffe wartete.

„Margaret . . .“ sagte er mit aufgerissenen Augen.

Das Geräusch des Schusses hallte donnernd durch die kleine Wohnung.

„Verantwortung?“ fragte Mr. J. J. Bayswater verblüfft. „Aber wieso das denn? Wieso sollte ich für etwas die Verantwortung tragen?“

„Weil Sie für diese elenden Shows verantwortlich sind!"

„Lieutenant Hunter", sagte J. J. Bayswater geduldig. „Ich mache genau das, was das Publikum sehen will, verstanden? Zuschauerzahlen, das ist in unserem Geschäft alles. Je mehr Zuschauerzahlen, desto mehr Werbung bekommen wir und desto mehr Geld fließt in die Senderkassen, und das wiederum hilft uns, unserem Publikum ein . . . äh . . . noch besseres und spannenderes Programm zusammenzustellen."

„Und vor allem hilft es Ihnen, immer mehr und noch mehr zu verdienen, was?" fragte Lieutenant Hunter.

„Ich muß doch schon bitten, Lieutenant!" erboste sich J. J. Bayswater bitter.

„Schon gut, vergessen Sie's wieder. Ist eben zwecklos, bei jemandem wie Ihnen an die Moral appelieren zu wollen." Damit legte er den Telefonhörer auf.

Mr. J. J. Bayswater betrachtete den Hörer noch einen Augenblick stirnrunzelnd und mißbilligend, dann legte auch er auf. In Gedanken aber merkte er sich Lieutenant Hunter schon als Opfer für eine der nächsten Folgen der Show *Sie schalten – wir walten!* vor.

„Und das war's, liebe Zuschauer", verkündete der lachende Showmaster. „Mr. Carter geht, hunderttausend Dollar kommen! Sie alle haben Mrs. Carters Entscheidung live am Bildschirm miterlebt. Und nun zu unserem Kandidaten für die nächste Sendung. Hier ist das Bassin mit den Ja-Zuschriften, und daraus werden wir nun gleich den nächsten Teilnehmer ermitteln. Und da meine reizende Assistentin Monika heute live in der Wohnung von Mrs. Carter ist, haben wir einen reizenden Studiogast zu uns gebeten, Claudia Reibach, die Sie alle aus der bekannten und beliebten Sendung *Soldatenlieder aus aller Welt* kennen. Bitte, Miß Reibach, würden Sie so freundlich sein und den nächsten Teilnehmer für uns ermitteln?"

„Aber gerne", sagte Miß Reibach mit leichtem deutschen Akzent und trat an den Rand des Beckens, wo sie eine Karte zog.

Sie wollte sie dem Showmaster geben, doch dieser winkte ab. „Bitte lesen Sie uns doch den Namen vor."

„Aber ja. Es handelt sich um Mr. . . . Hubert Hossom aus . . ."

„Das darf nicht wahr sein!“

„Und, so fragen Sie sich nun sicher schon wieder erwartungsvoll: Was für eine Aufgabe haben wir Mr. Hossom zugedacht? Auf den ersten Blick mag das einfach erscheinen, aber bei näherem Hinsehen ist es so unkompliziert doch auch wieder nicht. Wir werden Mr. Hossom in der nächsten Woche in einem unbekannten Park in einer unbekannten Stadt aussetzen, wo er innerhalb einer Stunde fünf Frauen vergewaltigen muß. Gelingt ihm das, sind hunderttausend Dollar sein – bei völliger, garantierter Straffreiheit –, wenn nicht . . . Und nicht vergessen, erst nach fünf Vollzugsmeldungen bekommen Sie, Mr. Hossom, falls Sie mithören und -sehen, die hunderttausend Dollar.“ Er wandte sich etwas ab, kniff ein Auge zusammen und wandte sich im vertraulichen Plauderton an die Zuschauer. „Wir werden ja nächste Woche sehen, ob Mr. Hossom . . . hmhmmm . . . *Manns genug* ist, sich das Geld zu verdienen. Wie ich der Karte entnehmen kann, ist Mr. Hossom Mathematiklehrer. Nun . . . da sollten ihm eigentlich fünf Nummern in einer Stunde keine Schwierigkeiten machen! Auf bald, liebe Leute, schalten Sie nächste Woche wieder ein zu Dramatik, Erotik, Spannung . . .“

„Mann“, keuchte Mr. Hossom. „Mann, o Mann!“

Der Chor war so groß, daß er den gesamten Bildschirm erfüllte, obwohl die Kamera ziemlich weit weg war. Als der letzte Ton verklang, wurde er ausgeblendet. Ein seriös aussehender älterer Herr, der in einem riesigen Ohrensessel saß, kam ins Bild. „Guten Abend, meine sehr verehrten Damen und Herren“, sagte er mit ernster Stimme. „Hier ist wieder Jerry Oliver, und dies ist die beliebte Show *Sie schalten – wir walten!* Ich bin sicher, Sie sind alle mit der Form der Show vertraut – aber wenn nicht, dann will ich sie kurz informieren. Zuvor jedoch noch einen Applaus für die reizenden Damen vom Chor, die uns eben einige Stücke alten amerikanischen Liedguts zu unserer Erbauung zum besten gegeben haben.“

Die Kamera glitt ins Publikum. Als der Applaus sich gelegt hatte, fuhr der ältere Mann fort: „Fünf Themen, fünf große, epochale Ereignisse, haben wir heute wieder zusammengestellt, und Sie, liebe Zuschauer, dürfen entscheiden, welches Sie gerne live am Bildschirm mitverfolgen wollen. Dabei handelt es sich um folgendes . . ."

Auf der Leinwand im Hintergrund wurde das Bild eines Mannes eingeblendet, der etwas über sechzig Jahre alt sein mochte, er hatte ein scharf geschnittenes Gesicht, kurze Haare und schaute ernst bis besorgt drein.

„Das ist der Senator Jospeh Phontenay, den Sie sicher alle kennen. Er ist in jüngster Zeit mit einer heftigen Kritik an der Medienpolitik des Präsidenten an die Öffentlichkeit getreten, was ihm nicht wenige Feinde einbrachte. Mr. Phontenay ist derzeit in Urlaub in den Bergen, wo er ein Wochenendhaus und einen nicht unansehnlichen Besitz hat. Um diesen Besitz verteilt sind zehn professionelle Killer, die, wenn das Ihr Wunsch sein sollte, sofort mit einer gnadenlosen Hetzjagd beginnen werden. Überlebt Mr. Phontenay und kann er unbeschadet seinen Besitz verlassen, so ist er frei. Aber bei unserem Starangebot an Killern scheint das wenig wahrscheinlich zu sein. Das war Möglichkeit Nummer eins.

Und als zweite Möglichkeit haben wir uns etwas ganz Besonderes ausgedacht. Ja, liebe Zuschauer, heute ist die Show der Superlative. Sie alle wissen, daß es in letzter Zeit wieder häufiger zu leichten Beben kam, die die Bewohner von San Francisco erschreckten, ganz abgesehen von den immer stärker werdenden Jugendkrawallen dort. Wir haben unter San Francisco eine starke Sprengladung angebracht, die möglicherweise ausreichen wird, ein neues Erdbeben herbeizuführen. Aber – alles ist offen, die Spannung bleibt – ich sage möglicherweise . . . Möglichkeit Nummer zwei.

Unsere tapfere Armee liegt an den Grenzen von Saudi-Arabien, um unsere Interessen zu wahren, das können Sie jeder Nachrichtensendung entnehmen. Als Folge davon sind die internationalen Beziehungen zu Europa etwas gespannt. Derzeit weilt der deutsche Bundeskanzler zu Gast bei unserem Präsidenten. Wir kennen das Lokal, wo die beiden heute abend essen werden. Wieder haben wir einen *agent provocateur* unter die Kellner geschmuggelt, der auf Ihren Wunsch hin den deutschen Gast vergiften wird. Mögliche Konsequenzen sind Abbruch der diplomatischen Beziehungen, möglicherweise sogar eine Ausweitung des Krieges auf Europa. Ihre Entscheidung, nichts ist unmöglich, schließlich . . . wir leben im Land der unbegrenzten Möglichkeiten, und das Wort ‚unmöglich' gibt es für einen Amerikaner nicht! Möglichkeit Nummer drei. Aber bevor Sie sich entscheiden, warten Sie die nächsten Vorschläge ab.

Weniger gewaltige Dimensionen eröffnet Möglichkeit Nummer vier: Im Madison Square Garden findet heute abend der Boxkampf zwischen Joe Razor und Kess Kleh statt. Die Kameras unserer Show sind installiert, und auf Ihren Wunsch wird dort ein Großfeuer entfacht werden! Tote, Schwerverletzte und Massenpanik . . . wir versprechen Ihnen Spannung am laufenden Band!

Und zum Schluß, last not least, Möglichkeit Nummer fünf. Ein von uns gemieteter Bomber der US-Luftwaffe – ja, Leute, auch die Luftwaffe muß finanziert werden! – befindet sich hoch über Detroit. Er hat eine Atombombe an Bord, die nur darauf wartet, auf Detroit abgeworfen zu werden! Ungeachtet der harten Strahlung werden sich freiwillige Kameramänner ins Inferno wagen, um Sie mit Livebildern der Situation nach der Bombe zu versorgen! Möglichkeit Nummer fünf!"

Der Mann auf dem Bildschirm machte eine Pause, holte tief Atem und sprach dann weiter. „Für alle, die unser Auswahlprinzip noch nicht kennen, hier das Wichtigste in Kürze: Wir werden nun die Nummern der Vorschläge nacheinander einblenden. Dabei bitten wir Sie, alle elektrischen Geräte in Ihren Haushalten bei der Möglichkeit einzuschalten, die Sie gerne sehen würden. Wir haben Spezialisten in allen Teilen des Landes in den Elektrizitätswerken stationiert, die den Stromverbrauch messen werden! Auf mein Zeichen hin schalten Sie dann bitte alles wieder ab, denn anschließend gelangt der nächste Vorschlag zur Abstimmung. Die vollkommene Demokratie, liebe Zuschauer – die Mehrheit entscheidet, was wir heute abend zu sehen bekommen. Alles bereit? Ich muß mich nur noch kurz mit der Regie kurzschließen – höhö, kleines Wortspiel –, dann geht's los. Hallo, Regie, alles klar? . . . Ja, ich bekomme grünes Licht. Nun denn . . . *Los!* Hier kommt Vorschlag eins."

Nacheinander erschienen die Ziffern eins bis fünf auf dem Bildschirm, während im ganzen Land alles zu den elektrischen Geräten eilte, um Mixer, Waschmaschinen, besonders aber Lichter einzuschalten.

Nach etwa zehn Minuten kam ein Techniker auf die Bühne geeilt, um dem Moderator das Ergebnis zu bringen. „So, liebe Zuschauer, die Spannung steigt auf den Höhepunkt. Was werden wir heute abend sehen? Geschichte machende Ereignisse, meine lieben Freunde, in der Tat . . . Nun, die Nummer eins ist schon sehr beachtlich – unser lieber Senator scheint wirklich eine ganze Menge Feinde zu haben. Nummer zwei scheidet ganz aus, und auch die Nummer drei ist es nicht: Der deutsche Bundeskanzler wird weiterhin am Leben bleiben – ein deutliches Zeichen dafür, daß das amerikanische Volk den Frieden will und es vermeidet, unnötige Verschärfungen der internationalen Lage zu provozieren. Auch Möglichkeit vier fand nur wenig Freunde. Damit verbleibt als absoluter Favorit des Abends die Möglichkeit Nummer fünf! Wir werden in wenigen Minuten Zeuge werden, wie Detroit im atomaren Höllenfeuer versinkt! Bleiben Sie dran, Leute, in wenigen Minuten melden wir uns wieder live aus Detroit!"

„Mammi, Mammi, ich hab mich verbrannt!" rief der heulende Junge, der zu seiner Mutter in die Küche gerannt kam und um Hilfe bat.

„Zeig mal", forderte sie besorgt. „Aber, aber, das ist doch nicht schlimm", erklärte sie dann überzeugt. „Wir streichen ein wenig *Null-O-Brenn*-Gel darauf, und schon ist alles wie weggeblasen." Ein Nachrichtensprecher trat ins Bild. Zwischen Daumen und Zeigefinger hielt er eine kleine Tube. *„Null-O-Brenn"*, sagte er, „einzigartig bei Verbrennungen aller Art!"

„Und hier, liebe Zuschauer, befinden wir uns an Bord des Bombers über Detroit, und in wenigen Minuten geht es los . . ."

„. . . Zuschauerzahlen, hihi . . ."

„Nun, Herr Körber", sagte der Redakteur, streckte die Beine aus, drückte sein Kreuz in den bequemen Bürosessel, zog an seiner Zigarette und stieß dicke Qualmwolken aus. „Alles prächtig, wirklich. Spannend, emotional packend. Das macht den Leser an. Schade nur, daß ich es nicht gebrauchen kann."

Dem hoffnungsfreudigen jungen Autor entgleiste das sich gerade anbahnende Lächeln zu einer starren Grimasse. „Aber . . . aber warum nicht?“ fragte er mit belegter Stimme.

„Sehen Sie“, sagte der Redakteur und zog nochmals an seiner Zigarre. „Das A und O bei einer SF-Story ist die glaubwürdige Grundlage. Der Leser darf nicht den Eindruck gewinnen, so etwas könne es gar nicht geben. Und bei Ihrer Story wird er sich fragen, ob wirklich ein Fernsehsender die Strafverfolgung außer Kraft setzen kann. Das wird Ihnen niemand abnehmen. Und dann die Sache mit dem Publikum. Finden Sie nicht auch, daß Sie da zu weit gehen? Daß sich eine Mehrheit dafür findet, eine Stadt in die Luft zu blasen, halte ich für ausgeschlossen. Und sei es nur aus Eigennutz. Schließlich kann es beim nächsten Mal die eigene Stadt sein.“

„Aber . . . das ist doch satirisch gemeint“, begann der junge Autor. „Und die Satire darf bekanntlich alles . . .“

„Na, na“, winkte der Redakteur ab. „Alles nun auch wieder nicht. Und gerade heutzutage, wo jeder Antiamerikanismus wittert, wenn jemand nur über ein ausgekautes Kaugummi latscht . . . Also, Herr Körber, hat mich sehr gefreut. Und wenn Sie wieder mal was haben – ich schaue es mir gern an.“ Mit diesen Worten geleitete der Redakteur den jungen Autor zur Tür. Der junge Autor schluckte, nahm die dargebotene Hand, sagte artig auf Wiedersehen und verschwand.

Der Redakteur kehrte zu seinem Sessel zurück und machte dort weiter, wo er aufgehört hatte, als der junge Autor an der Tür geklopft hatte. Er legte die Zigarre auf den Rand des Aschenbechers und öffnete den nächsten Brief aus der Morgenpost. Nanu, ein Brief vom Fränkischen Rundfunk?

„Sehr geehrter Herr . . .“ las er halblaut vor. „Wir planen eine neue Fernsehshow mit dem Titel *Hätten Sie's getan?* und laden Sie zur redaktionellen Mitarbeit an dieser Sendereihe ein. Zur Struktur dieser Sendung: Mehrere Kandidaten stehen völlig unvorbereitet ungewöhnlichen Situationen gegenüber: Konflikte, Gewissensentscheidungen, auch und gerade solche gravierender Art, die tief in die Intimsphäre dieser Kandidaten hineinreichen. Zur diesbezüglichen Absicherung unterschreiben die Kandidaten vor der Sendung eine Erklärung, wonach sie auf alle rechtlichen Ansprüche gegenüber uns oder dritten Personen verzichten (gegen ein angemessenes Honorar natürlich). Sollte es dennoch Probleme geben: Wir haben eine ausgezeichnete Rechtsabteilung. Falls Sie also Lust, Interesse und gute Ideen haben, lassen Sie bitte von sich hören. Beste Grüße, Ihr . . ."

Der Redakteur runzelte die Stirn, stand auf, schaute aus dem Fenster, kehrte zu seinem Sessel zurück. Er starrte einige Löcher in die Luft. Dann griff er nach dem Manuskript des jungen Autors, das dieser bei dem plötzlichen Aufbruch hatte liegenlassen . . .

Howard Waldrop

Billy Big-Eyes

BILLY BIG-EYES

„Die Sonne zu hören –
    das klingt unglaublich.
Doch sie ist überall,
    könnten wir sie nur wahrnehmen.
Ultraviolett verstehen,
    Infrarot und Röntgenstrahlen –
die Schönheit liegt
    in so vielen Dingen"

„Om"
Mike Pinder
The Moody Blues

Der Techniker drehte sich um und wandte sich von seiner Projektionstafel ab.

„Sehr schön", sagte der Mann unten in der Mitte des Raumes. „Könnten Sie sie jetzt bitte so beleuchten, daß ich etwas sehen kann? Ultraviolett, infrarot?"

Der Plananalytiker sah verdattert aus. Er schaltete seine Konsole in einen höheren Schwingungsbereich. „Verzeihung, Sir."

„Schon gut", sagte Maxwell Big-Eyes von unten. Er legte einen Arm unter den Ellbogen des anderen. Mit den Fingern des aufgestützten Arms tippte er gegen seine Zähne und studierte die Karte.

Maxwell Big-Eyes war Leiter der Scouts Emeritus. Er hatte dreißig Jahre im aktiven Dienst gestanden und sich dabei einen Namen gemacht.

Jetzt lebte er im Ruhestand und übte die Tätigkeit eines Beraters aus, der nur noch bei besonderen Problemen zu Hilfe gerufen wurde.

Hinter dem wohlbekannten, maskierten Gesicht saß immer noch der Verstand eines Scouts, derselbe, der zahllose Sektoren kartographiert, Rettungseinsätze geleitet und die Führung der Systeme über drei Jahrzehnte beraten und in Frage gestellt hatte.

Alle Bürokratie, die Reden, Zeremonien und Dinners auf den verschiedenen Welten hatten seine Begeisterung für seine tatsächlichen Aufgaben nicht trüben können. Die erste war, aus den Systemen der Welten einen Ort zu machen, an dem man sicherer und besser leben konnte. Die zweite und für ihn wichtigste war es, für das Wohlergehen jedes einzelnen Scouts im Service zu sorgen.

Maxwell Big-Eyes war von untersetzter Statur. Er trug enge rote Hosen, eine Weste aus purpurfarbenem Satin und ein rotbraunes Cape. Eine Maske aus Leder und Plastik bedeckte sein Gesicht von der Nase bis zur Stirn und ließ Mund und Haaransatz frei. Ihre Riemen spannten sich um seinen Hinterkopf. Dort, wo in seinem Gesicht die Augen liegen mußten, waren zwei undurchsichtige Linsen, so groß wie Grapefruits.

„Das war die letzte Position?" fragte er.

„Ganz sicher", sagte der Plantechniker.

Maxwell wandte sich an den Mann im weißen Kittel, der hinter ihm stand. „Snorkel, ich möchte gern, daß Sie meine Nichte Dierdre hier heraufbringen. Außerdem Daten über den Stand der Einsätze der anderen Scouts. Aber . . ." – er hob die Hand – „ich würde gern selbst mit Billy reden."

„Meinen Sie, es ist klug, ihn zu informieren? Der Status seiner Mission ist jetzt kritisch."

Die beiden Männer waren etwa gleichaltrig; Doktor Snorkel allerdings war viel größer, er trug einen Schnurrbart, und seine Haltung war straffer. Außerdem war er nicht sichtig. Sein dichtes Haar war von eisengrauer Farbe, während das des kleineren Mannes gesprenkelt war.

Maxwell wandte sich der Projektionstafel zu.

„Dann warten wir eben ab und sehen, was er findet, bevor wir Kontakt mit ihm aufnehmen."

Snorkel legte eine Hand auf Maxwells Schulter. „Max", sagte der Wissenschaftler, „wäre es nicht vielleicht besser, wenn wir es ihm nicht sagten?"

Der alte Scout drehte sich um und sah seinen Freund an. Die nackte Maske mit ihren großen, kugelförmigen Linsen blieb ausdruckslos, aber der Mund darunter war zu einem schmalen Strich geworden. Der Strich öffnete und schloß sich.

„Ich weiß, warum du das sagst, Otto, deshalb will ich dazu nichts weiter sagen.“ Der kleine alte Mann seufzte. Sein Mund entspannte sich zu einem Grinsen. „Ich werde es tun, wenn es soweit ist. Er ist mein Großneffe. Wenn jemand aufgeregt sein muß, dann überlaß das mir.“

Von seinem Schiff *Argus* aus beobachtete Billy Big-Eyes die verdächtige Plasmawolke nun schon seit ein paar Stunden.

Für normale menschliche Augen wäre die Nacht um ihn herum einfach schwarz gewesen, abgesehen von den Lichtpunkten der Sterne, einer hellen Staubwolke oder vielleicht dem einsamen Funkeln eines Kometen, der eine nahe Sonne umrundete.

Billy schaute nicht durch normale menschliche Augen, und er sah nicht in die Dunkelheit. Er tastete die Wolke in verschiedenen Spektren ab, in Ultraviolett, Infrarot, langen Radiowellen, Röntgenstrahlen und in den Bereichen darüber und darunter.

Im Infrarotbereich war die Nacht ein stumpfes Glühen, wie von heißem Metall; sie pulsierte im Licht des interstellaren Wasserstoffs. Hier und da waren winzige Punkte wie Nadelstiche in Papier, wo bestimmte Sterne keine Infrarotstrahlung abgaben. Andere zogen Lichtströme und lange Leuchtschweife hinter sich her wie Pinselstriche. Der ganze Raum um ihn herum war voller Licht, wie bei einer Farbszene aus einer von Dantes Höllen . . ..

Im ultravioletten Bereich wurden Sterne und All zu drapierten Samtvorhängen, und das Licht selbst war gefroren und schwarz. Die Sterne waren stumpfe, pelzige Kugeln, Gaswolken wurden zu Tüllgardinen, hinter denen kalte Sonnen brannten. Wenn er sich ein paar Sekunden lang konzentrierte, konnte Billy durch alle anderen Gase um ihn herum hindurchsehen.

Aber mit der Plasmawolke vor ihm war es anders; sie war noch undurchsichtig.

Der Röntgenbereich bot den merkwürdigsten Anblick. Lichtpunkte flogen wie ein Graupelschauer in alle Richtungen, von ihm weg, auf ihn zu und an ihm vorbei. Manche erchienen direkt vor seinen Augen und wichen vorwärts zurück: kosmische Strahlen, die durch das Schiff und seinen Kopf gedrungen waren. In diesem Spektralbereich war das All ringsum ein einziges Tosen. Der Graupel bewegte sich wie eine Aurora, eine schimmernde Woge, durch die er zunächst nur ein paar Kilometer weit sehen konnte.

Die Sterne nahmen in diesen wirren Nebeln nur langsam Gestalt an. Im Röntgenbereich waren sie hohl, wie Glasornamente oder Goldfischgläser, und sie rotierten langsam, wenn er näher kam. Dann drehten sie seitwärts bei und wichen zurück, als wären sie Kristalle, die an Drähten weggezogen wurden. Gaswolken waren nur ein paar Sekunden lang sichtbar, bevor er durch sie hindurch auf die nächsten, dahinterliegenden schaute.

Und so weiter, auf und ab im Spektrum, und jeder Blick hatte seine eigenen Probleme, Wunder und Erfordernisse.

Es gab einen Bereich, in dem Billy nichts sehen konnte.

Sichtbares Licht.

Für normale Menschen war Billy Big-Eyes so blind wie eine Fledermaus.

Über das Scout-Relais sendeten die Leute in der Leitzentrale die letzte bekannte Position der *Nachtwache,* ihren wahrscheinlichen Kurs und die möglichen Gefahren in dem ihr zugewiesenen Sektor aus.

Das Scout-Relais war ein Überbleibsel des alten Schnappschuß-Systems. Früher hatte man es benutzt, um weit auseinanderliegende Punkte durch Kerr'sche Schwarze Löcher miteinander zu verbinden. Scanner, die diese umkreisten, schnitten alle 10–33 Sekunden quer durch die Planck'schen Längen der rotierenden Schwarzen Körper und fanden so die winzigen Wurmlöcher, die sich in diesen Frequenzen öffneten und schlossen. Nachrichten, die man in diese Wirbel hineinsendete, kamen woanders wieder heraus; und dieses „Woanders" war im Innern eines Scout-Schiffes.

Das Schnappschuß-System war von den ersten der großen alten Solid-State-Intelligenzen gebaut worden, als der Mensch noch auf der Erde lebte. Es hatte damals funktioniert, und es funktionierte weiterhin.

Kommunikation über Lichtjahre hinweg war eine Sache des Augenblicks und fehlerfrei. Es war, als spräche man mit jemandem in Nebenzimmer.

Das Scout-Relais war eine der beiden Frequenzen, die das Network benutzte. Die andere war für die Kommunikation der Systeme, die das Gewebe der Welten zusammenhielt.

Die Besatzung der Leitzentrale erhielt die Bestätigung für die

Meldung über die vermißte *Nachtwache* von den anderen Scouts und wartete dann.

„Seinem letzten Funkspruch zufolge stand Billy kurz vor seinem Untersuchungsgebiet, seiner Schätzung nach noch vier Stunden entfernt“, sagte Doktor Snorkel.

Maxwell Big-Eyes überflog den Positionsplan des noch nicht kontaktierten Schiffes seines Großneffen. Dann saß er still da und wandte nur den Kopf, um den anderen Sektor zu studieren, in dem die *Nachtwachte* verlorengegangen war. Er stellte sich den ständig wachsenden Suchkegel vor, der erforderlich war, um das vermißte Schiff zu finden. Mit dem arithmetischen Fortschreiten der Zeit würde er sich geometrisch erweitern.

Zu Beginn war die Gegend, in der man das Schiff würde finden können, eine Art Trichter mit einer Spitze an der einen Seite, der sich zur anderen Seite ständig ausdehnte und erweiterte, mit einem Durchmesser von 0,001 . . ., 0,003 . . ., 0,009 . . ., 0,027 Lichtjahren. Mit der Zeit würde er immer breiter und länger werden.

Aufgabe der Rettungsschiffe war es, das Gebiet zu erreichen, es in kleine Sektoren zu zerschneiden und die Suche nach dem Schiff oder irgendwelchen Spuren davon zu beginnen.

Wenn die Schiffe aus dem Hochbeschleunigungsbereich herauskamen, würden sie sogleich auf die Geschwindigkeit verlangsamen, bei der die *Nachtwache* verschwunden war.

Wenn sie sie nicht innerhalb der ersten paar Tage fänden, würde die Suche lang und mühselig werden. Die überprüften Sektoren würden neben dem wachsenden Suchkegel sehr schnell zu verschwindender Winzigkeit schrumpfen. Am Ende des ersten Tages würde er schon das Dreifache seiner ursprünglichen Ausdehnung haben. Er verbreitete sich von Stunde zu Stunde.

Das hieß nicht, daß man die *Nachtwache* nicht würde finden können, aber die Chancen standen dagegen. Es *konnte* sein, daß das Schiff nur wenige tausend Kilometer von seiner letzten Position entfernt war, in relativem Stillstand. Es konnte sein, daß der Scout soeben die Schwierigkeiten, die er hatte, behob oder daß er unter Funkstille auf dem Weg zurück zu seinem ursprünglichen Kurs war. Irgendein Weg mochte sich finden lassen, den Suchschiffen ein Signal zuzusenden. Alles das war möglich.

Inzwischen wuchs der Suchkegel weiter.

Snorkel beobachtete seinen untersetzten Freund. „Meinen Sie, er wird bei der Suche mitmachen, wenn wir es ihm sagen?“ fragte er. „Obwohl seine Position ganz falsch und sein Vektor zu weitab liegt? Auch wenn wir ihm die Erlaubnis nicht geben?“

„Hmmm?“ Max schreckte aus seinen Gedanken hoch. „Ja.“

„Da kommt Dierdre“, sagte Otto Snorkel und erhob sich.

„Sie muntert mich immer auf“, sagte Maxwell Big-Eyes.

Billy Big-Eyes war ein Scout, einer der Sichtigen, deren Aufgabe es war, die Sterne zu suchen und zu kartographieren, das All zu erkunden und brauchbare Schwarze Körper zu finden. Die Systeme, die Regierung der menschlichen Welten, zapften diese Schwarzen Löcher an und machten ihre Energie für die Bedürfnisse der Welten nutzbar. Die Scouts in ihren Kristallschiffen gebrauchten ihre visuelle Begabung wie interstellare Nachfolger der *mountain men* auf der Alten Erde.

Billy gehörte zur Familie Big-Eyes, deren Ruhm und Ehre bis in die Nebenwelten zurückreichte. Den Namen hatte der Rat ihnen verliehen, und zwar für ihr gemeinsames Merkmal. Die Augen waren ihr Kapital und ihr Ruhm, sie waren der Grund ihres Lebens.

Die Big-Eyes hatte man schon vor langer Zeit für die Auszüchtung dieses Merkmals ausgewählt. Sie hatten sich und ihre Nachkommen Operationen, Veränderungen und Mutationen unterzogen. Dadurch erreichte man die Vergrößerung, die Ausdehnung ihres Sehvermögens in andere Spektralbereiche. Es hob sie für immer vom Rest der Menschheit ab.

Über Generationen hinweg hatten die Mutationen sich auf ihre Augen ausgewirkt. Ihre Größe war ein Ergebnis davon. Die Operationen, die während der Pubertät des Individuums begonnen wurden, ermöglichten das Sehen in anderen Spektralbereichen, und damit gleichzeitig verlief die Ausbildung zum Scout. Diese Veränderungen trennten die Sichtigen immer weiter vom Rest der Menschheit. Durch die Mutationen, die über Generationen hinweg auf die Augen der Sichtigen einwirkten, verloren sie allmählich ihr normales Sehvermögen, oder besser gesagt, sie ließen es hinter sich. Für alle Sichtigen gab es eine Lücke zwischen hohem Infarot und niedrigem Ultraviolett. Dies war der einzige Bereich, in dem ein Scout überhaupt nichts sehen konnte.

Die Scouts flogen große Kristallschiffe zwischen den Sternen, die einen Schweif von Strahlung, ein halbes Lichtjahr lang, hinter sich herzogen. Die Schiffe waren in ihrer Einfachheit technische Wunderwerke. Man hätte sie mit Systemen zur Entdeckung von Schwarzen Körpern ausstatten können, mit Notaggregaten, Warnsystemen und Scannern, aber das hatte man nicht getan. Statt dessen waren es einfache Reflektorscheiben mit einem Durchmesser von siebzehn Kilometern, angetrieben von Maschinen, die sie durch den interstellaren Raum jagten.

Im Hochgeschwindigkeitsbereich trugen sie die Scouts schneller als das Licht zu den Sektoren, die ihnen zugewiesen waren. Im Einsatzgebiet konnten sie monatelang ganz geruhsam dahintreiben; gelegentlich den Kurs korrigierend, schoben sie die großen, gekrümmten Spiegel sanft durch den Raum. Wie Fenster segelten sie durch die Nacht, und kaum etwas im elektromagnetischen Spektrum entging ihnen.

Jede dieser Scheiben bestand aus einem Flechtwerk von Kristall, einem makellos geformten Spinnennetz gleich. Innerhalb der Scheibe saßen Gruppen von kleineren Reflektoren, und darin noch kleinere – eine umgekehrte Elton'sche Pyramide von Spiegeln und Akkumulatoren. Ihre Brennpunkte lagen im Steuerraum des Schiffes oberhalb des Mittelpunktes der Scheibe. Und hier saß Scott und durchforschte das Universum nach Zeichen und Hinweisen.

„Hallo, Onkel Max", sagte Dierdre. Sie war schlank, doch sie wirkte in keiner Weise zerbrechlich. Kaum erst ein Teenager, hatte sie gerade die ersten beiden der Operationen hinter sich, die ihr schließlich die vollständige Sicht ermöglichen würden. Sie trug den großen, undurchsichtigen Schutzhelm, den alle Scouts außerhalb ihrer Schiffe und ihrer Wohnungen trugen. Er war durchlässig für alles bis auf das sichtbare Licht. Mit dem Chromhelm sah sie aus wie eine Puppengestalt, auf der ein Ei saß. Maxwell umarmte sie, und sie berührte das Gesicht ihres Urgroßonkels mit ihrem Helm.

Maxwell Big-Eyes, ein paar der im Ruhestand lebenden Watchmosts und die Männer und Frauen, die früher Scouts gewesen waren, trugen nur die leichten Schutzmasken. Manche Scouts empfanden sie als Prahlerei und als einen Versuch, die restliche

Menschheit zu besänftigen. Maxwell trug seine jetzt, weil er in den Jahren als Scout sich nie die Haare hatte wachsen lassen können. Die Vorstellung von einem Kopf voller Haare war für ihn schon immer verlockend gewesen.

„Hallo, Dierdre", sagte Doktor Snorkel. „Was machen die Augen?"

„Die sind ganz in Ordnung", sagte sie und ließ sich auf einem kleinen Stuhl beinahe in der Mitte des Raumes nieder. Sie blickte zu der sanft glimmenden Projektionstafel über ihnen hoch.

„Können Sie mir die Positionen der anderen geben?" fragte sie den Techniker.

Der sah zu Snorkel hinüber.

„Geben Sie ihr jede Unterstützung", sagte Snorkel. „Handeln Sie nach ihren Anweisungen, als kämen sie von mir oder Max."

„Sehr wohl, Sir."

Das menschliche Auge kann nichts mehr unterscheiden, was weniger als dreizehn Bogenminuten auseinanderliegt. Die Augen der Scouts übertrafen dies nach den Veränderungen bei weitem. Die Wellen, die sich durch die Nacht bewegten, wurden umgeleitet und in die Augen der Scouts im Fokus ihrer Schiffe reflektiert. Die Scouts waren die menschlichen Linsen gigantischer Teleskope, ihrer Schiffe.

Ihr Leben und ihre Kristallschiffe, ihre Arbeit und ihre Mutationen trennten sie von den übrigen Menschen, aber sie waren auch geachtet, geehrt und stolz.

Die Familien der Systeme waren nicht auf die Sichtigen beschränkt; es gab viele andere. Manche besaßen unterschiedliche Talente und Begabungen, andere hatten überhaupt keine brauchbaren Fähigkeiten. Diese hatten schon seit unvorstellbar langer Zeit im Dienste der Systeme gestanden und hervorragende Leistungen vollbracht. Langlebigkeit hatte ihnen Rang und Namen unter den ehrwürdigen Familien eingebracht.

Pilemongers, Dimsdales und Pierceys fanden sich in allen Bereichen der Regierung.

Außerdem gab es die drei *Pongoiden*-Familien, die Gumps, die Kongs und die Youngs, deren anthropoide Talente sie für viele Aufgaben geeignet machten, die normale Menschen als gefährlich, schwierig oder mühselig empfunden hätten.

Die Begabten Familien aber waren die wirklichen Stützpfeiler der Systeme: die Sichtigen, die Natürlichen, die Sprecher, die Schnellen, die Schläfer, die Unsichtbaren und die Wahrnehmer. Jede von ihnen besaß irgendeine besondere, genetisch oder somatisch erzeugte Fähigkeit, die für die menschliche Besiedlung der Galaxis erforderlich war.

Die Natürlichen hatten mit all den Planeten zu tun, auf denen Leben existierte. Sie überprüften diese Welten, stellten fest, welche Relationen zwischen belebten Dingen und dem Planeten bestanden, und veranschlagten die Grenzen menschlichen Wachstums dort.

Die Schläfer beaufsichtigten und leiteten solche Prozesse, die die Zeitspanne eines menschlichen Lebens überschritten. Die Perioden, in denen sie wach und aktiv waren, maßen nach Jahrzehnten und Jahrhunderten, doch für ihr Empfinden waren es Tage und Wochen. Es gab Schläfer, die schon seit drei oder vier Generationen in den Diensten der Regierung standen.

Und so war es mit allen notwendigen Fähigkeiten; für die Besiedlung von Welten, für den Materialtransfer, für die Bedienung der Systeme – für jedes der erforderlichen Talente gab es eine oder mehrere Familien. Es gab sie schon seit Jahrhunderten, und es würde sie noch eine Ewigkeit geben.

Die Bedeutendsten unter ihnen waren die Familien der Sichtigen: die Ocullis, die Watchmosts, die Big-Eyes, die Lemur-Pottis und die Scoutmakers.

Die Familie Big-Eyes war die älteste und die zäheste. Maxwell Big-Eye hielt sich für den besten Scout, der je gedient hatte. Jetzt lebte er im Ruhestand. Er war überzeugt, daß aus Billy ein noch besserer Scout werden und seine Urgroßnichte sogar diesen übertreffen würde.

Dierdre beobachtete die Veränderungen auf dem großen Schirm. Er zeigte eine dreidimensionale Übersicht über die ursprüngliche Bahn der *Nachtwache,* den Standort der anderen Scoutschiffe, ihre Kurse und den voraussichtlichen Verlauf ihrer Suche.

Sie wandte sich an Max. „Das sieht nicht sehr gut aus."

„Das siehst du? Dann ist es schlimmer als ich dachte", sagte er. Snorkel, der hinter ihm stand, sah Dierdre an und hob die dichten grauen Augenbrauen.

„Nun, da ist Abraham Watchmost. Hier." Dierdre zeigte auf die Diagramme. „Er ist am nächsten dran, aber er ist schon im Bremsbetrieb, und deshalb wird er länger brauchen, um wieder Geschwindigkeit aufzunehmen, als . . ." – sie überflog eine Liste auf einem Neben-Display – „. . . als Yvonne Oculli brauchen wird, um die Position des letzten Kontaktes zu erreichen." Ihr Blick ging an dem Display vorbei zur Decke. „Das dürfte irgendwann übermorgen sein. *Dann* kann die Suche beginnen."

Max legte sein unbedecktes Kinn in die Hand.

Dierdre wandte sich ihm zu. „Weiß Billy es schon?"

„Nein. Er glaubt, daß er mit seiner Mission in einer kritischen Phase ist. Ich werde ihn informieren, sobald er Bericht erstattet."

Sie sah auf die Projektionstafel. „Er ist auf diesem Sektor nicht einmal zu sehen."

„Er ist auch nicht da. Er ist viel zu weit weg, um irgendwie helfen zu können. Und er ist in einem Einsatz, den wir seit längerem geplant haben, und wir wollen nicht, daß er scheitert."

Dierdre zog die Füße auf den Stuhl und schlang ihre Arme um die Knie.

„Er hat sie geliebt, weißt du", sagte sie.

„Ja", sagte Maxwell Big-Eyes.

Schwarze Löcher zeigen ein gewisses Verhalten in diesem und ein anderes in jenem Spektralbereich. Wenn sie erst in Sichtweite sind, kann ein Scout sie innerhalb von wenigen Stunden ausmachen. Schwarze Körper selbst haben keinerlei Erscheinungsbild, aber sie sind eine Verbindung von elektromagnetischen Phänomenen, die sie für einen geübten Beobachter kenntlich machen. Die meisten sind aus den Überresten von Sternen gebildet. Die explodierenden Schalen und Chromosphären können sich der intensiv zurückebbenden Gravitation dieser Einzelgestirne nicht völlig entziehen.

Nach diesen Anzeichen hält ein Scout Ausschau. Die Plasmawolke vor Billy war in vieler Hinsicht eine Probabilität, in anderer gar nicht. Sie war noch immer undurchsichtig in Bereichen, wo sie hätte durchscheinend sein müssen. Die Anzeige der Gravitationssensoren im Schiff war immer noch unbestimmt, selbst in dieser Nähe. Deshalb dachte er, daß im Innern der Wolke sehr instabile Bedingungen herrschten. Daß sie ein Schwarzes Loch umgab.

Billy beobachtete die Wolke im Infrarotbereich und dann im Ultraviolett. Sie löste sich nicht auf, sondern wurde einfach auf andere interessante Art undurchsichtig.

Er schickte auf der Frequenz des Scout-Relais einen Funkspruch hinaus. Dabei beobachtete er, wie seine eigene Botschaft davonjagte wie ein riesiger, sich verzweigender Kaktus.

„Ich gebe die Ablesungen ein", sagte er. „Die Bordsensoren können allenfalls annähernd feststellen, was da los ist."

Billy studierte die Konsole. Sie glimmte sanft in UV und Infrarot. Warnlampen im Schiff waren in sieben verschiedenen Spektralbereichen sichtbar; im Notfall würde der Scout so immer gewarnt werden können, ganz gleich, welche Frequenz er gerade beobachtete. Im Moment leuchtete keines der Problemlichter. Das Schiff tat ruhig seine Arbeit; es trug seinen einsamen menschlichen Insassen zu seinem Einsatz.

Hinter und über Billy hing eine weitere fleckige Gaswolke, ein paar vereinzelte junge Sterne, der ganze Schöpfungsapparat. Ab und an warf er einen Blick auf die ausgebrannten alten Sterne, die sich zu beiden Seiten erstreckten. Sie sahen aus wie trübe Goldfischgläser, die in einem Raum voller Moos hingen.

Das Plasma vor ihm faszinierte ihn. In Größe und Form war es anders als alles, was er je gesehen hatte. Schon im Röntgenbereich hätte es durchsichtig sein müssen, aber nur bis in geringe Tiefe war es im Detail erkennbar. Billy wünschte manchmal, er könnte durch Lichtjahre dickes Blei sehen. Die Arbeit als Scout wäre dann viel einfacher. Sein Sehvermögen im Röntgenbereich war abhängig von der Menge der in dieser Form abgesonderten Strahlung. Etwas, das so hell gewesen wäre, daß er in dieser Tiefe hätte hindurchsehen können, hätte alles Metall auf der *Argus* kristallisiert und ihn selber umgebracht.

Er nahm Tangentialkurs auf den massigen Rand der Wolke. Das würde sein, als glitte er durch die Front eines Hurricans, nur daß die Chancen, im Innern ein ruhiges, windstilles Auge zu finden, gering waren. Es würde sein, als segelte er mitten in das Zielende eines Zyklotronen so groß wie die Sonne.

„Er liebt sie doch nicht immer noch, oder?" fragte Max.

„Er sagt, nein." Dierdre kratzte sich mit ihren kurzgeschnittenen Fingernägeln am Knie. Sie trug Shorts, Stiefel und einen roten Büstenhalter. Ihr großer Chromhelm senkte sich über ihr Knie.

„Das solltest du heute nachmittag dem Sanitäter zeigen", sagte Doktor Snorkel, der gerade wieder hereinkam und sich zu ihnen gesellte.

„Was ist es?"

„Ein Ausschlag. Eine Nebenwirkung von ein paar der Medikamente, die wir bei der letzten Operation benutzt haben. Billy hatte das monatelang. Hauptsächlich nervös bedingt. Außer Beruhigungsmitteln gibt es kaum etwas dagegen."

„Ich will keine Beruhigungsmittel mehr", sagte Dierdre zu Snorkel. „Ich bin schon wacklig genug morgens früh, und abends ist mir *blah. Und* ich werde reizbar."

„So ist es immer gewesen", sagte Snorkel. „Außer bei Wilhelmina Scoutmaker. Die wurde hyperaktiv. Deshalb mußten wir ihr Aufputschmittel verabreichen, und danach zeigte sie dann die gleiche Anspannung wie alle anderen."

„Gibt es *etwas* an mir, was Sie noch nicht wissen?" fragte Dierdre.

Snorkel lächelte. „Erzähl mir etwas, und ich sage dir dann, ob wir es wissen oder nicht."

Maxwell Big-Eyes hatte zugehört, die gewölbten Hände zu einem Kegel zusammengelegt, die Zähne an den Fingerspitzen. Er saß zusammengesunken auf seinem Stuhl. Er war immer zusammengesunken. Er hatte viele Jahre aufrecht im Fokusraum von Schiffen sitzen müssen, und jetzt rebellierte er gegen alles, was zu seiner Vergangenheit gehörte.

„Dierdre, sie wußten auch alles über *mich,* als ich die Operationen und die Ausbildung durchlief. Ich glaube, auf dem Totenbett erzählen die Direktoren *jedem* über uns. Das wird weitergegeben wie eine Schamanen-Überlieferung. Eine geheime Kabbala persönlicher Informationen."

„Ganz so schlimm ist es nicht", sagte Snorkel und richtete sich zu voller Größe auf. „Je mehr wir wissen, desto besser können wir eure Fortschritte beurteilen, desto reibungsloser kann die Behandlung vonstattengehen und desto eher seid ihr wieder weg von uns."

„Sie reden wieder ein bißchen, als wären wir Vieh", sagte Dierdre.

Snorkel verzog das Gesicht. „Es ist keine exakte Wissenschaft. Die Entwicklung unbekannter Quantitäten so wie du. Da ist ein wenig von der Nomenklatur früherer Zeiten erhalten geblieben. Es tut mir schrecklich leid."

„Oh, Scheiß drauf! *Mir* tut es leid, Otto. Diese ganze Langeweile, diese Tests – mir ist einfach nicht . . ."

„Du wirst auch erwachsen", sagte Snorkel. „Eines der Probleme ist, daß wir bis zur Pubertät warten müssen, bevor wir mit den größeren Veränderungen beginnen können. Es wäre besser, wenn wir eine Technik zur genetischen Manipulation der Sichtigen entwickeln könnten. Bisher sind unsere Versuche mißlungen. Die Pubertät ist die schlimmste Zeit, um sich einer größeren Veränderung zu unterziehen. Du hast noch nicht gelernt, mit deinem Körper zu leben, und wir verändern ihn schon."

„Zu meiner Zeit . . ." begann Maxwell Big-Eyes.

„Wissen wir", unterbrach seine Urgroßnichte. „Du bist täglich zwölf Kilometer durch einen Photonenbeschleuniger gelaufen, nur um in Form zu bleiben."

Maxwell lächelte. „Du hast recht. Ich werde alt. Ich würde gern in die Vergangenheit zurückgehen und dort leben, anstatt mir Sorgen über die Zukunft zu machen.

Dierdre, ein Scout verbringt sein ganzes erwachsenes Leben damit, sich Sorgen über die Gegenwart und die Zukunft zu machen. In der Jugend beginnt das Training, und dann kommt die Arbeit des Suchens für den Rest der Menschheit. Und nur zu schnell ist das vorüber, und dann hat man nur noch die Vergangenheit, wo alles aufregend war. Selbst wenn man es damals nur für einen Job hielt. Aber ich werde gleich rührselig."

„Das könnte leicht passieren", sagte Dierdre. Dann sah sie auf die Projektionstafel. „Ich sehe, daß Watchmost seine Mission aufgegeben hat. Die Suche beginnt." Sie wandte ihrem Urgroßonkel den Chromreflektor ihres Helmes zu. „Wirst du sie von hier aus leiten?"

„Ich werde es versuchen."

„Aber alle Schiffe treffen so weit voneinander entfernt ein! Kannst du das schaffen?"

„Ja. Aber ich werde deine Hilfe brauchen. Dein Verstand ist viel schneller als meiner lange Zeit gewesen ist. Und du kennst Billy besser als ich. Ungewöhnlich, aber es ist so."

„Ich verstehe mich ganz gut mit ihm“, sagte Dierdre.

Für einen Augenblick schwiegen sie alle drei. Der Techniker auf seiner Plattform über ihnen streckte seine Arme und Beine.

„Jiminez“, sagte Doktor Snorkel, „ich will die drei besten Plantechniker hier haben.“

„Sie sind schon unterwegs. Wir werden in Vier-Stunden Schichten arbeiten.“

Doktor Snorkel hob die Augenbrauen. „Sie sollten sich mal auf Psi-Kräfte untersuchen lassen.“

„Doc, wenn man zwölf Jahre in einem Job arbeitet, dann weiß man, was los ist.“

Max bemerkte die Veränderung im Ton zwischen den beiden. Während einer Krise hielten sie sich nicht mit Formalitäten auf.

Dierdre saß ruhig und mit erhobenem Kopf da.

„Woran denkst du?“ fragte Maxwell.

Sie drehte sich zu ihm um. „Ihr habt regelmäßige Funksignale auf den Punkt gerichtet, an dem sie verschwunden ist?“

„Selbstverständlich“, sagte Snorkel.

„Natürlich können wir solche Botschaften gerade noch sehen . . .“

„Was?“

„Morbide Gedanken, Onkel Max. Wie es wohl sein würde, dort draußen zu sitzen, ohne die Möglichkeit, einen Kontakt herzustellen. Zu sehen, wie die Botschaften vorbeikommen, und zu wissen, daß man nur noch warten kann.“

Maxwell Big-Eyes sah seine Urgroßnichte an. „Du hast allerdings nicht sehr viel Ähnlichkeit mit deinem Bruder“, sagte er.

Es war, als raste er mit großer Geschwindigkeit an einer hochaufragenden Mauer vorbei. Ständig hatte er das Gefühl einer drohenden Kollision, das Gefühl, daß das Ende jederzeit ganz schnell da sein konnte.

Billy schwenkte die *Argus* herum, um auf seinem Tangentialkurs die Plasmawolke vor sich zu haben. Er richtete all seine Konzentration und sein ganzes Sehvermögen auf das undurchsichtige Objekt; noch immer wußte er nicht, was dort im Innern vor sich ging. Es herrschte große Verwirrung, selbst im Röntgenbereich. Es war das vertrackteste Ding, das Billy Big-Eyes je gesehen hatte. Selbst die Instrumente der *Argus* halfen da kaum. Er benötigte die Gravitationssensoren, um herauszufinden, was sich hinter der Plasma-Wand verbarg.

Alles, was sie ihm sagten, war, daß da etwas war. Es gab irgendwie geartete Gravitationsquellen. Sie schienen in ständiger Bewegung zu sein und folgten keinem erkennbaren Muster.

Er sendete über das Scout-Relais Diagramme aus, die den Wirbeln an den Flügelspitzen alter aerodynamischer Körper glichen, und wartete darauf, daß die Daten zurückkamen.

Aber bevor die Antwort eintraf, wußte er, daß er in die Plasmawolke eindringen mußte, wenn er weitere Informationen haben wollte. Eine beklemmende Spannung stieg in ihm auf. Was er da tat, konnte sehr gefährlich und sehr wichtig sein. Vielleicht auch nur gefährlich.

„Ich gehe jetzt hinein", funkte er und programmierte dann einen Kurs, der die *Argus* in die Wolke hinein und dann wieder hinausführen sollte.

Das kristallene Gitterwerk schimmerte matt in verschiedenen Spektralbereichen, wie eine mit Eiszapfen bedeckte geodätische Kuppel. Billy schaute durch die Spiegel der Niederspektral-Reflektoren hinaus auf die stumpfen Sternenkugeln um ihn herum, auf die glimmenden Staubschleier im weichen Dunkel der Nacht, auf den vorüberhuschenden interstellaren Plunder.

Die Wolke schob sich langsam zur Seite und ragte dann vor ihm auf. Er beabsichtigte, den Rand der Zentralmasse zu streifen, kurz einzutauchen und wieder hinauszugleiten. Das erste Eindringen würde ihn und das Schiff bis zum Äußersten beanspruchen. Viele der Frequenzen würden von blendender Helligkeit sein. Wenn er oder seine Instrumente beim ersten Durchgang nicht ganz präzise arbeiteten, würde er das Manöver einige Male wiederholen müssen – bis er die Antwort hatte oder bis es zu gefährlich wurde, zu sehr ein Glücksspiel mit dem Tiefen Schlaf.

In diesem Falle würde man die Wolke mit dem Kennzeichen „Unbekannt" auf die Karten setzen müssen.

Das wäre das erste Mal, daß dieses Wort in einem von Billy Big-Eyes erforschten Sektor erschiene. In den drei Jahren, in denen er jetzt als Scout arbeitete, hatte er schon mehr von bleibendem Wert gefunden als jeder andere. Es war ihm noch stets gelungen, die Objekte, die seine Bahn kreuzten, in ihrer Natur genau zu bestimmen. Niemand hatte je ein Schwarzes Loch gefunden, das ihm entgangen war, auch nicht, nachdem die zweite Stufe der Kolonisation begonnen hatte.

Billy wollte hier nicht zum ersten Mal professionell scheitern. Weder an seinen Nerven noch an seinen Grenzen.

Er seufzte und zog das Klöppelgeflecht seines Schiffes herum wie ein Hai.

Maxwell arbeitete zügig die Ablesungen von der Projektionstafel durch.

Snorkel und Dierdre unterhielten sich in einer Ecke des Raumes. Mit Rücksicht auf die Scouts trugen Snorkel und die anderen Techniker jetzt Zweistärken-Infrarotbrillen. Der Raum war gänzlich in dieser Wellenlänge beleuchtet.

Wortfetzen trieben zu Maxwell herüber. „. . . weitere Operationen . . . verdreht . . . wie früher . . .“ Dann begann Dierdre zu lachen, und Snorkel stimmte ein.

„Kann ich erfahren, worüber ihr lacht?“ fragte Maxwell.

„Klar“, sagte Dierdre und kam auf ihn zu; ihre Schultern zuckten noch immer vor Lachen. Max sah durch ihren Helm in ihr lachendes Gesicht. Ihre Augen waren so groß wie Hühnereier. Sie konnte noch nicht wie er im Röntgenbereich sehen, aber er wußte, daß sie sein Gesicht in Infrarot sah, da, wo seine Augen das Licht absorbierten. „Wir sprachen über Nelson Watchmost und Gini Oculli. Oberschulromanzen. Ich glaube nicht, daß das besonders interessiert.“

„Das sollte es nicht. Aber früher oder später interessiert mich alles an den Familien der Sichtigen. Warum soll ich nicht für eine Weile versuchen, an die Zukunft zu denken, genauso wie an die Vergangenheit. Sieht es so aus, als ob die beiden einander wählen? Oder Spendereltern werden?“

Dierdre sah Snorkel an. „Darüber haben wir gerade gesprochen. Nein, ich glaube nicht. Sie amüsieren sich nur. Aber die Ocullis schauen sehr genau zu. Sie sind ganz aufgeregt. Sie wollen, daß Gini sich mit einem Scoutmaker paart. Einige Ocullis finden, das wäre eine Geste des guten Willens gegenüber der jüngsten Scoutfamiie.“

„Die Ocullis haben das Herz am rechten Fleck“, sagte Maxwell. „Aber manche von ihnen tragen ihren Kopf im Hintern.“

„Das ist ja das Image, das sie bekämpfen“, sagte Dr. Snorkel.

„Ja", sagte Max. „Aber du und ich, wir wissen, daß das der Grund ist, und nicht ihre demokratische Herzensgüte. Sie wollen das neureiche Image bekämpfen, das ihnen anhängt. Am einfachsten geht das, wenn sie nett zu einer Familie sind, die noch neureicher ist als sie."

„Umgekehrter Snobismus", sagte Snorkel.

„Vielleicht", sagte Dierdre mit einem Blick auf Snorkel, „wäre es dem Service lieber, wenn er bestimmen könnte, *wer* sich mit *wem* paart?"

„Nein", erwiderte er, „das ist ein individuelles Vorrecht. Alle Familien haben die Fähigkeiten, die wir brauchen, alle erforderlichen Gene und wenige rezessive Merkmale. Es würde nur funktionieren, wenn wir vorher schon genau wüßten, wie jedes Individuum wird, oder wenn wir genetische Veränderungen schaffen könnten, die zur Sicht führen. Aber das können wir nicht. Wir können nur durch Embryonaluntersuchungen feststellen, welche Merkmale am besten ausgebildet sind. Auf die müssen wir uns dann später konzentrieren.

Und die Sichtigen Familien wissen mehr über ihre eigenen Linien als sie zugeben. Meistens bekommt das Familienoberhaupt die Gen-Daten der Nachkommen, sobald sie verfügbar sind.

Max glaubt, wir haben eine Kabbala in Bezug auf das Chaos, das ihr bei der Ausbildung durchmacht. Ich glaube, daß die Familien vielleicht einmal in jeder Generation eine Ratssitzung abhalten, in der sie entscheiden, wer sich mit wem zusammentun wird, soweit es die Genetik betrifft."

Dierdre hob die Arme und schlang sie um ihre nackten Schultern. „Und dann kommt da jemand wie Sally", sagte sie, „und schert sich überhaupt nicht um die Wünsche von irgend jemandem, nicht einmal um ihre eigenen. Nicht um Billys, nicht um die ihrer Familie – um niemanden. Ich glaube nicht, daß sie wußte, was sie wollte oder wie sie es bekommen sollte."

„Du irrst dich, Dierdre", sagte Snorkel. „Sie wußte nur zu gut, was sie wollte. Deshalb ist sie jetzt verschwunden."

„Was immer das war", sagte Dierdre, „Billy war es nicht."

Die *Argus* drang in die Plasmawand ein. Sie war daran entlanggeglitten wie ein Boot an einer langen Buhne. Das Eindringen verursachte keinerlei Erschütterung.

Billy Big-Eyes beobachtete seine Instrumente; er sah, wie sie sich auf den Plasmastrom und auf die veränderte Umgebung außerhalb des Schiffes einstellten. Die Gravitationssensoren lieferten keine bestimmten Angaben über die Kräfte im Innern der Wolke. Die Zeiger bewegten sich schwankend, aber sie pendelten sich nirgendwo ein.

Billy war beschäftigt. Er schaute sich um. Die Reflektoren des Schiffes leuchteten ihm in die Augen, drängten das ganze Spektrum hinein und ließen ihn sehen, was da war. Seine Aufmerksamkeit war halb auf die Instrumente gerichtet und halb auf das, was seine Augen ihm sagten.

Im Röntgenbereich gab es riesige, wogende Gasmassen, dick und undurchsichtig, als lägen große Planen über seinem Sehfeld. Sie wirbelten und klärten sich auf, aber dennoch konnte er nicht hindurchsehen.

Sie rotierten wie ein kosmischer Mahlstrom, ohne regelmäßigen Rhythmus, ohne Ordnung.

Das Schiff schob sich langsam näher, es bewegte sich mühelos durch das wabernde Plasma. Zu leicht für Billys Geschmack, zu mühelos, um ihn nicht nervös werden zu lassen . . .

Die Instrumente schlugen aus, die Anzeigen waren eindeutig, und die Zeiger verharrten in regelmäßigem, sanftem Pulsieren.

Die Computer-Ausdrucke zeigten zwei stetig rollende Massen, die sich wie Mühlsteine umeinanderwälzten; Gravitationsströme, die von ihnen ausgingen, drehten sich wie Nebelwirbel. Sie wanden und verzerrten sich und brachen wie Rauch aus den Massen heraus.

Gleichzeitig durchdrang sein Auge die rollenden Wogen von Gas und Plasma, und er sah mitten ins Herz des großen Geheimnisses, das er wie einen verwundeten Bären durch den Himmel verfolgt hatte.

Schauer liefen Billy über den Rücken, als er erkannte, was er da gefunden hatte. Dann lachte er und lenkte sein Kristallschiff hinaus aus der großen pulsierenden Wolke.

Er funkte seine Daten zurück zur Leitzentrale.

Er hatte binäre Schwarze Löcher gefunden. Zwei rotierende Massen, zu einem Doppelsystem miteinander verbunden. Die Entdeckung würde eine Menge Fragen über die physikalischen Implikationen hervorrufen. Es war unmöglich, daß sie sich aus einer einzelnen stellaren Masse gebildet hatten, und noch unwahrscheinlicher, daß sie gleichzeitig aus einem Binärsystem entstanden waren. Die Möglichkeit, daß ein Schwarzer Körper einen zweiten einfing, war außerordentlich gering; selbst dann hätte sich außer einem stabilen Binär noch etwas anderes bilden müssen. Billys Entdeckung würde alle Theorien über die Bildung von rotierenden Schwarzen Löchern in Frage stellen.

Am Ende würde es dann nichts weiter sein als eine akademische Kuriosität. Denn als Energiequelle wäre ein binäres System mit seinen Wallungen, seinen fluktuierenden Gravitationsströmen und seinem Plasmafeld so nutzlos wie Zitzen an einem Wildschweinfell.

Die Fragen und die Theorien würden später kommen, von Leuten, die an der Erforschung selbst weniger interessiert waren. Als Billy Big-Eyes die *Argus* aus der Plasmawolke herausgebracht hatte und in sicherer Entfernung war, teilte sein Großonkel Maxwell ihm mit, daß Sally Lemur-Potti vermißt und wahrscheinlich verloren war.

„Selbstverständlich gehe ich", sagte Billy.

„Ich kann dir befehlen, es bleiben zu lassen."

„Mir wäre es lieber, das würdest du nicht tun."

„Das weiß ich. Aber es wäre albern, wenn du es versuchen wolltest. Die Suche ist schon im Gange. Du bist viel zu weit von dem Sektor entfernt. Wir finden sie, bevor du auch nur gewendet hast."

„Ich wende schon."

Eine Weile herrschte Schweigen. „Das sehe ich. Du läßt mir kaum eine andere Wahl, Billy. Ich befehle dir, deine Mission wie geplant fortzusetzen. *Bevor* du die Schleife gefahren hast, die du da programmiert hast. Ich werde das jetzt gleich durch eine Direktive bestätigen lassen."

Schweigen.

„Billy, ich will deine Antwort."

Das Schweigen zerbrach.

„Tu mir das nicht an, Onkel Max. Schick mir keine Direktive, die ich dann ignorieren muß."

Maxwell fuhr sich mit den Händen durchs Haar. „Ich sage dir,

Billy, laß es bleiben. Du machst einen großen Fehler. Wir können sie finden, bevor du ankommst. Wir werden wissen, was mit der *Nachtwache* passiert ist, ehe du aus deinem zugewiesenen Sektor heraus bist."

„Und wenn ihr das nicht wißt? Nein, das wollte ich nicht fragen. Die Frage ist eigentlich, ob sie tot ist oder nicht, wie?"

Maxwell zog die Lippen nach unten, während er in der Mitte des Projektionsraumes auf und ab ging.

„Also gut, Billy. Hör zu: Ich befehle dir, deinen zugewiesenen Sektor nicht zu verlassen und deine gegenwärtige Mission nicht abzubrechen. Das wäre das."

Von ihrem Stuhl in der Ecke her sagte Dierdre: „Befehle haben dich bei der Wilson-Sache auch nicht aufgehalten."

„Oh, sei still, Dierdre." Maxwell funkelte seine Urgroßnichte wütend an. „Deshalb tue ich das ja. Damit er nicht denselben Fehler begeht!"

„Dann werde ich dir den Befehl verweigern", sagte Billy Big-Eyes über Scout-Relais.

„Das werde ich nicht zulassen!"

„Max!" sagte Snorkel und hob die Hand. „Beruhige dich."

„Ich habe ihre letzte Position und Geschwindigkeit", sagte Billys Stimme über den Lautsprecher. „Mehr brauche ich nicht. Was ist, wenn ich der einzige bin, der sie finden *kann,* Max?"

„Warte", sagte Maxwell Big-Eyes seufzend. Mit hängenden Schultern ließ er sich schwer in seinen Stuhl fallen. „Warte einen Moment." Mit den Fingern rieb er sich über die Nasenspitze. „Das sind Grundsätze der Systeme. Du weißt, daß dann deine Mission beim Teufel ist. Das ist Fehlverhalten bei der Führung eines Schiffes. Du wirst zu spät kommen. Du wirst mit dem Arsch zuerst in dem Sektor ankommen. Es ist gut möglich, daß du ihre Position verfehlst . . ."

„Max, ich habe die gleiche Ausbildung gehabt wie du. Nur daß ich in den Kursen alle *deine* Erfahrungen schon hatte, und du nicht. Ich weiß das alles. Ich weiß, wie man vorwärts, rückwärts und von oben nach unten sucht. Ich wußte, wie *du* Wilson und Termire gefunden hast, und das ist mehr als du damals wußtest. Dieser Streit ist Zeitverschwendung. Wirst du mir helfen, Onkel Max, oder muß ich es alles allein tun?"

Lange Zeit kam das einzige Geräusch im Raum von den Relais,

die die Informationen auf die Projektionstafel übertrugen. Snorkel stand da mit dem Daumen im Mund und kaute auf dem Nagel herum. Dierdre kratzte sich am Arm.

„Okay. Ich werde dir helfen, Billy“, sagte Max. „Ich weiß nicht, wie lange wir dir den Rat vom Leib halten können. Aber wir werden es versuchen. Wir werden es versuchen.“

Dierdre und Snorkel vermieden es, Maxwell anzusehen. Sie studierten die verschlungenen Flugbahnen auf der Projektionstafel.

„Danke, Onkel Max.“

„Dierdre ist hier, Billy. Sie wird uns helfen.“

„Prima.“

„Ich bin gleich wieder da. Du kannst dich eine Weile entspannen.“

Er schaltete ab und blieb sitzen, das ausgeschaltete Mikrophon in der Hand. Sein Fuß klopfte einen unbekannten Takt.

Dierdre kam zu ihm und umarmte ihn. „Danke, Onkel Max. Ich bin stolz auf dich.“

„Das solltest du nicht sein“, sagte der Leiter der Scouts. „Ich bin dabei, eine Dummheit zu begehen. Und ihn lasse ich noch Schlimmeres tun. Er wird einen Fehler wiederholen, den ich schon vor Jahren gemacht habe.“ Maxwells Gesichtsausdruck hellte sich ein wenig auf. „Komm, Otto, wir gehen zum Direktor. Unterwegs müssen wir uns ausdenken, wie wir ihm *nicht* sagen, warum wir Billy gehen lassen. Im Moment fällt mir keine einzige Begründung dafür ein.“

„Laßt uns auch etwas essen“, sagte Dierdre. „Ich habe Hunger.“

„Nur wenn Otto verspricht, uns irgendwo hinzuführen, wo die Musik mir nicht in den Augen weh tut“, sagte Max.

Für einen Scout war es niemals einfach zu schlafen. Billy wußte, daß er sich würde ausruhen müssen. Während der neunzehn Stunden, in denen er die Plasmawolke verfolgt hatte, hatte er keine Schlafperiode gehabt. Er konnte es sich nicht leisten, ganz ohne Schlaf die kommenden Strapazen auf sich zu nehmen.

Er begab sich durch den langen Röhrenkorridor vom Fokusraum hinunter in das Besatzungsabteil. Die Wände des Korridors und auch des Raumes unten waren mit Reflektoren bestückt, die einen großen Teil der hindurchgehenden Wellenlängen und Frequenzen ablenkten. Außerdem gab die Innenkonstruktion der Wände ein Weißes Rauschen ab, auf Wellenlängen, die auf die Scouts beruhigend wirken sollten.

Billy zog sich aus und stieg auf die Couch. Sanfte Luft wehte durch den Raum. Er nahm seinen großen Chromhelm ab und behielt nur die leichte Schutzhülle auf. Er klappte sie auf und setzte sich die Schlafmaske auf das Gesicht. Diese badete seine Grapefruit-Augen in milden Lösungen, sie wusch, reinigte und massierte sie. Die Scouts hatten keine Augenlider, und den Zwinkerreflex hatte man ihnen abgezüchtet.

Abgeschirmte, magnetlose Lautsprecher spielten Musik für Billy, gewöhnlich, wenn auch nicht immer, prä-systemische „klassische" Musik von der vor Zeiten aufgegebenen Erde. Darunter verströmten die Wände ihr Weißes Rauschen.

Während das Bett anfing, ihn zu massieren, und seine Augen und Ohren in Flüssigkeiten und Geräuschen gebadet wurden, bewegte Billy seine Finger und Zehen über die taktilen Oberflächen am Rande der Couch. Sie wurden, in willkürlicher Folge, glatt oder rauh, weich oder hart.

So massiert und sanft geschaukelt, beruhigt und liebkost, schaute er in das sichtbare Spektrum, in dem alles dunkel war, und schlief.

Das große Kristallschiff *Argus* flog durch die Nacht; es bewachte Billy und seinen Kurs, während es im langsamen, weiten Bogen um den Sektor herum in den Beschleunigungsbereich hinaufzog, der sie zu der verschwundenen Sally Lemur-Potti bringen sollte. Sie würde ein unendlich winziger Punkt in der endlosen schwarzen Nacht der Galaxis sein.

Die einzigen Lichter im Schiff glühten in sanftem Infrarot und Ultraviolett. Wie ihr Namensgefährte spähte die *Argus,* sie flog, und sie wartete gehorsam, bis Billy wieder erwachte.

Nachdem sie sich ausgeruht, gegessen und kurz zu Hause gewesen waren, kehrten Max, Snorkel und Dierdre wieder in den Projektionsraum zurück.

Nichts war geschehen. Nur Routinemeldungen von der Suche waren eingegangen. Der Watchmost-Scout hatte angefangen, seinen Sektor wie einen Kuchen in handliche Kegel zu zerschneiden.

Eine der Scoutmakers würde in den nächsten Stunden einen Teil davon übernehmen, sobald sie die Koordinaten erreicht hatte. Die Suche versprach lang und monoton zu werden, wenn nicht irgendetwas Unerwartetes auftauchte. Mit jeder Stunde verringerte sich die Chance, Sally Lemur-Potti zu finden.

Billy schlief noch immer; und seine Schlafschicht würde auch noch eine Weile dauern. Keines der Suchgebiete der anderen Schiffe lag irgendwo in der Nähe. Er würde den Wahrscheinlichkeitskegel erst erreichen, wenn die anderen die am meisten versprechenden Bereiche längst durchforstet hatten.

Dierdre arbeitete mit einem Taschendrucker. Ihre Finger glitten über die Tastatur. Sie schrieb Zahlen auf einen Speicherblock und codierte sie mit Buchstaben, bevor sie verschwanden, um Platz für weitere Zahlen zu machen. Gelegentlich tippte sie eine zurück und addierte sie zu den Zahlen, mit denen sie arbeitete.

Maxwell schaute ihr amüsiert zu.

„Hast du sie noch nicht memoriert?" fragte er, als sie aufhörte.

„Jedermann weiß, daß nur du und Gilmore Oculli solche Sachen dem Gedächtnis überlassen. Nein, ich mach's auf die sichere Art, mit Block und Griffel. Wenn ich etwas falsch mache, kann ich feststellen, wo der Fehler liegt. He!" Sie sah ihren Urgroßonkel an. „Wieso hast du Scoutmaker auf diese Bahn geschickt? Nach dem Buch dürfte man damit erst anfangen, wenn sie ein fünfundzwanzig-maschiges Gitter aufgebaut haben."

„Ich hoffe, daß wir eine Menge Glück haben. Die beiden innersten Schiffe können mit weiträumigen Suchbögen anfangen und damit genausoviel abdecken wie drei andere. Ich hoffe, daß die *Nachtwache* sich in einem der wahrscheinlichsten Bereiche befindet. Aber eigentlich hätte ich dort gern schon fünf Schiffe."

„Die hast du bald", agte Dierdre, „aber ich rate dir, nach dem Standardverfahren vorzugehen. Wirklich, und vielleicht mußt du das Ganze mehr als einmal durchgehen, wenn etwas wirklich Schlimmes passiert ist. Das Gebiet dort draußen ist *schrecklich* groß. Du hattest recht. Es ist wirklich ein Wunder, wenn sie im ersten Durchgang gefunden wird."

„So ist es immer", sagte Maxwell Big-Eyes. „Du warst noch nicht da draußen, hast die Tiefen noch nicht gesehen. Wo unser Standort hier nichts als eine Koordinate ist, weil es so viele Punkte gibt, die sich viel besser als Referenz verwenden lassen.

Wir wissen nur, daß dort draußen etwas geschehen ist. Der Funkverkehr brach mitten im Satz ab. Sie hat einen Probabel gejagt. Ihre Daten sahen völlig normal aus, nichts Gefährliches. Sie war zu weit von dem Probabel entfernt, als daß irgendwelche bekannten Kräfte sich auf ihr Schiff hätten auswirken können. Ich weiß, es ist unwahrscheinlich, aber ich arbeite jetzt mit der Annahme eines massiven Geräteausfalls an Bord des Schiffes."

Dierdre betrachtete den Block, den sie in ihrer schmalen Hand hielt, und hob ihn hoch.

„Wenn es doch nur nicht alles auf einen Haufen Zahlen hinausliefe", sagte sie.

„Das tut es immer, Dierdre. Sowenig uns das gefällt."

„Ich meine", sagte sie, „da ist jemand da draußen, der für jemand anderen so wichtig ist, daß der bereit ist, sich gegen dich, gegen den Rat und gegen alle zu stellen, um dorthin zu kommen. Aber sie zu finden, läuft letzten Endes auf einen Haufen Zahlen hinaus, die mit jeder Stunde größer und größer werden."

Maxwell lockerte schüttelnd seine Handgelenke und rieb sich mit dicken Fingern den Hals. „Zahlen sind Werkzeuge, Dierdre. Männer und Frauen haben sie gemacht und ihre Wissenschaften, ihre Technologie darauf aufgebaut. Wenn die Wissenschaft versagt, müssen sie auf die Zahlen zurückgreifen."

Er erwartete, daß sie noch etwas sagen, daß sie sich erregen und die Worte „nicht fair" ins Spiel bringen würde, aber sie tat es nicht. Sie saß einen Augenblick lang stumm da und machte sich dann wieder an ihre Arbeit.

Maxwell merkte, daß er nickte. Nichts, was jemand im Moment hätte tun können, wurde nicht schon getan.

Der Schlaf half Billy überhaupt nicht.

Er hatte nur verschwommene, berunruhigende Träume gehabt, an die er sich nicht erinnern konnte, als er erwachte. Die Stunden, in denen er jetzt bei Bewußtsein war, würden ihm zusetzen, nicht so sehr die, die er schlafend verbrachte.

Er wusch und entleerte sich, aß etwas und setzte seinen Chromhelm auf. Er stieg durch die lange Röhre hinauf in den Fokusraum und nahm seinen Platz an den Instrumenten ein. Er gab seine Kursberechnungen und die möglichen Veränderungen ein, alle Daten, die er von dem verlorenen Schiff besaß, und dazu das

Suchraster, das die anderen Scoutschiffe voraussichtlich fahren würden.

Max rief er noch nicht. Er wollte nachdenken. Gleichzeitig wollte er auch eine Weile nicht nachdenken müssen.

Er lehnte sich in seinen Sessel zurück und sah zu, wie die Sterne in außergewöhnlich langen Wellen vorüberzogen, während das Schiff mit äußerster Kraft vorwärtsjagte. Dies waren die einzigen Frequenzen, in denen er sehen konnte, wenn die *Argus* sich im Hochbeschleunigungsbereich befand. Dann waren die Sterne wie eine schwarze Matte auf einem rauen Hintergrund. Alles, was er von seiner Umgebung sehen konnte, waren das Schiff selbst in geisterhaften Umrissen und das Pulsieren der Maschinen hinter ihm. Der Rest waren graue Ruhelosigkeit und unregelmäßig geformte Sterne, um die sich in langen Wellen die Schwerkraft krümmte.

War es erst ein paar Stunden her, daß er die binären Schwarzen Löcher gejagt hatte? Es schien schon ein halbes Leben zurückzuliegen, etwas, was er in seiner Kindheit getan hatte oder was er gelesen und in Erinnerung behalten hatte.

Aber das war sein Beruf gewesen. Dies hier war doch etwas anderes.

Er wußte nicht, was er am Ende der Suche finden würde oder ob er überhaupt dabeisein wollte, wenn das Ende bekannt wurde. Es war etwas, was er tun mußte, aus einem Wirrwarr von alten Treuegefühlen heraus und in einer bitteren Erinnerung an die Liebe.

Er saß in seinem Leitstand und wußte wieder einmal nicht, ob er Sally Lemur-Potty noch immer liebte.

Begonnen hatte es vor vier Jahren, als er sich gerade von seiner fünften größeren Operation erholte. Sally, die ein Jahr älter war als er, hatte schon allein gearbeitet. Sie war wegen einer geringfügigen operativen Korrektur im Krankenhaus gewesen. Dort hatten sie sich kennengelernt.

Er erinnerte sich daran, wie sie das erste Mal nachts unter den Sternen spazierengegangen waren, unter dem sanften Infrarotglühen eines Sternbildes über ihnen, auf dem weichen Sand- und Moosboden von Fremont, der Heimatwelt der Scouts.

Die Luft war warm und duftig gewesen. Billy war zum ersten Mal seit der Operation nachts im Freien. Nacht und Tag hatten für die Scouts geringe Bedeutung; tagsüber gab es oberhalb des Horizonts eine ziemlich große, scharfe, ultraviolette Strahlenquelle. Sie bewegte sich von Osten nach Westen. Die Operation, die Billy hinter sich hatte, war die umfangreichste; die Erholungszeit danach war die längste, und der Patient konnte wenig tun außer studieren und hören.

Er und Sally trugen beide ihre leichten Schutzhüllen auf dem Kopf; sie paßten sich der Kopfform an und waren viel bequemer als die Chromhelme der Scouts, die sie später tragen würden.

Für einander waren sie sanft glühende rote Silhouetten, menschliche Gestalten vor einem ebenmäßigen Hintergrund.

„Darüber mußt du dir keine Sorgen machen", sagte Sally Lemur-Potti.

Ihr Gesicht war dem seinen zugewandt. Man sah die beiden dunklen Mittelpunkte ihrer großen Augen, wo sie das Infrarot absorbierten. Er wußte, daß er für sie genauso aussah.

Für das normale Sehen bevorzugten die Familien der Sichtigen die Bereiche Infrarot und Ultraviolett. Es war zu einer Gewohnheit geworden, entstanden vielleicht vor langer Zeit aus der Sehnsucht, der menschlichen Sehweise so nah wie möglich zu bleiben. Niemand war sich da sicher.

„Aber ich habe das Nichtstun so satt", sagte Billy. „Tonbänder anhören, studieren. Es kommt mir so vor, als täte ich überhaupt nichts. Ich stehe still."

„Ich habe mich genauso gefühlt", sagte sie. „Wirklich. Ich sage das nicht nur so. Ich dachte, ich würde niemals in die Tiefen kommen, fliegen oder sonst etwas tun. Aber dann ist es doch passiert."

„Das erzählt Snorkel mir auch immer. Er hat sie alle kommen und gehen sehen, aber er kann nicht wissen, wie es ist, sichtig zu sein und dann warten zu müssen. Er sagt, in diesem Stadium sind wir alle irgendwann mutlos. Das Programm dauert schon zu lange, ohne daß wirklich etwas passiert; da kommt nur eine Änderung nach der anderen, studieren und wieder studieren, und nichts sitzt auf dem anderen."

Sie saßen auf einer weichen, moosbewachsenen Anhöhe, und über ihnen glühte der Nachttopf-Nebel. Sally nahm seine Hand, so natürlich, daß er es gar nicht bemerkte.

„Er hat recht." Sally schaute zum Zenit hinauf. „Siehst du das da oben? Was siehst du? Den Nebel in Infrarot und UV? Das lange Flackern der kurzen Radiowellen? Ja? Nun, für mich, im Röntgenbereich, besteht das Ding aus einem Haufen von Halos, wie Wasser auf einer Scheibe, mit Punkten, die überall aufsteigen und fallen.

„Und . . ." – sie drehte ihren Kopf zum südlichen Horizont – „ . . . weißt du was? Wenn du die Augen zusammenkneifst und ein bißchen Glück hast, weißt du, was du dann siehst? Manchmal, wenn du so gehst, siehst du kleine Flecken. Du schaltest in den Röntgenbereich. Das ist schwierig auf einem Planeten, man sieht dann den Horizont nicht, und man muß stillstehen.

Jedenfalls, du schaust dir die Punkte an. Sie kommen ständig herunter; Sekundärpartikel. Aber ab und zu siehst du ein Primärpartikel, so hell wie ein Tropfen brennendes Blei. Und manchmal . . . manchmal kommen sie aus dem Boden heraus. Wirklich. Sie haben kilometerweit entfernt eingeschlagen und werden deflektiert; sie kommen vom Boden hoch wie eine abgeprallte Kugel, und sie werden immer langsamer. Sie brechen entzwei.

Überall ist Feuerwerk, Billy. Kleine Bröckchen von Licht, und Partikel, die immer in Bewegung sind und umhersausen. Es ist unvergleichlich."

Er beobachtete sie. Sie saß aufrecht da, und die kleinen Flecken ihrer Hände bewegten sich und erfaßten den ganzen Himmel über ihnen mit den Bewegungen ihrer sanft leuchtenden Arme.

„Und lange Radiowellen! Warte nur, bis du das siehst! Große Schleifen in der Nacht, wie riesige, sich bewegende Fingerabdrükke mit Linien und Wirbeln. Dafür brauchst du das Schiff mit den Reflektoren, aber warte nur, bis du es siehst. Sie sind ungeheuer. Und die Schiffe selbst.

Sie bringen alles da draußen so klar und deutlich herein. Du glaubst, nach den Versuchen mit den kleinen Reflektoren bist du bereit für die ersten Ausblicke, aber das bist du nicht. Du sitzt da draußen, ganz allein, in den Tiefen, und unter dir ist kein Planet, kein Horizont. Was zählt, ist allein das Schiff, und die Sicht ist gut; es gibt etwas zu sehen, ganz gleich, wohin du das Schff auch wendest. Da oben kannst du in ein paar Augenblicken ein ganzes Leben leben, Billy, du weißt nicht, wie gut dieses Gefühl ist, wie . . ."

Eine Spannung war über Billy gekommen, er war gebannt vom Klang ihrer Worte, so bewegt, daß er die Hand ausstrecken, sie berühren, im Arm halten wollte, er wollte sie verstummen lassen, während das Wunder dessen, was sie gesagt hatte, langsam in ihm herniedersank; er wollte, daß sie ruhig blieb, damit die Erregung in seinem Innern nicht verging.

Er legte seine Arme um sie, und sie war still und sehr ruhig.

„Niemand hat je so über die Tiefen gesprochen“, sagte er schließlich. Seine Niedergeschlagenheit war vergangen. Er spürte eine neue Hoffnung in sich. Onkel Maxwell und die andern hatten ihm nur gesagt, es würde ihm gefallen, wenn er erst einmal dort herauskäme. Und das war in den Monaten voller Operationen und Erholungsphasen, medikamentöser Behandlungen und Ausbildung sehr fadenscheinig geworden. Jetzt kam es ihm nicht mehr wie eine Sackgasse vor. Er war begieriger denn je, hinauszukommen. Jetzt *glaubte* er.

Sally streckte eine ihrer sanft glimmenden Hände am Ende ihres leuchtenden Arms von ihrem schimmernden Körper und berührte sein Gesicht.

„Du wirst es sehen, wenn du hinauskommst“, sagte sie. „Du wirst sehen, wie es ist.“

Sie starrten hinauf zu dem Sternenhaufen über ihnen.

Das Schiff kündigte ihm warnend an, daß es aus dem Beschleunigungsbereich herauskam. Seine Träumereien fanden ein Ende.

Auf der Frequenz des Scout-Relais sandte er einen Ruf aus. Die Verzögerung würde seine Nachricht in der Schwebe halten, bis er die Lichtgeschwindigkeit unterschritt. Die *Argus* würde ihre Belastungsmeldungen selbst automatisch registrieren und die Informationen ins Log übertragen. Das Log überwachte ständig auch die Position und erfaßte so viele Daten über den Flug, wie es das vom Scout eingegebene Programm verlangte. Es erfüllte eine Funktion, die die meisten Scouts nicht bewältigen konnten; es erinnerte sich an alle Einzelheiten einer Mission, welche Belastungen es gegeben und wo sie stattgefunden hatte, an alles, was sich irgendwie ausgewirkt hatte. Billy wußte, das Log würde ein riesiges Bündel von Informationen über die binären Schwarzen Löcher enthalten, die er gefunden hatte. Seine Mission war also wichtig gewesen. Er wußte, daß sein Onkel Maxwell aus guten und handfesten Gründen gegen seine Teilnahme an dem Such- und Rettungseinsatz war.

Aber das änderte immer noch nichts an seinen Gefühlen. Seine Emotionen waren das Ergebnis von vielerlei Verletzungen. Die Möglichkeit bestand, daß er Sally immer noch liebte, nach drei Jahren, nach all ihrer Indifferenz und dem Schmerz, den sie ihm zugefügt hatte.

Sein Kopf sagte ihm, daß jeder der Scouts diese Anteilnahme empfinden würde, wenn ein anderer vermißt war. Er würde dasselbe von den anderen erwarten. Die Familien der Sichtigen hielten zusammen. Scouts würden damit rechnen, daß er von seinem Einsatzplan abwich, selbst wenn die Leute von der Leitzentrale das nicht erwarteten. Onkel Max war in der wenig beneidenswerten Lage, Leiter der Scouts und dennoch der Leitzentrale verantwortlich zu sein.

Als Maxwell Big-Eyes damals die Suche nach einem Schiff im Kolonisationseinsatz aufgenommen hatte, lange nachdem andere schon aufgegeben hatten, war sein Handeln in den Augen der Leitzentrale zwar solide begründet, aber immer noch verantwortungslos gewesen. Das einzige, was ihn gerettet hatte, war sein Erfolg.

Billy nahm an, daß die *Argus* dort auskommen würde, wo er es geplant hatte. Bald würde seine Suche beginnen, und so fing er an, an seinen Suchrastern und an den Flugbahnen zu arbeiten, die er einschlagen würde, wenn er aus der Hochbeschleunigung herunterbremste.

Es war still draußen im unbekannten, grauen Weltraum; viel war nicht zu sehen, und Billy arbeitete lange Zeit an seinen Berechnungen.

„Er ist raus“, sagte Jiminez.

Neun Tage, nachdem die Suche begonnen hatte, kam Billy aus dem Hochbeschleunigungsbereich. In dieser Zeit hatte keiner der anderen Scouts auch nur den geringsten Hinweis darauf gefunden, was mit der *Nachtwache* geschehen war. Es gab keinen Funkstrahl, keinerlei Signale, keine sporadischen Interferenzen in den Sektoren, in denen das Schiff am ehesten hätte auftauchen können.

Anders als auf dem Meer hinterläßt eine plötzliche Katastrophe im All keine Spuren. Auf dem Wasser schwimmen viele Dinge von Natur aus: Holz, Plastik, schwere Gegenstände mit Luft im

Innern, Öl und Abfälle. Wenn in den Tiefen Unfälle geschehen, sind die Kräfte, die die Schiffe vorwärtstreiben, so groß, daß alles vernichtet werden kann. Was nicht verdampft, wird in winzige Stücke zerrissen und in alle Richtungen davongeschleudert. Solche Trümmer bewegen sich mit der Kraft der ursprünglichen Explosion nach außen und sind in kurzer Zeit weit verstreut.

Im Falle eines schnellen und vollständigen Energieausfalls wird das Schiff zu einem leblosen Stück Metall und Kristall auf der Bahn, der es gerade folgte, und ohne irgendwelche Zeichen außer der Reststrahlung aus den Maschinen. Selbst ein Scout müßte schon sehr nahe herankommen, um es in der Unermeßlichkeit der Nacht sehen oder ausfindig machen zu können.

Billys Schiff kam genau dort heraus, wo er es geplant hatte. Andere Suchschiffe hatten viel weiter zurück in Richtung auf den Heimathafen begonnen, nahe der Position des letzten Funkkontaktes. Zwei der Schiffe, die *Orbitliebchen* und die *Schauinsall,* waren genauso weit drin gewesen wie Billy Big-Eyes, aber in anderen Richtungen.

Dierdre sprach mit ihrem Bruder, kurz nachdem das Schiff so langsam geworden war, daß der Funkverkehr möglich war.

„Ich habe deine Zahlen überprüft."

„Und?"

„Ich meine, du solltest deine Kurse enger setzen. Schneide die Wahrscheinlichkeitsstrecke, sooft du kannst. Du hast da diese offenen Kreise geplant."

„Max?"

„Ja?"

„Max, hat Dierdre recht?"

„Weiß ich nicht. Es klingt vernünftig, nach dem Buch. Aber wir verfahren seit dem zweiten Tag nach dem Buch, und wir haben keine Resultate. Yvonne Mustafa . . . äh, Oculli, sie ist auf einem simulierten Null-Energielauf. Du wirst sie in ein oder zwei Tagen auffangen – sie hat einen Piepser, du kannst sie also nicht verwechseln. Ignoriere sie, wenn du kannst. Die Leitzentrale wollte, daß die Solid States die Simulation fahren, aber ich habe ihnen gesagt, daß ich bis jetzt noch nichts habe. Das ist nicht deren Fehler.

Billy, irgend etwas Schlimmes muß mit dem Schiff da draußen passiert sein. Ich hoffe, daß dir das klar ist?"

„Max . . ."

„Ich weiß, ich weiß. Sieh mal, langsam denke ich, daß wir da draußen *überhaupt nichts* finden werden. Vielleicht ein paar Trümmer . . ."

„Es ist möglich, daß sie nur Probleme mit dem Schiff hat", warf Dierdre ein.

„Das *war* möglich", sagte Max. „Ich hatte große Hoffnungen in der ersten Woche. Aber wenn sie nicht tot ist, hätte sie inzwischen auf irgendeine Weise versucht zu signalisieren. Mit irgendetwas. Radio, Funkstreckentransmitter, irgendetwas. Leuchtkugeln – selbst wenn du sie nicht sehen könntest, würdest du doch die Explosion auffangen, das Schiff würde knarren.

Ich wollte das eigentlich nicht sagen. Entweder ist alles – das Schiff und Sally – verschwunden, oder es ist noch da, und Sally ist tot. Und wenn das so ist, dann ist das Schiff irgendwo, wo wir es nicht suchen. Wir werden sie nicht finden, so oder so nicht."

„Wenn sie da ist, finde ich sie auch", sagte Billy.

„Ich weiß, daß du das glaubst, und deshalb sage ich nichts."

„Ich mache die Suche so, wie ich sie geplant habe, Max."

„Okay." Max schwieg einen Augenblick. „Noch etwas, Billy. Die Leitzentrale hat uns noch achtundsiebzig Stunden gegeben. Dann ist die Suche beendet, und es bleiben nur noch die passiven Funkstrahlen. Ihr seid dann alle auf Rückruf."

„Max, ich bin gerade erst angekommen."

„Du hast gewußt, daß es so kommen würde, bevor du gestartet bist. Ich habe ihnen noch nicht gesagt, daß du hier bist. An diesem Befehl gibt es nichts zu deuteln. Der Rückruf gilt auch für dich. Das ist alles."

„Max . . ."

„Billy, ich werde hier in der Suchleitstelle sein, und Dierdre auch. Wenn der Rückruf hinausgeht, will ich dich im Beschleunigungsbetrieb sehen. Bis dahin – wenn du etwas brauchst, laß es uns wissen."

„In Ordnung."

Billy nahm Verbindung mit den nächsten Scouts auf; er sah zu, wie seine und ihre Relaisstrahlen sich augenblicklich miteinander verbanden, wieder mit dem Aussehen riesiger Kakteen, das ihren Frequenzen eigentümlich war.

Die Scouts konnten einander nicht sehen, wohl aber die Ausgangspunkte der Funkstrahlen. Die *Orbitliebchen* und die *Schauinsall* waren gerade dabei, eine große Suchschleife abzuschließen. Billy fütterte sie mit Daten, schaltete seinen Identifikationsstrahl ein und begab sich in sein erstes Suchraster. Er würde die der beiden anderen Schiffe und die wahrscheinliche Flugbahn der *Nachtwache* in vielen Punkten schneiden, aber zugleich würde er auch in offenen Bögen von den anderen wegschwingen. Außerdem waren seine Suchbahnen zeitlich von ihnen getrennt; manchmal würde er vor den beiden anderen und manchmal hinter ihnen kreuzen.

Auf allen Frequenzen waren Lärm und Bewegung. Wohin er auch sah, überall lenkte irgend ewas Billys Aufmerksamkeit ab.

Er hielt sich hauptsächlich im Infrarotbereich. Diese Region wurde von jüngeren Sternen beherrscht; der weiche, matte Hintergrund wurde von glitzernden Klecksen durchbrochen. Gelegentlich suchte er den Röntgenbereich ab, schaute in die Sterne und ihre Photosphären hinein. Es war möglich, daß einer von ihnen ihr Schiff wie einen Mond eingefangen hatte und daß sein Geräusch und die stellaren Winde den Funkverkehr verhinderten. Abgeschirmt in ihrem Ruheabteil konnte Sally eine solche Strapaze überstehen, aber die *Nachtwache* würde allmählich kristallisieren und auseinanderfallen.

Es gab keine Fremdpunkte auf den Schalen der Sonnen, keine noch so winzigen Trümmerspuren, die sich dahinzogen wie Mehl aus einem undichten Sack.

Es gab keine sanft glühenden Punkte, die die ausgebrannten Maschinen eines durch die Nacht treibenden Schiffes anzeigten, ganz gleich, wie lange und angestrengt er auch Ausschau hielt, ganz gleich, auf welcher Wellenlänge.

Sein Kristallschiff fing keinen unbekannten Funkstrahl, keine Signale auf; seine Augen sahen kein Licht, kein Lodern, keine Reflektion, die er nicht hätte benennen können.

Billy reagierte mechanisch. Er achtete auf die Dinge, die ihn umgaben, auf den Ausblick, auf die Instrumente, das Geschnatter der Frequenzen, das Ansteigen der Meßgeräte, wenn einmal pro Stunde der lange Zyklus der Gravitationswellen durch sein Schiff zog.

Aber da war nichts, was er suchte, nirgendwo. Eine Unregelmäßigkeit würde er augenblicklich erkennen, wenn er sie sah oder hörte. Aber da draußen war *nichts, was nicht stimmte,* nichts, was er sehen *wollte.*

Wo war sie, wo war ihr Schiff, wo?

Erinnerungen stiegen in Billy auf . . .

Bald nach jener Nacht unter den Sternen waren sie ein Liebespaar geworden. Für keinen von beiden war das eine Überraschung. Zuerst waren sie tagelang glücklich, dann wochenlang, dann monatelang. Sie redeten und studierten zusammen, arbeiteten, schliefen, liebten sich und verbummelten die Zeit.

Billy verliebte sich in Sally Lemur-Potti.

Sie sagte nie, daß sie ihn liebte.

Aber sie war glücklich mit ihm, sie hatten Spaß zusammen, und nach der ersten Zeit drängte Billy sie nicht mehr. Er dachte, daß das, was sie für ihn empfand, schon eines Tages zu Liebe werden würde und daß es bei ihr eben ein langsamer Wachstumsprozeß sei. Er konnte warten.

Er verlor seine Mutlosigkeit, stürzte sich in sein Studium und in die Adaptionen, die noch vorgenommen werden mußten. Er wurde wieder *nett.* Er gewann sein Selbstvertrauen zurück.

Es war die beste Zeit für Verliebte in der Geschichte der Menschheit. Die Welten waren reich an Menschen und Rohstoffen. Jede der Begabten-Familien besaß ihre eigene Heimatwelt mit unterschiedlichen Gen-Reservoirs und vielerlei Versorgungseinrichtungen für die Bedürfnisse der Talente.

Die Regierung der Systeme war eine gütige Regierung. Man hatte sie mit dem Byzantinischen Reich auf der Alten Erde verglichen, aber ohne die Religionen und die Kriege jener Zeit. Sie war ein echtes Commonwealth der Welten, und ihre Aufgabe war es, Rohstoffe und Waren zu verteilen und den Austausch von Kultur und Ideen unter den Planeten der besiedelten Sterne zu führen.

Es gab mehr als tausend Welten, auf denen der Mensch sich niedergelassen hatte. Sie reichten von den Nebenwelten, die nicht weiter als zehn Lichtjahre von der Alten Erde entfernt waren, bis zu jenen, die in weiter Ferne verstreut lagen.

Die verlassene Erde zählte nicht zu den Heimstätten des Menschen. Sie hatte man dem Delphin überlassen, dem Wal und jenen Pongoiden, die es vor viertausend Jahren vorgezogen hatten, dort zu bleiben.

Es war die beste Zeit in der Geschichte der Menschheit, um verliebt zu sein.

Sie hatten fünf Monate zusammen in seiner Wohnung gelebt, als Sally zu ihrem ersten Stationseinsatz herangezogen wurde. Sie hatte sich von der kleinen Operation erholt, die den Scouts die längsten der Radiowellen erschloß. Es war an der Zeit, daß sie fortging.

Sie lagen im Bett, zwei sanft glimmende Gestalten im gedämpften UV-Licht, das den abgeschirmten Wänden des Hauses entströmte. Sie waren nackt bis auf leichte Kopfhülsen, die ihre Augen umhüllten. Die Nacht draußen war still. Die Abschirmfenster, die zufällige Strahlung, Spektralmüll von Maschinen, Werkzeugen und Lichtern, abhielten, damit sie ungestört schlafen konnten, hatte Billy nicht geschlossen.

„Ich liebe dich", sagte Billy Big-Eyes.

„Mmmmm. Das ist schön", sagte Sally Lemur-Potti.

„Du willst nicht sagen, daß du mich auch liebst?"

„Das macht doch keinen Unterschied, oder?"

Nein. „Ich glaube nicht."

„Warum fragst du dann?"

„Ich weiß nicht."

Sie lagen eine Zeitlang stumm nebeneinander. Es wäre eine wunderschöne Nacht draußen gewesen, wenn sie es hätten sehen können. In Sallys Augen hätten Streifen von kosmischer Strahlung getanzt. Billy würde im nächsten Monat für den Röntgenbereich eingerichtet werden.

Sie legte ihren Kopf auf seine Brust.

„Dein Herz schlägt sehr langsam", sagte sie.

„Das tut es immer schon. Ich bin so geboren."

„Manchmal höre ich ihm zu, wenn du schläfst."

„Wirklich?"

„Ja."

„Du wirst auf Complex neue Leute kennenlernen."

„Anzunehmen."

„Liebhaber, und was sonst noch alles."

„Anzunehmen."

„Ich liebe dich, Sally."

„Das ist gut."

Sie küßten sich.

Er war im Transit-Tunnel oberhalb von Fremont, als sie abreiste. Der Tunnel war in sichtbarem Licht beleuchtet, das verwaschene Röntgenstrahlen abgab. Billy war zusammen mit Sallys Familie da.

Alle redeten belangloses Zeug. Sie würde in elf Monaten wieder da sein.

Ihr Flug wurde aufgerufen.

„Das wird für eine Weile das letzte Mal sein, daß ich einen anderen Piloten habe“, sagte sie.

Sie umarmte jeden von ihrer Familie. Billy ergriff sie und drückte sie an sich.

„Komm schnell zurück“, sagte er. „Du wirst mir fehlen.“

„Du wirst mir auch fehlen“, sagte sie. Er sah den dunklen Puls ihrer Augen unter dem Helm, aber ihren Gesichtsausdruck, ihre Züge, konnte er nicht erkennen.

Seine Brust schmerzte.

Er preßte sie an sich, als hätten sich noch niemals in der Geschichte des Universums zwei Liebende voneinander getrennt. Sie mußten sich jetzt zum ersten Mal trennen.

„Ich liebe dich, Sally.“

„Das ist gut“, sagte sie. Dann lachte sie, um zu zeigen, daß das die Antwort war, die er erwartet hatte. Und dann drückte sie ihn fest an sich, während ihr Flug zum letzten Mal aufgerufen wurde.

Sie ging fort.

Billy wünschte sich, die Familien der Sichtigen besäßen noch die physische Fähigkeit zum Weinen.

Anfangs waren ihre Botschaften über die Welten hinweg noch häufig und voll von Gefühlen. Dann wurden ihre Antworten kürzer, und sie kamen immer später.

Während der ersten paar Monate war er im Krankenhaus, und auf nichts wartete er sehnsüchtiger als auf die täglichen Zustellungen.

Sie erzählte ihm von ihrem Leben dort, von ihren Adaptionen, ihrer ersten Mission, die rein routinemäßig war, und von den Leuten, Sichtigen und anderen, die sie dort kennenlernte.

Er befand sich in einem emotionalen Stau, während er darauf wartete, daß die Effekte seiner neuen Sicht langsam schärfer wurden. Er wußte, daß sie weit fort war und daß sie keine Beziehung dazu hatte, wie es in der Ausbildung war oder in den Operationssälen.

Sieben Monate nach ihrer Abreise ließ sie ihn wissen, daß sie sich zum ersten Mal in ihrem Leben verliebt hatte, in Emory Quardon, den Sohn eines Territorialgouverneurs, und daß er sie auch liebte.

Die letzten vier Monate von Billys Ausbildung vergingen in einem Nebel von langweiligen, routinemäßigen Tagen und nicht endenwollenden, schlaflosen Nächten, unterbrochen nur von kurzen Glücksperioden, wenn er der Liebhaber dieser oder jener Frau wurde. Aber das war nicht dasselbe. Er war nicht gefühlsmäßig beteiligt.

Eines Abends war Snorkel zu Besuch gekommen. Sie sprachen darüber.

„Ich *kann* sie nicht hassen", sagte er.

„Natürlich kannst du das. Du bist verletzt worden", antwortete Snorkel.

„Aber ich *kann* Sally nicht hassen. Ich habe sie zu sehr geliebt, um das je zu können."

„Im Augenblick glaubst du nicht, daß man dich noch mehr verletzen könnte. Aber warte, bis sie zurückkommt, Billy. Du glaubst, daß du darauf vorbereitet bist, aber das stimmt nicht. Du wirst sie sehen, und im nächsten Augenblick stürzt alles wieder auf dich herein. Es wird sein, als hätte dir jemand auf die Brust getreten."

„Ach, leck mich am Arsch, Snorkel!"

„Im Augenblick meinst du das so", sagte Snorkel und erhob sich. „Morgen früh nicht mehr." Er ging.

Er hatte recht.

Mit dem, was geschehen würde, wenn Sally zurückkam, und auch darin, daß er nicht gemeint hatte, was er zu Snorkel gesagt hatte.

Als er sie das erste Mal sah, empfand er wieder ganz von Neuem, was Schmerz bedeutet.

Sie sprachen ein paarmal miteinander. Danach tat er, was man dann immer tut. Er ging eines Abends zu ihr und versuchte ihr klarzumachen, wie sehr er sie liebte, wie sehr sie ihn verletzt hatte. Im Mittelpunkt von allem stand seine Liebe zu ihr.

Sie wollte ihm nicht zuhören und hielt ihm eine Rede, die sie vor ihrer Rückkehr sechs Monate lang geübt haben mußte: Ich habe dich nie geliebt, ich habe dir nie gesagt, daß ich dich liebe.

Billy wußte, daß es ihr ernst war.

Drei Monate später besuchte Emory Quardon sie.

Billy sah sie nie zusammen, weil er sie nicht zusammen sehen wollte.

Eines Tages, kurz nachdem er angekommen war, reiste Quardon wieder ab. Billy hörte, daß Sally Lemur-Potti ihm eine Rede gehalten hatte, die derjenigen, die sie Billy gehalten hatte, ziemlich ähnlich gewesen war.

Zu diesem Zeitpunkt war Billy abgehärtet genug, um sie in Ruhe zu lassen. Manchmal überraschte er sich dabei, daß er kummervoll an sie dachte, aber er traf sie nur noch zu gesellschaftlichen Anlässen und zusammen mit anderen.

In den drei Jahren, die seither vergangen waren, hatten Sally und Billy sich einen Namen gemacht. Eine Zeitlang stürzte Sally sich ganz und gar in ihre Arbeit. Sie war eine Frau, die sich nicht ganz sicher war, was sie wollte, und deshalb versuchte sie alles, was ihr vielleicht gefallen würde. Eine Möglichkeit nach der anderen wurde eliminiert, und was ihr schließlich blieb, war ihre Karriere, ihre wenigen Liebhaber, Partys und ein paar Freunde.

Sie war nicht nachtragend in ihren Launen, ihren Bindungen und Trennungen. Es lag daran, daß sie nur langsam den Weg zu dem, was sie wollte, fand. Dinge und Leute, die sich nicht so veränderten, wie sie es tat, wurden zurückgelassen wie die Panzer einer Zikade.

Sie wandte sich nicht gegen ihre alten Freunde, Liebhaber oder Mitarbeiter, mochte sie noch so sehr über sie hinauswachsen.

Billy tat in gewisser Weise das gleiche; er hatte wenige Liebschaften und keine wirkliche Liebe. Er war immer noch verwundet. Er wollte eine Frau finden, die so gut für ihn wäre wie Sally. Es war unmöglich.

Sie hatten jeder für sich gelebt, und die Zeit war vergangen.

Die Zeit verging.

Im Fokusraum der *Argus* kam Billy wieder zu sich, und seine Gedanken holten seine Handlungen wieder ein. Er hielt Ausschau und ignorierte ein natürliches Trümmerstück, das in der Ferne vorbeitrieb.

So viele Trümmer, so viel Dreck. Selbst einem Sichtlosen würde es schwerfallen, sich *diesen* Raum als leer vorzustellen. Für die Sichtigen war es ein vollgepfropfter Zirkus. Plasma, Gaswolken, Brutstätten für Kometen, Sonnenströme und Winde, Radiobotschaften, Radiorauschen, Partikel und Monopole huschten vorbei. Und alles mußte beobachtet werden.

Alles.

Die letzten planmäßigen Stunden der Suche kamen heran. Billy hatte lange Zeit nicht geschlafen, aber er wollte den Fokusraum unter keinen Umständen verlassen.

Yvonne Oculli meldete sich auf der Hauptfrequenz der Scouts.

„Ich habe eine Strahlungsquelle“, sagte sie.

Die Worte brachen wie Felsbrocken in Billys Ohren. Er hämmerte auf seine Tastatur. Die Schiffskonsole zeigte ihm eine Reihe von Kurven und Kursen in immer stärkerer Vergrößerung, bis die Karte dem Punkt in der unermeßlichen Nacht folgte, der das Oculli-Schiff war.

„Ich bin auf Verfolgungskurs“, sagte sie. Ihr Schiff sendete Daten aus. Die *Argus* und zwei andere Scoutschiffe bildeten ein Dreieck um sie herum. Ihre eigenen Projektionstafeln glühten sanft und fixierten ihre Position.

Billy stellte fest, daß das Oculli-Schiff um ein Vielfaches zu weit weg war, als daß er es vor dem Ende der planmäßigen Suchzeit erreichen konnte. Man würde sie jetzt natürlich verlängern, selbst wenn das Oculli-Schiff das Objekt beizeiten erreichte.

„Ich habe Schwierigkeiten, es zu fixieren“, sagte Yvonne Oculli. „Hat es noch jemand?“

Auf den Projektionstafeln zeigten sich keinerlei Daten bis auf die, die von ihrem Schiff kamen.

Billy schaute über seine Schulter zurück, aber da war nichts außer den großen Kristallreflektoren der *Argus.* Er wünschte sich, auch nur eine millionstel Sekunde durch das ein Lichtjahr dicke Blei sehen und das Objekt ausmachen zu können, das die anderen Scoutschiffe jagten, zu wissen, was es war.

Wenn er es nur sehen könnte.

„Zieht eure Raster um das Suchgebiet zusammen“, sagte Maxwell Big-Eyes, „aber brecht sie nicht ab, bis wir ganz sicher wissen, was Yvonne da verfolgt.“

An der Wand des Projektionsraumes brachen die Schiffe aus ihren vorgegebenen Bahnen und zogen dahin wie eine langsam sich formierende Walschule.

Dierdre und Max überflogen die Karten.

„Ein Kegel. In der Mitte. Ein Schiff hätte da bis jetzt unentdeckt durchkommen *können.* Oculli hatte Glück, daß sie es erwischt hat. Ist sie unter Dampf?“ fragte er Jiminez. „Gut.“

„Ich habe es jetzt fixiert und leite ein Abfangmanöver ein“, sagte Yvonne.

„Nicht leichtsinnig werden“, sagte Max. Dies war Yvonnes dritte Mission, aber bislang war ihr Verhalten durchaus lobenswert gewesen. Er wollte nicht, daß sie jetzt übereifrig wurde und sich selbst gefährdete.

„Lassen Sie mich mein Schiff selber führen, Chef“, sagte sie.

„Entschuldigung.“

„Ich mache das genau nach dem Lehrbuch. Es wird eine Weile dauern. Ich bin noch nicht in Sichtweite, in *keinem* Bereich. Ich halte mich an die Instrumente, und die sagen mir nur, wie weit entfernt und wie schwach die Quelle ist. Ich werde sie in etwa einer Stunde erreichen. Sichtkontakt vielleicht ein wenig früher. Es . . . es sieht sehr klein aus auf den Detektoren. Macht euch nicht zuviel Hoffnung.“

„Jiminez.“ Max drehte sich um. „Überprüfen Sie die angrenzenden Sektoren auf verlorene Sonden und stellen Sie fest, ob irgend etwas in dieser Richtung unterwegs gewesen ist, vor, sagen wir . . .“

„ . . . vor zweihundert Jahren“, sagte Dierdre.

„ . . . zweihundert Jahren . . .“ Max’ Stimme erstarb.

„In Ordnung.“ Jiminez ließ seine Hände über Knöpfe und Displays gleiten.

Hin und wieder trafen Scouts auf Sonden, die Jahrhunderte vor der Erscheinung der Lichtgeschwindigkeit ausgesandt worden waren. Sie waren gestartet worden, als der Mensch anfing, mit Raumbooten und Photonenschiffen das All zu durchqueren. Die meisten Sonden hatten schon vor langer Zeit aufgehört zu arbeiten. Viele erreichten irgendwann Welten, auf denen die Menschen schon auf sie warteten.

Manchmal waren ihre Energiequellen noch aktiv, und nur die Systeme waren zusammengebrochen, kristallisiert oder abgefallen. Manchmal fielen diese Sonden wie Meteore auf die Welten der Menschen, manchmal wurden sie von normalen Raumfahrzeugen ausgemacht. Gewöhnlich zogen sie schweigend vorüber, leblos und nur noch von archäologischem Interesse.

Max bewunderte die Hartnäckigkeit seiner Vorfahren. Mit nichts als ihren Körpern und den einfachen Talenten, die die Evolution ihnen geschenkt hatte, und mit ihrer Sehnsucht bauten sie Brückenköpfe in die Nacht, mit kleinen, langsamen Fahrzeugen, die ihren Zweck längst überlebt hatten.

Vielleicht war es eine von diesen Sonden, die Yvonne verfolgte, vergessen selbst von den paar Schiffen, die über die Jahre hinweg ihren Weg gekreuzt hatten. Max hoffte das nicht. Er hoffte, daß ihre Schätzungen falsch waren und daß sie dem Schiff *Nachtwache* auf den Fersen war. Bald würden sie es wissen.

Billy lauschte, wie die Stunde ablief wie ein Stück Tuch von einer Rolle; er hing an jedem Wort und beobachtete das verschlungene Spiel der Flugbahnen auf dem Koordinatennetz. Aber seine Augen, sein Verstand und seine Sinne hielten ringsum Ausschau nach einem Zeichen, nach irgend etwas Außergewöhnlichem. Er wollte sich nicht ausruhen; er war erschöpft, und Schultern und Rücken schmerzten vor Anspannung. Aber zum Ausruhen war jetzt nicht die richtige Zeit.

Sally hatte ihm immer den Rücken massiert.

Er schlug mit der Faust auf die Instrumentenkonsole.

Sally.

Lief es letzten Endes doch auf Liebe hinaus? Drei Jahre lang hatte er jetzt geglaubt, daß er darüber hinweg wäre, daß die Narben in seinen Gefühlen verheilt wären, nicht gerade glatt, eher unebenmäßig, aber doch verheilt.

Er starrte in die Nacht, in die Tiefen, die er mit den anderen Scouts teilte, und vielleicht mit Sally. Die Nacht war nicht feindselig, sie war riesenhaft und indifferent, gefüllt mit elektromagnetischen Phänomenen. Sie war unermeßlich, und wenn etwas schiefging, konnte man sehr schnell verloren gehen. Aber sie verletzte niemanden.

Nur Menschen verletzen Menschen.

Seine Brust spannte sich und sein Kopf schmerzte. Zum ersten Mal seit drei Jahren wollte er weinen, seiner Frustration schluchzend Erleichterung verschaffen. Aber er konnte nicht. Es war seine Aufgabe, hinauszuschauen und zu warten und seine Fähigkeiten zu nutzen, so gut er konnte. Um den verlorenen Scout zu finden.

Das mindeste, was er tun konnte, war, jetzt nicht zu weinen.

„Eine Maschine. Grob abgerissen. Vielleicht noch ein paar Abzugsrohre dran. Keine Spur von Gewebe, Fokus oder Besatzungsabteil. Der Scanner zeigte auch nichts anderes. Ich mache gerade eine visuelle Überprüfung, aber ich sehe nur totes Gerät."

„Laß dir Zeit", sagte Max.

„Tut mir leid, Chef. Ich hatte gehofft, es wäre mehr als das."

„Es macht nichts. Vergiß nicht, eine Funkmarkierung anzubringen."

„Alles nach dem Buch. Chef . . . Sie könnten vielleicht eine Rück . . ."

„Machen wir schon."

Die Solid States waren damit beschäftigt, eine Rückwärts-Projektion von der Flugbahn der Maschinenüberreste der *Nachtwache* anzufertigen, von ihrer Masse und ihrer wahrscheinlichen weiteren Flugbahn.

Dierdre sah zu, wie das Programm über den Bildschirm lief. Sie wandte sich zu ihrem Onkel.

„Das hatte ich befürchtet", sagte er. Er schickte das Programm auf die Scout-Frequenz. „Dies ist das Ergebnis einer Rückwärts-Projektion."

Billy Big-Eyes schaute auf seinen Schirm.

Es war die beste Reversiv-Simulation einer Explosion, die Billy je gesehen hatte. Umgekehrt wäre es eine Explosion, bei der man nur die Flugbahn des Maschinenrestes unter all den zahllosen möglichen Trümmerflugbahnen verfolgen könnte.

Irgendeine Explosion hatte die *Nachtwache* zerrissen und die Maschine davongeschleudert. Der Rest des Schiffes konnte jetzt eine sich stetig ausdehnende Kugel aus Trümmern sein, die sich etwa auf der ursprünglichen Bahn des Schiffes weiterbewegte.

Sally konnte überall sein und sich in jede Richtung bewegen.

Es konnte auch sein, daß es keine Sally mehr gab, und keine *Nachtwache*.

„Fahrt noch eine Suchschleife in euren Sektoren", sagte Max, „und dann macht euch bereit, zurückzukommen. Setzt die Funkmarkierungen ab."

Das stand alles im Lehrbuch; er brauchte es ihnen nicht zu erzählen. Er fühlte sich alt, nutzlos und leer. „Wir werden noch hier sein, bis wir die Rückrufanweisung für euch alle haben. Sucht weiter, aber haltet die Beschleunigungsprogramme in Bereitschaft."

Er schaltete ab.

„Jesus!"

„Komisch", sagte Dierdre, „ich habe noch nie jemanden gehört, der das sagte, außer Chester."

„Es sagt sich leicht", meinte Max. „Es ist ungefähr der letzte gute Fluch, den wir noch haben. Wir haben die meisten unserer Götter verloren und mit ihnen alle guten Flüche."

Doktor Snorkel kam herein; sein Schnurrbart war ungekämmt und sein Haar zerdrückt. Er brachte etwas zu essen für sich, Max und Jiminez aus der Kantine, und für Dierdre etwas zu trinken. Ihr Helm ließ sich öffnen, aber der Kopfschutz, den sie nach der Operation trug, ließ nur einen Strohhalm durch.

„Ich hab's gehört", sagte er, bevor er sich hinsetzte.

Dierdre klappte die Vorderseite ihres eiförmigen Helms hoch. Der Raum leuchtete infrarot. Sie sah sich um.

„Was machen die Augen?" fragte Snorkel.

„Sie jucken."

„Du brauchst viel Ruhe."

Max schaltete sich ein. „Wir brauchen alle Ruhe, und am meisten die da draußen." Er wies auf die Tafel. „Sie werden froh sein, wenn sie sich ausruhen und die Arbeit für eine Weile den Schiffen überlassen können."

Snorkel und Dierdre schauten auf die Plantafel.

Max sah von einem zum andern.

„Ich glaube nicht, daß er den Rückruf befolgt, weißt du das?" sagte Dierdre.

„Das weiß ich."

„Ich wollte nicht davon anfangen", warf Snorkel ein.

„Bis nach dem Rückruf brauchen wir nichts zu sagen. Bis dahin ist es nicht offiziell."

„Trotzdem kannst du dich schon darauf vorbereiten", sagte Dierdre.

Max seufzte. Sein Alter und seine Erfahrung drückten ihn nieder wie ein umgestürztes Bücherregal.

„Sie ist tot“, sagte er. „Sie muß tot sein.“

„Uns brauchst du nicht zu überzeugen.“

„Es ist wie künstliche Beatmung“, meinte Dierdre. „Man soll mit den Wiederbelebungsversuchen nicht aufhören, bis man sicher ist, daß einer tot ist. Und erst in dem Augenblick, wo man aufhört, es zu versuchen, kann man sicher sein, daß er tot ist. Nur dann.“

„Liebt er sie so sehr?“

„Ich weiß nicht, ob es Liebe oder die Idee der Liebe ist“, sagte Snorkel. „Billy war nahezu der klassische Fall von jemandem, der versucht, an gebrochenem Herzen zu sterben, oder zumindest so zu tun. Aber er war zäh und ist nicht gestorben. Er ist am Ball geblieben, hat weitergearbeitet, ist besser geworden. Irgendwo da drinnen ist ihm klargeworden, was er mit sich machte. Deshalb hat er damit aufgehört, hat die Pose fallengelassen. Aber das wirkliche Gefühl in seinem Innern, das hat er behalten.“

„So lange habe ich dich noch nie über eine einzige Person reden hören, Otto“, sagte Max.

„Länger möchte ich auch niemals über eine einzige Person reden.“

„Er wird nicht zurückkommen, bevor er sicher ist“, sagte Dierdre.

„Und wann ist er sicher?“

„Wenn er zurückkommt“, sagte Snorkel.

Der Rückruf kam. Billy sah zu, wie die anderen Schiffe in den Beschleunigungsbereich schalteten.

So viel zu tun, so viel abzudecken. So viel Geräusch, so viel Licht.

Das große Kristallschiff *Argus* schwenkte weiter auf den Funkstrahl zu, der den Maschinenüberrest markierte, wenngleich es bei dieser Geschwindigkeit noch einen Tag weit davon entfernt war.

„Billy, hier ist Dierdre.“

„Hallo, Kleines, wie geht's dir?“

„Schrecklich.“

„Augenschmerzen?“
„Auf der Haut auch. Ein Ausschlag.“
„Ah, das. Das geht weg.“
„Sagt Snorkel auch. Billy . . .“
„Wie geht’s Onkel Max?“
„Er ist hier. Er ist sehr verletzt.“
„Oh, Dierdre . . .“
„Billy, komm zurück. Bitte. Für mich wenigstens, wenn du es für ihn nicht tun kannst?“
„Dierdre, ich kann nicht. Ich kann einfach nicht. Noch nicht.“
„Ich weiß, daß du glaubst, du kannst nicht, Billy, aber du kannst. Du mußt es nur tun. Du hast nicht geschlafen und nichts. Du könntest gar nichts sehen, wenn du etwas fändest. Ich habe mit den Veränderungen gerade erst angefangen, und wahrscheinlich kann ich im Moment besser sehen als du . . .“
„Nein, das kannst du nicht. Du wirst es eines Tages können, Kleines. Du wirst besser sein als ich und Onkel Max und Onkel Chester zusammen. Aber ich bin okay. Ich nehme etwas, und ich kann noch ganz gut sehen.“
„Oh, Billy, es gibt keine Möglichkeit, daß Sally . . .“
„William! Hier spricht Snorkel. Was zum Teufel nimmst du?“
„. . .uh, Myoptin. Nur eine Spur. Keine Sorge, Doc, ich kenne meine Grenzen.“
„Das ist großartig, William, einfach großartig! Nicht nur, daß du durchmachst, bis du umfällst – du wirst dir dabei auch noch die Augen verbrennen. Nimm *nichts mehr* davon, Billy, und das meine ich ernst! Willst du blind werden? Wirklich blind? Stell dir das vor. Ich hoffe, das kannst du. Ich hoffe, daß du jetzt zitterst. Spiel nicht mit diesem Zeug herum! Schalte dein Schiff in den Beschleunigungsbereich, geh schlafen und komme zurück hierher. Jetzt machst du mir wirklich Sorgen.“
„Okay, Doc, nichts mehr, nichts mehr. Ich werde die Finger davon lassen. Nur etwas, das mich wachhält, nur noch ein bißchen. Ich könnte etwas herauskommen, aber . . .“
„Zwei Milligramm BNK alle sechs Stunden für . . . zwölf Stunden. Das ist alles. Mehr nicht. Dann drehst du und kommst zurück nach Hause.“
„Zwei BNK. Okay, Snorkel. Du kannst dich darauf verlassen. Gib mir noch einmal Dierdre, ja?“

„Billy?“

„Ja, Kleines. ‚Komm zurück‘. Ich weiß.“

„Komm zurück.“

„Noch einen halben Tag, wie der Doktor sagt. Das ist alles. Ich werde wirklich langsam müde. Ich weiß, wann ich verloren habe, Kleines . . .“

„Was, Billy?“

„Ich hoffe, du mußt so etwas niemals tun. Es reißt dir das Herz heraus. Wirklich.“

Dierdre wandte sich vom Lautsprecher ab. Billy schaltete sich aus. „Mein Gott“, sagte Snorkel kopfschüttelnd. „Myoptin, mein Gott. Läßt seinen Kopf sausen, während seine Augen weiter beobachten. Mein Gott. Bewahre uns vor der Liebe, bewahre uns vor der Liebe.“

Dierdres Schultern zuckten. Maxwell ging zu ihr hinüber und nahm sie in den Arm, aber das Zucken hörte lange Zeit nicht auf.

Billy Big-Eyes war jetzt allein, so allein und so erschöpft, wie er es noch nie gewesen war. Aber es kümmerte ihn nicht mehr. Sein Kopf war aus Teig, seine Arme und Beine aus Blei. Sein Gesicht gehörte jemand anderem. Die Droge ließ seine Augen brennen. Snorkel hatte recht gehabt. Es war nur so, daß die Erschöpfung und die Grenzenlosigkeit und die Aktivität um ihn herum ihm zum ersten Mal allmählich zuviel wurden. Ihm wurde klar, daß er sich draußen in den Tiefen befand und daß sie größer waren und mehr Geräusch und Bewegung enthielten, als ein Mensch es sich eigentlich vorstellen konnte. Auf der Oberfläche eines Planeten war das unvorstellbar; dort hatte man die Sterne über sich, den Boden zu seinen Füßen, den Hori . . .

Aus dem Augenwinkel sah er, wie sich ein Meßinstrument *bewegte.*

Er schaute auf die Konsole. Er starrte auf die Instrumente, versuchte, mit seiner Willenskraft noch einmal etwas zu bewegen. Die Instrumente verharrten regungslos.

Myoptin war kein Halluzinogen. Das BNK sollte Erschöpfungsgifte, die Halluzinationen hervorriefen, mit Hilfe des körpereigenen Adreanlins unterdrücken. Er wußte, daß sich ein Meßgerät bewegt hatte.

Er räumte die Konsole ab und checkte die Instrumente, eines

nach dem andern. Er studierte sie. Er ging die Sektionen durch, bearbeitete sie einzeln und nacheinander, bis er sie alle im Gedächtnis hatte. Dann setzte er ein Schnellprogramm auf, das *alle* Meßinstrumente zur Optimalanzeige bringen sollte. Er sah aufmerksam zu, und seine Hände krallten sich um die Sessellehnen.

„Beweg dich, verdammt!"

Einige der Funkstrahlempfänger pulsierten regelmäßig und normal. Sie lenkten ihn ab. Er verschob seine Sicht nach oben, aber es half nichts. Das Warnlichtspektrum ließ sie erglühen, und sie drängten sich in sein Bewußtsein.

„Max! Max!" rief er. „Wer ist da?"

„Hier ist Max, Billy. Was ist los?"

„Max, schalte die Funkmarkierungen ab, schalte alles ab! Einer meiner Detektoren hat sich bewegt."

„Wir können die Funkstrahlen nicht abschalten, nicht in dieser Sekunde. Das weißt du."

„Verdammt, Max, schalte etwas ab!"

„Billy, hier ist Snorkel. Was ist los?"

„Gib mir Max, Snorkel, verflucht nochmal!"

„Ich bin noch da, Billy. Was hast du gesehen?"

„Einen Detektor. Er hat sich einmal bewegt. Ich bekomme keine Anzeige."

„War es ein Funkstrahl?"

„Nein, Max, Nein! Etwas anderes, auf einer anderen Frequenz. Zuviel Geräusch und Müll hier draußen. Die Funkstrahlen stören mich. Schalte sie ab. Ich werde die Wasserstoff- und Sauerstoffemission dämpfen. Aber schalte die Strahlen ab Max!"

Ein paar Augenblicke später schalteten sie sie ab.

Im Fokusraum war es völlig still. Es gab kein stellares Geräusch, kein Flackern von Sonnenwinden, kein Knistern von ionisierter Materie. Billy schaltete die Maschinen ab und trieb in einer gekrümmten Bahn dahin. Er lauschte und beobachtete.

„Dreht er jetzt durch da draußen?"

„Ich weiß es nicht. Vielleicht hat die Droge etwas damit zu tun, oder die Erschöpfung. Vielleicht hat er etwas genommen, was er mir nicht gesagt hat, aber das bezweifle ich. Wenn wir noch einen Biotelemeter hätten, wir früher, dann könnte ich mehr sagen. Aber er ist so verspannt, daß ich sowieso keine vernünftige Daten bekäme."

„Schläft Dierdre?“

„Ja.“

„Weck sie auf. Vielleicht brauchen wir sie, damit sie mit ihm redet.“ Max sah den Mann an, der seit dreißig Jahren sein Freund war. „Jetzt habe ich Angst um ihn, Otto.“

„Ich auch.“

Die Nadel zuckte *noch einmal.*

Ein paar Stunden später drängten sich viele Menschen im Projektionsraum, darunter die Stellvertretende Direktorin. Ihr Name war Smedd. Sie war freundlich, aber geschäftsmäßig.

„Das Besatzungsabteil?“ fragte sie.

„Entweder das“, sagte Snorkel, „oder der Niederfrequenz-Generator in einem der Steuertriebwerke. Sonst gibt es nichts an Bord, was Wellen in dieser Frequenz aussendet.“

„Die Welle, die vom Besatzungsabteil ausgeht, ist ein Schild gegen niedere Frequenzen“, sagte Max. „Es gibt sie auf den Schiffen, seit es Scouts gibt. Wir hoffen, daß sie nach der Explosion in diesen Teil des Schiffes gelangen konnte.“

Smedd legte ihre Fingerknöchel aneinander. „Das erklärt aber noch nicht, wieso Big-Eyes dem Rückruf nicht gefolgt ist.“

„Das überprüfen wir gerade“, sagte Max. „Es ist möglich, daß er sich in der Nähe einer Störung befand, als der Rückruf hinausging. Dann hat er ihn gar nicht mitbekommen.“

„Ich weiß, daß die Scout-Frequenz nicht gestört werden kann, Maxwell“, sagte sie.

Er sah Snorkel hilfesuchend an. Der wollte etwas sagen.

„Verwickeln Sie sich nicht auch noch in diese Verschwörung, Otto“, sagte sie. Dann wandte sie sich an ihren Assistenten. „Big-Eyes verfolgt mit dem Schiff *Argus* mögliche Überreste des Schiffes *Nachtwache.* Big-Eyes hat den Rückruf nicht befolgt und befindet sich somit in Zuwiderhandlung seiner Direktiven.“ Sie sah auf. „Das ist die offizielle Meldung.“ Sie sah ihren Assistenten an. „Die halten Sie jetzt zurück und gehen eine Stunde lang im Gebäude spazieren, damit man Sie nicht findet.“

Sie wandte sich Max zu. „Sie sollten die kleine Maske nicht tragen, Maxwell. Man sieht zuviel von Ihrem Gesicht. Ich will eine offene Erklärung dieser Angelegenheit.“

„Gestatten Sie, daß Dierdre Sie darüber aufklärt, Mrs. Smedd. Ich bin sehr müde. Ich will mir die Tafel ansehen und Billy zuhören und herausfinden, wo in Gottes Namen die *Nachtwache* ist."

Smedd ging zu Dierdre hinüber, und sie begannen miteinander zu reden.

„Billy?"

„Ja, Max?"

„Wir setzen die Richtstrahlen so schnell wie wir können. Du bekommst eine genaue Peilung. Ist die Frequenz noch regelmäßig?"

„Ja. Alle sechs Minuten."

„Zumindest ist das, was sie ausstrahlt, noch unversehrt. Wenn es das Steuertriebwerk ist, heißt das, daß es ein dicker Klumpen Metall ist. Wenn es der Frequenzgenerator vom Besatzungsabteil ist, dann ist entweder die ganze Sektion noch da oder nur der Generator, und der ist etwa so groß wie deine Hand. Und es ist keine Frequenz, die du frontal sehen kannst, wenn du das Schiff darauf zuführst. Du wirst dich an die Instrumente halten müssen, damit du nicht darüber hinwegläufst. Oder damit zusammenstößt."

„Ich versuche schon, an all das zu denken, Onkel Max. Das ist nicht so leicht."

„Ich weiß. Damit mußt du dich eine Weile abfinden." Noch während er das sagte, spürte Max, wie bitter er bisweilen mit sich selbst sein konnte.

Es war wie die Sache mit dem Bleistift im Spiegel: Man sieht etwas umgekehrt vor sich und versucht, einen Kreis darum zu ziehen.

Billy mußte anhand der Richtstrahlen Triangulationsmessungen durchführen, seinen Kurs ändern, wieder triangulieren, er mußte versuchen, Geschwindigkeit und Winkel zu bestimmen, und abermals prüfen, ob das eine oder andere sich veränderte. Es war ein ständiger Wechsel von Manöver, Überprüfung, Manöver, Überprüfung.

Er konzentrierte sich völlig auf das Abfangmanöver und ignorierte den Raum um ihn her, so gut es ging, denn der war im Vergleich zu dem, was er jetzt tat, völlig unwichtig geworden. Nur gelegentlich tastete er ihn in den verschiedenen Spektralbereichen ab und beobachtete einen Stern, eine Gaswolke oder Staubpartikel.

Irgendwo vor ihm, das *wußte* er, war das Besatzungsabteil. Von dem Augenblick an, da er es lokalisiert hatte, hatte er gesendet; seine Übertragungen rasten vor ihm her. Er sah zu, wie sie verschwanden und der *Nachtwache* sagten: Hilfe ist unterwegs halt aus bitte antworte wenn du kannst Hilfe ist unterwegs . . .

Es war keine Antwort gekommen.

In den dreizehn Tagen der Suche war keine Antwort gekommen.

Immer wieder stellte er sich vor, das Ganze sei ein Manöver, eine Herausforderung; immer wieder zwang er sein Schiff in den Parkorbit um das Objekt, er sprach damit, und seine Signale sagten ihm, wer er sei, wann er es erreichen würde und daß alles in Ordnung sei.

Es kam keine Antwort.

Billy war erschöpft, und er mußte darauf achten, daß er nicht anfing, die Dinge in der falschen Reihenfolge zu tun.

Mit mechanischer Sorgfalt schob er sein Schiff in das Zielgebiet.

Es war mehr als nur das abgeschirmte Besatzungsabteil, was da in zwanzig Kilometern Entfernung vor ihm hing. Es waren der Fokusraum, der Röhrenkorridor und drei Quadratkilometer zerfetztes Reflektornetz.

Er wußte das schon seit ein paar hundert Kilometern – seit er bestimmt und schließlich gesehen hatte, was es war.

Ein paar Sekunden lang saß er da und betrachtete das Wrack, und sein Schiff erzählte ihm immer wieder, daß es im Orbit des Objekts verankert sei.

Dann erhob er sich aus seinem Sessel und stieg durch die Röhre hinunter in die Arbeitssektion.

Scouts brauchten ihre Schiffe in den Tiefen niemals zu verlassen. Daß sie es dennoch tun konnten, war eine Vorkehrung, die Männer wie Chester Big-Eyes in die Schiffe hatten einbauen lassen, für alle Fälle.

Billy schwebte durch die kleine Luke hinaus; er trug einen abgeschirmten Druckanzug mit einem durchsichtigen Helm, der so groß war, daß der Chromhelm darin Platz hatte. Er hatte einen zweiten Anzug bei sich, außerdem Werkzeuge, eine kleine Antriebseinheit und Funkgeräte.

Noch nie hatte er ein Schiff in den Tiefen von außen gesehen. Kein lebender Scout hatte das je.

Er ließ sich in die Gegend außerhalb des Fokusraums gleiten, stieß sich ab und schwebte über die weite Fläche des Reflektornetzes. Vom Fokusraum aus bemerkte man nie, wie *groß* es war, denn das meiste davon befand sich hinter einem. Aber jetzt war es, als segelte er über die Oberfläche eines Ozeans oder eines Mondes, den Spinnen aus Draht und Eis gewoben hatten.

Er sprach mit dem Objekt, das jenseits des mattleuchtenden Schiffshorizonts hing. Es schwamm dort wie eine Insel, dicht bei dem großen Metall-Archipel der *Argus*. Es sah nicht aus wie die *Nachtwache*. Überhaupt nicht wie ein Schiff.

Ein Teil der Seite glühte in *sehr* tiefem Infrarot. Das Metall mußte dort verschlackt sein.

Sally, sagte er Sally, ich bin's.

Es kam keine Antwort. Es war seit dreizehn Tagen keine gekommen.

Er sah das Schiff im Infrarotbereich. Er brachte es nicht über sich, im Röntgenbereich hinzuschauen.

Es war seine Pflicht als Scout, den anderen Scout sicher zurück nach Fremont zu bringen.

Er sprach, verstärkt durch sein Schiff, mit dem Wrack, mit Sally.

Ich hab's bis hierher geschafft, ich bringe dich auch nach Hause.

Wir Scouts müssen zusammenhalten.

Er erreichte die Einstiegsluke der *Nachtwache*.

Jetzt war das Wrack eine Insel, winzig neben dem Kontinent der *Argus* darüber, blutig glühend im Infrarot, wie Korbgeflecht in einem See aus Magma.

Die Tür öffnete sich leicht, als er daran zog. Was ihm wirklich auffiel, war der kristallisierte Brandfleck, der sich an der Seite des Schiffes hinzog. Die Steuerbordmaschine mußte explodiert sein wie eine zerplatzende Papiertüte.

Millionen von Röntgen waren frei durch die Nacht und das Schiff getost.

Sally, sagte er in die dunkle Röhre hinauf, als er die Schleusenkammer durchquerte und alle möglichen Wellen von oben aus dem Fokusraum um ihn herum leuchteten, Sally, ich liebe dich, ich liebe dich, ich liebe dich.

In ihrem Sessel, so klein, so schön, so wunderbar, da, wo sie gesessen hatte, als das Schiff explodierte – die Frau, die er immer noch liebte, von ganzem Herzen.

Er schwebte zurück durch die purpurn kochende, ultraviolette Nacht, die die *Argus* umgab, und über das endlose kristallene Flechtwerk seines Schiffes hinweg.

Mit einer Hand hielt er den Arm des gefüllten, aber nicht unter Druck stehenden zweiten Anzuges und führte ihn sanft neben sich her.

In der anderen trug er das Log der *Nachtwache*. Das Instrument war der zweitwichtigste Ausrüstungsgegenstand auf einem Scoutschiff.

Von oben drang die Musik der Sphären schmerzhaft in seine Augen.

Nachwort

Sieben amerikanische Autoren (Nahin, Zelazny, Haldeman, Robinett, Martin, Bishop und Waldrop), fünf deutsche Autoren (Bach, Weigand, Reimann, Maximovič und Körber) sowie zwei englische Autoren (Watson und Holdstock) sind in dieser Sammlung vertreten – ausnahmsweise einmal ausschließlich Männer. Insgesamt spiegeln diese Stories nicht nur zum Teil kraß unterschiedliche Stilrichtungen wider, sondern präsentieren auch die Bandbreite der Science Fiction: Humor (oft von der bissigen Sorte), Poetik, Tragik, Mystik, Okkultismus, Realismus, Gesellschaftskritik, im formalen Bereich Novellen, Kurzgeschichten und sehr kurze Stories. Insgesamt (hoffentlich) ein Lesepaket, dessen Lektüre interessant ist und (auch dies hoffentlich) das sich gegen ein pures Verschlingen sperrt.

Paul J. Nahin ist Professor an einer Universität und schreibt Science Fiction nur nebenher. Ihm liegen prägnante, sehr kurze, meistens etwas bissige Stories. Zwei weitere Stories von ihm erschienen in *Kopernikus 3* (Moewig-SF 3523).

Roger Zelazny ist seit 1962 im Gebiet der Science Fiction tätig und dürfte allseits bekannt sein. Von ihm erschienen in dieser Reihe die Romane *Tore in der Wüste* (3525) und *Straße nach überallhin* (3542), ferner die Storysammlung *Die Türen seines Gesichts* (3505). 1937 geboren, ist Zelazny inzwischen unter den größten Namen der Science Fiction einzuordnen und wurde vielfach mit Preisen ausgezeichnet.

Ähnliches gilt für Joe Haldeman, der seit seinem *Hugo*-Gewinner *Der ewige Krieg* zu den besten neueren Autoren gehört. Von ihm wird sein neuester Roman, *Worlds,* unter dem Titel *Kreisende Welten* für die Moewig-Hardcoverreihe vorbereitet. (Erscheinen: Frühjahr 1982).

Etwas weniger bekannt ist Stephen Robinett, der aber in Amerika bereits zwei Romane und eine Kurzgeschichtensammlung veröffentlicht hat. Daß der 1941 in Long Beach geborene promovierte Jurist über einigen Humor verfügt, dürfte auch die hier abgedruckte Erzählung beweisen.

George R.R. Martin ist, was Bekanntheitsgrad, Qualität und

verliehene Preise angeht, etwa in der Nähe von Joe Haldeman einzuordnen. Er ist ein ausgezeichneter Kurzgeschichtenautor – der dann auch für das Jahr 1980 gleich zwei *Hugos* in verschiedenen Sparten gewann – und hat kaum jemals eine schwache Geschichte geschrieben. Er ist mit Stories in *Kopernikus 1, 2* und *4* vertreten, eine Kurzgeschichtensammlung von ihm erscheint unter dem Titel *Die zweite Stufe der Einsamkeit* als Band 3567 im März in dieser Reihe, und sein gemeinsam mit Lisa Tuttle geschriebener Roman *Kinder des Windes* wird voraussichtlich im Herbst als Moewig-Hardcover veröffentlicht.

Ein Vertreter der literarischen Science Fiction ist Michael Bishop, von dem bereits mehrere Romane in deutscher Sprache erschienen sind. Viele seiner Novellen und Kurzgeschichten wurden für den *Hugo* und *Nebula* nominiert, und die vorliegende Geschichte, fast schon am Rande des Genres angesiedelt, beweist erneut Bishops Vielseitigkeit und sein Einfühlungsvermögen.

Der letzte aus der Gruppe der amerikanischen Autoren, Howard Waldrop, kam 1980 ganz nach oben, als seine Fantasy-Story *The ugly Chickens* (die in einer der nächsten *Kopernikus*-Ausgaben erscheinen wird) mit mehreren Preisen, darunter dem *Nebula,* bedacht wurde. Die hier abgedruckte Erzählung steht *The Ugly Chickens* allerdings kaum nach.

Die beiden englischen Autoren, Ian Watson und Robert Holdstock, sind im deutschen Sprachraum ebenfalls schon recht gut bekannt. Von beiden liegen sowohl Kurzgeschichten als auch Romane in deutscher Übersetzung vor, darunter eine Watson-Kurzgeschichte in *Kopernikus 4* und der Holdstock-Roman *Erdwind* (Moewig-SF 3522). Für beide Autoren gilt, daß sie einen eigenen, durchaus typischen Stil pflegen und ihre SF entweder mit mystischen (Watson) oder mystisch-okkulten (Holdstock) Elementen durchsetzen.

Unter den deutschen Autoren dürften Gerd Maximovič und Jörg Weigand am bekanntesten sein. Gerd Maximovič gehört zu den profiliertesten deutschen Autoren von SF-Kurzgeschichten und ist in einer Vielzahl von Anthologien vertreten. Eine Sammlung von Geschichten erschien 1979 unter dem Titel *Die Erforschung des Omega-Planeten.* Er wurde 1944 geboren und lebt als Handelsstudienrat in Bremen. Jörg Weigand ist als Kurzgeschichten- und Artikelautor sowie als Herausgeber von SF-Anthologien bekannt. Eine seiner Stories erschien in der Sammlung *Der große Ölkrieg* (Moewig-SF 3531), ein Artikel von ihm über den deutschen SF-Autor von Laffert wurde im *SF-Almanach 1982* (Thema: Deutsche Klassiker, Moewig-SF 3555) veröffentlicht, und in Vorbereitung für diese Reihe befindet sich eine von Jörg Weigand herausgegebene Anthologie französischer SF.

Unbeschriebene Blätter – was Science Fiction-Veröffentlichungen angeht – sind hingegen Peter W. Bach und Gero Reimann, die hier ihre ersten SF-Stories vorstellen. Peter W. Bach ist Fotograf in Essen, Gero Reimann Lehrer in Hannover.

Joachim Körber schließlich veröffentlichte bereits mehrere SF-Erzählungen, darunter eine in *Kopernikus 4* und eine in der Sammlung *Gemischte Gefühle* (Herausgeber: Ronald M. Hahn, Moewig-SF 2527). Er ist hauptberuflich als Übersetzer tätig und übertrug u.a. Romane von Sladek, Vinge, Zelazny und Spinrad in die deutsche Sprache. Vieles davon ist in dieser Reihe erschienen.

Hans Joachim Alpers